VUES *du Québec*

UN GUIDE CULTUREL

VUES *du Québec*

SOUS LA DIRECTION D'AURÉLIEN BOIVIN

Chantale Gingras et Steve Laflamme

LES PUBLICATIONS
Québec français

Direction éditoriale : Aurélien Boivin, Chantale Gingras, Steve Laflamme.

Révision linguistique : Aurélien Boivin, Chantale Gingras, Steve Laflamme, Gilles Perron.

Correction des épreuves : Aurélien Boivin, Chantale Gingras, Steve Laflamme, Isabelle L'Italien-Savard, Gilles Perron.

Collaboration : Louis Balthazar, Éric Bédard, Jules Bélanger, Réal Bergeron, Yves Bernier, Aurélien Boivin, Réjean Boivin, Pierre Boucher, Denys Delâge, François De Lagrave, Gaston Deschênes, Jean Désy, Amélie Dion, Marie Dooley, Alexandre Drolet, Judith Emery-Bruneau, Marie Fradette, Martin Frigon, Vital Gadbois, Julie Gagné, André Gaulin, Serge Gauthier, Chantale Gingras, Daniel Giroux, Pierre Grignon, Fernand Harvey, Éric Kavanagh, Steve Laflamme, Simon Langlois, Ronald Larocque, Monique LaRue, Brayen Lachance, Jacques Lemieux, François Mayeux, André Morin, Monique Noël-Gaudreault, Jacques Paquin, Réjean Pelletier, Gilles Perron, Arlette Pilote, Élizabeth Plourde, Claude Poirier, Sylvain Rivière, Antoine Sirois, Jean Soulard, Norbert Spehner, Yolaine Tremblay, Jean-Louis Trudel, Denis Vaugeois, Robert Vézina, Claude Villeneuve.

Recherche iconographique : Aurélien Boivin, Chantal Gaudreault, Chantale Gingras, Steve Laflamme.

Conception graphique et infographie : Chantal Gaudreault.

Première de couverture : David Giral, *Dans les vieilles rues de Québec*, 2007.
Quatrième de couverture : Jean-Paul Lemieux, *Hommage à Nelligan*, 1971 (Collection d'œuvres d'art de l'Université de Montréal) ; Loco Locass (© Sylvain Légaré).

Source des photos et des illustrations : sauf indication contraire, pour la plupart, les photos proviennent des sites touristiques des régions du Québec, des portails régionaux du gouvernement du Québec, de www.bonjourquebec.com, www.flickr.com (*licence creative commons*), www.wikipedia.org., de Chantal Gaudreault et des auteurs des textes. Les illustrations des pages 20, 21 et 22 sont tirées de *Champlain. La naissance de l'Amérique française*, sous la direction de Raymonde Litalien et Denis Vaugeois, Septentrion, 2004 ; celles des pages 16 (Fort Carillon), 18 et 19 sont tirées de *La Mesure d'un continent. Atlas historique de l'Amérique du Nord, 1492-1814*, Raymonde Litalien, Jean-François Palomino, Denis Vaugeois, Septentrion, 2007 ; la carte de l'Amérique septentrionale de la page 16 est tirée de *L'Atelier Delisle, L'Amérique du Nord sur la table à dessin*, Nelson-Martin Dawson, Septentrion, 2000.

Merci à Martin Bureau, Jean-Michel Cholette, Adeline Lamarre, Yves Laroche, Jean Tremblay pour leur généreuse contribution artistique. Et merci au Musée national des beaux-arts du Québec pour l'autorisation de reproduire quelques œuvres de ses collections.

Impression Club Imprimerie Inc.

Démarchage publicitaire : Aurélien Boivin, Steve Laflamme.

Dépôt légal Bibliothèque et Archives nationales du Québec
Bibliothèque nationale du Canada

ISBN 978-2-920204-11-9   Québec 2ᵉ trimestre 2008

Les Publications Québec français
C. P. 9185
Québec (Québec)
G1V 4B1

Pour commander
www.revueqf.ulaval.ca / revueqf@bellnet.ca
Téléphone : (418) 527-0809 / Télécopieur : (418) 527-4765

TABLE DES MATIÈRES

Tour du Québec

Après *Découvrir le Québec*, publié en 1984 et réédité en 1987, Les Publications Québec français reviennent à la charge avec *Vues du Québec*, un nouveau guide culturel publié dans le cadre des Fêtes du 400ᵉ anniversaire de la ville de Québec et de l'Amérique française.

L'équipe « Littérature, langue et société » de la revue *Québec français* a obtenu la collaboration d'une cinquantaine des meilleurs spécialistes dans leur domaine respectif pour enrichir cet ouvrage, sous-titré *Un guide culturel*, qui se veut un outil utile pour quiconque souhaite enrichir ses connaissances sur le Québec, tout en étant de lecture facile, à la portée de tous et agrémenté de nombreuses illustrations en couleur.

Vues du Québec est destiné tant aux lecteurs du Québec qu'aux lecteurs étrangers. L'ouvrage est divisé en trois parties. La première, intitulée « Portraits de société », présente des textes qui portent sur l'histoire, l'Amérique française, les Premières Nations, la géographie, la société, le nationalisme, le système parlementaire, le système scolaire, l'enseignement du français, la langue et les politiques linguistiques, les médias, l'environnement et les enjeux climatiques.

La deuxième partie, « Parcours culturel », s'ouvre sur un texte portant sur la présence de la culture dans les diverses régions du Québec. Cette partie s'intéresse tant à la littérature qu'au cinéma, aux arts et à l'architecture, voire au sport, à la mode et à la gastronomie. Le lecteur y trouvera des textes sur les différents genres littéraires, avec des incursions, du côté du roman, par exemple, dans le fantastique, la science-fiction et le polar ; sur l'essai, le théâtre et la poésie, en plus de présenter des études sur les genres oraux que sont la chanson et le conte. La bande dessinée n'a pas été oubliée, ni la littérature de jeunesse, un phénomène important depuis le début des années 1980.

Dans la troisième partie, « Tour du Québec », nous avons fait appel à des spécialistes et résidents des diverses régions du Québec, à qui nous avons demandé de présenter leur coin de pays, tant du point de vue socioéconomique que socioculturel, en insistant sur ses particularités. Voilà qui a donné des textes d'une grande richesse, parfois poétiques, voire impressionnistes, qui sauront rejoindre les lecteurs et lectrices de cet instrument destiné à mieux faire connaître le Québec, tant sur le territoire foulé par Samuel de Champlain qu'à l'étranger.

L'équipe remercie ses nombreux collaborateurs et collaboratrices, qui ont accepté de relever ce défi. Sans leur apport précieux, ce guide n'aurait pu voir le jour et rejoindre, comme nous l'espérons, un très vaste public.

AURÉLIEN BOIVIN
Directeur des Publications Québec français

PORTRAITS DE SOCIÉTÉ

DÉCOUVRIR L'HISTOIRE DE LA NATION QUÉBÉCOISE

ÉRIC BÉDARD*

> Murale racontant la vie au début de la colonie, Québec.

Moderne, tourné vers l'avenir, fier de son américanité, le peuple québécois procède d'une « aventure historique » faite d'incertitudes et de sursauts, de doutes et de fierté. Pour comprendre ce qu'est devenu le Québec, saisir son aspiration à exister et à se développer en dépit de la peur atavique de voir disparaître sa culture ou son « modèle » de développement économique et social, il est essentiel de se tourner vers son passé. Pour décrypter ce passé touffu, nous proposons quelques faits structurants, soit la colonisation française en Amérique, la Conquête britannique, la naissance de la Confédération canadienne et la reconquête économique et politique qui s'opère au XXe siècle. Il s'agira de comprendre pourquoi seulement 2 % de la population nord-américaine partage la culture française et comment, dans de telles circonstances objectivement défavorables, un peuple français a tout de même réussi à tirer son épingle du jeu.

La colonisation française en Amérique

Grande puissance du XVIe siècle, la France met un certain temps avant d'explorer le continent américain. Après s'être surtout souciée de la Méditerranée, elle tourne son regard vers l'ouest car, comme les autres pays à l'époque, elle espère trouver une nouvelle route vers la Chine. La première expédition officielle de la France est celle de Verrazzano qui, en 1524, longe la côte est des États-Unis d'aujourd'hui. Dix ans plus tard, Jacques Cartier entreprend une expédition plus ambitieuse dans le golfe du Saint-Laurent. En 1535, il remonte le fleuve Saint-Laurent jusqu'à Hochelaga (Montréal). En dépit des récits exotiques de Cartier évoquant les richesses en poisson, ces premières initiatives déçoivent les autorités françaises. Si, durant la seconde moitié du XVIe siècle, de nombreux pêcheurs français ou basques sillonnent le Saint-Laurent, l'État français, en proie aux divisions provoquées par les guerres de religion, ne finance plus de nouvelles traversées. Il faut attendre le début du XVIIe siècle avant que, sur une base permanente, des Français s'installent dans la vallée du Saint-Laurent.

Les motivations de ces premiers Français varient énormément : des religieux, formés dans l'esprit de la réforme catholique, rêvent de convertir les « Sauvages » ; des commerçants souhaitent faire fortune grâce au commerce des fourrures ; des militaires ambitieux, qu'ils soient simples soldats ou officiers, considèrent la Nouvelle-France comme une étape nécessaire pour gravir les échelons ; de jeunes hommes et de jeunes femmes, engagés par une compagnie pour quelques années, ou envoyés à titre de « filles du roy », y voient une occasion de voyager, de découvrir un continent mystérieux où d'immenses terres sont disponibles pour qui veut travailler. Quelles que soient leurs motivations, ils seront plusieurs dizaines de milliers à venir en Nouvelle-France ; de ce nombre, 14 000 Français ont fait « souche » en Amérique tout au long du XVIIᵉ siècle. La grande majorité des Québécois qui portent des noms à consonance française (Amyot, Bouchard, Langlois, Tremblay, etc.) sont les descendants de ces premiers colons. En dépit d'une population peu nombreuse – à peine 60 000 habitants au milieu du XVIIIᵉ siècle –, la « Nouvelle-France » s'étend sur un vaste territoire qui va du golfe du Saint-Laurent jusqu'aux Rocheuses, et des Grands Lacs jusqu'aux bouches du Mississippi.

Peu nombreux, ces Français n'ont eu d'autre choix que de faire alliance avec les peuples autochtones de la famille algonquienne, majoritaire dans la vallée du Saint-Laurent. Cette alliance permet aux Français de conjuguer avec un climat rigoureux, d'apprivoiser un mode de vie particulier au continent et de faire de bonnes affaires. En effet, les autochtones de la famille algonquienne ont été des partenaires commerciaux de tout premier ordre sans qui le commerce des fourrures n'aurait pas été possible. Cette alliance commerciale, qui devient progressivement politique, aura toutefois son revers. Jusqu'à la Grande paix de 1701, les Iroquois, ennemis héréditaires des Algonquiens et alliés des Anglais au sud, seront perçus comme de dangereux ennemis par les colons français.

Pendant la première moitié du XVIIᵉ siècle, le développement de la colonie est assuré par des grandes compagnies à qui la Couronne octroie des monopoles d'exploitation de traite de la fourrure, en échange de quoi celles-ci s'engagent à recruter des colons. Cette première forme de « partenariat public-privé » donne cependant peu de résultats concluants. En 1663, à peine 2 500 Français vivent entre Québec et Montréal et seulement 34 km² de terres sont occupées et / ou défrichées. Pour la Nouvelle-France, l'arrivée sur le trône de Louis XIV marque un point tournant. Fort de sa conception mercantiliste de l'Empire français, le ministre Colbert adopte une politique plus volontariste de colonisation.

Entre 1663 et 1673, le contingent le plus important de colons fait son arrivée. L'administration de la Nouvelle-France subit également des changements importants. À la tête de la colonie, on retrouve toujours un gouverneur généralement issu de l'aristocratie française et qui fait figure de « vice-roy ». Il s'occupe principalement des questions militaires qui accaparent les trois quarts du budget de la colonie. À partir du règne de Louis XIV, celui-ci est assisté d'un « intendant » chargé, notamment, d'administrer les affaires courantes de la colonie, d'assurer sa diversification économique et de voir au bon fonctionnement de la justice.

Lentement mais sûrement, un peuple distinct émerge sur les rives du Saint-Laurent. Grâce à un taux de natalité important, cette population « française » devient peu à peu « canadienne » – l'ethnonyme « canadien » apparaît à la fin du XVIIᵉ siècle. Si les militaires, les religieux, les fonctionnaires, les coureurs de bois (de plus en plus rares à partir de la fin du XVIIᵉ siècle), forment l'essentiel de la population urbaine de Québec, la capitale, de Montréal et de Trois-Rivières, la vaste majorité vit sur une terre. Il faut dire que le régime seigneurial rend la terre facilement accessible. Tout au long de l'époque de la Nouvelle-France, c'est plus de 250 seigneuries qui seront concédées, le long du fleuve Saint-Laurent et des rivières Chaudière, Richelieu ou des Outaouais, à des nobles, des congrégations religieuses ou à de simples « bourgeois », membres du tiers-état. Ces seigneurs sont tenus de construire un moulin, de s'occuper des chemins et, surtout, d'offrir gratuitement des terres – des « censives » – à ceux qui en font la demande. En retour, les censitaires s'engagent à défricher leur terre

> John David Kelly, *Champlain dans la baie Georgienne*, 1895-1900 (Musée McCord).

et à y habiter, à défrayer une rente annuelle au seigneur, à participer à la corvée annuelle, etc. Ce mode de distribution des terres permet graduellement d'occuper le territoire et de développer l'agriculture. Au début du XVIIIe siècle, le cinquième des agriculteurs produisent suffisamment de blé pour en faire l'exportation. Les seigneurs, lorsqu'ils ne sont pas les porte-parole d'une congrégation religieuse, voient aussi au recrutement de prêtres et à la construction des églises. Avec la seigneurie, la « paroisse » catholique devient rapidement le cœur de la sociabilité canadienne. Contrairement à ce qui se passe dans les colonies américaines, la dissidence religieuse n'est pas tolérée. À partir de 1627, la colonie n'accepte plus les protestants. Les Huguenots qui souhaitent s'établir en Nouvelle-France doivent donc se convertir. Les Récollets, les Sulpiciens, les Jésuites et les Ursulines exerceront une influence souvent déterminante dans le développement de la colonie en voyant, notamment, à l'éducation des élites dans les « séminaires » qui, à Québec puis à Montréal, vont dispenser une formation classique.

La Conquête britannique

Au milieu du XVIIIe siècle, les habitants des treize colonies américaines, beaucoup plus nombreux que ne le sont les Canadiens, font pression sur l'Angleterre afin que celle-ci les aide à prendre possession de l'ouest du continent américain, alors détenu par la France. Dès 1754, des affrontements ont lieu aux frontières et opposent les Américains aux Franco-Canadiens. Deux ans plus tard, l'Angleterre et la France se lancent dans une guerre essentiellement européenne, la Guerre de Sept ans, qui se terminera par le Traité de Paris en 1763. L'une des stratégies britanniques est d'affronter les Français là où ils sont les plus faibles : en Amérique du Nord. En 1758, les Anglais s'emparent de Louisbourg, fort français tenu pour imprenable ; l'année suivante, ils remportent la célèbre bataille des Plaines d'Abraham à Québec, alors capitale de la Nouvelle-France ; en 1760, Montréal tombe aux mains des Anglais. Dans la mémoire collective des Québécois, cette Conquête anglaise marque un point tournant qui a été l'objet de multiples interprétations, souvent contradictoires, par les historiens à partir du XIXe siècle. Pour les uns, la « Conquête » signifie le début de l'inféodation de tout un peuple à une nation étrangère ; pour d'autres, elle consacre la victoire des libertés britanniques et permet d'éviter la violence et le républicanisme athée de la Révolution française de 1789.

Cette victoire britannique marque la fin de la Nouvelle-France. Les « Canadiens » sont désormais confinés à la *Province of Quebec*, c'est-à-dire à la vallée du Saint-Laurent. Les institutions canadiennes, à la fois religieuses et civiles, sont sérieusement remises en question par le nouveau régime, qui entend faire des « Canadiens » de loyaux sujets de la Couronne britannique. Confrontés aux rébellions des colonies américaines, les Britanniques sont cependant obligés d'assouplir leur position. Grâce à l'Acte de Québec de 1774, le territoire du Québec est étendu jusqu'aux Grands Lacs et les Canadiens n'ont plus à abjurer leur foi catholique s'ils souhaitent servir l'administration publique. Le régime seigneurial et la pérennité de l'Église catholique sont assurés ; les efforts d'assimilation sont relégués à l'arrière-plan. Cet Acte de Québec s'ajoute à plusieurs autres lois qui vont amener les Américains à entreprendre une guerre d'indépendance. Remportée par les Patriotes américains, cette guerre n'est pas sans conséquences pour le Québec, car elle provoque l'exode de nombreux « loyalistes » qui refusent le verdict des armes. Plusieurs d'entre eux prennent le chemin du Québec et s'installent dans les Eastern townships ou à l'ouest de la rivière des Outaouais. Aussitôt arrivés, ces loyalistes déplorent l'absence d'institutions représentatives et acceptent mal que des lois françaises et l'Église catholique puissent avoir droit de cité.

C'est en bonne partie pour satisfaire les demandes de ces loyaux sujets que le gouvernement britannique adopte l'Acte constitutionnel de 1791, qui prévoit notamment la création du Haut-Canada (l'Ontario) et du Bas-Canada (le Québec), ainsi que la mise en place d'un Parlement, qui comprend une Assemblée législative composée d'élus du peuple et un Conseil législatif, dont les membres sont également nommés par le gouverneur. Un conseil exécutif, dont les membres sont nommés par le gouverneur de la colonie, s'occupe de l'administration courante. Très tôt, ces institutions parlementaires reflèteront les clivages nationaux et idéologiques qui traversent le Bas-Canada. Dès le début du XIXe siècle, l'Assemblée législative exprime les aspirations et les valeurs du « Parti canadien » qui, en 1806, lance le journal *Le Canadien*. Face à ce Parti canadien, une minorité loyaliste et anglaise, composée d'une bourgeoisie d'affaires qui vit surtout en ville, rejette les institutions seigneuriales et le droit civil français, et met en doute, surtout à l'époque où Napoléon fait la guerre à l'Angleterre, la fidélité des Canadiens à la Couronne britannique. S'ensuivent une série d'affrontements, qui mèneront aux rébellions de 1837-1838. Inspiré par les principes républicains américains, le Parti patriote (appellation nouvelle qui remplace celle de Parti canadien à partir de 1826) fait adopter par le Parlement les 92 résolutions qui, entre autres choses, dénoncent la corruption d'un pouvoir exécutif qui bloque toutes les initiatives de l'Assemblée législative. Devant les fins de non-recevoir du gouvernement anglais, la violence éclate à l'automne de 1837, mais ces rébellions sont rapidement réprimées par les autorités.

La population du Bas-Canada s'accroît alors à un rythme important, à cause du taux de natalité très élevé de la majorité française et de l'immigration des îles britanniques. En 1831, la colonie compte 511 000 habitants. La plupart vivent à la campagne, même si, à mesure qu'on avance dans le XIXᵉ siècle, de moins en moins de terres sont disponibles dans la zone seigneuriale. En 1831, Montréal et Québec comptent alors une population presque identique, soit 27 000 et 26 000 habitants. Sur le plan économique, le Québec est dépassé par l'Ontario dans la production du blé, de sorte que l'agriculture devient une activité de subsistance et cesse progressivement d'être un commerce d'exportation. Le commerce des fourrures devient quantité négligeable à partir du début du XIXᵉ siècle, alors que le commerce du bois prend de l'expansion.

Le Québec comme province canadienne

À la suite des Rébellions de 1837-1838, le gouvernement britannique adopte l'Acte d'Union qui a pour effet de regrouper, au sein d'une seule colonie (le Canada-Uni), le Haut et le Bas-Canada. Même si les Canadiens français sont plus nombreux, ils obtiennent une représentation minoritaire dans la nouvelle Assemblée législative. L'union du Bas et du Haut Canada provoque des réactions contraires. Pessimistes, certains leaders canadiens-français croient que le processus d'assimilation est désormais irréversible. D'autres proposent de créer une alliance « réformiste » avec des Canadiens anglais favorables à l'obtention d'un « gouvernement responsable » de ses décisions devant la Chambre, non plus devant la Couronne. Ce Parti réformiste est fondé dès 1842 et prend le pouvoir en 1848.

L'obtention du « gouvernement responsable » en 1848 ne résout cependant pas tous les problèmes de la nouvelle colonie. Le Canada-Uni vit une certaine instabilité politique au cours des années 1850. Les politiciens ont du mal à former des gouvernements qui répondent aux aspirations des parties est (Québec) et ouest (Ontario) de la nouvelle colonie. Chaque partie craint que l'autre ne vienne s'immiscer dans des questions internes et délicates comme la religion ou l'éducation. À ces difficultés internes s'ajoute une menace externe. Des rebelles irlandais, les Fenians, attaquent à quelques reprises les frontières canadiennes et certains Américains du Nord, en guerre contre les esclavagistes du Sud, évoquent la possibilité d'annexer le Canada à la république des États-Unis, une fois la guerre civile terminée. Par ailleurs, plusieurs hommes d'affaires voient la nécessité de créer un vaste marché qui intégrerait toutes les colonies britanniques du nord. À l'avant-garde du développement industriel, la Grande-Bretagne de cette époque n'accorde plus les préférences impériales d'antan aux produits canadiens. C'est dans un tel contexte qu'émerge l'idée d'une « fédération » canadienne. De longs pourparlers débouchent sur l'adoption, par le Parlement anglais, de l'Acte de l'Amérique du Nord britannique, le 1ᵉʳ juillet 1867. Le Québec devient alors une province du nouvel État canadien et, à ce titre, hérite de pouvoirs relativement importants, comme les institutions éducatives et sociales, les infrastructures routières, les richesses naturelles, la culture. Le statut du français est reconnu, ainsi que les lois civiles. Par sa composition linguistique et culturelle, le Québec n'est évidemment pas une province comme les autres. L'État du Québec est le seul à parler au nom d'une majorité française en Amérique, ce qui explique pourquoi, dès 1867, tous les premiers ministres québécois ont été d'ardents défenseurs de l'« autonomie » de la province.

Pendant que le Québec devient une province canadienne, la société québécoise se transforme à grands pas. Sa population double en moins de 40 ans, passant de 511 000 en 1831 à 1,2 million en 1871. Montréal devient une grande métropole économique vers laquelle convergent les Canadiens français qui quittent les campagnes, ainsi que les immigrants irlandais, juifs et italiens qui fuient la famine, les pogroms et la misère. À partir du milieu du XIXᵉ siècle, des milliers de Canadiens français prennent la route des États-Unis, faute de travail et de perspectives d'avenir. La propriété a beau être libre depuis l'abolition du régime seigneurial en 1854, nombre d'entre eux ne disposent pas des capitaux nécessaires pour s'établir sur une terre. Pour contrer cette « ruée vers le sud », des sociétés de colonisation, animées par les élites cléricales et nationalistes, sont mises en place dans l'espoir de voir les Canadiens français rester au pays et occuper ce vaste territoire. Entre 1840 et 1940, près d'un million de Québécois émigrent vers les États-Unis, une véritable « hémorragie » aux yeux de l'élite québécoise de l'époque.

Le phénomène inquiète particulièrement l'Église catholique, qui rejette les valeurs matérialistes américaines. Au XIXᵉ siècle, celle-ci devient une institution nationale de tout premier ordre. La défaite politique de 1837, le début de l'émigration vers les États-Unis, le manque de débouchés pour les élites formées dans les collèges classiques provoquent, chez plusieurs Québécois, beaucoup d'inquiétude. Ces inquiétudes expliqueraient le « renouveau religieux » que connaît le Québec des années 1840. On assiste alors à une multiplication des vocations et à une intensification de la pratique religieuse. « Institution dominante d'une société dominée », l'Église catholique joue un rôle à la fois spirituel, social et politique. De 1875 jusqu'en 1961, c'est l'Église qui approuve tous les programmes d'enseignement offerts à travers le Québec, qui gère les hôpitaux et qui s'occupe des orphelins. Sur le plan politique, l'influence de l'Église variera selon les époques. Au milieu du XIXᵉ siècle, certains évêques plus radicaux (les Ultramontains) n'hésitent pas à refuser les sacrements à ceux qui osent remettre en question les doctrines de l'Église et invitent à voter pour le Parti conservateur.

Malgré tous les obstacles qui nuisent à son développement, le Québec du XIXᵉ siècle connaît un certain essor intellectuel et culturel. En 1845, François-Xavier Garneau publie le premier tome de son *Histoire du Canada*, une œuvre qui sera immédiatement élevée au rang de « classique » de la littérature nationale. À la même époque, Étienne Parent prononce, à la manière des premiers sociologues, une série de conférences sur l'état de la « nationalité » dans lesquelles il se penche sur des questions économiques, sociales et spirituelles. Les « œuvres littéraires » se multiplient au point qu'on publie, dès 1848, un Répertoire national qui réunit les meilleures d'entre elles. En 1861, des écrivains lancent Les Soirées canadiennes avec l'espoir de consigner et donc de préserver les légendes et le folklore canadiens-français. Par ailleurs, si l'instruction n'est pas obligatoire, on sent l'importance de relever le niveau d'éducation des Québécois. La première taxe scolaire obligatoire est imposée en 1848, l'Université Laval est fondée en 1852, les trois premières écoles normales voient le jour en 1857 et l'École polytechnique ouvre ses portes en 1873.

La reconquête économique et politique

Au tournant du XXᵉ siècle, les Québécois vivent les conséquences difficiles de la Révolution industrielle. Les immigrants et les Canadiens français sont de plus en plus nombreux à s'agglutiner dans les villes, surtout à Montréal, qui connaît alors une expansion sans précédent. Selon le recensement de 1921, les Québécois sont majoritairement urbains. Ville de contrastes, Montréal abrite une très grande bourgeoisie, essentiellement anglophone, qui vit sur le versant sud-ouest du Mont-Royal dans ce qu'on appelle alors le golden square mile. Plus bas, les quartiers Saint-Henri, Saint-Antoine et Saint-Jacques accueillent les ouvriers qui s'entassent dans ces faubourgs souvent insalubres où le taux de mortalité infantile est l'un des plus élevés au monde. Comme dans les autres sociétés occidentales frappées par une industrialisation rapide et désordonnée, les écarts sociaux s'accentuent lors de la grande Dépression des années 1930. En dépit d'une Loi d'assistance publique (1921) et d'une Loi sur les mères nécessiteuses (1937), on hésite à recourir à l'État pour soutenir les plus démunis. Lorsqu'une récession surgit, les élites économiques et politiques s'en remettent généralement aux lois du libre marché, à la charité privée ou à l'Église. De leur côté, les syndicats internationaux et catholiques, qui comptent un nombre croissant d'adhérents, ne disposent pas, du moins jusqu'en 1944, d'un cadre législatif qui oblige les patrons à négocier de « bonne foi ». Pour relancer la croissance économique, on préfère convoiter les capitaux étrangers plutôt que de faire jouer à l'État un rôle moteur.

À cette tension sociale s'ajoute une lutte nationale très vive entre la majorité française et une certaine minorité anglophone qui s'identifie, jusqu'aux années 1960 environ, à l'Empire britannique. Plusieurs Canadiens français vivent la Révolution industrielle ou l'arrivée en ville comme une sorte de dépossession. Lorsqu'ils s'installent à Montréal où ils sont largement majoritaires, ils découvrent une ville qui s'affiche souvent en anglais, surtout au centre-ville. La majorité des entreprises importantes ne comptent parmi les cadres supérieurs aucun Canadien français, ce qui explique pourquoi la promotion sociale dépend, la plupart du temps, de la maîtrise de l'anglais. Les Canadiens français ont souvent l'impression que leur origine culturelle est un handicap, qu'ils n'ont pas accès aux plus hauts postes de la hiérarchie économique, qu'ils sont destinés aux seules carrières libérales ou religieuses. Cette infériorité économique est plus qu'une simple perception. Une enquête menée au cours des années 1960 a montré que les Canadiens français constituaient alors l'une des « ethnies » les plus pauvres aux Canada. Ce retard économique nourrit les critiques du fédéralisme canadien qui, selon certains leaders nationalistes de la première moitié du XXᵉ siècle, ne reconnaît pas à sa juste mesure la dualité culturelle du pays. Bien des Québécois dénoncent l'engagement du Canada auprès de la Grande-Bretagne dans des guerres jugées impérialistes (par exemple, la Guerre des Boers) ou refusent, lors des deux Grandes Guerres mondiales, d'être conscrits par une armée qui ne fait pas assez de place au français. Les milieux nationalistes dénoncent également le sort qui est réservé aux minorités françaises hors Québec, que ce soit au Nouveau-Brunswick, au Manitoba ou en Ontario. Le recensement canadien de 1951 montre noir sur blanc que le taux d'assimilation de ces Canadiens français est extrêmement préoccupant, surtout dans les provinces de l'ouest.

Cette infériorité économique des Canadiens français et cette critique sévère d'un Canada qui ne tient pas suffisamment compte de l'un de ses deux peuples fondateurs expliquent l'importance qu'occupe la Révolution tranquille dans l'imaginaire québécois. Lors de l'élection du 22 juin 1960, un nouveau gouvernement est porté au pouvoir, après

> René Lévesque, 1973.

le long règne de l'Union nationale. Les réformes sont nombreuses et spectaculaires : création d'un ministère de l'Éducation, en 1964, et d'un programme d'assurance-maladie, en 1970 ; nationalisation de l'hydroélectricité ; ouverture d'une première délégation du Québec à l'étranger ; création d'un ministère des Affaires culturelles et d'un Office de la langue française, etc. Comme la plupart des autres sociétés occidentales, le Québec entre dans l'ère de l'État-providence. L'État québécois prend ainsi le relais de l'Église sur le plan social. À bien des égards, l'État québécois développe un « modèle social » qui, malgré de sérieuses critiques, semble toujours faire consensus. À titre d'exemples, les frais de scolarité à l'université sont parmi les plus bas en Amérique du Nord, les parents bénéficient d'un système de garderie à très bas coût, les propriétaires sont tenus de respecter les décisions d'une Régie du logement qui défend vigoureusement les droits des locataires, les patrons n'ont pas le droit d'embaucher des « scabs » lorsque leurs travailleurs font la grève…

Le véritable sens de la Révolution tranquille ne s'arrête cependant pas là. Les Québécois sont surtout fiers de cet événement parce qu'il marque le début d'une reconquête économique et politique. En créant, par exemple, une institution comme la Société générale de financement, qui fournit du capital de risque aux entrepreneurs dynamiques ou en prenant possession des compagnies privées d'hydroélectricité, les Québécois francophones reprennent le contrôle de leur économie. Cette intervention de l'État en économie donne rapidement des résultats. Au cours des années 1980, plusieurs évoquent même la naissance d'un véritable « Québec inc. ». Des entreprises comme Bombardier, Quebecor, Cascades sont présentes partout dans le monde et font la fierté des Québécois. Parler français n'est plus une barrière pour brasser des affaires, réaliser de grandes choses. Non sans raisons, plusieurs font cependant valoir que cette reconquête n'a pas donné tous ses fruits, l'économie du Québec traînant toujours de la patte par rapport à celle de l'Ontario, notamment à cause des politiques du gouvernement fédéral, qui travaillent au renforcement de l'économie de cette province au détriment de toutes les autres, y compris le Québec.

Sur le plan de l'affirmation politique, la Révolution tranquille marque aussi un point tournant. Le français, estime une majorité de Québécois, doit devenir la langue officielle. Pour faire respecter la langue française par l'administration publique, les entreprises et les nouveaux arrivants, le gouvernement du Québec adopte, en 1977, la « Charte de la langue française », communément appelée la Loi 101, qui impose l'affichage en français et oblige les immigrants à envoyer leurs enfants à l'école française. Cette affirmation politique s'exprime aussi par ce désir qu'ont les Québécois d'être reconnus comme « peuple », « nation » ou « société distincte ». Certains, les « fédéralistes », voudraient que cette reconnaissance soit inscrite dans la constitution canadienne, que cette dernière confère certains pouvoirs spéciaux au gouvernement du Québec. D'autres, les souverainistes, croient que c'est en devenant un pays indépendant que le Québec disposerait de tous les pouvoirs pour se développer. Depuis la prise du pouvoir du Parti Québécois en 1976, un parti ouvertement « souverainiste », cette question sensible a été l'objet de deux référendums (1980 et 1995) remportés, chaque fois, par le camp fédéraliste, quoique par une marge très serrée lors du second référendum (à peine 30 000 votes de majorité).

Plus de quarante ans après la Révolution tranquille, plusieurs estiment que l'heure des bilans a sonné. Le Québec serait-il à la croisée des chemins ? Les optimistes croient que le modèle social québécois ainsi que les valeurs d'ouverture, de tolérance et de solidarité sauront permettre au Québec de relever des défis comme celui du vieillissement de la population ou de la mondialisation économique. D'autres, plus pessimistes, s'inquiètent de la dette publique très élevée dont hériteront les jeunes générations, des rigidités du monde du travail dans un monde de concurrences féroces, du faible taux de natalité, du décrochage scolaire important, en dépit de la démocratisation de l'enseignement, du taux de suicide anormalement élevé, surtout chez les garçons, de la difficulté à faire prévaloir la « question nationale » à l'heure des « accommodements raisonnables » et du triomphe d'un individualisme hédoniste. De part et d'autre, on réclame des réformes, les uns pour approfondir la mission sociale de l'État, les autres pour assouplir certaines règles et ainsi dynamiser l'économie. Voilà de quoi préoccuper celles et ceux qui s'interrogent sur l'avenir de la seule nation française d'Amérique. Une « histoire » à suivre… ■

✳ *Professeur d'histoire à la Télé-Université.*

MITTERAND ET L'AMÉRIQUE FRANÇAISE

DENIS VAUGEOIS*

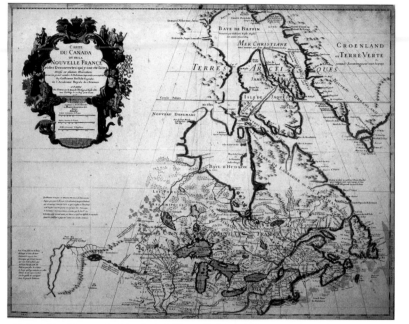

> Carte de l'Amérique septentrionale de Guillaume Delisle, publiée en 1703 (Carte du Canada ou de la Nouvelle-France, 1703, Guillaume Delisle ANQ, P1000.S5 C6009).

> Les environs du fort Carillon, 1758. *A Plan of the Town and Fort of Carillon at Ticonderoga*, par Thomas Jeffersy, Londres, 1758, carte gravée. (BAnQ, G 3804 T5 1758 J4 CAR)

François Mitterand fixe l'immense carte placée au mur de la maison Fornel de la Place Royale de Québec. Les jambes légèrement écartées, les mains derrière le dos, il regarde danser devant ses yeux les noms de Richelieu, de Pontchartrain, de Maurepas, de Colbert et bien sûr cette immense Louisiane qui n'a rien à voir avec celle d'aujourd'hui. Il se tourne vers moi, l'air interrogateur. J'ai à mes côtés un nouveau Mitterand. Celui de la veille était indifférent à tout ce que je lui disais, à tout ce que je lui montrais.

À partir de ce moment, Mitterand, l'adversaire du Général de Gaulle, veut tout savoir sur l'Amérique française, le Canada français, le Québec. Pourquoi pas un peu aussi sur les actuelles revendications d'une forte proportion de Québécois devant lesquelles les ministres français, Alain Peyrefitte en tête, se défilent élégamment avec les mots « non ingérence, non indifférence ».

Monsieur Mitterand, la carte que vous voyez présente l'Amérique du Nord à la veille du traité d'Utrecht. À la suite des projets de François Ier, qui avait envoyé Jacques Cartier explorer les terres nouvelles, la France a tenté de concurrencer les Espagnols et les Portugais sur leur terrain : Villagagnon et d'autres sont allés au Brésil, Ribaut et Laudonnière, en Floride. Le grand Coligny a cherché des terres d'accueil pour ses chers protestants. Avec Henri IV, le calme est quelque peu revenu en France. En 1598, le roi promulguait l'Édit de Nantes, qui mettait fin aux guerres de religion et faisait la paix avec Philippe II. Il n'en rêvait pas moins de le concurrencer dans ces contrées lointaines où son rival trouvait de l'argent et de l'or à profusion.

Sully ne croyait pas aux colonies américaines ; sur ce plan, le roi ne pouvait compter sur son ministre. Il fallait donc que les entreprises de colonisation auxquelles il rêvait puissent s'autofinancer. Il accorda des monopoles de traite dont les revenus devaient permettre aux LaRoche, Chauvin, De Chaste, De Mons de trouver l'argent nécessaire à l'établissement de colonies. En 1603, les Français, en l'occurrence François Dupont-Gravé et Samuel de Champlain, font des alliances avec des Indiens réunis à Tadoussac.

Après des expériences difficiles en Acadie, Dugua de Mons se laisse convaincre par Champlain de procéder à de nouvelles tentatives sur le Saint-Laurent. La concurrence est féroce et de Mons obtient un renouvellement de son monopole pour moins d'un an. C'est assez pour permettre à Champlain de fonder un établissement à Québec. Au cours d'une remontée du fleuve Saint-Laurent en 1603, il a eu l'occasion de noter les avantages de Hochelaga (Montréal), de Trois-Rivières et de Québec. Il avait retenu ce dernier endroit parce que moins exposé aux attaques des Iroquois, les ennemis farouches de ses alliés montagnais, etchemins, algonquins et hurons.

Pour Champlain, Québec, c'est la porte de la Chine. Au début, et même pendant longtemps, son objectif est le Cathay et le Cipangu, comme on disait à l'époque. En 1618, il proposa au jeune roi Louis XIII d'ériger une grande cité, à proximité de son habitation de Québec, qui deviendrait un point de contrôle de tout le trafic avec l'Asie. Il la nommerait Ludovica.

Au début, Champlain se fait surtout explorateur. Il remonte le Saguenay malgré les réticences des Montagnais à le conduire. Il veut explorer le Saint-Laurent. Ses alliés exigent qu'il marche avec eux contre les Iroquois. Ce manège se répète à trois reprises et permet à Champlain d'atteindre le lac qui portera son nom et, plus tard, de se rendre jusqu'à la baie Georgienne, où il découvre avec ravissement les villages hurons. La terre est bonne, il en a la démonstration. Il décide de concilier commerce et agriculture. À peu près à partir de ce moment, il commence à s'intéresser davantage aux Indiens eux-mêmes, se fait ethnographe, amène des missionnaires récollets et même sa famille, comme il le dit, c'est-à-dire sa jeune épouse, Hélène Boullé, et sans doute une domestique.

En 1629, Champlain doit céder Québec à des corsaires au service de l'Angleterre. La paix signée précédemment à Suze lui permet d'en obtenir la restitution. En 1632, la Nouvelle-France renaît. Pendant les 120 ans qui suivent, il vient très peu de colons de France. Au total, à peine 10 000 feront souche. Pendant la même période, en Angleterre, des crises religieuses et politiques provoquent le départ de centaines de milliers de colons vers les côtes nord-américaines. Des colonies naissent avec les successives vagues d'immigrants : puritains, catholiques, quakers, etc.

L'Amérique du Nord est un énorme continent, ce qui n'empêche pas la Nouvelle-France d'entrer constamment en conflit avec les colonies anglaises. Malgré une impitoyable infériorité démographique, les Français tiennent le coup. Dès le départ, ils ont appris à composer avec les Indiens. Vers la fin du XVIIe siècle, Français et Canadiens harcèlent sans merci les petits postes de la Nouvelle-Angleterre. Leurs alliés indiens ramènent des captifs qui sont ou bien intégrés dans leurs communautés, ou bien monnayés pour être ensuite rapatriés ou adoptés par la petite société canadienne. Je dis bien « canadienne », car, le temps de le dire, les Français qui décident de s'établir en Amérique deviennent « habitués » à ce pays qu'on appelle communément le Canada.

Chaque conflit européen entre la France et l'Angleterre a son pendant en Amérique. Le cartographe Franquelin va espionner Boston, Frontenac envisage la conquête de New York, les Anglais attaquent Québec en 1690. Pour les Américains, ces guerres successives portent le nom de *French and Indian War*. En 1701, les Français réussissent un coup de maître en réunissant à Montréal, sur fond d'épidémies sournoises, une quarantaine de nations indiennes qui acceptent une paix quasi générale.

Une période tumultueuse

C'est un conflit européen qui pourtant annonce le commencement de la fin. Par le traité d'Utrecht (1713), qui scelle la guerre de Succession d'Espagne, la Nouvelle-France est amputée de la Baie d'Hudson, de Terre-Neuve et de l'Acadie. Les limites dans chaque cas sont imprécises, même pour Terre-Neuve, où l'accès reste possible pour les Français. Ce sont autant de sources de nouveaux affrontements.

Dès les lendemains de 1713, les cartographes anglais s'en donnent à cœur joie. Le continent change de couleur. Les Français répliquent. Le cartographe Guillaume Delisle se concentre sur l'énorme bassin du golfe du Mexique. Les colonies anglaises sont toujours contenues entre la côte atlantique et les Appalaches. Au-delà, à l'ouest, c'est le pays des Indiens et des Français. Déjà, ils y cohabitent et le métissage est intense.

La Nouvelle-France se redéploie. Le Pays d'en Haut, c'est-à-dire la région des Grands Lacs, s'avance toujours davantage vers l'ouest et vers le sud. Le pays des Illinois prend forme, véritable grenier en puissance. La Louisiane est tellement vaste qu'on prend l'habitude de parler de Haute et Basse Louisiane. Une ligne de postes et de forts rallie Michillimakinac, Détroit et Chicago à Cahokia et Kaskaskia, bientôt à Saint-Geneviève, Cap Girardeau et La Nouvelle-Orléans.

Delisle a vite saisi l'importance stratégique de cette ville située sur la rive gauche du Mississippi. Il connaît la complexité de l'embouchure de ce fleuve géant. Il se souvient des difficultés rencontrées par La Salle, des descriptions des frères Lemoyne, Bienville et d'Iberville.

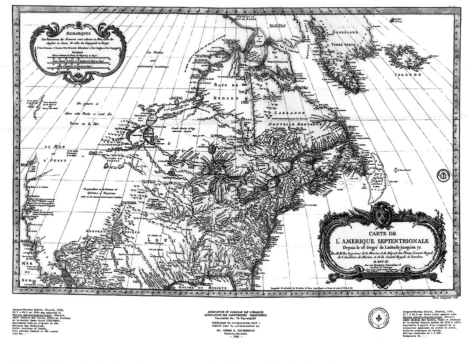

> Bellin Amérique Nord : Après la signature du traité d'Utrecht (1713), la baie d'Hudson devient officiellement anglaise. Grâce aux renseignements du pilote anglais Middleton, le cartographe français Nicolas Bellin dresse un tracé relativement précis de la région. Et même si les Anglais sont maîtres de la région, Bellin y inscrit le nom des forts en français. Aux limites du continent, Bellin figure une mer de l'Ouest qui fait rêver les explorateurs, mais qui n'a aucun contour certain. L'auteur avoue son ignorance sur la description de la plupart des terres aux alentours (Carte de l'Amérique septentrionale, par Jacques-Nicolas Bellin, Paris, 1755, carte gravée. Fac-similé couleur édité par l'Association des carthotèques canadiennes, Ottawa, 1981 BAnQ, G 1116 S1A8 1980 vol.II, carte n°78)

Il détaille avec soin la région, montre clairement la petite rivière d'Iberville et le lien possible avec les lacs Maurepas et Pontchartrain.

Monsieur Mitterand, regardez bien le détail de cette carte. Les négociateurs français s'en serviront avec une extrême finesse en 1763 au moment des négociations du Traité de Paris. Je sens que nous abordons des acteurs qui vous sont bien connus : Choiseul, Pitt et en fond de scène, le cynique Voltaire, qui proclame que « la France peut être heureuse sans Québec et que le peuple aime mieux la paix que le Canada ».

La fin des alliances

En Amérique, où les rapports de population (la Nouvelle-France contre les Treize Colonies) sont totalement disproportionnés : environ 70 000 contre plus d'un million, la force des Français, on le sait, repose sur les alliances franco-indiennes. William Johnson, un riche Irlandais établi dans la vallée de l'Hudson, l'a bien compris, grâce en particulier à sa compagne indienne, Molly Brant. Choisi comme surintendant des affaires indiennes, presque sous la recommandation des Indiens, qui souhaitent un interlocuteur qui pourrait parler au nom des Treize Colonies, Johnson entreprend de miner les alliances. Son premier objectif est d'inciter les

alliés des Français à une forme de neutralité. Il les rassure : « Les Anglais vous laisseront vos terres ».

Parallèlement, un blocus britannique sur l'Atlantique commence à faire son effet. Les renforts n'arrivent pas et surtout la marchandise de traite et les présents dont les Français se montrent si généreux se font rares. Johnson ne manque pas de le faire remarquer aux Indiens. Il sème le doute. Il marque des points.

Le vent tourne peu à peu en faveur des Anglais. En 1759, Québec capitule ; en 1760, Montréal suit. Les Anglais occupent la vallée du Saint-Laurent. La guerre se poursuit à divers points du globe. Les Anglais continuent d'accumuler les victoires. Vient le moment de répartir les prises de possession. Pitt comprend le danger pour l'Angleterre de garder le Canada. Il préférerait garder les fabuleuses îles à sucre : Guadeloupe et Martinique. Les riches planteurs anglais ne veulent surtout pas de cette concurrence ; ils pratiquent des prix très élevés sur un marché britannique où le sucre n'a pas de prix : les Britanniques boivent leur thé sucré. Pitt est désavoué. Choiseul fait le même raisonnement que Pitt : sans une menace française au nord, les colonies anglaises pourraient avoir des velléités d'autonomie, même d'indépendance. En signant le traité, le 10 février 1763, il aurait murmuré : « Nous les tenons ». La suite lui donne rapidement raison.

La cession de la Lousiane

Peu avant la conclusion des négociations, les diplomates français cèdent à leur allié espagnol, lors d'une rencontre secrète à Fontainebleau en novembre 1762, cet immense territoire appelé la Louisiane. Les rédacteurs du traité de Paris font mine de tout ignorer et le texte attribue aux Français ce qui est passé sous l'autorité espagnole. Le Mississippi délimitera dorénavant les possessions britanniques et françaises (en réalité espagnoles), du moins jusqu'à l'embouchure de la rivière d'Iberville. La navigation sera libre depuis sa source jusque-là. Ensuite qu'on le veuille ou non, il faudra s'en remettre à la bonne foi des maîtres de la Nouvelle-Orléans. En effet, le traité précise bien que cette ville demeure française et que la frontière suit la rivière d'Iberville, puis les lacs Maurepas et Pontchartrain jusqu'au golfe du Mexique.

Au moment du second traité de Paris (1783), celui qui consacre l'indépendance des États-Unis, la frontière ne change pas. Ce qui était sous suprématie britannique est tout simplement rattaché à la jeune république américaine. Les colons ne tardent pas à s'installer entre les Appalaches et le Mississippi. Le Kentucky et le Tennessee se forment, l'Indiana également. Le Mississippi est leur voie normale pour commercer avec l'extérieur. Jefferson se rend bien vite compte que La Nouvelle-Orléans contrôle en fait l'accès au golfe du Mexique. Entre-temps, la France, c'est-à-dire Napoléon, manifeste certaines ambitions tant aux Antilles qu'en Louisiane. Ce sera le désastre à Saint-Domingue.

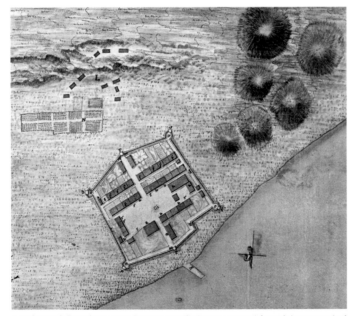

> Le fort Michillimackinac,1766. Petit poste militaire et commercial stratégiquement situé au confluent des lacs Huron, Supérieur et Michigan (Sketch of the Fort at Michillimackinac, par Perkins Magra, 1765, carte manuscrite). CL. William L. Clements Library (Ann Arbor, University of Michigan, Maps 6-N-8).

Napoléon choisit alors de faire un énorme cadeau aux Américains. Il leur vend non seulement la ville de La Nouvelle-Orléans, mais tout le bassin ouest du Mississippi.

La fin de l'Amérique française

En 1803, les États-Unis font donc main basse sur les derniers morceaux de l'Amérique française. Ils sont rendus aux Rocheuses. Leur *manifest destiny* les conduira jusqu'au Pacifique.

Après avoir été les explorateurs et les colonisateurs de la vallée du Mississippi, les Canadiens deviennent les pionniers de l'Oregon. Puis ils disparaissent progressivement laissant derrière eux une toponymie française ou indienne.

L'Amérique française s'évanouit avec les deux traités de Paris de 1763 et de 1783. Un Canada français prend le relais. Le reste n'appartient pas encore à l'histoire.

Le Québec serait le vestige d'une colonisation française qui a échoué ! Faut-il fermer les livres, monsieur Mitterand ? Le nationalisme qui anime les Québécois n'est pas ethnique, il a un fondement historique. On peut très bien être Canadien français sans être d'origine française. Des gens de toutes origines se sont joints à un noyau intégrateur qui a conservé la langue française et emprunté des traits culturels aux uns et aux autres. Les Québécois forment un peuple distinct coincé entre deux solutions impossibles, disait l'historien Maurice Séguin, l'indépendance ou l'assimilation.

Quelques semaines plus tard, plus précisément le 15 novembre 1978, le premier secrétaire du Parti socialiste français, monsieur Mitterand, m'envoyait une lettre qui résumait ainsi notre rencontre : « Je me souviens... avec plaisir de notre visite de la vieille ville de Québec sous votre conduite très vivante, très riche et aussi très passionnée. Votre témoignage de la cause des Québécois [...] aura été un des temps forts de notre séjour dans votre pays ». Avant de se quitter, il m'avait dit : « Aujourd'hui, vous m'avez permis de comprendre bien des choses ». ■

✶ *Historien et éditeur, éditions Le Septentrion, Québec.*

LES PREMIÈRES NATIONS

DENIS VAUGEOIS*

> Huron en armure. Détail d'une planche des *Voyages* de 1619 (folio 88). BAC, NL 15305.

Absolument génial, le savant grec Ératosthène avait évalué la circonférence terrestre à environ 40 000 kilomètres. Trois siècles plus tard, Ptolémée s'avisait de la réduire de 12 000 kilomètres et de prolonger l'Asie vers l'Est. Disciple de Ptolémée, Christophe Colomb ne peut être blâmé pour se croire rendu aux Indes alors qu'il aborde à l'île de Guanahani, dans les Antilles, le 12 octobre 1492. Les Tainos qui l'accueillent avec générosité deviennent, sous la plume de l'Italien, des Indiens, c'est-à-dire des habitants des Indes. Ils auront vite fait de disparaître, anéantis par les épidémies qu'apportent les Européens, mais non sans avoir légué à l'humanité des réalités nouvelles qu'ils nommaient canot, cigare, hamac, maïs, ouragan, pirogue, tabac…

Malgré la méprise du début, le contact de 1492 change, le temps de le dire, la face du monde. Des aliments nouveaux, principalement la pomme de terre, le maïs, le manioc et l'arachide, provoquent des poussées démographiques en Afrique et en Europe (Allemagne, Russie, Irlande) avant de gagner l'Asie (surtout la Chine). Des plantes nouvelles qui s'adaptent à diverses conditions de climat et de sol permettent aux peuples des Balkans de retrouver une forme d'autarcie et d'échapper ainsi au joug ottoman.

Tandis que le reste de la planète se peuple ou se repeuple, les populations des Amériques sont dévastées. Contrairement au reste du monde, aux Européens en particulier qui font le plein de ce que leur apportent les Amériques, les Indiens sont trop affaiblis pour profiter des connaissances accumulées par les grandes civilisations européennes. Il n'en reste pas moins que 1492 marque la rencontre de deux vieux mondes, l'Europe et l'Amérique, de laquelle sortira un véritable nouveau monde.

À l'arrivée de Samuel de Champlain en 1603, la vallée du Saint-Laurent est quasi inhabitée. Les Iroquoiens (qu'on désigne ainsi parce qu'on ignore à quelle nation précise ils appartiennent) rencontrés par Jacques Cartier, en 1535 à Stadaconé (Québec) ou à Hochelaga (Montréal), sont disparus. Champlain le note d'ailleurs : « En ce temps-là [à l'époque de Cartier] le pays était plus peuplé de gens sédentaires qu'il n'est à présent ». Que sont-ils devenus ? Il ne propose aucune explication, mais indique que Sa Majesté a bien l'intention de peupler ces terres qu'il explore. Les experts ne s'entendent pas. Une période de refroidissement aurait rendu les cultures difficiles et aurait contribué à diriger vers le sud et l'ouest des peuples sédentaires tels les Hurons et les Iroquois ; l'arrivée de produits européens dans la vallée du Saint-Laurent aurait incité les Iroquois à venir y faire des incursions dévastatrices ou encore le va-et-vient des Européens aurait provoqué d'effroyables épidémies.

Les Indiens (devenus pour certains des Amérindiens, mot formé par la réunion de American Indian, 1899) de la côte atlantique vivront d'ailleurs un drame semblable, tellement qu'il n'en reste presque plus à l'arrivée des premiers colons vers 1610.

Au début, Champlain côtoie donc quelques bandes nomades disséminées sur la côte nord et le long du Saint-Laurent, surtout des Montagnais et des Algonquins.

L'établissement à Québecq : les premières alliances

En 1603, l'amiral Aymar de Chaste recueille le monopole de la traite des fourrures dans le Saint-Laurent, devenu libre à la suite du décès de Chauvin de Tonnetuit. Il se tourne vers Champlain, revenu depuis peu d'un long voyage dans les colonies espagnoles et auréolé d'un prestige considérable. Enthousiaste, Champlain est prêt à partir sous réserve « du commandement de Sa Majesté à laquelle, écrit-il, j'étais obligé tant de naissance que d'une pension de laquelle il m'honorait ». C'est Louis Potier, sieur de Gesvre, « secrétaire des commandements », qui fait porter au capitaine Dupont-Gravé une lettre d'instruction le priant de prendre à son bord le sieur Champlain et de lui apporter tout le concours possible. Champlain, de son côté, doit faire « fidèle rapport » au roi. Dupont-Gravé est un habitué du Saint-Laurent. Il a sans doute documenté Guillaume Levasseur pour sa remarquable carte de l'océan Atlantique faite à Dieppe en 1601 et qui montre le fleuve Saint-Laurent, où l'on distingue clairement le lac Saint-Pierre et l'île d'Orléans vis-à-vis de laquelle apparaît, pour une première fois, le nom Québecq.

On se souviendra que Cartier parlait plutôt de Stadaconé. Qui d'autre que Dupont-Gravé aurait pu noter le toponyme Québecq ? Chose certaine, Champlain lui doit sa première exploration du Saint-Laurent exécutée en 1603. Le courant passe immédiatement entre Dupont-Gravé et Champlain. La traversée, qui dure deux longs mois, leur permet d'échafauder tous les plans qui leur passent par la tête. Surtout qu'ils peuvent échanger avec deux Indiens qui rentrent au pays après avoir pris contact avec la France et avoir été reçus par le roi Henri IV. Dupont-Gravé poursuit son apprentissage des langues amérindiennes, qui lui sont essentielles pour le commerce dont il est chargé, mais cette fois, la présence de Champlain lui permet de croire que l'intention du roi trouvera son aboutissement. L'octroi d'un monopole vise en effet un objectif de colonisation. Le détenteur du monopole

> Illustration tirée *du Brief Discours* qui représente des Indiens que Champlain a rencontrés lors de son voyage de 1598-1601 aux Antilles et au Mexique (Planche LIX, Laverdière. Fonds de l'éditeur).

doit, en principe, y trouver des profits suffisants pour financer des établissements permanents.

Ces projets ne sont pas que des questions d'argent. Il faut aussi réfléchir aux défis que posent le climat, la nature elle-même, et au rôle que les Indiens peuvent jouer. Dupont-Gravé a compris que les Montagnais aiment bien commercer avec les Européens, mais qu'ils sont jaloux de leur position sur le Saint-Laurent. Ils ne se laisseront pas contourner facilement.

À leur arrivée à Tadoussac, les Français trouvent des Indiens en pleine tabagie. Ils sont de bonne humeur et viennent d'infliger une défaite aux Iroquois. Le sagamo Anadabijou accueille avec solennité les étrangers et écoute avec attention ses émissaires. Il se dit bien heureux d'avoir le roi pour ami. Celui-ci lui offre de l'aider à faire la paix avec ses ennemis ou, à défaut, de lui « envoyer des forces pour les vaincre ». Après avoir bien pétuné, Anadabijou, gravement, fait savoir qu'il opte pour la guerre. Les Français sont les bienvenus ; ils partageront la terre et un ennemi commun avec les Montagnais et leurs alliés d'une coalition dite laurentienne qui comprend principalement les Algonquins et les Hurons.

> Une Huronne préparant la nourriture, tirée des *Voyages* de 1619 (folio 88). BAC, NL 15305 (détail)

Les guerres iroquoiennes

Au fil des années, les Français pénètrent le continent, l'explorent et le cartographient. Peu nombreux, ils s'appuient sur leurs alliés indiens pour tenir tête à leurs voisins du sud, d'abord les Flamands puis les Anglais, qui utilisent les Iroquois pour harceler la colonie française. Est-ce à dire que les Iroquois sont inféodés aux Anglais ? Non, ils sont trop fiers et trop habiles pour se laisser manipuler. Les Iroquois sont pour les Iroquois. Ils souffrent eux-mêmes des épidémies et cherchent par des guerres à aller chercher, chez leurs voisins, les fourrures qui leur font défaut et en même temps à faire des captifs qui leur permettent de reconstituer leurs nations. À cet égard, les Hurons, qui sont également de la grande famille iroquoienne, constituent une cible de choix. De 1648 à 1650, la Huronie est balayée de la carte, plus de 2 000 captifs sont amenés en Iroquoisie tandis que les Français réussissent à mener à Québec quelques centaines de survivants. Déchaînés, les Iroquois se lancent à leur poursuite et poussent l'audace jusqu'à venir faire des captifs sous le nez des Français.

Les guerres elles-mêmes ont une fin ! En 1701, les Français réunissent à Montréal les représentants de quelque 40 nations indiennes. Une grande paix est convenue. Elle permettra aux Français de résister jusqu'en 1760 alors que 65 000 Français et Canadiens cèdent devant un million et demi d'Anglo-Américains. C'est l'ultime *French and Indian War*, ainsi que les désignent les Anglo-Américains. Un Américain peu connu, William Johnson, avait réussi à fragiliser les alliances franco-indiennes. Un premier ministre britannique, William Pitt, avait, par son blocus atlantique, coupé le ravitaillement, principalement celui des présents si importants au maintien des alliances.

Jusqu'à cette époque, les Indiens pouvaient exploiter les rivalités anglo-françaises. Avec la défaite française de 1759-1760, ils perdent cette carte. La guerre d'Indépendance des États-Unis leur redonne un peu d'espoir. Momentanément, ils récupèrent une forme de balance de pouvoir. Ils la retrouvent de nouveau lors d'une nouvelle guerre en 1812. Puis c'est la fin.

Le gouvernement anglais

Les Indiens des deux Canadas, c'est-à-dire l'Ontario et le Québec, ne sont guère plus que 18 000 en 1824 et à peine 12 000, vingt ans plus tard. Ils sont l'ombre de ce qu'ils ont été. Pour les gouvernements, ils représentent un fardeau. Londres voudrait les mettre à la charge des administrations coloniales. Les rapports se succèdent. On cherche une façon de les « civiliser », d'en faire des agriculteurs ou de leur enseigner un métier. Dans l'esprit de tous, ils sont condamnés à disparaître. Il s'agit de les aider doucement. Par contre, au Canada, malgré les injustices, il n'y aura jamais de violence semblable à celle que les Américains ont démontrée à leur endroit. Mais l'objectif reste le même, car les Américains aussi rêvent de « civiliser » les Indiens. C'était le grand projet de Jefferson, qui avait décidé que l'immense territoire de la Louisiane, le bassin ouest du Mississippi, gracieuseté de Napoléon, pourrait accueillir les Indiens récalcitrants, soit ceux qui refuseraient de se faire agriculteurs.

En 1828, le major général H. C. Darling, surintendant des Affaires indiennes au Canada, dépose un important rapport dans lequel il préconise la création de fermes et de villages modèles, en quelque sorte un système de réserves. Au Québec, il existe déjà des villages amérindiens où les Français ont regroupé leurs « protégés », c'est-à-dire des Indiens convertis qu'on appelle les domiciliés. Ils sont installés à L'Ancienne-Lorette (Wendake), à Saint-François (Odanak), à Bécancour (Wolinak), à Caughnawaga ou au Sault-Saint-Louis (Kahnawake), à Saint-Régis (Akwesasne), à Oka ou au Lac-des-Deux-Montagnes (Kanesatake). À l'exception de Wendake, ce sont des endroits militairement stratégiques qui permettent aux Indiens alliés de bloquer éventuellement la marche des envahisseurs.

Les Français avaient connu leur part de déceptions que résume admirablement le gouverneur Jacques-René de Brisay, marquis de Denonville, qui ne fut pas particulièrement doué avec les Indiens. « L'on a cru bien longtemps, écrit-il en 1685, que l'approche des Sauvages de nos habitations était un bien très considérable pour accoutumer ces peuples à vivre comme nous et à s'instruire de notre religion, mais je m'aperçois que tout le contraire est arrivé, car au lieu de les accoutumer à nos lois, je vous assure qu'ils nous communiquent fort tout ce qu'ils ont de plus méchant et ne prennent eux-mêmes que ce qu'il y a de mauvais et de vicieux en nous ». En 1710, l'intendant Jacques Raudot s'interrogeait sur la francisation des Indiens qu'il considérait comme « un ouvrage de plusieurs siècles ». Un siècle plus tard, les administrateurs britanniques rêvent plus que jamais de voir les Indiens « marcher sur les traces de l'homme blanc ». Finalement, l'idée des « villages modèles » fait son chemin et donne naissance aux réserves. À la même époque, on met un terme à la distribution des présents.

La loi des Indiens

« Une première *Loi sur les Indiens,* adoptée en 1876, peut-on lire sur le site du ministère fédéral des Affaires indiennes, reflète l'importance qu'accorde le gouvernement à la gestion des terres, à l'appartenance aux Premières Nations, à l'administration locale et à son objectif ultime, l'assimilation des Autochtones du Canada. »

Aujourd'hui, malgré les nombreux changements législatifs qui ont été apportés – notamment en 1951 et en 1985 –, la loi de 1876 demeure essentiellement intacte. Cette *Loi sur les Indiens* demeure le principal texte par lequel le gouvernement exerce son pouvoir à l'égard des « Indiens inscrits ». Elle régit la plupart des aspects de leur vie. Ses dispositions portent sur le statut d'Indien, l'appartenance aux bandes et l'administration de celles-ci, la fiscalité, les terres et les ressources, la gestion de l'argent des Indiens, les testaments et les successions, et enfin l'éducation.

Les lacunes de la *Loi sur les Indiens* sont bien documentées. Les peuples autochtones qualifient la loi de paternaliste, tandis que le gouvernement avoue qu'elle ne constitue pas un cadre satisfaisant pour ses relations avec les Premières nations. Or, si la Loi a été un instrument d'assimilation, elle a aussi garanti certaines protections aux collectivités indiennes. Ces rôles contradictoires, ainsi que les approches différentes qu'adoptent le gouvernement fédéral et les Premières nations à l'égard de l'autonomie gouvernementale dans le nouveau cadre constitutionnel, rendent encore plus complexe la réforme de la *Loi sur les Indiens.*

En 1969, le nouveau premier ministre Pierre Elliott Trudeau, qui a des idées bien arrêtées, décide de régler la question indienne. Dans un livre blanc qui constitue un énoncé de politique, il annonce l'abrogation de la *Loi sur les Indiens,* donc l'abolition des réserves, du statut d'Indien, etc. Dorénavant, il n'y aura que des Canadiens égaux devant la loi. Malgré leurs critiques constantes envers cette loi, les Indiens y trouvent une certaine protection et des avantages. Trudeau leur promet l'égalité. Admettant que les Indiens souffrent de certains retards, il annonce que tout sera fait pour leur permettre de se rattraper.

Non seulement Trudeau reculera-t-il, mais en 1982 il introduit dans la constitution des mesures qui donnent de nouveaux pouvoirs aux Indiens. C'est à ce prix qu'ils se sont ralliés à son projet de rapatriement de la Constitution canadienne qui, jusque-là, était une loi britannique. Les Indiens avaient réussi à émouvoir l'opinion publique européenne, qui continue d'entretenir des sentiments de culpabilité devant le sort réservé aux Indiens d'Amérique.

Malgré de nombreuses commissions d'étude, la dernière, Érasmus-Dussault, ayant duré cinq ans, coûté 50 millions et produit 440 recommandations, le problème reste entier.

L'administration des réserves soulève des difficultés insolubles. Les coûts de la « question indienne » sont faramineux et ne règlent rien. La criminalité s'est installée dans certaines réserves, des revendications énormes en caractérisent d'autres, la misère est désolante et les tribunaux en ont plein les bras. Pour plusieurs observateurs, les avocats sont les seuls à y trouver leur compte. ■

✶ *Historien et éditeur, éditions Le Septentrion, Québec.*

ÉCHAPPER À L'HÉRITAGE COLONIAL ?

DENYS DELÂGE*

> Danse en habit traditionnel lors d'un Pow Wow à Mashteuiatsh au Lac-Saint-Jean.

À quand remontent les origines de notre histoire ? Aux traces retrouvées des premiers humains en Amérique, il y a de cela une quinzaine de milliers d'années, sinon davantage ? Aux 10 000 ans de l'occupation humaine du Québec ? À moins que ce ne soit aux premières traces de l'agriculture et de la sédentarisation, il y a 2 000 ou 3 000 ans ? Faut-il plutôt s'inscrire dans l'ancienne tradition historiographique qui fixe les commencements non pas à l'arrivée des nombreux pêcheurs et baleiniers dans le golfe du Saint-Laurent vers 1500 et peut-être même avant 1492, mais à celle des explorateurs mandatés par les rois pour venir prendre possession d'un morceau d'Amérique en vertu d'une mission civilisatrice et chrétienne en terres sauvages et païennes ? Tout aurait alors commencé le 24e jour de juillet 1534, à Gaspé, alors que l'explorateur malouin Jacques Cartier plante une croix à Gaspé, portant les écussons de son roi.

Que vaut une telle proclamation sans occupation effective ? Qui plus est, ce rituel d'appropriation visant l'exclusion des puissances européennes rivales par l'invocation du droit de découverte repose manifestement non seulement sur un malentendu avec les Amérindiens mais sur une tromperie. Le rapport colonial naît ici.

Et si le geste fondateur n'était pas celui de la « découverte », mais celui de l'occupation européenne permanente ? Il faudrait alors retenir le débarquement de Champlain et d'une trentaine d'hommes le 3 juillet 1608 sur la pointe de ce que les « Sauvages » désignaient par « Kebbek[1] », c'est-à-dire « détroit ». C'était en territoire montagnais (ou innu), là où se regroupaient, du printemps à l'automne, environ 1 500 Montagnais, Algonquins, Micmacs, Etchemins pour la pêche, la chasse, l'écorce de bouleau, les mariages. Les froids venus, ces nomades regagnaient leurs territoires de chasse. Les Français remplaçaient en ce lieu les premiers habitants sédentaires et cultivateurs, les Iroquoiens du Saint-Laurent qui disparurent vers 1580 à la suite d'une conjugaison de malheurs : maladies nouvelles reliées à l'unification microbienne du monde associée aux contacts transatlantiques, guerres intertribales pour l'accès à la traite des fourrures, et peut-être un refroidissement climatique. Des 28 hivernants, seuls huit hommes échapperont à la mort par le scorbut (carence de vitamine C), mais grâce à l'aide amérindienne, l'on survivra désormais aux hivers subséquents. Champlain a souligné, dans ses écrits, un grand nombre de gestes qu'il jugeait fondateurs : outre la construction de l'Abitation, les premiers défrichements et les premières semailles en ce pays où on ne semait pas, puis réalisant plus tard qu'au sud Iroquois et Hurons vivaient dans des villages entourés d'immenses champs, il fera de l'utilisation du bœuf et de la charrue le critère distinctif entre civilisation et barbarie ; il y aura ensuite la première messe en ce pays de « Sauvages » sans religion, mais pourtant animistes. Enfin, Champlain procède à un rituel officiel de prise de possession avec acte notarié, évidemment à l'insu des « Sauvages » dont la présence ne compte guère à la fois parce qu'ils sont placés du côté du « manque » et que, pour des mobiles stratégiques, on craint de les en informer. Pourtant, Québec n'a-t-il pu être fondé que parce que les Français avaient été autorisés à s'y établir, cinq années auparavant, le 27 mai 1603, par le chef montagnais Anadabijou lors d'une grande cérémonie d'alliance d'une durée de deux semaines et regroupant, près de Tadoussac, quelques Français et un millier d'Amérindiens[2] ?

Si nous retenions cette alliance de 1603 comme l'événement fondateur plutôt que la fondation de Québec en 1608, ne nous représenterions-nous pas « nos origines » sur le mode d'une rencontre fondatrice intégratrice de tous les partenaires, Amérindiens inclus, dans un « nous » collectif ? Ne serions-nous pas davantage en position d'assumer l'héritage de l'histoire coloniale qui est la nôtre avec ses malentendus fondamentaux du départ ? Et même si la mémoire continuait de privilégier l'année 1608, ne faudrait-il pas souligner davantage le rôle indispensable joué par les Montagnais pour assurer le succès de l'entreprise ? Encore que cela serait insuffisant si nous ne portions pas attention à la lutte des Montagnais pour la défense de leurs intérêts, de leur pouvoir, de leur souveraineté face aux nouveaux venus, ou à la transformation des partenaires de l'alliance dans la dynamique de la rencontre et de la conquête.

L'histoire coloniale de l'Amérique du Nord fut une histoire de conquête et d'alliance. Conquête parce qu'il s'agissait d'annexer l'Amérique pour y faire émerger une Nouvelle Europe. Alliance parce que, bien que subordonnée à celle de la conquête, une dynamique d'alliance entre Amérindiens et Européens caractérise toute l'histoire coloniale avec des modalités, voire des différences radicales entre les acteurs, et ce, selon les époques. La colonisation française en Amérique du Nord s'est toutefois distinguée des entreprises coloniales rivales par une proximité plus grande des Français et des Amérindiens, par un métissage nettement plus répandu et plus intense, sur les plans des intermariages et des transferts culturels. Cela ne relève pas d'une supposée « nature ethnique » ou du « génie colonial », mais de facteurs structurels et conjoncturels. Les Français émigrent peu et ils le font sur le mode individuel et masculin, sur des terres non occupées par des sédentaires, où leurs activités économiques et militaires les placent en position de dépendance et d'interaction avec les Premières Nations. Leur principal allié de commerce, la confédération des Hurons, est dispersé en 1650, tandis que des prix non concurrentiels obligent à aller aux devants des fournisseurs amérindiens. Le catholicisme est alors plus imbu de l'esprit missionnaire que ne l'est le protestantisme. Enfin, la nature archaïque de la société française d'alors (propriété seigneuriale, sociétés d'ordres, centralisation monarchique doublée du principe traditionnel de légitimité d'un pouvoir originant du divin), contribue à la promotion d'un modèle intégrateur des Amérindiens. En somme, tout en reconnaissant que les projets coloniaux visent la domination, le modèle colonial français se caractérise par l'intégration et le métissage, tandis que les modèles néerlandais et anglais conduisent davantage à la ségrégation[3].

Ambiguïtés de l'alliance et de la conquête : mauvais pères et faux enfants

Alliance et conquête ont constitué une dynamique qui a varié selon les systèmes coloniaux et selon les époques. Les Amérindiens avaient recours à des métaphores de parenté pour exprimer en diplomatie la nature de leurs rapports avec leurs alliés. Reprises par les pouvoirs coloniaux, ces métaphores rendent compte de la transformation du rapport colonial.

Le temps des « cousins »

« Mais, tu n'as point d'esprit, mon cousin ! » Ainsi rétorquaient fréquemment des Amérindiens aux paroles des Français venus vivre parmi eux au début du XVIIe siècle. Le peu d'esprit des Européens était à la mesure de leur incompréhension des cultures du « Nouveau Monde[4] ». Retenons, pour notre propos, la désignation des Français comme « cousins » par les hôtes autochtones. Pourquoi ce « cousinage » ? Parce que les chefs montagnais, algonquins, micmacs et hurons se jugeant égaux au roi de France, leurs « enfants » étaient donc cousins. Évidemment, la métaphore était fallacieuse puisque les pouvoirs des chefs autochtones et ceux du roi français n'étaient pas comparables, bien qu'en contexte américain, la métaphore n'était pas si inexacte qu'on pourrait le croire de prime abord.

Le « père » et les « enfants »

La métaphore des « cousins » ne durera pas. L'expression des rapports entre Français et Amérindiens fait bientôt place, dans les documents de l'époque, à la métaphore du « père » et des « enfants ». C'est le chef huron des Grands Lacs, Kondiaronk-Saretsi, qui l'exprime en 1682 alors qu'il s'adresse au gouverneur français (dont le nom générique pour les Amérindiens était « Onontio ») : « Saretsi ton fils Onontio, se disait autrefois ton frère, mais il a cessé de l'être car il est maintenant ton fils, et tu l'as engendré par la protection que tu lui as donnée contre ses ennemis. Tu es son Père et il te connaît pour tel, il t'obéit comme un enfant obéit à son père[5] ».

En cessant d'être « frère » pour devenir « fils » d'Onontio, Kondiaronk et l'ensemble des alliés amérindiens acceptaient de reconnaître au gouverneur un rôle de défenseur, de pourvoyeur et de médiateur dans l'alliance. C'est l'affaiblissement général des nations amérindiennes, à la suite des terribles épidémies du XVIIᵉ siècle, ainsi que les défaites des Hurons et de leurs alliés dans leurs guerres avec les Iroquois qui ont permis au pouvoir colonial de se hisser au-dessus des Amérindiens. Ceux-ci acceptaient désormais de s'inscrire dans un rapport filial avec le roi.

Cette tradition s'est maintenue durant toute la période coloniale française. D'ailleurs, cette représentation des Amérindiens comme des « enfants » ne s'est pas limitée au champ diplomatique. Selon les conceptions de l'époque, le degré de civilisation atteint par les sociétés amérindiennes aurait correspondu à celui de l'«enfance » de l'humanité, l'Europe plus développée ayant, bien sûr, atteint l'âge adulte de la civilisation. Cette conception de la supériorité européenne doublée de l'observation de l'« ensauvagement » des Français au contact des Amérindiens ont conduit les autorités coloniales à renoncer au projet initial « de ne faire qu'un seul peuple[6] » et en conséquence à s'objecter aux mariages interethniques. Cependant, la pratique en était depuis longtemps répandue en Acadie et elle y demeura généralisée partout dans les pays en amont de Montréal et de la Nouvelle-Orléans. Enfin, à partir de la fin des années 1740, les autorités coloniales françaises ont pratiqué à l'égard des Amérindiens une politique plus inspirée par la conquête que par l'alliance, investissant la métaphore diplomatique du père d'une connotation nettement plus patriarcale européenne, donc plus coercitive. La politique impériale se distanciait ainsi non seulement d'une tradition d'accommodement diplomatique, mais également de l'univers interculturel et métis de proximité des Amérindiens et des Canadiens (Français) des Grands Lacs et du Mississippi.

Lorsque l'historien analyse le rapport métaphorique de parenté entre Amérindiens et Européens à la lueur du rapport réel qui s'est établi entre eux, force lui est de constater que le roi-père n'a jamais été qu'un mauvais père. La politique du roi de France ne cherchait que l'établissement de son propre pouvoir et la domination des peuples soi-disant « sauvages », mais d'un autre côté, ces derniers ont aussi trouvé avantage à se définir comme des « enfants » non seulement parce que cela leur permettait de se procurer des produits modernes, mais parce que cela assurait une aide précieuse dans les guerres qu'ils livraient à leurs ennemis traditionnels. L'enjeu n'apparaissait pas toujours clairement aux Amérindiens, sauf à l'occasion de traités internationaux cédant leurs territoires à une autre puissance européenne. Émergeait aussitôt la question : « De quel droit "notre père" le roi cède-t-il notre pays à nos ennemis ? » En réalité, l'alliance franco-amérindienne s'inscrivait dans un système plus vaste, impérial et mondial dans lequel elle devenait un pion dans la logique géo-impériale. Les Amérindiens n'en avaient probablement pas eu conscience jusqu'à ce que les transactions de territoires et de zones d'influences entre empires français et anglais imposent le retrait de la France d'Amérique du Nord par le Traité de Paris (1763), ce qui a été interprété comme une trahison et un abandon par les alliés amérindiens. La cession de la Nouvelle-France fit donc apparaître au grand jour les mécanismes de conquête au travers de l'alliance d'avant la défaite française.

L'éviction de la puissance coloniale française a modifié complètement l'équilibre des forces en Amérique du Nord et les Premières Nations perdaient la balance du pouvoir qu'elles avaient tenue tant que durait l'antagonisme entre les empires. Leur force relative s'en trouvait considérablement réduite devant un ennemi qui accaparait toujours plus de terre. Formellement, la nouvelle alliance anglo-amérindienne s'inscrit dans la filiation de l'alliance franco-amérindienne, mais les rapports ne sont plus de même nature : sous le chef Pontiac, les « patriotes amérindiens », après deux années de guerre entre 1763 et 1765, n'ont pas pu empêcher l'implantation des Britanniques qui, par contre, ont dû faire d'importantes concessions avec la création d'un territoire indien, ce qui allait inciter à la révolte les coloniaux américains privés de l'accès aux terres des Appalaches.

Le régime britannique au Canada et les « enfants » attardés

Jusqu'à la fin des guerres avec la nouvelle république des États-Unis d'Amérique, les autorités britanniques ont assumé un rôle de « père » médiateur, pourvoyeur et défenseur envers leurs « enfants ». Ceux-ci leur assuraient en contrepartie un appui guerrier souvent décisif. Après 1815, avec la fin des guerres anglo-américaines, le recul de la traite des fourrures, la montée de l'immigration, l'essor du commerce du bois, l'intensification de la colonisation, le roi-père n'a désormais nul besoin de ses « enfants ». Imbu de préjugés raciaux, il les juge attardés dans les premiers âges de l'humanité. Le processus d'expropriation des terres des Indiens s'est accéléré et la politique des présents a été progressivement abandonnée. Le « père » dit qu'il a deux enfants, le rouge et le blanc, qu'il les aime également, mais qu'advenant la situation où l'enfant blanc manquerait de terres et que l'enfant rouge en aurait en trop, ce serait de son devoir de père d'en ôter « à ses enfants Sauvages pour donner aux blancs[7] ».

Devenus des intrus sur leurs propres terres, les Amérindiens invoquent l'obligation de leur « père » de les tirer de la détresse. Ils font appel au devoir moral des riches de partager leur richesse. Ils rappellent surtout la dette des « Blancs » à leur égard : alors qu'ils étaient puissants, les Amérindiens n'ont-ils pas reçu avec générosité ces premiers colons misérables, n'ont-ils pas eu pitié d'eux, ne les ont-ils pas autorisés à s'installer sur leurs terres ? Maintenant que la situation s'est inversée, c'est au tour du roi d'être le donateur, d'habiller et de nourrir ses « enfants misérables ». À l'époque de la révolte des Patriotes du Haut et du Bas-Canada pour réduire les prérogatives royales et pour obtenir un gouvernement responsable, les Amérindiens s'inscrivent dans une tout autre logique : ils demandent au roi d'être un bon « père », de les prendre en pitié. Ils ne demandent à vrai dire presque rien, simplement de maintenir la politique des présents. Ils cherchent à placer le roi dans l'obligation de donner, plus précisément de redonner (selon la logique du don et du contre-don). Ils implorent sa sollicitude.

Au bout du compte, ces faux « enfants » n'obtiennent presque rien. Leur démarche exprime d'abord leur dépendance et leur assujettissement. C'est que ce « père » que les « enfants » amérindiens invoquent n'envisage jamais que l'« enfant rouge » grandisse. L'octroi du gouvernement responsable (1848) aux Canadiens marque une étape vers la reconnaissance de leur maturité politique. Il n'en fut jamais de même pour les Amérindiens. L'« enfant rouge » ne pouvait accéder à la responsabilité qu'à la condition de renoncer à son statut d'Indien[8]. Comme toute personne mineure, il devait obtenir l'autorisation de son « père » pour vendre ou louer, pour consommer de l'alcool, pour circuler, pour intenter des actions en justice, pour s'associer, pour signer un contrat, pour voter, etc. Son affranchissement était au prix de son assimilation. Jusque dans les années 1960, un Indien qui recevait un diplôme collégial ou universitaire perdait du fait même son statut d'Indien. Encore aujourd'hui, c'est le « père », c'est-à-dire le gouvernement fédéral, à titre de fiduciaire, qui détermine le statut des descendants issus des mariages de ses « enfants rouges ».

L'affranchissement n'est donc pas encore complètement réalisé même si au cours des années 1960, les Indiens ont obtenu les libertés démocratiques individuelles et, en 1982, une reconnaissance de droits collectifs. Ils sont toujours sous la tutelle du ministère des Affaires indiennes du Canada. Cependant, cette inféodation ne résulte pas seulement d'une imposition unilatérale : les Amérindiens eux-mêmes hésitent encore à se définir comme des citoyens à part entière c'est-

> Louis-Philippe Hébert, *Algonquins*, 1916 (MNBAQ).

à-dire, au plan politique, comme des « adultes ». Le statut d'« enfant-bénéficiaire » du « père » fédéral comporte des avantages. Si la loi leur a imposé ce statut, leurs traditions et l'histoire les ont aussi incités à l'accepter et à s'y complaire.

Héritage colonial et dette

Pour les héritiers du mauvais « père », c'est-à-dire pour l'ensemble des non-autochtones du Québec et du Canada, il importe de reconnaître qu'il n'existe pas de « père » de « nos » Indiens et que, conséquemment, les Autochtones ont droit à la pleine responsabilité politique, soit la maîtrise individuelle et collective de leur destin.

Le Canada devrait-il mettre fin à toutes les politiques de promotion des Autochtones ? Certes non. Il y a effectivement à payer une dette très concrète, presque visible, qui tient à l'écart terrible que l'Histoire a creusé entre l'ensemble de la population et les Premières Nations. Cependant, ce serait reproduire le rapport colonial que de la rembourser par des politiques paternalistes qui dispenseraient les Amérindiens de leurs devoirs de citoyens. L'émancipation n'est plus envisageable sur le mode de l'ancienne aristocratie et les Amérindiens ne peuvent croire atteindre l'autonomie en jouissant de privilèges de chasse et en étant exempts d'impôts pour avoir été victimes de l'Histoire ! Il n'y a pas de sortie du rapport colonial pour les Premières Nations sans accepter les devoirs que comporte l'attribution de droits.

Cela suppose 1) de renoncer aux anciens traités pour conclure des traités contemporains plus équitables qui conduisent à l'autonomie gouvernementale et à l'accès à des ressources, 2) de rompre avec l'actuelle loi fédérale qui maintient la tutelle sur les Indiens et définit leur identité sur la base de critères généalogiques, 3) que les 80 000 Autochtones des onze nations, répartis dans près de soixante communautés et constituant 1 % de la population du Québec, acceptent de se regrouper et, enfin, 4) une aide financière considérable pour permettre aux communautés autochtones d'atteindre un niveau de développement comparable à celui de leurs compatriotes.

Des progrès substantiels ont été réalisés depuis le projet du gouvernement fédéral de 1969 visant à éteindre le statut légal des Indiens pour procéder à leur intégration-assimilation dans la société canadienne. Ceux-ci s'y sont opposés et ont réclamé la reconnaissance institutionnelle et légale de leurs identités collectives. En 1973, le jugement Calder de la Cour suprême du Canada a confirmé l'existence de droits ancestraux pour les Autochtones et, au Québec, le jugement Malouf a reconnu les droits des Cris et des Inuits sur les terres de la Baie James en

ordonnant la suspension des travaux sur les grands chantiers hydroélectriques. En 1982, les droits historiques et issus de traités des Indiens, des Inuits et des Métis ont reçu une reconnaissance formelle dans la Constitution canadienne. Au Québec, le gouvernement a conclu un premier traité moderne, la Convention de la Baie de James et du Nord québécois (1975) avec les Cris et les Inuits. Ce traité a été suivi, en 2002, d'une entente de « nation à nation » avec les Cris, la Paix des Braves, qui promeut l'autonomie, le versement de redevances, le développement durable. Les résultats s'avèrent, dans l'ensemble, nettement positifs.

> *Indians of Lorethe*, Coke Smyth (*Sketches in the Canadas*, Londres, 1840).

Il en va de même du Nunavik, territoire inuit de 50 000 km² au nord du 55ᵉ parallèle, où l'on a créé en 2007 un gouvernement régional qui, contrairement au précédent, est non-ethnique. D'autres ententes sont possibles, avec les Innus et les Attikameks particulièrement, mais les négociations sont interminables et les partenaires indiens, très divisés. Le Québec est la seule province au Canada dont le parlement ait reconnu les droits des Autochtones des onze nations habitant son territoire : Abénaquis, Algonquins, Attikameks, Cris, Hurons-Wendats, Innus (Montagnais), Inuits, Malécites, Micmacs, Mohawks, Naskapis. Par contre, l'existence de communautés historiques métisses n'y est pas encore établie.

Les difficultés demeurent, énormes. Des solutions territoriales sont nettement plus difficiles à réaliser au sud qu'au nord, encore que celles-ci, tout en étant indispensables pour assurer aux communautés l'accès aux ressources, ne sont pas des panacées dans un monde où près de la moitié des Autochtones vivent désormais en ville. Faudra-t-il rattacher un statut autochtone aux personnes vivant dans les villes ? Avec des institutions telles que des services de santé, des écoles ? Comment échapper à la « loi du sang », qui définit le statut légal des Indiens (mais pas des Inuits) ? En effet, n'étaient Indiens, jusqu'en 1985, que les descendants, dans la lignée patrilinéaire et non émancipés, des Indiens recensés en 1850 et 1851. Les Indiens ne pouvaient évidemment pas être définis par le territoire puisque l'histoire canadienne a consisté à les en déposséder ! Depuis 1985, le critère de la seule filiation patrilinéaire a été jugé discriminatoire et remplacé par un autre visant le caractère endogamique (entre Indiens) ou exogamique des mariages. Les petits-enfants de parents et de grands-parents exogames ne sont plus légalement des Indiens. Ces règles du mariage ont créé depuis 1850 deux catégories d'Indiens, certains reconnus légalement, d'autres culturellement, Indiens mais sans statut. Cela est source de tensions et de racisme tant entre autochtones qu'entre ces derniers et les allochtones.

Le difficile passage de la tradition à la modernité, l'expérience traumatisante des pensionnats par des générations successives d'écoliers coupés de leurs parents dès la première année de l'école primaire, l'exclusion sociale, la dépossession sous toutes ses formes ont, dans plusieurs communautés, conduit non seulement à l'enfermement dans une culture de la pauvreté, mais à une terrible implosion sociale, dont la sortie est bien incertaine. En certains lieux se rajoute aux dépens des populations, la corruption, le népotisme, le crime organisé. À l'évidence, le rapport colonial affecte l'âme. Il n'y aura d'issue que dans la reprise en mains, le regain de fierté, la compassion, la responsabilisa-

> Campement amérindien près de Québec, 1788 (BAC).

tion, l'autonomie et la démocratie qu'accompagneront les conditions socioéconomiques de leur réalisation. Des manifestations artistiques remarquables, des entreprises économiques modernes et d'envergure autant que des thérapies de groupes et des réalisations communautaires de toutes sortes nous informent de la possibilité de réussir et d'exceller. En somme, le pire et le meilleur renvoient à une urgence absolue : se débarrasser mutuellement du rapport colonial. ■

Notes

1 Champlain, *Œuvres*, G.-É. Giguère, éditeur, Montréal, Éditions du Jour, 1973, 3 vol., t. 1, p. 296.

2 Denys Delâge, « Kebbek, Uepishtikueiau ou Québec : histoire des origines », *Les Cahiers des Dix*, Québec, La Liberté, 2008, 24 p.

3 Denys Delâge, « L'alliance franco-amérindienne des XVIIᵉ et XVIIIᵉ siècles. Spécificités, changements de régime, mémoires », dans *Expériences et mémoires : partager en français la diversité du monde*, Bucarest, septembre 2006, p. 1-50 sur www.celat.ulaval.ca/histoire.memoire/b2006/Delage.pdf

4 Chrestien Leclerc, *Nouvelle relation de la Gaspésie*. Édition critique par Réal Ouellet, Montréal, Les Presses de l'Université de Montréal, 1999, p. 270-279.

5 Archives nationales de France, C11A-6 Fo 7v.

6 *Relations des Jésuites*, vol. 1, 1633, Montréal, Éditions du Jour, 1972, p. 28.

7 Bibliothèque et Archives nationales du Canada, RG 10, bob. C-10 999, vol. 8. p. 8 677-8 678.

8 Denys Delâge et Jean-Pierre Sawaya, *Les traités des Sept-Feux, op. cit.*, p. 157-160, 221-225, 234.

★ *Professeur retraité (sociologie), Université Laval, auteur du* Pays renversé : Amérindiens et Européens en Amérique du Nord-Est, 1600-1664 *(Boréal, 1991).*

TERRITORIALITÉ

JEAN DÉSY*

Depuis longtemps, j'ai voyagé dans le territoire de la « péninsule-Québec » (comme aime la nommer Louis-Edmond Hamelin, le géographe-linguiste), en motoneige, à pied, en ski de fond, en canot et en bateau, mais ce n'est que ces années-ci que je me suis rendu compte du sens de plusieurs de mes vagabondages, particulièrement sur les terres limitrophes de mon pays. Tant d'excursions, de périples et d'expéditions vécus depuis trente ans au moins, d'abord sur la Côte-Nord, les Moyenne et Basse-Côte-Nord, entre Havre-Saint-Pierre et Blanc-Sablon, là où j'ai côtoyé et apprécié la valeur des Canadiens français (souvent d'origine acadienne), mais aussi des *Newfoundlanders*

et des Innus, pour ensuite découvrir avec éblouissement le Grand Nord québécois, le Nunavik des Inuits, le long des côtes des baies d'Ungava et d'Hudson. J'ai traversé en ski l'embouchure du fleuve George à Kangiqsuallujjuaq, là où se manifestent certaines des plus hautes marées du monde. J'ai gravi le mont d'Iberville dans les Torngat, puis descendu en canot la rivière Koroc, du Labrador jusqu'à la baie d'Ungava. J'ai connu Kuujjuaq pour y avoir passé en motoneige lors d'un périple de 6 000 kilomètres qui m'a conduit de Québec jusqu'au lac Nachicapau, à 300 kilomètres au nord de Kawawachikamach en pays naskapi. J'ai ramassé des moules sous les glaces, à Salluit, en plein détroit d'Hudson,

> Inukshuk dans le Grand Nord québécois.

pêché des centaines d'ombles arctiques sur l'île Mansel, au nord de la baie d'Hudson, invité par mon ami Qalingo Tookalak, pêcheur et entrepreneur. J'ai chassé le caribou à Puvirnituq, pagayé sur la rivière Inukjuak et marché pendant des jours sur les plages à perte de vue de Kuujjuarapik, aux limites méridionales du Nunavik, pour ensuite arpenter le pays cri de la baie James, territoire des *Winnebeoug eeyou* (le peuple de la grande baie) à Chisasibi, Wemindji et Waskaganish, de même que le pays cri de l'intérieur, celui des *Nouchimii Eeyou* (le peuple de la forêt), à Mistissini, au pied du grand lac Mistassini, comme à Oujé-Bougoumou et Waswanipi.

Vie toute nomade que mon métier de médecin généraliste m'a permis de réaliser. Maintenant que la portion écriture-aventure a pris le pas sur le service médical dédié aux autres, maintenant que l'activité poétique est devenue mon lieu de vie le plus harmonieux, je prends conscience, entre autres choses, que l'armature mentale nomade, qu'elle soit autochtone ou non autochtone, que la structure de pensée comme la vision du monde (*Weltanschauung*) nomades diffèrent extra-ordinairement des structures mentales sédentaires et sédentaristes qui, très souvent, sont sudistes (le « Sud », par rapport au Nord québécois et pour bien des Nordistes, commence dans la vallée du Saint-Laurent, même si cette terre demeure essentiellement nordique).

Chez moi, les autochtones sont souvent d'origine nomade, et continuent de vivre leur nomadisme intrinsèque comme cela se déroule encore, particulièrement à la Baie-James, grâce à l'amélioration des conditions socioéconomiques. Pourtant, certains groupes autochtones, les Mohawks en particulier, ont développé depuis longtemps des habiletés et des habitudes nettement sédentaires. Il y a évidemment des groupes de Canadiens français, des trappeurs nord-côtiers comme des hommes et des femmes ayant choisi de vivre dans des pays de pionniers comme l'Abitibi, le Lac-Saint-Jean, la Côte-Nord, la Gaspésie et le Moyen-Nord jamésien de Matagami ou de Chibougamau, qui vivent leur existence tout en nomadisme, même au XXIᵉ siècle. Mais la grande majorité de la population « non autochtone » peuplant les rives du Saint-Laurent est sédentaire et globalement urbanisée. Cet état de fait s'est considérablement accru depuis quelques décennies, soumis à l'influence planétaire de l'*American way of life* et du rêve américain, vie d'autoroutes et de stationnements bétonnés toujours plus longs et plus larges, plus bruyants et plus gris. Un pan entier de la population contemporaine d'origine européenne, francophone, anglophone ou allophone, a oublié que dans l'histoire du Canada, à peu près au même moment où s'établissaient les colons qui souhaitaient

cultiver la terre pendant des générations, des coureurs de bois et de froid parcouraient le pays et l'arrière-pays, contribuant tout autant que les autres à inventer leur « nouveau monde ». À ce propos, il faut rappeler l'extraordinaire épopée du castor à la Baie-James, les échanges de pelleteries et les chicanes, même les guerres qui opposèrent la Compagnie de la Baie-d'Hudson et la vieille France.

> Enfants de Kujjuaq (nord du Québec) © André Perron (Wikipedia).

À force de côtoyer des Indiens (je préfère cette appellation au mot Amérindien, plusieurs Innus et Cris se désignant d'ailleurs facilement eux-mêmes de cette façon, « Indiens » d'Amérique, d'où leur facilité à prendre contact avec d'autres « Indiens », comme ceux du Mexique, du Pérou ou de la Bolivie) et des Inuits, je me suis aperçu de mon bonheur profond lorsque j'étais en leur compagnie, malgré leurs travers, malgré les difficultés toutes contemporaines qu'ils doivent affronter. Honnêtement, je crois que je suis animé par la joie auprès de bien des nomades grâce à nos connivences de structure mentale, grâce à nos affinités de vision du monde qui permettent de nous rejoindre et de nous apprécier mutuellement.

J'aime les Indiens et les Inuits parce que mon pays est le leur et que leur pays est le mien. Je suis né au Saguenay et j'ai étudié à Québec. Je le répète : ce territoire que nous habitons en y passant très souvent, sur lequel nous aimons vagabonder, qui nous a vus naître, nous berce, nous nourrit et nous recueille, demeure une véritable « terre-mère » (Gaïa) qui nous enlace, nous mord parfois, mais qui sait nous aimer comme nous, nous savons l'aimer. C'est d'abord la terre qui nous possède, avant que nous en tirions profit en tant que prédateurs, pour y survivre.

En règle générale et bien que ce ne soit pas un dogme, un nomade choisira de se retirer plutôt que de combattre quand un voisin devient trop encombrant ou trop entreprenant. Je ne prétends pas que les nomades soient sans courage. Mais devant le conflit, éventuel ou bien établi, face au voisinage devenu trop invasif (particulièrement quand l'espace physique le permet), un nomade préfère aller monter son abri ailleurs, cent ou mille kilomètres plus loin. Il en faut du courage pour décamper en pleine nuit dans la bourrasque quand on doit abandonner à peu près tout ce qui est matériel derrière soi !

Par nature et de façon traditionnelle, bien qu'à ce sujet les choses changent vite et avec d'énormes conséquences dans la péninsule-Québec, particulièrement à la Baie-James, le partage du territoire fait partie des mœurs nomades. Tout nomade apprécie que son espace vital demeure accessible et, d'une certaine manière, protégé. Un nomade est plus heureux quand il n'aperçoit pas la galerie ou le toit de la cabane de son voisin. En règle générale, on respecte un certain « espace vital » entre chaque lieu d'habitation chez les nomades. Lorsque surviennent de trop nombreux inconnus, surtout s'ils sont habités par des structures mentales sédentaristes, le nomade prend son grabat et marche, en direction d'un autre lieu, souvent plus isolé, perdu en nature, mais aussi souvent plus pauvre en ressources vitales.

Lorsqu'un gibier est tué en territoire nomade, il appartient de fait à tous ceux et celles qui passent, pas seulement au chasseur lui-même. Toute nourriture appartient à ceux et celles qui ont faim, qui sont vieux ou malades et qui ne peuvent partir eux-mêmes à la chasse. La notion de partage est intégrée aux structures mentales nomades. Le gibier est comme la terre, appartenant à tous ceux et celles qui habitent cette terre, même momentanément. Un nomade est content quand il peut librement déguerpir. Vers où ? Peu importe ! Le « voyage en soi » suffit. « L'idée » et l'imagination entourant une *voyagerie* ou un voyagement l'emportent sur le but poursuivi. Bien sûr, quand il est question de survie immédiate, une direction peut être imprimée par le troupeau de caribous qui passe, par un rêve nocturne qui mène directement l'affamé jusqu'à la ouache d'une ourse endormie. Pourtant…

Par structure mentale intrinsèque, un nomade considère mal que quelqu'un puisse acheter la terre qu'il habite. Il est rare, dans le mode de pensée ancestrale qu'un nomade parle d'emblée de « sa » terre ou qu'il se considère propriétaire d'un canard ou qu'il dise : « Ça, c'est « ma » cuisse d'orignal ! La vision nomade est plus socialisante (je dirais même « communisante ») que capitaliste. Il n'est pas surprenant que toute forme de négociation entre des groupes sédentaires, qui ont pour habitude d'occuper un territoire avant ou après l'avoir acheté, pour y vivre, l'exploiter ou le revendre, soit si ardue. L'histoire de mon pays français d'Amérique (comme de tant de pays partout dans le monde) est peuplée de contrats qui n'ont jamais été respectés, de traités oubliés, de dialogues pourris par une langue de bois, de jambes cassées, de tractations vicieuses et de vols légalisés.

Pour un nomade, toute frontière n'est toujours que temporaire. Une frontière est parfois géographique – il y a de véritables mers à traverser – ou climatique, – quand les grands lacs dégèlent ou que les rivières *s'enslochent*. Le mot « frontière » lui-même est souvent ambigu chez les nomades. La limite, le but glorieux ou l'encerclement ne font pas partie des manières nomades paisibles et harmonieuses d'envisager l'existence. Jean-Charles Piétacho, chef de la communauté d'Ekuanitshit, à Mingan, sur la Moyenne-Côte-Nord, rappelle que « le mot qu'il faut utiliser aujourd'hui est bien le mot coexistence des peuples sur un territoire. Nous, nous ne croyons pas en la propriété individuelle. Même le mot propriété n'existe pas dans notre langue. Les Innus occupaient un territoire, en faisaient la gestion, ils allaient dans le *Nutshimiu* et effectuaient des échanges entre eux. Ils changeaient d'endroit selon la disponibilité des ressources animales et végétales…[1] »

> Pond Inlet, Nunavut.

Il est fascinant de croiser des familles cries qui ont pris la décision soudaine de partir avec armes et bagages, avec grand-mère et grand-père, enfants, oncles et petits-enfants. On jette les paquetages dans une ou deux camionnettes, puis on part ! Le voyage les emmène chez d'autres bohémiens d'Amérique, à partir du grand lac Mistassini jusqu'au village de Wemindji ou de Waskaganish, sur les côtes de la baie James, cinq cents kilomètres plus loin. Mais les migrants vont faire trois, quatre ou cinq arrêts prolongés chez des parents ou des amis, le long des nouvelles routes du Nord, dans des cabanes aux allures de campements temporaires, mais où constamment bout une eau pour le thé, là d'où les chasseurs, pêcheurs et cueilleurs partent à tout bout de champ en randonnée. Au solstice d'été, que d'excitation quand tout le monde décampe pour aller fêter sur certains sites ancestraux, sur les bords du lac Waswanipi par exemple, avant de repartir magasiner en Abitibi, à Val d'Or ou à Rouyn-Noranda !

En conclusion, considérons que deux visions du monde s'opposent, bien qu'elles demeurent, j'en suis convaincu, tout à fait harmonisables. Sans cette harmonisation obligatoire, l'avenir paisible de mon pays pourrait être remis en question. Pour un Sudiste habitant les rives du Saint-Laurent, dont les origines furent très souvent européennes, la terre et l'être l'humain demeurent des entités distinctes qui font en sorte que le sol peut être acheté, travaillé, aimé ou spolié, mais toujours dans un rapport de distanciation entre le lieu lui-même et celui ou celle qui finit par le posséder. Il en va autrement pour les autochtones nomades et nordistes, bien que plusieurs non-autochtones (sudistes ou nordistes) possèdent des structures mentales essentiellement nomades, la terre, *nuna*, en inuktitut, *innu aitoun*, en montagnais, faisant partie de leur être, de façon holiste et non sectorielle.

Bien comprendre cet état de fait ne peut que conduire à de réelles avancées dans les futurs rapports qui s'établiront entre les différents groupes humains peuplant un espace qui, dans l'ensemble, demeure nordique. Et cette harmonisation, entre autres choses, passe par le métissage, sinon la « métisserie » qui embrasse toute la gamme des associations humaines plus que le seul métissage ethnique. ■

Note

1 Jean-Charles Piétacho, dans une correspondance avec Laure Morali, dans *Aimititau / Parlons-nous*, Montréal, Éditions Mémoire d'encrier, 2008, p. 265.

★ *Écrivain et médecin généraliste.*

LA NOUVELLE SOCIÉTÉ QUÉBÉCOISE EN DEVENIR

SIMON LANGLOIS*

Société tricotée serré pour les uns, société dont la diversité a trop longtemps été occultée pour les autres, le Québec n'a pas échappé à la nécessité de réinterpréter périodiquement son existence, comme le montrent les débats nombreux qui ont marqué son histoire. Le Québec est entré dans le XXᵉ siècle en se situant dans l'espace du Canada français (années 1900), revendiquant le statut de nation cofondatrice du Canada binational rêvé par les élites canadiennes-françaises de l'époque ; il a quitté le XXᵉ siècle dans l'espace de la société québécoise, dans l'espace d'une nation francophone refondée s'inquiétant de l'état de sa démographie, de l'intégration de ses nombreux immigrants à la majorité francophone et se questionnant sur la place de l'anglais, langue parlée par l'importante minorité nationale anglo-québécoise, mais aussi langue du continent nord-américain, sans oublier les inquiétudes soulevées par la crise de l'emploi en régions ressources et, questions plus terre-à-terre, le sous-entretien des infrastructures publiques et le financement du système de santé.

Nous nous proposons de cerner les contours de ces débats qui marquent l'espace public québécois dans les premières années du nouveau millénaire, alors que la capitale du Québec fête ses quatre cents ans d'existence. Ces débats, ces lectures et ces interprétations que la société élabore sur elle-même sont en lien étroit avec les structures sociales et économiques de l'époque qu'il faut aussi rappeler en parallèle pour mieux les comprendre et les analyser, car les discours publics dominants ne sont jamais indépendants des éléments de la morphologie sociale. Ainsi, s'il est tant question de financement de soins de santé, c'est que la population vieillit et si la question des accommodements raisonnables occupe le devant de la scène, c'est que la composition de la population change dans la foulée de l'immigration. Éléments discursifs et éléments de la morphologie doivent donc être présentés en parallèle.

La démographie en mutation

Comme bien d'autres sociétés occidentales développées, le Québec est engagé sur la voie d'un vieillissement de sa population, à mesure que progresse en âge la génération très nombreuse des babyboomers. Les premiers-nés de cette génération d'après-guerre (celle de 1939-1945) auront 65 ans en 2010, mais déjà nombre d'entre eux ont pris leur retraite. Leur poids dans l'ensemble de la population est encore plus faible que celui des aînés caractérisant la Suède, la France ou le Japon, par exemple, mais il ne fera qu'augmenter dans les années à venir. Par ailleurs, on observe déjà des pénuries de travailleurs dans certains secteurs de l'économie et dans certaines régions du Québec, conséquence de la dénatalité des derniers trente ans. Soulignons que le taux de chômage est déjà en forte diminution (autour de 6 %), alors qu'il était élevé depuis plus de quarante ans. Le premier défi qu'aura donc à relever la société québécoise est celui de la démographie.

En fait, la distribution de la population québécoise ne forme plus une pyramide, mais elle a plutôt pris la forme d'un cottage anglais à deux étages, ce qui signifie que les diverses générations qui coexistent ont des poids relativement semblables dans la société, un fait nouveau dans l'histoire, même si les générations nées entre 1945 et 1960 sont numériquement un peu plus nombreuses. Ce fait mérite d'être souligné, car cela signifie qu'une génération en particulier ne peut pas imposer ses plans à l'ensemble de la société, contrairement à ce qui se passait lorsque les babyboomers avaient vingt ans. Certains analystes soulignent que le poids des jeunes de moins de vingt ans diminue par rapport au passé. C'est exact, mais ce n'est là qu'un retour à la normale, car c'est plutôt le surnombre des jeunes dans les années 1960 et 1970 qui était exceptionnel.

La natalité a cependant remonté dans les années 2000 – certains parlent même d'un mini baby boom –, ce qui donne en ce moment une descendance d'environ 1,65 enfant par femme en âge d'enfanter. La mise en place d'une politique familiale intégrée semble avoir donné des fruits intéressants, au point où celle-ci est observée de près dans les autres provinces du Canada, et même à l'étranger. La politique familiale québécoise s'articule autour de trois mesures centrales : des garderies à prix accessibles pour les familles dont la gestion est décentralisée, un régime de congés parentaux accessibles aux mères mais aussi aux pères – qui sont de plus en plus intéressés par la formule – et des crédits fiscaux avantageux pour les familles, privilégiant le travail salarié des mères contrairement à l'ancienne formule des allocations familiales. Le revenu net des familles avec enfants est en conséquence plus élevé au Québec qu'ailleurs au Canada, résultante de ces politiques qui ont ciblé l'aide aux jeunes familles.

Les Québécois vivent de plus en plus en milieu urbain et un certain nombre de régions sont en décroissance démographique. Le phénomène ira en s'accentuant dans d'autres régions, mais les dernières données laissent entrevoir un ralentissement de la décroissance des populations dans les régions, qui devraient atteindre une sorte de plancher qui stoppera le dépeuplement.

Économie des ressources en crise et développement territorial

Les régions ressources du Québec font face à d'énormes défis sur le plan économique, en particulier les régions qui dépendent de la forêt. L'épuisement de la ressource à proximité et la surexploitation industrialisée des forêts, sans oublier la mauvaise gestion du reboisement ont accentué les difficultés causées par des facteurs externes comme les entraves à l'exportation du bois aux États-Unis. Un grand nombre de villages et de petites villes vivent une crise économique importante, ce qui incite les plus jeunes à quitter ces milieux vers d'autres horizons plus favorables. Les villes minières et celles qui dépendent de grandes industries de transformation des métaux (Noranda, Alcan, Alcoa) s'en sortent mieux, mais là encore les emplois bien rémunérés d'autrefois subissent la concurrence de pays émergents (Brésil, Chine, Russie), ce qui crée des pressions à la baisse sur les salaires versés. Bref, le passage à l'économie du savoir et au capitalisme cognitif implique de difficiles réalignements dans les économies régionales du Québec, alors que les secteurs les plus dynamiques se retrouvent en ville (dans la grande région montréalaise surtout, mais aussi en Estrie, dans l'Outaouais, à Québec et dans les métropoles régionales en croissance).

Mais tout n'est pas noir, au contraire. Il existe au Québec un bon nombre de réussites en matière de développement territorial. « La traditionnelle différenciation rurale-urbaine se serait estompée ; elle fait |maintenant place à une forte différenciation au sein des milieux ruraux dont la caractérisation est un des défis actuels des études rurales[1] ». Bruno Jean et Pierre-André Julien, par exemple, insistent sur les facteurs locaux qui contribuent au développement (comme les relations de confiance dans le milieu, le dynamisme de l'entrepreneuriat local, la mobilisation des élites, la capacité à attirer et intégrer des immigrants, etc.). Sur ce plan, plusieurs régions du Québec, qui ont été aux prises avec des difficultés par le passé, sont devenues de véritables laboratoires de développement durable qui mériteraient d'être mieux connus, comme l'indiquent les analyses publiées dans un numéro récent de la revue *Recherches sociographiques* (no 3, 2006) sur le développement territorial.

La langue française (encore elle !)

La question de la langue est aussi inévitable au Québec que les impôts et la mort l'étaient pour un célèbre économiste britannique. Qu'en est-il en 2008 ? Quel bilan dresser sur la situation ?

La Charte de la langue française (communément appelée Loi 101) poursuivait plusieurs objectifs : franciser les lieux de travail et permettre aux Québécois de travailler en français, scolariser en français les enfants d'âge scolaire (au primaire et au secondaire), donner un visage français à l'espace public (l'affichage, par exemple) et, plus largement, faire du français la langue d'usage commun dans l'espace public. Contrairement à ce que pensent certains, la loi n'avait pas de portée identitaire mais le législateur entendait plutôt faire respecter les droits de la majorité francophone (dans le respect des droits de la minorité nationale anglophone) tout en visant à intégrer les nouveaux arrivants à la majorité francophone par le biais de l'école commune, la langue de travail et la langue partagée dans l'espace public. Contestée à l'origine, la Loi 101 a finalement mieux été comprise, même par ses opposants, sauf par une poignée d'irréductibles, et elle est considérée aujourd'hui comme tout à fait légitime, ayant été qualifiée « de grande loi canadienne » par Stéphane Dion, actuel chef du Parti libéral du Canada. Des intellectuels de réputation internationale comme Michael Ignatieff ou Will Kimlicka ont atténué leurs analyses critiques formulées dans les années 1980 en reconnaissant les mérites et, surtout, la légitimité de cette entreprise de francisation. Faut-il rappeler que le Parlement du Canada a reconnu l'existence de la nation québécoise dans une résolution adoptée en 2007, nation dont les contours nouveaux sont dessinés par cette loi 101, en phase avec les perspectives contemporaines nouvelles des nations refondées et inclusives, ouvertes à l'accueil des nouveaux arrivants et respectueuses des droits individuels.

Trente ans après son adoption, les objectifs fixés par la Loi 101 ont-ils été atteints ? Répondre à cette question exigerait un livre entier, aussi esquisserons-nous quelques pistes pour baliser la réponse.

Les travaux disponibles donnent à penser que la francisation des grandes entreprises québécoises est largement effectuée. En 2007, 80,7 % des grandes entreprises de 50 employés ou plus avaient reçu leur certificat de francisation de l'Office québécois de la langue fran-

çaise. La proportion était de 71 %, dix ans auparavant, moindre encore dans les années antérieures. Les derniers 20 % sont soit en application de programme de francisation approuvé par l'Office (8,7 %) ou encore en évaluation par l'Office (10,6 %). On estime que cette part de 80 % d'entreprises certifiées est presque le maximum possible, compte tenu qu'il y aura toujours des entreprises en évaluation ou en application de programme. En trente ans, le Québec a atteint un objectif important, soit de créer des milieux de travail francisés dans ses grandes entreprises. Bien sûr, il reste des secteurs où la loi est difficilement appliquée (dans l'aéronautique, par exemple), mais les négociations se poursuivent souvent avec l'appui dynamique des syndicats. La langue anglaise est bien présente dans les grandes entreprises – mondialisation et libre échange obligent –, mais le droit de travailler en français est maintenant acquis dans la majorité des grandes entreprises.

La situation dans les petites entreprises est quelque peu différente, notamment dans l'île de Montréal. La loi 101, qui prévoit la délivrance de certificats de francisation, ne s'y applique pas (mais ce n'est pas le cas pour la langue d'affichage, qui doit être respectée) et les journaux font régulièrement état de cas, plus ou moins isolés, qui retiennent l'attention. Rappelons que se retrouvent fréquemment dans ces petites sociétés des travailleurs immigrants qui ont souvent une connaissance limitée du français. Cependant, la vigilance des consommateurs et des usagers crée une pression en faveur de l'usage du français. Sans verser dans une vision jovialiste des choses, il faut souligner que la pression est forte en faveur d'un usage accru du français dans les lieux où se posent des problèmes comme ceux qui retiennent l'attention des médias dans l'île de Montréal.

Le français est-il devenu langue de travail ? Cela dépend du lieu de travail (Montréal ou le reste du Québec) et de la langue maternelle. Le recensement de 2001 donne le portrait suivant de la langue de travail, que nous évoquerons dans les grandes lignes[2]. Au Québec, 92,8 % des francophones (langue maternelle) travaillent principalement en français et 68,7 % des anglophones travaillent principalement en anglais. Dans l'île de Montréal, les proportions sont de 84,9 % des francophones qui travaillent en français et 74,3 % des anglophones qui travaillent en anglais principalement. On le voit, une majorité des anglophones du Québec peuvent travailler principalement dans leur langue et la pression de l'anglais sur les francophones est plus forte à Montréal. De leur côté, les allophones sont partagés entre les deux langues de travail. Au total, 42,7 % d'entre eux travaillent principalement en français dans tout le Québec, contre 35,4 % en anglais principalement, alors que 12,2 % utilisent les deux langues (anglaise et française). Dans l'île de Montréal, les proportions sont de 40,1 % et 38,9 %, donc assez proches de l'ensemble. On le voit, les allophones sont tiraillés entre deux mondes linguistiques sur le marché du travail, qui est souvent la clé qui influence l'adoption d'une autre langue au foyer chez les immigrants. La langue de travail affecte-t-elle l'adoption de la langue parlée au foyer chez les immigrants qui font une substitution linguistique dans leur vie privée ? Répondre avec certitude à la question est difficile, mais de bonnes indications donnent à penser que la langue du travail et la langue de l'espace public ont un effet sur la sphère privée. Ainsi, 89 % des immigrants de langue tierce qui travaillent en français et vivent dans un espace francophone (hors Région métropolitaine de Recensement de Montréal) qui comprend cependant l'Outaouais ont adopté le français à la maison lorsqu'ils ont fait une substitution linguistique, mais la proportion baisse à 66,3 % dans la RMR de Montréal. Par contre, les immigrants qui travaillent en anglais ont adopté plus souvent l'anglais dans la sphère privée dans la RMR de Montréal (87,5 %) contre 78,9 % dans le reste du Québec. Tout porte à croire que la langue parlée au travail joue un rôle non négligeable dans l'adoption d'une autre langue par les immigrants, ce qui accentue l'importance que le Québec continue de favoriser, par ses interventions et ses politiques linguistiques, l'usage du français dans l'espace public et sur le marché du travail.

La scolarisation des enfants au primaire et au secondaire se fait obligatoirement en français au Québec, sauf pour les ayant « droits » de la minorité anglophone et des Canadiens anglais qui migrent vers le Québec, qui peuvent fréquenter les institutions scolaires anglophones. Une partie importante de ces derniers décident cependant librement de fréquenter plutôt les institutions de langue française.

Les enfants de la Loi 101 (comme on appelle familièrement les écoliers et les étudiants issus de l'immigration et qui ont fréquenté l'école française) ont le libre choix de la langue d'enseignement lorsqu'ils atteignent le postsecondaire (le cégep) et l'université. Au total, 57 % des finissants du secondaire de langue maternelle autre que la langue française ou anglaise avaient choisi de poursuivre leurs études en français au cégep en 2006, une proportion jugée trop faible par certains militants de la francisation du Québec qui recommandent que soit étendue au cégep la scolarisation obligatoire en français, ce que l'État québécois a toujours refusé. Les dernières données du ministère de l'Éducation, du Loisir et du Sport (MELS) indiquent aussi qu'une proportion grandissante des diplômés du secondaire de langue maternelle française poursuivent leurs études en anglais au collège, soit 7,9 % de l'ensemble en 2006, ce qui représente une croissance de 61,2 % de leur proportion des diplômés, au point où il est possible de parler d'un certain engouement pour les études postsecondaires en anglais chez les francophones. Globalement, le secteur anglophone aux niveaux postsecondaire et universitaire est en pleine croissance sur le plan des effectifs. Ainsi les universités de langue anglaise du Québec attirent 28 % de tous les étudiants inscrits au Québec et leur part est en croissance.

L'étude des pratiques culturelles des Québécois indique aussi que ces derniers sont friands de spectacles et produits culturels anglophones. D'après la dernière enquête sur les pratiques culturelles des Québécois (2004)[3], 72,1 % avaient assisté à des spectacles uniquement en français au cours de l'année (55 % des Montréalais), 9,3 % uniquement à des spectacles en anglais et 18,6 % à des spectacles donnés dans l'une ou l'autre langue. La part des spectateurs qui privilégient seulement des spectacles en anglais est évidemment plus grande à Montréal (20 %). L'enquête de 2004 montre aussi que les Québécois francophones lisent des livres régulièrement moins souvent (58,3 %) que les Québécois anglophones (67,1 %). On ne sera pas surpris d'apprendre que la langue d'écoute des chansons populaire est très souvent l'anglais, principalement chez les jeunes auditeurs : le tiers des jeunes Québécois écoute des chansons surtout en anglais et 54 % dans les deux langues indifféremment. Enfin, dernier indicateur, l'assistance à des projections de films diffusés en français a progressé de manière remarquable en vingt ans. C'est là un phénomène à souligner. D'après les compilations de l'Institut de la statistique du Québec, 53,8 % de toute l'assistance qui avait fréquenté un cinéma avaient assisté à une projection de films en français en 1985 et cette proportion est monté à 73,7 % en 2005, une hausse considérable en vingt ans[4]. Le développement du cinéma commercial et la sortie de « blockbusters » québécois francophones expliquent en bonne partie cette croissance du cinéma francophone au Québec.

Les Québécois sont aussi de friands consommateurs de télévision : les francophones regardent la télévision 23,8 heures en moyenne par semaine et les anglophones, 20,6 heures. Il faut noter que les francophones le font en français, selon les audiomètres, soit à 93,3 % en 2005 contre 88,1 % en 1988[5].

L'offre culturelle francophone est importante au Québec dans tous les domaines. Celle-ci a sans doute atteint le maximum de son développement (ou sa vitesse de croisière) dans le secteur de la télévision. L'industrie du cinéma québécois francophone a connu un développement important dans les dernières années, l'industrie du livre se porte bien d'après nombre d'indicateurs même si une partie de la population francophone lit peu, la presse francophone commence à attirer davantage de lecteurs immigrés en sol québécois et de langue maternelle autre que française ou anglaise. Par contre, la chanson anglophone concurrence plus vivement la chanson de langue française. Les Québécois francophones supportent leurs artistes et leurs médias parlant la même langue qu'eux, mais ils n'hésitent pas à consommer à l'occasion ou fréquemment des produits culturels accessibles en anglais. Les enquêtes sur les pratiques culturelles montrent enfin que les immigrants et les Québécois de langue anglaise consomment de leur côté davantage de produits culturels en français, ce qui est en lien avec la francisation du Québec évoquée plus haut.

Des institutions en question et des politiques profitables

Comme toute société, le Québec doit revoir périodiquement les orientations de ses institutions. Plusieurs questions sont à l'ordre du jour, en lien avec les changements morphologiques esquissés plus haut.

Le financement – et surtout l'organisation – des soins de santé de la population québécoise en inquiète plus d'un et la pression est forte d'ouvrir la porte au secteur privé, comme c'est le cas en France, par exemple. La question est rendue plus complexe par la montée des coûts qu'engendre le développement rapide des soins spécialisés et de la technologie dans le champ de la santé. Il en va de même pour l'enseignement universitaire et postsecondaire, qui souffre de sous-financement au Québec. Une question de fond est débattue sur la place publique : qui paiera pour l'enseignement supérieur et pour les soins de santé ?

La réforme des programmes dans les ordres d'enseignement primaire et secondaire refait périodiquement surface et les années 2000 n'y échappent pas, le Québec étant engagé dans la tourmente de la critique des programmes mis en place au tournant du siècle et dont les effets commencent à inquiéter les parents qui prônent un retour à l'acquisition de connaissances et non pas seulement à l'apprentissage de compétences.

La laïcité des institutions publiques est revenue à l'ordre du jour dans la foulée des débats sur l'intégration des immigrants à la majorité francophone. Voilà qu'a refait surface dans les années 2000 une question que plusieurs croyaient réglée dans le Québec de l'après-Révolution tranquille. En fait, les discours des nouveaux arrivants sur la religion – dont certains revendiquent la reconnaissance des symboles religieux dans la sphère publique, comme le port du kirpan ou du voile islamique, et même une place pour leur religion dans le droit par exemple – ont mis les Québécois devant de nouvelles réalités qu'ils doivent gérer avec des points de repères nouveaux, comme c'est le cas ailleurs dans le monde. Les travaux des spécialistes sur la question indiquent que les accommodements et aménagements individualisés au quotidien dans les institutions et milieux de travail à Montréal (là où se posent *de facto* ces questions) ne posent pas de difficultés. En fait, il y a comme une sorte de hiatus entre certains discours alarmistes tenus sur la place publique (notamment celle de Hérouxville, maintenant bien connue !) et les pratiques quotidiennes dans les milieux concernés où cela se passerait plutôt bien. Ces éléments ont fait l'objet de débats et discussions à l'occasion de la Commission Bouchard-Taylor, dont il sera question plus loin.

Plus tardivement que d'autres, les Québécois apprennent à composer avec la présence de l'Autre, avec la présence de nouveaux « autruis significatifs » pour parler comme le sociologue Herbert Mead, de même que les nouveaux arrivants doivent eux aussi de leur côté s'adapter et s'impliquer dans de nouveaux milieux de vie et de travail en découvrant le visage français de la société d'accueil, qui exige aussi très souvent la connaissance fonctionnelle de l'anglais, à Montréal du moins.

La question du financement des partis politiques avait occupé beaucoup de place dans le dernier tiers du XXe siècle. Elle n'est plus d'actualité depuis que l'État a assaini les mœurs politiques et depuis qu'il rembourse en partie les dépenses électorales qui sont par ailleurs contrôlées. Elle a été remplacée par un autre enjeu autour duquel il n'y a pas de consensus clair : la représentation proportionnelle, qui est l'objet de revendications de plus en plus marquées. À cette question s'en ajoute une autre qui commence à poindre : la représentation des régions peu populeuses et celle des nations amérindiennes.

Si vives pendant un demi-siècle, les discussions constitutionnelles sur le statut du Québec au sein du Canada sont au point mort et elles ont été remplacées par la négociation d'accords financiers et budgétaires négociés à la pièce (péréquation, financement des infrastructures, accord sur les soins de santé, etc.) entre le gouvernement fédéral et les gouvernements provinciaux. C'est là un changement majeur dans le paysage politique, par comparaison avec le passé récent. La Chambre des Communes canadienne a reconnu l'existence de la nation québécoise en 2007. Tout se passe comme si la réalité sociologique de la dualité nationale si souvent commentée par les élites canadiennes-françaises depuis un siècle avait fini par trouver place dans les représentations sociales au Canada anglais et en particulier sur la Colline parlementaire, qui domine la rivière des Outaouais. Reste à voir comment cette reconnaissance se traduira en amendements à la Constitution du Canada, dont le Québec n'est toujours pas signataire.

Bien des difficultés apparaissent à l'horizon des changements à apporter aux institutions et à leur modernisation. Quelques succès méritent cependant d'être signalés, comme la signature de la Paix des Braves entre le gouvernement du Québec et les Cris, premier traité moderne signé entre une nation amérindienne et un gouvernement en place, qui passe pour être un modèle du genre, ou encore la mise en place du gouvernement régional au Nunavik, le territoire nordique du Québec où vivent les Inuits. Il en va de même pour la politique familiale évoquée plus haut, qui correspond aux attentes des jeunes familles, et pour la mise en place d'un régime public d'assurance-médicaments, deux politiques qui font l'envie d'autres provinces canadiennes.

Enfin, il faut rappeler que le Québec est probablement la province canadienne la plus sociale-démocrate dans les années 2000. L'État-providence est critiqué de manière trop rapide et il est impossible de parler de désengagement à l'examen objectif des données statistiques et des indicateurs pertinents. On observe au Québec une autre belle illustration du paradoxe bien tocquevillien de l'extension marquée des aspirations à l'égalité lorsque celle-ci progresse. Ainsi la critique de l'État-providence québécois est-elle particulièrement vive alors que sont mises en place un grand nombre de politiques publiques progressistes dont plusieurs ont été évoquées plus haut, comme la mise en place du régime d'assurance-médicaments, du régime de congés parentaux, de programmes d'équité salariale entre les femmes et les hommes, le financement public d'un réseau de garderies, les politiques de développement territorial, le faible accroissement des frais de scolarité à l'université, etc.

Un exemple en particulier mérite d'être signalé : l'adoption de la politique anti-pauvreté par l'Assemblée nationale en 2002. Le Québec est probablement la province canadienne qui fait le plus sur ce plan, et les manières nouvelles de comptabiliser les statistiques mesurant la pauvreté indiquent que l'intervention de l'État est efficace et que les politiques publiques atteignent leur objectif. La nouvelle mesure de pauvreté basée sur le panier de consommation (MPC) développée par le ministère fédéral des Ressources humaines, en collaboration avec Statistique Canada, indique en effet que le Québec est la province canadienne qui compte le taux de pauvreté le plus faible, une bonne nouvelle qui a cependant peu retenu l'attention des médias.

Bref, l'État québécois et l'État canadien ont de la difficulté à réformer les grandes institutions du pays (la gouvernance des nations autochtones, le Sénat, le statut constitutionnel du Québec, les pouvoirs de dépenser, la place du secteur privé), mais ils réussissent à adopter des politiques publiques qui sont efficaces.

Les valeurs québécoises

Plusieurs analystes des valeurs ont eu tendance à occulter ou à minimiser l'importance des valeurs traditionnelles et du conservatisme au Québec dans le dernier tiers du XXe siècle. Certains ont même présenté la société québécoise comme un exemple typique de société postmoderne marquée par la laïcité, la domination des valeurs féministes et progressistes, la valorisation de l'égalité, la défection vis-à-vis de la religion catholique et la redéfinition de l'appartenance nationale en un sentiment national nouveau, aseptisé, civique, presque sans conscience historique. Or, les débats publics et l'élaboration de nouveaux discours idéologiques dans les années 2000 ont montré qu'il n'en n'était rien et que le Québec était bel et bien une société comme les autres, marquée par des clivages idéologiques et des clivages de valeurs profonds qu'on avait eu tendance à minimiser. Il existe une droite conservatrice au Québec qui est parvenue à s'exprimer dans les urnes lors de plusieurs élections provinciales et fédérales, et les élites traditionnelles catholiques ont fait entendre une voix qui n'est pas sans rappeler certains discours d'un passé qu'on croyait révolu.

Les débats qui ont entouré les travaux de la Commission Bouchard-Taylor sur les accommodements raisonnables dans la seconde moitié de l'année 2007 ont bien illustré la diversité des systèmes de valeurs qui coexistent au sein de la société québécoise, mais aussi l'existence de consensus nouveaux qui sont maintenant acquis. De ce côté, il faut noter que la question de l'égalité entre les femmes et les hommes est maintenant une valeur largement partagée qu'il sera difficile de remettre en question dans toutes les sphères de la société. Si l'égalité parfaite entre les sexes est encore loin d'être acquise, il faut reconnaître que la valorisation de cet objectif et l'appui donné aux mesures adoptées en vue de l'atteindre (comme l'équité salariale ou les congés parentaux) ne font plus de doute. Il en va de même pour le respect des droits de la personne, largement accepté dans la foulée de l'adoption des chartes des droits et même des questions aussi sensibles que le droit à l'avortement ne suscitent plus de débats acrimonieux sur la place publique, contrairement à ce qui se passe aux États-Unis, par exemple. De même, la laïcité des institutions est acceptée, mais les Québécois entendent continuer à conserver les symboles religieux réinterprétés comme des éléments de la culture québécoise (la croix sur le Mont-Royal à Montréal, les chants de Noël dans les écoles, l'angélus qui sonne à midi et même le crucifix de l'Assemblée nationale, dont certains, plus nombreux, contestent cependant la pertinence au sein de l'institution, alors que ses défenseurs y voient d'abord un symbole culturel avant tout).

Conclusion

Il apparaît de plus en plus évident que le Québec est devenu une société plus différenciée, plus hétérogène sur tous les plans, que par le passé. Les observateurs canadiens-anglais qui étaient nombreux à étudier la société québécoise dans la seconde moitié du XXe siècle s'étaient plu à la décrire et à la caractériser comme une société tricotée serré et assez homogène. Assez curieusement, plusieurs analyses d'auteurs francophones – surtout dans les années 1980 et 1990 – avaient de leur côté insisté sur les traits modernes du Québec contemporain, présenté comme un exemple de société ouverte et laïque, assez consensuelle sur le plan des politiques sociales et de la place de l'État, mais une société divisée cependant quant à son avenir constitutionnel. Or, cette vision est elle-même maintenant battue en brèche car les années 2000 ont montré que la société québécoise était elle aussi – comme toute autre société d'ailleurs – divisée, mais selon des lignes de fracture qui lui sont propres.

Rappelons les exemples de débats évoqués plus haut qui illustrent ce fractionnement. L'avenir constitutionnel du Québec divise toujours les indépendantistes et les fédéralistes, mais l'ancien « affirmationisme » canadien-français a refait surface avec la montée de l'Action démocratique du Québec. Des groupes de droite ont maintenant une nouvelle visibilité et la gauche plus dure s'est donné un nouveau parti politique, Québec solidaire. Deux visions de la nation s'opposent, même si la notion de nation québécoise fait maintenant consensus, car les élites s'interrogent sur la place à donner à l'ancien « nous » canadien-français, que certains avaient peut-être trop vite enterré. Le rôle de l'État est remis en question et de nouveaux modèles pour les politiques publiques sont en discussions vives dans tous les milieux, que ce soit sur la façon de dispenser les soins de santé ou sur la gestion des ponts et chaussées. Même la voix de l'Église – qui s'était tue depuis la fin de la Révolution tranquille – se fait de nouveau entendre, ce qui a forcé les voix laïques à reprendre elles-mêmes du service.

Bref, la société québécoise se prépare à vivre une période qui sera marquée par les idées, les sentiments et les actions des générations qui suivent celle des babyboomers, qui commencent à penser plus concrètement à prendre leur retraite. Un nouveau maire vient de s'installer à la tête de la ville de Québec et le chef de l'opposition officielle à l'Assemblée nationale de Québec a moins de 40 ans, prélude d'un renouvellement des élites et des tenants du pouvoir dans bien d'autres sphères que le politique.

Le Québec serait mûr pour une autre Révolution tranquille et pour une autre entreprise de réorientation de son devenir collectif. L'avenir de la société québécoise sera façonné par les mutations que nous avons esquissées plus haut, certes, mais celle-ci devra aussi composer avec le nouvel environnement mondial dans lequel elle prend place, ce qui ajoute d'autres éléments d'incertitude pour les nouveaux acteurs qui entreront en scène dans le millénaire déjà bien entamé. ∎

Notes

1   Bruno Jean, « Présentation. Le développement territorial : un nouveau regard sur les régions du Québec », *Recherches sociographiques*, vol. 47, no 3 (2006), p. 472.

2   Les données qui suivent sont tirées du fascicule 2 publié par l'Office québécois de la langue française, *Langue du travail : indicateurs relatifs à l'évolution de la population active et à l'utilisation des langues au travail en 2001*, Québec, Office québécois de la langue française, 2006.

3   Ministère de la Culture et des Communications, *Enquête sur les pratiques culturelles des Québécois 2004*, Québec, Ministère de la Culture et des Communications, 2005.

4   Institut de la statistique du Québec, *Statistiques de l'industrie du film*, Québec, ISQ.

5   Statistique Canada, *L'écoute de la télévision*, cat. 87F0006lF.

★ Professeur de sociologie et directeur de la revue *Recherches sociographiques*, Université Laval.

LE NATIONALISME QUÉBÉCOIS

LOUIS BALTHAZAR*

Depuis quatre cents ans, les Québécois se sont employés de diverses façons à préserver leur identité et leur langue propres dans un environnement qui ne s'y prête pas naturellement. Comment ne pas être nationaliste dans ces circonstances ?

Le nationalisme doit s'entendre ici sous une forme modérée et non pas comme exclusion de l'autre, non pas nécessairement comme l'aspiration à la souveraineté politique. Le nationalisme dominant des Québécois peut être caractérisé comme autonomiste, se manifestant surtout par un attachement prononcé à une identité particulière, en contraste avec l'Amérique anglophone et par la recherche d'un statut politique permettant à la nation québécoise de s'autodéterminer, au moins dans certains domaines.

Un peu d'histoire

Déjà ceux qui se sont établis sur la terre du Québec il y a 400 ans ont voulu se distinguer par rapport à la France dont ils étaient issus. Ils se sont bientôt donné une appellation distincte : « Canadiens ».

Après la Conquête britannique de 1760, ils ont refusé de s'assimiler. Les Britanniques l'ont bientôt compris et leur ont accordé une certaine reconnaissance. L'Acte de Québec de 1774 permet aux Canadiens de préserver leur religion, leurs vieilles lois françaises et, en conséquence, leur langue.

Les Canadiens ont lutté pour obtenir un gouvernement responsable, une autonomie limitée qui leur a été d'abord refusée puis reconnue à l'intérieur d'une majorité britannique. Ils sont alors devenus des « Canadiens français » pour se distinguer d'un Canada devenu majoritairement anglophone. Bien qu'ils aient essaimé à travers le nouveau Canada établi en 1867 par l'Acte de l'Amérique du Nord britannique, ils sont demeurés concentrés dans la Province de Québec où ils ont toujours constitué la majorité. En conséquence, ils ont insisté pour que le Canada soit une fédération, permettant aux provinces d'exercer une large autonomie. Tous les gouvernements du Québec depuis 1867 ont défendu farouchement leurs pouvoirs constitutionnels de telle sorte que les Québécois puissent demeurer maîtres de leur destin en tout ce qui relève de leur identité et de leurs valeurs nationales.

> Charles Alexander, *Manifestation des Canadiens contre le gouvernement anglais à Saint-Charles en 1837*, 1891 (MNBAQ).

Quand les Canadiens français du Québec ont pris conscience de l'importance politique de l'État fédéré qu'ils contrôlaient, ils sont devenus des « Québécois ». Cela s'est produit surtout au lendemain de la Seconde Guerre mondiale dans un contexte de modernisation accélérée, notamment après 1960, au moment de la Révolution tranquille. La plupart des institutions sociales et culturelles du Québec se sont alors laïcisées graduellement. L'État du Québec prenait la place du pouvoir subsidiaire de l'Église catholique.

Qu'est-ce que le Québec ?

Il importe de rappeler que les Canadiens français n'ont jamais occupé tout l'espace de la province de Québec. Les populations autochtones, amérindiennes et inuit, qui y avaient habité depuis des temps immémoriaux, ont conservé leur identité en dépit des tentatives des colons pour les assimiler. Les anglophones, Anglais, Écossais, Gallois, Irlandais, issus de la colonisation britannique ont été présents depuis la fin du XVIIIᵉ siècle. Des immigrants venus d'ailleurs se sont joints à eux au cours du XIXᵉ et surtout au XXᵉ siècle.

Le Québec moderne est donc le résultat d'un amalgame d'une majorité francophone, de traditions autochtones, d'influences britannique, écossaise, irlandaise et d'apports de l'immigration, sans oublier l'énorme impact du voisin américain.

Ce Québec moderne repose sur deux grandes Chartes qui se complètent mutuellement et qui visent à assurer une intégration harmonieuse des éléments minoritaires, tout particulièrement des immigrants devenus de plus en plus nombreux depuis les années soixante.

La Charte des droits et libertés de la personne, votée par l'Assemblée nationale du Québec en 1975, garantit le respect des droits individuels et collectifs dans un Québec désormais résolument pluraliste. Elle stipule que *toute personne a droit à la reconnaissance et à l'exercice en pleine égalité, des droits et libertés de la personne, sans distinction, exclusion ou préférence fondée sur la race, la couleur, le sexe, la grossesse, l'orientation sexuelle, l'état civil, l'âge sauf dans la mesure prévue par la loi, la religion, les convictions politiques, la langue, l'origine ethnique ou nationale, la condition sociale, le handicap ou l'utilisation d'un moyen pour pallier ce handicap* (art. 10).

La Charte de la langue française avalise le maintien d'une identité québécoise propre en statuant que le français est la langue officielle du Québec, sans que soit interdit l'usage d'autres langues. En établissant le français comme langue publique, la Charte constitue un instrument d'unification, car elle s'applique à tous les citoyens du Québec sans discrimination. La langue française n'est plus uniquement la langue des Canadiens français d'origine mais aussi bien celle de tous ceux qui l'utilisent, quelle que soit leur langue maternelle et leur origine ethnique. Avant la Charte, à peine 10 % des immigrants adoptaient le français comme langue d'usage commun. Aujourd'hui, ils sont plus de 50 % à s'intégrer à la majorité francophone du Québec, selon le dernier rapport de l'Office québécois de la langue française. La Charte de la langue française préserve les droits de la communauté minoritaire anglophone du Québec, ses institutions, en particulier son système scolaire, ses hôpitaux et le droit d'utiliser la langue anglaise devant les tribunaux.

Quelles sont les aspirations de la nation québécoise ?

Les Québécois se contentent, pour l'instant, de l'autonomie à l'intérieur du Canada, telle qu'assurée par la Constitution. Ils se sont heurtés cependant, surtout depuis un demi-siècle, à un fort mouvement dans l'ensemble du Canada qui tend à relativiser le pouvoir des provinces et à confier à l'État fédéral canadien le soin d'élaborer des politiques sociales et culturelles, contrairement à ce qui avait été prévu en 1867. Une bonne majorité de Canadiens ont tendance à considérer le gouvernement fédéral comme un gouvernement national et à légitimer ses interventions dans les domaines réservés aux provinces, notamment en vertu de ce qu'on appelle le « pouvoir de dépenser » au nom des besoins de tous les Canadiens et d'une redistribution des richesses des régions les mieux pourvues aux plus pauvres. Les Québécois, sans s'opposer aux mesures qui favorisent une certaine solidarité canadienne, considèrent le nouveau nationalisme canadien comme une menace à la préservation de leur identité distincte. Il arrive que d'autres provinces se joignent au Québec pour déplorer ces accrocs à la Constitution, sans toutefois atténuer de façon significative ce mouvement vers la centralisation.

C'est dans ce contexte que plusieurs Québécois aspirent à la souveraineté. Le mouvement souverainiste québécois visant à l'indépendance politique complète n'a pris une véritable ampleur qu'à la faveur de la Révolution tranquille, alors que plusieurs petits peuples décolonisés accédaient à la souveraineté. Pour bon nombre de Québécois, il était dans la nature des choses qu'un Québec distinct en raison de sa culture et de sa langue devienne un État souverain. Pour la majorité des Québécois cependant, un statut d'autonomie dans la fédération canadienne était amplement suffisant pour assurer le maintien de leur identité nationale. C'est devant le refus de reconnaissance d'une

autonomie québécoise réelle que le mouvement souverainiste a pris de l'ampleur. Fondé en 1968 et voué à la réalisation de la souveraineté, le Parti québécois a pu occuper le pouvoir à Québec pendant quatre mandats, d'abord de 1976 à 1981 et de 1981 à 1985, puis de 1994 à 1998 et de 1998 à 2003. Deux référendums ont été tenus sur une forme de souveraineté, en 1980 et en 1995. Dans les deux cas, la promotion de la souveraineté était fondée sur une perception de l'impossibilité de la reconnaissance du caractère distinct du Québec à l'intérieur de la fédération canadienne. Dans les deux cas, la souveraineté envisagée devait être limitée par le maintien d'une union canadienne. En 1980, la question portait sur la négociation d'une nouvelle entente avec le reste du Canada. On parlait alors, en fidélité à la formule qui avait présidé à la naissance du Parti québécois, de « souveraineté-association ». En 1995, il s'agissait de ne proclamer la souveraineté qu'après une négociation prévoyant une union économique et politique avec les autres provinces du Canada. On parlait de « souveraineté-partenariat ». Si l'appui à la souveraineté est passé de 40 % en 1980 à 49,4 % en 1995, il semble bien que cela relève d'une profonde insatisfaction à l'égard de la Constitution canadienne de 1982, à laquelle l'Assemblée nationale du Québec n'a jamais souscrit, quelle qu'ait été sa majorité depuis cette date. En 1990, une tentative de réforme de cette Constitution qui devait satisfaire aux exigences minimales du Québec (les accords du Lac Meech) a échoué, faute de l'appui unanime des autres provinces et de l'impopularité, dans l'ensemble du Canada, de la reconnaissance du Québec comme société distincte. Les deux grands arguments qui ont failli rallier une majorité de Québécois au référendum de 1995 étaient les suivants : « Le Québec a été ignoré en 1982, le Québec a été rejeté en 1990 ». C'est donc, à tort ou à raison, le dysfonctionnement du fédéralisme canadien qui alimente l'appui à la cause souverainiste.

Depuis 1995, le dialogue de sourds s'est poursuivi entre les aspirations des Québécois et celles des autres Canadiens. Les gouvernements libéraux dirigés par Jean Chrétien et Paul Martin ont tenté de consolider le statu quo en soulignant, par toutes sortes de moyens, les bienfaits du fédéralisme canadien sous sa forme actuelle. Ils ont misé sur l'espoir que le nationalisme canadien finisse par avoir raison du nationalisme québécois. Bien en vain. Le gouvernement conservateur de Stephen Harper, élu en janvier 2006, s'est montré plus ouvert à la reconnaissance des aspirations québécoises. Ses approches sont cependant demeurées discrètes, prudentes et toujours en deçà des exigences minimales du gouvernement québécois pourtant très fédéraliste, celui du Parti libéral du Québec dirigé par Jean Charest, au pouvoir depuis 2003. Une reconnaissance, par le Parlement canadien, en décembre 2006, de l'existence d'une nation québécoise, si symbolique et limitée fût-elle, a cependant été interprétée par plusieurs au Québec comme un pas dans la bonne direction. Le gouvernement du Québec y a vu la consécration définitive d'une nation englobant tous les Québécois, même si la formule anglaise employait le mot « Québécois » en français, laissant croire à plusieurs qu'elle était réservée aux seuls francophones du Québec. Une ambiguïté aussi inacceptable qu'anachronique, puisque le Québec compte aujourd'hui un grand nombre de locuteurs anglophones qui se disent tout aussi québécois !

Au moment de célébrer le 400e anniversaire d'une politique canadienne et d'une entité québécoise francophone, le nationalisme des Québécois est donc toujours bien vivant. Il se manifeste par un sentiment d'inconfort à l'intérieur de la fédération canadienne, par le refus d'accorder une pleine légitimité à la Constitution qui régit cette fédération et par une forte insistance sur le caractère distinct et autonome du Québec. Bien que quelque 40 % de la population québécoise considère toujours la souveraineté politique comme souhaitable et réalisable, un nombre beaucoup plus restreint souhaite que l'on procède dans un avenir rapproché à une consultation populaire sur cette question. ∎

∗ Professeur émérite de science politique à l'Université Laval, président de l'Observatoire sur les États-Unis de la Chaire Raoul-Dandurand en études stratégiques et diplomatiques de l'Université du Québec à Montréal.

LA VIE POLITIQUE AU QUÉBEC

La vie politique au Québec s'articule autour de trois grandes institutions : le Parlement, le gouvernement et les partis politiques. Le premier Parlement, composé de deux chambres, voit le jour en 1791. Il est composé d'une Assemblée de députés élus au suffrage censitaire par la population canadienne (francophone et anglophone) et d'un Conseil législatif dont les membres sont nommés par le gouverneur, représentant des autorités britanniques. Ce même gouverneur, qui dispose de pouvoirs importants à l'époque, est aussi appelé à accorder ou à refuser sa sanction aux projets de loi adoptés par les deux chambres législatives.

Ce modèle bicaméral, avec quelques variantes durant la période du Canada-Uni, se maintient jusqu'en 1967, année où est aboli le Conseil législatif québécois, vieil héritage d'une Chambre des lords britannique. Par la même occasion, l'Assemblée législative modifie son nom pour devenir, en 1968, l'Assemblée nationale du Québec.

Le système parlementaire en vigueur au Québec est issu de la tradition britannique. Il en garde encore aujourd'hui des traces bien évidentes. L'essence même de ce système, à la suite d'une longue évolution où le monarque a perdu peu à peu l'essentiel de ses pouvoirs, repose sur la responsabilité du gouvernement devant l'Assemblée élue par la population au suffrage devenu plus universel avec le temps, surtout depuis l'octroi du droit de vote aux femmes en 1944 par le gouvernement libéral d'Adélard Godbout.

Le système parlementaire québécois se caractérise également par la collaboration ou plutôt la « fusion » des pouvoirs exécutif et législatif en ce sens que tous les ministres d'un gouvernement, sauf exceptions de courte durée, cumulent aussi la fonction de députés. En outre, ce sont les ministres qui présentent la très grande majorité des projets de loi d'intérêt public adoptés par l'Assemblée nationale, ce qui différencie nettement le système parlementaire d'un système présidentiel, qui préconise la séparation des pouvoirs entre l'exécutif et le législatif.

En étant membres de l'Assemblée nationale, les ministres, en particulier ceux qui font parrtie du Conseil des ministres dans son ensemble, avant tout par la voix du premier ministre, sont appelés à répondre de leurs actes devant l'Assemblée élue, qui peut éventuellement refuser sa confiance à ce gouvernement.

Dernier reliquat du système britannique, le lieutenant-gouverneur, représentant de la reine du Canada pour les fins provinciales, est encore appelé à sanctionner les projets de loi, ce qu'il fait maintenant sans s'y opposer, à convoquer l'Assemblée nationale, à la dissoudre, à décréter des élections, tous gestes qu'il pose maintenant sur recommandation du premier ministre.

Le Québec a toutefois réussi à dépoussiérer et à moderniser un certain nombre de rituels encore en vigueur au Parlement fédéral. Par exemple, c'est le premier ministre et non le lieutenant-gouverneur qui livre son propre discours d'ouverture (autrefois appelé discours du trône) devant les membres de l'Assemblée nationale.

Cependant, la discipline de parti est encore très forte à Québec, plus forte encore que ce que l'on retrouve habituellement au Parlement britannique. Cette discipline rigoureuse de parti s'est imposée progressivement après l'octroi de la responsabilité ministérielle en 1848, ce qui a alors conduit le gouverneur à s'intéresser de moins en moins à l'administration de la colonie.

Ce faisant, l'essentiel des pouvoirs du monarque, encore détenus par le gouverneur, ont été transférés progressivement entre les mains du premier ministre. Ce « nouveau monarque » élu est devenu le personnage central et la clé de voûte du système parlementaire québécois : il siège à l'Assemblée nationale, y répond des actes de son gouvernement, nomme tous les ministres et peut les démettre, définit les grandes orientations gouvernementales, domine largement les campagnes électorales. Bref, la vie politique québécoise est centrée sur le gouvernement et, surtout, sur le premier ministre qui le dirige.

Cette personnalisation du pouvoir, accentuée par les médias, laisse peu de place aux simples députés et aux débats parlementaires. Ce phénomène n'est cependant pas propre au Québec. On le retrouve dans la plupart des systèmes parlementaires inspirés du modèle britannique de même que dans les systèmes présidentiels.

La personnalisation marque aussi la vie des partis politiques. Tout y est concentré sur la personne du chef, assisté de quelques lieutenants. Le chef incarne le parti, mais il est aussi responsable de ses échecs. Il en définit les grandes orientations, bien que ce soit plus difficile dans un parti programmatique comme le Parti québécois, où les militants réunis en congrès définissent davantage le programme.

À l'heure actuelle, trois grands partis se partagent la scène politique québécoise, ce qui constitue une situation assez exceptionnelle dans l'histoire politique du Québec. En effet, aux lendemains de la Confédération de 1867, deux partis dominent la vie politique aussi bien au niveau fédéral qu'au niveau provincial. D'ailleurs, à l'époque, le parti provincial – conservateur ou libéral – est pratiquement sous la tutelle du parti fédéral et de ses élites politiques.

Durant les trente premières années qui ont suivi la Confédération, le Parti conservateur (alors officiellement appelé libéral-conservateur) s'impose nettement sur la scène fédérale et sur la scène provinciale québécoise. Le Parti libéral prend la relève au cours du XXᵉ siècle. Sur l'échiquier politique québécois, les conservateurs incarnent alors la droite et les libéraux, la gauche, mais tous deux d'une façon modérée, évitant les extrêmes.

Les déboires des conservateurs au Québec vont donner naissance à un nouveau parti, l'Union nationale, issu de la fusion du Parti conservateur et de l'Action libérale nationale (en rupture avec le Parti libéral) et dominé par la figure emblématique de Maurice Duplessis. Ce dernier parti loge à la droite face à des libéraux plus à gauche, toujours en tenant compte du contexte québécois. Il s'agit d'une gauche modérée réformiste qui n'adhère aucunement à la doctrine socialiste.

À la suite de son départ du Parti libéral, qui refuse ses propositions constitutionnelles, René Lévesque crée un nouveau parti en 1968, le Parti québécois, dont le succès rapide entraîne la disparition complète de l'Union nationale au cours des années 1970. Voué à la souveraineté du Québec et se définissant comme social-démocrate, le Parti québécois occupe alors la gauche de l'échiquier politique face à un Parti libéral plus centriste. À nouveau, le Québec revient au bipartisme, accentué par le mode de scrutin en vigueur.

Depuis 1867, le Parti libéral a réussi à survivre en dépit des dissensions et des défections qui l'ont frappé au cours des ans et à s'imposer comme un parti important non seulement par sa longévité mais aussi par les réformes qu'il a pu initier. En effet, c'est sous le Parti libéral, alors dirigé par Jean Lesage, que s'est enclenchée la Révolution tranquille au Québec à partir de 1960.

Si le bipartisme a nettement dominé la vie politique québécoise depuis 1867, les élections tenues en 2007 ont constitué une première à plusieurs égards : premier gouvernement minoritaire depuis plus de cent ans, premier Parlement où trois partis se retrouvent pratiquement à armes égales en termes de suffrages et de nombre de députés. À cela s'ajoute une autre première à la suite de la nomination d'un nombre égal d'hommes et de femmes au Conseil des ministres présidé par le libéral Jean Charest. C'est aussi la première fois en 2007 qu'une femme, Pauline Marois, devient chef d'un grand parti, le Parti québécois.

La situation actuelle est-elle le présage de bouleversements profonds sur la scène politique québécoise ? Le système parlementaire, instauré en 1791, a subi de profondes mutations depuis lors, à l'instar de ce qui s'est produit en Grande-Bretagne. C'est surtout l'acceptation de la responsabilité du gouvernement devant l'Assemblée élue qui constitue un point tournant dans cette évolution. Mais, paradoxalement, c'est le gouvernement, habituellement en situation majoritaire, qui est devenu le grand gagnant de cette évolution. La « fusion » des pouvoirs exécutif et législatif a fait du gouvernement et du premier ministre les joueurs les plus importants du système parlementaire. Dans un tel contexte, on a cherché à différentes occasions à « revaloriser » le rôle du député et à confier plus de pouvoirs aux commissions parlementaires. Mais ces réformes n'ont pas réussi jusqu'à maintenant à modifier la joute politique.

Par ailleurs, le mode de scrutin uninominal à un tour a favorisé le maintien d'un bipartisme qui s'est constamment imposé au fil des ans, même avec l'arrivée d'un nouveau parti. L'élection de 2007 constitue une exception à cet égard. La modification de ce mode de scrutin, par l'ajout d'éléments de proportionnalité selon des propositions récentes de réforme, pourrait entraîner le maintien du tripartisme actuel et la formation de gouvernements de coalition. On entrerait alors dans une ère tout à fait nouvelle pour le parlementarisme québécois où les partis, se distribuant de la gauche à la droite en passant par le centre, tenteraient de convaincre les électeurs québécois, seuls détenteurs de la souveraineté politique, du bien-fondé de leurs politiques et de leur capacité à former le gouvernement. ■

✶ *Professeur, Département de science politique, Université Laval.*

LE FRANÇAIS QUÉBÉCOIS

CLAUDE POIRIER*

Les perceptions à propos du français du Québec ont évolué en dents de scie depuis l'époque de la Nouvelle-France. Dans les documents du Régime français, on peut lire des jugements laudatifs à propos du français parlé sur les bords du Saint-Laurent. Au milieu du XIXe siècle, les écrits révèlent une évaluation tout à fait contraire : les Canadiens parleraient une langue qui aurait dégénéré sous l'influence de l'anglais. Et, depuis les années 1960, le français du Québec fait l'objet d'évaluations diamétralement opposées, comme si la pensée collective était engagée dans un trajet de montagnes russes. Comment interpréter cette fluctuation étonnante ?

Une première explication découle de la façon dont s'est construite l'idéologie de la norme du « bon français » en France même. À l'époque où Samuel de Champlain fondait la ville de Québec (juillet 1608) commençait à Paris un mouvement d'affinement de la langue lancé par Malherbe et qui sera placé sous la responsabilité de l'Académie française à partir de 1635. Le but était en quelque sorte de créer une langue d'État à l'usage de l'élite, qui serait consignée dans un dictionnaire d'où seraient bannies les façons de parler triviales et provinciales. Après la Révolution française, ce modèle deviendra un idéal à faire partager, de gré ou de force, par toute la nation française.

Dans cette démarche planifiée, la variation régionale du français a été dénigrée, parce qu'on l'associait à la tradition dialectale qui, au XVIIe siècle, était encore une réalité sur le territoire de la France. Dans la plupart des provinces, les dialectes anciens, issus du latin, s'étaient conservés sous forme de patois. Et il est vrai qu'il s'était produit des échanges de mots et de prononciations entre ces patois régionaux et le français populaire de la région parisienne qui s'était répandu comme parler passe-partout dans les classes laborieuses de la moitié nord du pays.

Si on s'est félicité du français parlé dans la colonie laurentienne aux XVIIe et XVIIIe siècles, c'est parce qu'on ne retrouvait pas au Canada la fragmentation linguistique de la France : tout le monde parlait français. Il s'agissait d'une variété populaire de la langue, mais

> Charles Huot, *Le débat sur les langues : séance de l'Assemblée législative du Bas-Canada le 21 janvier 1793*, 1910-1913 (Assemblée nationale, Québec).

c'était du français, non pas un patois. Il n'empêche que le français canadien véhiculait de nombreux mots que les immigrants avaient rapportés de leurs provinces d'origine, comme *bluet* (myrtille), *champlure* (robinet), *ferdoches* (broussailles), *godendard* (grosse scie), *maganer* (détériorer), *pantoute* (pas du tout). À cela s'ajoutaient des néologismes qu'on créait pour adapter la langue française à son nouvel environnement, comme *suisse* (petit écureuil), *traîne sauvage* (traîneau sans patins), *tuque* (bonnet d'hiver), ou qu'on empruntait aux langues amérindiennes, comme *achigan* (perche noire), *atoca* (airelle), *babiche* (lanière de peau pour faire des raquettes, des chaussures), *sagamité* (bouillie à base de farine de maïs). Il faut faire état en outre de tendances phonétiques bien attestées dont on peut évaluer l'importance à travers les transformations que subissent certains noms de personnes, par exemple *Guyon* qui devient *Dion*.

En somme, le français canadien s'était engagé dès le début dans une évolution qui allait le distinguer nettement de la variété qu'on commençait à ciseler dans la capitale française. Il faut prendre conscience que cette évolution se nourrissait avant tout des ressources de la langue du peuple et se réalisait dans la liberté la plus totale, contrairement à ce qui était en train de se produire à Paris, où le dossier linguistique était géré par un cercle d'initiés. Cette différence dans l'approche allait devenir un problème important pour l'élite canadienne dans le contexte de la domination anglaise.

Les conséquences d'une Rébellion

À la lecture des documents du début du XIX⁰ siècle (journaux, lettres), on peut croire que le français canadien n'était pas évalué de façon négative. On trouve sous la plume de gens instruits, par exemple Louis-Joseph Papineau, des canadianismes comme *grand barda* (grand ménage) ou *poudrer* (en parlant de la neige chassée par le vent), qui seront condamnés un peu plus tard. L'anglicisme commence à soulever des inquiétudes, mais ce n'est pas encore l'« ennemi » que va dénoncer le journaliste Jules-Paul Tardivel en 1880. Malgré les retombées négatives de la cession du pays aux Anglais, les Canadiens n'ont pas perdu espoir quant à leur avenir et affirment leur identité. Mécontente du peu de cas que fait l'administration britannique des décisions des élus locaux, la population se révolte en 1837-1838. La Rébellion est un échec et la répression est violente. Le gouvernement de Londres arrête une politique d'assimilation des francophones et interdit pendant une décennie l'usage du français au parlement. Cet épisode malheureux va créer un traumatisme dont les effets se font encore sentir.

Les Anglais invoquent notamment le caractère populaire du français canadien pour justifier leur volonté d'imposer l'anglais dans la vie publique. C'est le début du mythe du *Canadian French Patois* qui aura cours jusqu'au milieu du XX⁰ siècle. Des représentants de l'élite canadienne-française vont réagir en lançant une campagne d'épuration visant à faire adopter par leurs concitoyens les façons de parler recommandées par l'Académie française, alors même que ces pratiques n'étaient pas encore implantées dans les provinces de France où l'on a pu entendre parler des dialectes jusqu'à l'époque de la Grande Guerre (1914-1918), et même au-delà.

Cette campagne, par laquelle on cherche à faire la preuve que les Canadiens parlent le « vrai » français, est dominée par la dénonciation des emprunts à l'anglais, au point que tout écart par rapport à la norme parisienne devient un anglicisme potentiel. Le mouvement s'accompagne d'une idéalisation sans réserve de la période du Régime français (1608-1759). Il paraît aujourd'hui évident qu'on s'est servi de la langue pour défendre une cause politique. Sinon, on aurait cherché à créer un programme d'instruction publique qui aurait été bien plus utile qu'une chasse aux fautes pour l'éducation linguistique du peuple canadien-français.

La question des origines du français canadien n'a été abordée qu'à partir des années 1880. Quelques érudits se sont alors levés pour dénoncer les excès de la campagne de correction. Oscar Dunn (*Glossaire franco-canadien*, 1880) et Sylva Clapin (*Dictionnaire canadien-français*, 1894) ont fait valoir qu'on avait grandement exagéré le nombre des anglicismes et ont commencé à mettre en évidence les origines régionales françaises des particularismes du français canadien. On commençait alors à publier en France des répertoires de provincialismes, comme le *Glossaire du Centre de la France* (1864) du comte de Jaubert. Ces ouvrages rappelaient aux Canadiens que leurs ancêtres venaient de la Normandie, du Perche, de la Touraine, de la Saintonge, du Poitou.

Avant que la chasse à l'anglicisme ne devienne une obsession, on avait cru que les canadianismes étaient pour la plupart des innovations locales. La *Néologie canadienne* de Jacques Viger, préparée en 1810 mais qui n'a été publiée qu'au début du XX⁰ siècle, comprenait quelque 400 mots que l'auteur paraît avoir considérés en effet comme des créations locales, à l'exception d'une trentaine d'anglicismes. Un demi-siècle plus tard, la méconnaissance des origines et de l'évolution du français canadien a eu pour conséquence que s'est installé durablement le préjugé selon lequel l'anglais serait la principale cause des caractéristiques langagières des Canadiens. Le spectre de l'anglicisme était un argument qui pouvait servir aux nationalistes, qui attribuaient tous les maux de la société à la domination anglaise, aussi bien qu'aux membres du clergé, soucieux de garder leurs ouailles à distance de la religion du conquérant.

Une réaction devenue inévitable

Dans l'histoire du Québec, les attitudes à l'égard de la langue correspondent à des états d'âme plus généraux : ce sont des indicateurs de l'état d'esprit de la communauté face aux enjeux sociaux et politiques. Quand la Révolution tranquille vient ébranler les structures traditionnelles, dans les années 1960, c'est le dossier de la langue qui attire encore une fois l'attention avec la dénonciation virulente du joual, devenu le symbole de la déchéance linguistique. Cette fois, cependant, de nombreux intervenants prendront la défense de l'idiome local, des écrivains même qui, pendant une quinzaine d'années, s'emploieront à caricaturer la position des puristes en plongeant leur plume dans l'encre de la parlure la plus populaire, s'attaquant même à l'orthographe. Cette réaction musclée contre la rectitude langagière faisait pendant à une affirmation politique qui donnait parfois dans la violence. Le mouvement joualisant, par sa thématique et par ses formulations, doit être interprété comme l'expression d'un ras-le-bol par rapport au cul-de-sac politique, dont on rendait les Anglais responsables, et par rapport à la domination culturelle de la France, qui s'exerçait à travers l'idéologie d'une élite locale.

À la faveur de la Révolution tranquille, l'identité québécoise s'est affirmée à travers les productions culturelles (littérature, chanson, cinéma, télévision) et des réalisations convaincantes sur les plans social et économique. Les Québécois n'ont plus honte de leur accent et ne cherchent plus à imiter celui des Français quand ils veulent bien parler. Les principaux acteurs publics, quel que soit leur domaine, parlent bel et bien le français québécois. Pourrait-on croire alors que le problème de la langue est réglé ? Il semble bien que non, comme le révèle la controverse qui a suivi la publication de deux dictionnaires dans lesquels les québécismes étaient traités sur le même pied que les mots du français de référence, sans les marquer d'un signe particulier : *Dictionnaire du français Plus* (1988), *Dictionnaire québécois d'aujourd'hui* (1992). On a le sentiment que les Québécois se sentent plus en sécurité avec les dictionnaires correctifs, malgré les lacunes évidentes de ces ouvrages dans l'explication des québécismes, du fait qu'ils reprennent un air connu.

Cette situation s'explique sans doute par plusieurs causes. Ainsi, on peut y voir une conséquence de la pression de la norme dans les pays francophones, ce phénomène découlant de la force du message de conformité à un standard unique que Paris a fait circuler efficacement depuis le XVIIe siècle. Il se pourrait bien pourtant que la raison principale de l'insécurité des Québécois soit la perception négative qu'ils continuent d'entretenir à propos de leur passé linguistique. La campagne puriste des XIXe et XXe siècles a laissé des traces profondes dans l'imaginaire collectif, traces que la confiance retrouvée n'a pas effacées. Les Québécois acceptent mieux leur français, mais ils conservent des idées reçues concernant ses origines et son évolution. Ils ne pourront se réconcilier complètement avec leur langue que lorsqu'ils connaîtront les tenants et les aboutissants de leur identité linguistique.

Sur la base de recherches préliminaires dans la documentation des siècles passés, l'équipe du Trésor de la langue française au Québec (Université Laval) a fondé un projet de *Dictionnaire historique du français québécois* dont une première édition, partielle, a été publiée en 1998. Une synthèse de l'évolution de la langue et une chronologie commentée sont en voie d'élaboration pour consolider ce projet (www.tlfq.ulaval. ca). La démarche est mise en rapport avec une entreprise internationale de base de données sur les particularismes lexicaux à travers la francophonie (*Base de données lexicographiques panfrancophone*). Cette base, mise en ligne dans Internet en 2004 (www.bdlp.org), permet déjà de constater que les québécismes sont souvent aussi des belgicismes, des helvétismes, des africanismes. Ce travail en concertation avec d'autres pays francophones constitue en même temps un apport à la réflexion sur la redéfinition du français comme langue internationale.

Les festivités du 400e anniversaire de la ville de Québec fournissent une occasion privilégiée de réfléchir à ces questions. Elles sont en effet une invitation à mettre en valeur le patrimoine linguistique que les Québécois ont reçu des premiers immigrants de France et qu'ils ont fait fructifier au cours des quatre siècles de leur existence. ∎

★ *Linguiste, professeur de linguistique et directeur du Trésor de la langue française au Québec, Université Laval.*

UNE LANGUE À CÉLÉBRER

ROBERT VÉZINA*

> Louis-Joseph-Papineau (Hôtel du Parlement, Québec).

Parmi toutes les langues européennes, le français est une des premières à avoir été parlées dans les Amériques. Depuis 400 ans, pourrait-on penser ? Autrement dit, depuis la fondation de Québec ? Pas exactement. En fait, on peut supposer que les premières paroles françaises ont dû être prononcées quelque part dans l'île du Cap Breton – avec beaucoup de paroles en breton ! – il y a plus de 500 ans, étant donné que des pêcheurs de Bretagne y seraient venus dès 1504. Un demi-millénaire de français dans le Nouveau Monde ! Et contrairement au vieux norrois (langue des Vikings), présent quelque temps sur les côtes de Terre-Neuve des siècles auparavant, le français a perduré au Nouveau Monde jusqu'à aujourd'hui. À la vérité, il a plus que perduré, il s'est épanoui. Certes, son nombre de locuteurs n'a pas connu une croissance fulgurante comme ce fut le cas pour l'espagnol, le portugais et l'anglais, mais, quand même, il a considérablement augmenté depuis l'époque où Champlain a fondé Québec. Parlé dans toutes les régions du Canada, dans quelques États américains (Maine et Louisiane surtout), aux Antilles et en Amérique du Sud (Guyane française), le français n'est plus seulement un idiome européen : il est devenu une langue véritablement américaine, nord-américaine pour être plus exact. Bien entendu, il n'est pas une langue américaine d'origine, comme le sont les langues autochtones, mais une langue américaine d'adoption.

La langue de Robert Lepage, de Céline Galipeau et de Tremblay (Mara, Michel, Mario et tous les autres…), mais aussi celle de Pierre Foglia, de Rima Elkouri et de Wajdi Mouawad, est une langue bien ancrée dans son milieu, que ce soit sur une terre plantée d'épinettes, au milieu des bleuetières, au pied du Cap-Diamant ou bien à l'ombre des gratte-ciel de Montréal. Dès le début de l'implantation durable du français sur le territoire qui est devenu le Québec, qu'on peut faire remonter à 1608, ce français a rapidement développé des particularités sur le plan du vocabulaire ; en effet, il a dû s'adapter pour rendre compte des réalités du Nouveau Monde (par exemple, *chevreuil*, nom d'un petit cervidé européen à pelage fauve, a été appliqué par les colons français au cerf de Virginie, un cervidé inconnu en Europe ; *maringouin*, mot emprunté à une langue amérindienne du Brésil par les explorateurs français du XVIᵉ siècle, a fait fortune ici pour désigner un moustique fort importun…). Le français parlé sur les rives du Saint-Laurent a ainsi acquis un aspect distinctement nord-américain, mais sans que ne soient rompus les liens étroits qui le rattachent au français en usage en Europe. Cela dit, il n'est pas dans notre intention d'esquisser l'histoire du français au Québec, d'autant plus qu'elle ne s'apparente surtout pas à un long fleuve tranquille. C'est plutôt sur sa vitalité et son dynamisme que nous voulons attirer l'attention.

Qu'il suffise de constater qu'après les deux siècles qui ont suivi la fin du Régime français (1760), période au cours de laquelle il a subi bien des aléas, le français a connu un regain de vitalité remarquable compte tenu du poids relatif des francophones en Amérique du Nord (moins de 2 %). Ce revirement heureux a fait mentir les philologues anglophones de la fin du XIXᵉ siècle qui avaient prédit sa disparition au cours du siècle suivant. Cette vitalité, le français le doit surtout à l'attachement du peuple québécois à sa langue ainsi qu'à sa créativité langagière étonnante ; il le doit aussi aux efforts soutenus que de nombreux citoyens et citoyennes ont consacrés et consacrent encore à sa défense et à son illustration. En effet, si l'on peut dire que le français est plutôt en bonne posture en 2008, tout en étant fragile sous plusieurs aspects, c'est qu'il y a eu de sérieux changements apportés depuis les années 1960 dans la dynamique linguistique qui existait alors au Québec. Longtemps langue inférioisée, le français a fait beaucoup de progrès comme langue d'usage public et même comme langue commune chez une population de plus en plus multiculturelle. C'est maintenant une langue qui s'affiche, au sens propre et au sens figuré. Il convient de souligner avec fierté cette évolution ; il faut aussi continuer à l'encourager.

En 1934, troublé par la mauvaise réputation que le français du Québec et celui d'Acadie avaient dans le reste du Canada et aux États-Unis, le Français Ernest Martin s'était posé la question : *Le français des Canadiens est-il un patois ?* (titre de son livre publié à Québec). Bien que sa conclusion ait été un non catégorique, le français du Québec n'a pas pour autant trouvé grâce aux yeux de plusieurs anglophones, voire aux yeux de plusieurs Québécois francophones, du moins à l'époque. Il est vrai que certains problèmes étaient criants sur le plan de la langue elle-même ; toutefois, une part importante de ces lacunes était fortement liée au problème de son statut par rapport à l'anglais. D'une part, le parler des Québécois avait pris du retard dans l'utilisation des terminologies françaises dans divers secteurs socioéconomiques ; par conséquent, on percevait une forte influence de l'anglais dans le vocabulaire spécialisé

et, dans une moindre mesure toutefois, dans celui d'un registre plus courant. D'autre part, le français n'avait pas sa pleine mesure en tant que véhicule de promotion sociale, d'où, entre autres conséquences, un taux de pauvreté plus important chez les Québécois francophones et une anglicisation marquée des immigrants allophones.

La Charte de la langue française, dont on a souligné le trentième anniversaire de l'adoption en 2007, a largement contribué à renverser la vapeur et à redonner au français la place qui lui revient dans un Québec à majorité francophone (en 2006, sur une population de 7 435 900, la proportion de personnes de langue maternelle uniquement française était de 79 % et celle de personnes dont le français est la langue la plus souvent parlée à la maison était de 81,1 % (source : Statistique Canada, 2007). Ainsi, alors que 85 % des allophones fréquentaient les écoles de langue anglaise en 1971, 79 % d'entre eux optaient pour le réseau scolaire francophone en 2004 (source : CSLF). De plus, si l'écart du revenu moyen entre les unilingues anglophones et les unilingues francophones existe toujours, et ce, à l'avantage des anglophones, il a quand même diminué de façon significative entre 1970 et 2000. Qui plus est, l'écart du revenu moyen entre les bilingues anglophones et les bilingues francophones se serait complètement résorbé durant la même période ; d'ailleurs, le revenu moyen de ces deux groupes surpasse celui des unilingues anglophones, tout comme celui des unilingues francophones (source : Institut C. D. Howe). Bien sûr, la situation n'est pas parfaite sur tous les points et des améliorations sont encore souhaitables. On devrait par exemple s'attendre à ce que le pourcentage d'allophones qui travaillent surtout en français augmente au cours des années 2000, alors qu'il n'était que de 46 % à la fin des années 1990. Cependant, quand on se souvient que ce pourcentage était trois fois moindre au début des années 1970, il y de quoi être encouragé.

Les organismes linguistiques

Parmi les outils dont le Québec s'est doté pour promouvoir et développer le français au Québec et assurer sa pérennité, on compte notamment deux organismes linguistiques : le Conseil supérieur de la langue française et l'Office québécois de la langue française. Ces deux organismes ont été institués le 1ᵉʳ octobre 2002 par la Loi modifiant la Charte de la langue française (projet de loi 104). Ils ont ainsi succédé respectivement au Conseil de la langue française et à l'Office de la langue française qui avaient été créés en 1977 par la Charte de la langue française (cependant l'Office avait déjà été institué une première fois en 1961).

Le Conseil supérieur de la langue française (CSLF)

La mission du Conseil consiste à conseiller le ministre responsable de l'application de la Charte de la langue française sur toute question relative à la langue française au Québec. À ce titre, il donne son avis au ministre sur toute question que celui-ci lui soumet et le saisit de toute question qui, selon lui, appelle l'attention du gouvernement.

Pour donner un avis ou analyser la situation linguistique, le Conseil réalise diverses études liées aux grands enjeux et défis en matière de langue, dont la redynamisation du processus de francisation et l'intégration linguistique des immigrants (pour en apprendre plus sur le Conseil, on peut consulter son site web à l'adresse suivante : www.cslf.gouv.qc.ca).

Un autre objectif important du Conseil est de célébrer la vitalité de la langue française en reconnaissant et en honorant les efforts et les engagements d'individus, de groupes et d'entreprises en faveur de cette langue. Il poursuit cet objectif en décernant différents prix et décorations chaque année :

- l'Ordre des francophones d'Amérique, qui reconnaît le mérite de personnes qui se sont consacrées au maintien et à l'épanouissement de la langue française en Amérique ou ailleurs dans le monde ;
- le Prix du 3-Juillet-1608 (date de fondation de Québec), qui récompense un organisme qui œuvre à l'épanouissement de la langue et de la culture de l'Amérique française ;
- le prix Émile-Ollivier, qui récompense une œuvre, dans les genres du roman, de la nouvelle, du récit et de l'essai, publiée en français par une maison d'édition francophone canadienne, mais de l'extérieur du Québec ;
- le prix Jules-Fournier, dont le but est de promouvoir la qualité de la langue écrite dans les médias ;
- le prix Raymond-Charette, qui souligne la qualité de la langue parlée dans les médias.

Office québécois de la langue française (OQLF)

La mission de l'organisme consiste, entre autres, à définir et à conduire la politique québécoise en matière d'officialisation linguistique, de terminologie ainsi que de francisation de l'Administration et des entreprises ; à veiller à ce que le français soit la langue habituelle et normale du travail, des communications, du commerce et des affaires dans l'Administration et les entreprises ; à aider à définir et à élaborer les programmes de francisation prévus par la loi et en suivre l'application ; à surveiller l'évolution de la situation linguistique au Québec.

Depuis les années 1970, l'Office a mené d'importants chantiers terminologiques de façon à doter le français du Québec des terminologies françaises nécessaires à son implantation dans tous les domaines d'activités socioéconomiques. Il a publié plusieurs lexiques, vocabulaires et dictionnaires (souvent bilingues) destinés à enrichir et à développer les langues de spécialité dans des domaines aussi divers que le travail des métaux, la microélectronique, la bourse et les valeurs mobilières ainsi que l'informatique. Les résultats de ces travaux (qui se poursuivent encore de nos jours) ont été versés dans *Le grand dictionnaire terminologique* (GDT). Le GDT est une immense banque de terminologie comportant environ 3 millions de termes français, anglais et latins, lesquels figurent sur un total d'environ 800 000 fiches (d'autres langues, dont l'espagnol, seront intégrées au GDT dans un avenir rapproché) ; on peut interroger le GDT (www.granddictionnaire.com). La consultation du GDT augmente sans cesse et a atteint un peu plus de 71 millions d'interrogations au cours de l'année financière 2006-2007. On estime qu'environ 35 % des usagers du GDT résident au Québec, alors qu'environ 45 % résident en Europe, preuve que les produits linguistiques québécois sont appréciés non seulement au Québec, mais également à l'étranger. Le GDT assure notamment la diffusion de par le monde des termes créés au Québec qui permettent de nommer en français des concepts nouveaux liés, par exemple, aux technologies de l'information (mentionnons *courriel*, *clavardage* et *pourriel*, termes bien vivants au Québec et qui s'implantent ailleurs dans la francophonie). Un autre produit vedette de l'Office est la Banque de dépannage linguistique (www.olf.gouv.qc.ca/ressources/bdl.html), qui vise à répondre aux questions les plus fréquentes portant sur des sujets variés, tels que l'orthographe, la grammaire, la syntaxe, la ponctuation, la typographie et la prononciation.

Il ne fait aucun doute que ce petit tour d'horizon des activités et des principaux produits des organismes linguistiques du Québec ne peut à lui seul donner une idée juste de l'ampleur du dynamisme de la langue française au Québec. Souhaitons seulement qu'il aura réussi à donner envie à tous ceux et celles qui s'intéressent aux questions linguistiques d'en apprendre plus sur une langue qui demeure bien vivante en ce début de troisième millénaire, et ce, malgré les nombreux défis qui se présentent à elle. En cette année du 400ᵉ anniversaire de la fondation de Québec et de l'Amérique française, profitons-en pour la célébrer comme elle le mérite. ∎

✳ *Agent de recherche, Conseil supérieur de la langue française au Québec.*

LE SYSTÈME SCOLAIRE QUÉBÉCOIS

MONIQUE NOËL-GAUDREAULT*

Le Québec est une nation unique, dont la population, majoritairement francophone, se trouve culturellement métissée grâce à ses immigrants d'hier, d'aujourd'hui et de demain. Distinct du reste du Canada, « empruntant » à la fois à l'Amérique et à l'Europe, le Québec s'est doté d'un système d'éducation original qui attribue à l'école une triple mission : instruire, socialiser et former.

Fondements et buts

Ce système d'éducation vise à atteindre la réussite éducative pour tous, à faciliter l'éducation à la vie professionnelle et à la « formation tout au long de la vie ». En outre, ce système repose sur des programmes qui suscitent moult débats, au même titre que d'autres choix de société.

Le Ministère, les programmes de formation, l'éducation préscolaire, l'enseignement primaire, l'enseignement secondaire, l'enseignement collégial et l'enseignement universitaire, telles sont les sections qui seront développées ci-dessous. Nous y ajouterons la formation générale des adultes, l'alphabétisation et la francisation.

Le MÉLS

Assisté du Conseil supérieur de l'éducation, le ministère de l'Éducation, du Loisir et du Sport (MÉLS) a la charge de gérer un ensemble de 64 commissions scolaires, elles-mêmes responsables d'un réseau public et privé d'écoles primaires et secondaires, anciennement catholiques et protestantes, maintenant divisées entre francophones et anglophones. Outre les commissions scolaires, le MELS finance les établissements d'études postsecondaires, les collèges d'enseignement général et professionnel (cégeps) et les universités.

Placé sous la juridiction du MELS, le système scolaire québécois comprend quatre ordres d'enseignement : l'éducation préscolaire et l'enseignement primaire, l'enseignement secondaire, l'enseignement collégial et l'enseignement universitaire.

L'éducation préscolaire

Elle concerne les enfants de quatre et cinq ans et peut donc durer au maximum deux ans, mais n'a aucun caractère obligatoire, même si plus de 80 % des enfants y sont inscrits. On y utilise le jeu comme principal moyen d'apprentissage. Son but est de favoriser le développement physique, affectif, social, langagier et cognitif de l'enfant ; bref, son développement global. Comme dans tous les autres ordres d'enseignement (sauf l'université), le développement de compétences se trouve au cœur du programme. Affirmer sa personnalité, interagir de façon harmonieuse, communiquer, agir sur le plan sensoriel et moteur, mener à terme un projet, et construire sa compréhension du monde, tels sont les grands objectifs visés par le préscolaire.

L'enseignement primaire

L'école primaire assure une formation générale de base, sur trois cycles de deux ans chacun. Ces cycles visent à favoriser une plus grande différenciation pédagogique. À la fin des six années du primaire, un examen ministériel permet de vérifier les acquis. Toutefois, le redoublement reste, à l'heure actuelle, une mesure exceptionnelle.

Au primaire, les compétences transversales à acquérir sont d'ordres intellectuel, méthodologique, personnel, social et communicationnel. Quant aux domaines généraux de formation, on en compte cinq : santé et bien-être, orientation et entrepreneuriat, environnement et consommation, médias et vivre ensemble, ainsi que citoyenneté.

L'enseignement secondaire

L'école secondaire assure également une formation générale de base, qui dure en principe cinq ans et compte deux cycles. Cette formation générale de base est sanctionnée par le DES, Diplôme d'études secondaires, clé d'accès à des études collégiales, de nature professionnelle ou préuniversitaire. La formation générale de base peut aussi déboucher sur une formation professionnelle à partir de la 4e ou 5e secondaire.

Du point de vue des compétences visées, on retrouve, comme au primaire, les compétences transversales et les domaines généraux de formation qui servent de toile de fond à des apprentissages disciplinaires de plus en plus diversifiés.

L'enseignement collégial

Les étudiants inscrits à des études de niveau préuniversitaire (deux ans) y côtoient ceux qui ont choisi une formation technique de trois ans. Tous les programmes sont sanctionnés par le DEC (Diplôme d'études collégiales) et comportent des cours de formation générale : une formation générale commune, une formation générale propre au programme choisi et une formation générale complémentaire.

La formation générale commune comprend des cours en langue d'enseignement et littérature, en philosophie, en éducation physique et en langue seconde. La formation propre au programme d'études choisi inclut langue d'enseignement et littérature, philosophie et langue seconde. Quant à la formation complémentaire, les cours sont

> Commission Bouchard-Taylor, 2008.

sélectionnés dans les domaines suivants : sciences humaines, culture scientifique et technique, langue moderne, langage mathématique et informatique, art et esthétique.

L'enseignement universitaire

Il se divise en trois cycles et accueille environ 80 % des titulaires du DEC. Le premier cycle conduit à l'obtention du baccalauréat et dure trois ou quatre ans, selon les programmes d'études (sauf en médecine). La réussite au second cycle (théoriquement au bout de deux ans) est sanctionnée par un diplôme de maîtrise. Enfin, la durée normale des études de doctorat est de trois ans.

En règle générale, le MÉLS n'intervient pas dans le processus de gestion des 18 universités du territoire québécois, mais fournit un soutien financier non négligeable ; à ce titre, il est partie prenante dans les politiques diverses et règles budgétaires et établit des ententes avec les établissements universitaires. À chacun des cycles, un cours de 45 heures équivaut à trois crédits. Les frais de scolarité exigés au Québec comptent parmi les plus bas en Amérique du Nord. À côté de l'enseignement « ordinaire », on trouve, à partir du secondaire, la formation continue, qui s'adresse à quiconque a déjà quitté l'école et souhaite acquérir, approfondir ou mettre à jour des connaissances.

La formation générale des adultes

Les formations professionnelle et technique préparent les élèves au marché du travail. Au niveau de l'enseignement secondaire, la formation est assurée par des centres placés sous la responsabilité des commissions scolaires, ou dans des établissements privés. Pour ce qui est de la formation technique de niveau collégial, elle se donne dans les cégeps, les établissements privés subventionnés ou non, ainsi que les écoles gouvernementales.

Dans le but de contrer le décrochage scolaire, toute personne, immigrante ou non, à condition d'avoir atteint l'âge de seize ans, peut profiter des services de l'éducation aux adultes qui vont de l'alphabétisation à la cinquième année du secondaire, en passant par la francisation. Ces services visent à permettre à l'adulte de suivre une formation sanctionnée par le Ministère, et ce, dans le but de faciliter son accès au marché du travail ainsi que son insertion sociale.

L'alphabétisation

Les commissions scolaires et les organismes populaires ont la charge de fournir à toute personne âgée de 16 ans et plus la possibilité de se perfectionner en français (lecture et écriture) ainsi qu'en arithmétique, pour se débrouiller dans des situations fonctionnelles de la vie courante, et pour exercer ses rôles sociaux et familiaux.

La francisation

Afin d'aider les immigrants à apprendre le français pour mieux s'intégrer à la société québécoise, des classes de francisation sont ouvertes. Cette formation est donnée dans des établissements d'enseignement, ou auprès d'organismes communautaires, ou encore sur les lieux mêmes de leur travail. L'apprentissage du français se répartit sur douze niveaux de compétence langagière qui se retrouvent à la fois dans la compréhension et la production, orales et écrites.

Conclusion

À côté du système scolaire « courant » que nous avons présenté ici, nous avons tenté de montrer qu'il existait aussi des structures pour offrir au plus grand nombre de personnes possible, en tout temps et à tout âge, des formations générales et spécialisées et des passerelles vers le marché du travail.

Néanmoins, tout n'est pas rose. Dans les débats publics et médiatiques, l'éducation reste un sujet brûlant. À l'heure actuelle, la professionnalisation des enseignants, le renouvellement du corps professoral, la décentralisation des pouvoirs vers les établissements d'enseignement ainsi que le financement et la démocratie scolaire (gel des frais de scolarité) constituent les principaux défis que les agents du système scolaire québécois ont à relever. ∎

∗ *Professeure, Sciences de l'éducation, Université de Montréal, et directrice de l'équipe didactique à la revue* Québec français.

L'ENSEIGNEMENT DU FRANÇAIS AU QUÉBEC

ARLETTE PILOTE*

L'impact de la Charte de la langue française

La promulgation de la Charte de la langue française (loi 101) par le gouvernement du Parti québécois en 1977 a eu un impact majeur sur la situation linguistique au Québec et, de ce fait, sur l'enseignement du français. La Charte est en effet considérée comme la pièce maîtresse de la politique linguistique, car elle fait du français la seule langue officielle de l'État québécois. Au chapitre 8, qui relève du ministère de l'Éducation (MÉLS), il est statué que l'enseignement se donne en français dans toutes les classes maternelles, primaires et secondaires du Québec, sous réserve de quelques exceptions fondées sur des critères établissant un lien avec la communauté québécoise anglophone. Les enfants d'immigrants qui choisissent de vivre au Québec sont tenus de fréquenter l'école française jusqu'au terme de leurs études secondaires. Un des impacts les plus intéressants de cette loi est donc que la très large majorité des allophones est maintenant scolarisée en français au Québec. Des mesures de francisation ont été mises en place lors de l'accueil des immigrants pour un apprentissage accéléré du français. C'est par la fréquentation de ces classes d'immersion que les nouveaux arrivants acquièrent un français d'usage et ainsi s'intègrent à la culture française de la majorité.

Quel français enseigner ?

L'enseignement du français au Québec représente un défi de taille, car le débat autour de la question « quel français doit-on enseigner ? » resurgit à tout moment dans l'actualité. Doit-on enseigner le français québécois, avec ses variantes et ses différents registres de langue, tel que les gens le parlent au Québec ? Doit-on intégrer les particularismes des autres communautés culturelles francophones qui fréquentent l'école québécoise ? N'est-il pas préférable, au contraire, d'apprendre à communiquer dans un français le plus proche possible de la norme du français afin de pouvoir être compris d'emblée par toute la francophonie ? Bien sûr, ce type de débat n'est pas propre au Québec puisque la langue française a toujours été sujette à variations, surtout hors de l'Hexagone. Mais ici plus qu'ailleurs, à cause du nationalisme québécois, qui a tendance à exalter les particularismes, il crée un malaise chez l'enseignant de français québécois qui hésite souvent entre la norme la plus stricte et une tolérance de bon aloi, surtout dans l'enseignement de la communication orale.

Un peu d'histoire

Au cours des 40 dernières années, l'enseignement du français au Québec a beaucoup évolué, ce qui a suscité des débats passionnés tant dans les milieux scolaires que dans la sphère publique. On peut observer qu'à peu près à chaque décennie survient une crise qui est à l'origine de la réécriture des programmes d'études.

Avant 1969, les programmes de français étaient fondés sur une approche traditionnelle et contenaient une liste très précise de notions à enseigner en grammaire et en histoire littéraire. L'État avait la responsabilité d'indiquer aux professeurs ce qu'ils devaient enseigner aux élèves. C'est dans la foulée du Rapport Parent (1964) et, parallèlement, d'une nouvelle prise de conscience culturelle par la population québécoise, que l'enseignement du français subit une transformation majeure. C'est l'ère des programmes cadres qui proposent une approche communicative, la langue étant considérée comme un instrument au service de la communication et comme vecteur de la culture, surtout de la culture québécoise. Ces programmes laissent une grande latitude aux enseignants sur les contenus notionnels à enseigner et mettent l'accent sur la langue orale, ce qui crée un malaise et suscite la controverse. On reproche cependant au ministère de l'Éducation de donner trop d'autonomie aux institutions locales dans la détermination des contenus d'apprentissage. Malgré une importante structure d'encadrement et de formation mise en place pour assurer une implantation réussie de ces programmes, leur application ne donne pas les résultats escomptés.

S'amorce alors une réflexion profonde sur la pédagogie du français qui donne lieu, en 1979, à une réécriture des programmes, qui deviennent plus précis et plus détaillés. L'État reprend alors sa place de « directeur » de l'enseignement du français. Ces nouveaux programmes, qui portent maintenant l'étiquette de « langue première », sont toujours orientés vers l'approche communicative, mais s'inspirent des récentes découvertes en narratologie, en psychologie du langage, en sociolinguistique et en didactique. Ils proposent un processus d'apprentissage qui tient compte du rôle de l'apprenant ; ils contiennent également des objectifs terminaux très clairs sur les habiletés langagières à développer. Ces programmes provoquent bien des remous, car ils remettent en question la conception traditionnelle de l'enseignement ; les connaissances relatives aux structures des textes, au fonctionnement de la langue et du discours doivent être acquises en fonction de leur utilisation et du développement des habiletés langagières à développer. Aucun apprentissage formel de la grammaire n'y est préconisé, si bien que cela se traduit, dans certaines classes de français, par un abandon de l'enseignement systématique de la grammaire. Un nouveau grand chantier de formation, mis sur pied conjointement par le ministère de l'Éducation et les commissions scolaires, contribue néanmoins à développer une plus grande compétence chez les enseignants et à faire éclore des projets pédagogiques novateurs et créatifs. Le Ministère décrète sa politique d'un manuel par élève (ce qui encourage les maisons d'édition à produire du matériel didactique) et publie une nouvelle politique d'évaluation plus conforme aux nouveaux programmes.

Dix ans plus tard recommence un cycle de réflexion et d'interrogations sur les effets de ces programmes par objectifs. On prétend, surtout dans les médias et dans une certaine classe politique, que malgré les efforts consentis par les enseignants, les résultats sont encore une fois décevants. Le Conseil supérieur de l'éducation et le Conseil de la langue française émettent des avis pour que les programmes accordent une plus grande importance à l'écriture. Le processus de réécriture des programmes recommence pour se terminer en 1995, après bien des tiraillements et des querelles internes sur les principes et orientations qu'on veut leur donner. Ces nouveaux programmes intègrent les données des sciences cognitives et une approche inductive en enseignement de la grammaire. Mais très vite, on leur fait le reproche d'insister trop sur le processus et pas suffisamment sur les contenus d'apprentissage ; les enseignants sont déroutés par le nouveau métalangage et remettent en question les méthodes d'enseignement proposées par les programmes. À la suite des États généraux sur la situation et l'avenir de la langue française au Québec (2000-2001), le ministère de l'Éducation dépose un Plan d'action pour la valorisation du français langue d'enseignement qui contient différentes mesures destinées à favoriser la maîtrise de la langue chez les jeunes Québécois et à soutenir le perfectionnement des enseignants.

La récente grande réforme de l'Éducation amorcée en 2000 a imposé une nouvelle mouture des programmes de français qui préconisent une formation centrée sur le développement de compétences plutôt que sur la transmission de connaissances. Dans ces nouveaux programmes, langue et culture constituent la toile de fond de la classe de français. Les compétences « lire et apprécier des textes variés », « écrire des textes variés » et « communiquer oralement selon des modalités variées » s'inscrivent dans un continuum du début du primaire à la fin du secondaire. On a réintroduit en force la dimension littéraire, si bien que les élèves doivent constituer progressivement, du primaire au secondaire, un répertoire personnalisé d'œuvres littéraires et faire aussi l'acquisition de connaissances liées au phénomène littéraire.

Ces nouveaux programmes ne font toutefois pas l'unanimité, si bien que l'on peut s'attendre à de nouvelles discussions dans ce contexte particulier où la préservation du français semble être l'affaire de tous et non seulement celle des spécialistes et des enseignants.

La formation des enseignants de français

Puisque l'enseignement du français est en constante restructuration au Québec, la formation des maîtres a donc dû s'adapter à cette réalité, de même qu'aux nombreuses réformes du système d'éducation, aux changements successifs des programmes d'études et au rythme de l'évolution de la didactique.

Pendant une très longue période (de 1936 à 1964), les enseignants du Québec ont été formés dans les écoles normales, qui décernaient des brevets généraux pour l'enseignement primaire et secondaire. Pendant longtemps, les programmes des écoles normales ont fonctionné sans programme uniforme. Ce n'est qu'au début du XXᵉ siècle qu'on a introduit dans les programmes un chapitre portant spécifiquement sur l'enseignement de la langue française. De 1950 à 1969, la méthode de Jean-Marie Laurence, qui met l'accent sur l'analyse grammaticale, a inspiré toute une génération d'instituteurs. La création en 1953 d'un nouveau brevet de classe A permet aux étudiants maîtres de se spécialiser en enseignement du français.

En 1964, le Rapport Parent recommande d'octroyer aux universités la formation des enseignants. Cinq ans plus tard, les facultés d'éducation seront créées au Québec. Neuf universités assurent depuis lors la formation initiale et la formation continue des enseignants de français tant au primaire qu'au secondaire. La didactique du français a gagné ses lettres de noblesse dans la formation des enseignants. Les stages pratiques ont pris de plus en plus de place dans la formation, qu'on donne maintenant sur quatre années, et des écoles associées permettent aux étudiants en enseignement d'acquérir de l'expérience sur le terrain, chacun étant jumelé durant sa formation à un maître associé qui le guide dans le développement de ses compétences.

La formation continue des enseignants de français, autrefois entièrement assurée par les universités, est de plus en plus dévolue aux commissions scolaires, où des conseillers et conseillères pédagogiques sont chargés d'assurer l'animation pédagogique et le perfectionnement des enseignants sur le terrain.

L'AQPF et l'enseignement du français au Québec

Créée en 1967, l'Association québécoise des professeurs de français poursuit un double objectif : défendre et promouvoir la langue française et assurer un enseignement du français de qualité au Québec. Son histoire est intimement liée au combat des Québécois pour protéger et défendre leur langue.

C'est en 1969 que le premier président de l'AQPF, Émile Bessette, participe à la fondation de la Fédération internationale des professeurs de français (FIPF). L'AQPF est toujours affiliée à la Fédération et deux de ses membres éminents en ont déjà assumé la présidence : Émile Bessette en 1980 et Jean-Claude Gagnon en 1988.

Peu après sa création, en 1970, l'AQPF publie un manifeste, sous la direction d'André Gaulin, *Le livre noir. De l'Impossibilité presque totale d'enseigner le français au Québec*, qui est repris dans le premier numéro du journal *Québec français*, transformé depuis lors en une revue didactique, pédagogique, littéraire et culturelle, qui continue d'accompagner la destinée de l'AQPF. Ce manifeste sert un électrochoc à l'Assemblée nationale. Il dénonce l'état médiocre du français dans la société québécoise, avance que le statut du français au Québec n'est pas assez protégé et recommande une série de mesures pour changer la situation et garantir un soutien à l'enseignement du français.

Un autre grand moment de l'histoire de l'AQPF est le congrès mondial de la FIPF dont elle a été l'hôtesse à Québec en 1984, sous la présidence d'Irène Belleau. Ce fut un formidable rassemblement de représentants de 92 pays sous le thème *Vivre le français,* que l'on se rappelle encore aujourd'hui avec un grand bonheur.

Tout au long de son histoire, l'AQPF n'a cessé d'initier des périodes de réflexion sur les meilleures conditions pour assurer un bon enseignement du français au Québec, proposer des actions ou des projets afin d'améliorer cet enseignement, assurer une vigilance constante sur les politiques gouvernementales pouvant menacer la langue, et pour préparer des avis, des mémoires, divulguer ses positions sur tout ce qui se rapporte à la langue et à son enseignement. C'est pourquoi elle est considérée comme une instance nécessaire et incontournable quand il est question des grands enjeux de l'enseignement du français au Québec. ∎

✶ *Présidente de l'Association québécoise des professeurs de français.*

L'ÉTAT DES MÉDIAS QUÉBÉCOIS

DANIEL GIROUX*

Quand la radio fait ses débuts au Canada, dans les années 1920, une bonne partie des émissions sont importées des États-Unis (Raboy). Trente ans plus tard, quand la télévision arrive, il est possible de recevoir les émissions étatsuniennes avant même la création de la première station canadienne. Ainsi, au début des années 1950, 60 % des Canadiens ont accès, par voie hertzienne, aux émissions de télévision des réseaux américains. Quand la distribution par câble fait son entrée dans les foyers canadiens, il s'agit, dans une large mesure, d'entreprises américaines qui veulent élargir la pénétration de leurs réseaux. Nos voisins voyaient le Canada comme une extension de leur propre marché.

La Commission royale de la radiodiffusion présidée en 1929 par John Aird a bien cerné l'enjeu pour le Canada. Elle a recommandé que le pays se dote d'un diffuseur public national, à l'instar de la BBC au Royaume-Uni. Mais construire un système de radiodiffusion qui reflète l'identité canadienne ne fut pas une mince tâche, en raison de la proximité des diffuseurs américains, des grands moyens à leur disposition et de l'attrait des Canadiens pour les productions réalisées par nos voisins immédiats.

Au fil du temps, plusieurs mesures ont été prises : mise sur pied des diffuseurs de service public que sont la Société Radio-Canada et Télé-Québec ; obligation de propriété canadienne pour les entreprises privées, y compris pour les entreprises de distribution ; quotas de contenu canadien tant à la télévision qu'à la radio (et de musique francophone pour les radios de langue française) ; substitution des messages publicitaires présentés par les chaînes américaines offertes par le câble ou le satellite par des messages canadiens. La règle s'applique à toute émission américaine qui est présentée simultanément par un réseau américain et un réseau canadien. Le réseau canadien ayant acquis les droits pour diffuser cette émission au Canada, ses propres messages publicitaires remplacent ceux du diffuseur américain sur les systèmes canadiens de distribution. La règle vise à financer des émissions canadiennes à partir des revenus tirés de la diffusion d'émissions américaines populaires. Ajoutons à cela l'aide financière à la production d'émissions de télévision. Ce soutien financier s'applique tout particulièrement aux genres télévisuels plus coûteux et qui ont une certaine valeur culturelle : les dramatiques et les comédies, les émissions pour enfants, les documentaires ainsi que les spectacles et émissions de variété. Enfin, on favorise l'accroissement du nombre de chaînes « canadiennes » de télévision pour contrer la prolifération de canaux américains...

La télévision

De fait, le Canada a mis en place à l'égard de la télévision l'un des systèmes de régulation et de mesures de soutien les plus complets qu'on puisse trouver. Les résultats de cette politique sont, toutefois, bien différents au Québec qu'au Canada anglais. Du côté anglophone, il est rarissime de trouver une production canadienne parmi les trente émissions les plus regardées. C'est tout le contraire au Québec, alors que le palmarès des trente émissions préférées ne comporte qu'une ou deux émissions étrangères.

Plus globalement, à l'échelle de l'ensemble du Canada, les télévisions étrangères récoltent un peu moins de 20 % de l'écoute, et les Canadiens anglais, même lorsqu'ils écoutent des chaînes canadiennes, optent, la majeure partie du temps, pour des émissions américaines. Il faut dire que ces émissions occupent une bonne part des programmations des réseaux canadiens, particulièrement en période de grande écoute. Pour leur part, les Québécois francophones qui ont également largement accès aux ABC, CBS, Fox, NBC et autres CNN par leur abonnement au câble ou au satellite, ne leur accordent qu'un modeste 1,4 % de leur écoute. Les grilles-horaire des chaînes québécoises font, par ailleurs, un meilleur sort aux émissions d'ici que leurs vis-à-vis anglophones, et le public leur réserve les deux tiers de son écoute.

Certes, la barrière de la langue explique la faible écoute des chaînes américaines par les francophones. Cet obstacle est cependant levé pour bon nombre de productions américaines qui sont proposées, après traduction, par les diverses chaînes québécoises. Les Québécois préfèrent, malgré tout, les émissions qui mettent en scène leurs histoires, leur culture et « leurs » artistes. Petit à petit, les artisans de la télévision québécoise ont développé un grand savoir-faire. Un *star-system* national a également pris forme. Lorsque ces vedettes du petit écran montent sur scène ou se retrouvent sur grand écran, les Québécois vont les voir. C'est ainsi qu'un cinéma populaire de culture québécoise a pris racine.

Ce succès de la télévision d'ici n'aurait pas été possible dans un marché qui ne compte que 7,4 millions de personnes, dont uniquement 6 millions de francophones, sans une aide substantielle des gouvernements. Ce soutien financier prend la forme de crédits qui sont versés directement à la Société Radio-Canada et à Télé-Québec, de subventions et de crédits d'impôt accordés aux producteurs indépendants dont les services ont été retenus par les diffuseurs, publics ou privés, pour produire certaines de leurs émissions, particulièrement des dramatiques, des comédies, des émissions pour enfants, des documentaires et des émissions de variété. La contribution des gouvernements dans la production d'émissions de langue française avoisine les 550 millions de dollars. C'est presque autant que les 650 millions que rapporte la publicité aux télédiffuseurs francophones. L'autre source de revenus des stations de télévision, soit les redevances versées par les systèmes de distribution, génère quelque 280 millions de recettes dans le système.

Au chapitre de l'écoute chez les francophones, Radio-Canada se classe, selon les années, au deuxième ou au troisième rang. Ses parts de marché oscillent entre 13 % et 15 %. Ensemble, les deux réseaux privés généralistes ont recueilli, en 2006, 42 % de l'écoute, et les quelque 20 services spécialisés, 36 %. Télé-Québec, dont la vocation est éducative et culturelle, reçoit moins de 3 % de l'écoute. Compte tenu de

l'étroitesse du marché, on peut dire que les Québécois bénéficient d'une offre télévisuelle très diversifiée, y compris en ce qui a trait à l'information régionale pour laquelle les trois réseaux généralistes se livrent concurrence.

Il y a cependant quelques ombres au tableau. Internet, le cellulaire et les autres médias nouveaux menacent l'équilibre du système télévisuel, qui repose sur l'acceptation par les télédiffuseurs d'obligations en matière de contenus canadiens et de contenus locaux, en contrepartie de revenus protégés d'une trop vive concurrence. Le Conseil de la radiodiffusion et des télécommunications canadiennes (CRTC) s'assure que les nouveaux services qu'il autorise ne nuiront pas indûment – au point où ils ne puissent plus satisfaire aux exigences qui leur sont faites – aux services existants.

Or, les nouvelles habitudes de consommation qui apparaissent avec les nouveaux médias fragmentent encore davantage les auditoires et les revenus publicitaires. Dans le monde des nouveaux médias, le CRTC ne peut réguler les entrées comme il le fait dans le monde traditionnel de la radiodiffusion. Ces nouveaux diffuseurs de contenus audio et vidéo ne sont pas assujettis à quelque obligation de contenu canadien. Plusieurs croient, d'ailleurs, qu'il n'est pas réaliste de penser étendre aux nouveaux médias les exigences faites aux anciens. Ils invoquent la porosité des frontières nationales sur le Web et le fait que les modèles d'affaires permettant de faire des profits dans ce nouveau monde ne sont pas encore connus. Difficile dans ce contexte d'imposer aux entreprises canadiennes des obligations qui entraîneraient des déboursés pour elles, alors que leurs concurrents étrangers n'y seraient pas astreints.

La radio

L'écoute de la radio traditionnelle souffre tout particulièrement de l'utilisation des nouveaux médias. À l'heure du téléchargement de musique et de balados pour une écoute sur baladeur numérique, l'écoute des stations de radio a fléchi depuis le début des années 2000, tant au Québec qu'au Canada. Au Québec, la baisse est d'environ deux heures en moyenne par semaine. Elle est plus marquée encore chez les moins de 35 ans, pour lesquels les nouvelles pratiques sont monnaie courante.

L'offre radio est, elle aussi, assez diversifiée, compte tenu de la taille réduite du marché québécois. La Société Radio-Canada propose deux services de langue française et deux services de langue anglaise. L'un des services francophones de la radio publique comporte des émissions particulières pour les résidants de dix régions. On compte aussi cinq réseaux privés dont les émissions sont diffusées par près de 40 stations réparties sur le territoire. Toutes ces stations présentent des émissions locales aux heures de grande écoute. Un autre groupe d'une cinquantaine de stations propose uniquement des émissions destinées à leur communauté locale.

La publicité est absente à la radio de Radio-Canada, alors qu'elle constitue presque l'unique source de revenus des stations de radio privées. Elle a rapporté quelque 250 millions de dollars aux radios québécoises en 2006. Les recettes publicitaires ont augmenté du quart au cours des cinq dernières années. La radio doit livrer une chaude lutte aux hebdomadaires et aux magazines pour occuper le troisième rang dans la faveur des annonceurs, après la télévision et les quotidiens. Les deux tiers des revenus des stations de radio proviennent d'annonceurs locaux.

La distribution

La grande majorité des foyers canadiens sont abonnés à un service de distribution de radiodiffusion, soit par câble (analogique et numérique), par satellite (numérique seulement) ou, pour un petit nombre, par d'autres techniques dont la distribution multipoints et la distribution par ligne téléphonique.

Dans l'ensemble, les câblodistributeurs attirent les trois-quarts de la clientèle. Cette avance des câblodistributeurs s'amenuise toutefois d'année en année au profit des entreprises qui offrent des services par satellite de radiodiffusion directe.

La technologie numérique compte de plus en plus d'adeptes. Plus de la moitié des abonnés à un service de distribution ont opté pour de tels services, qui permettent l'accès à davantage de canaux spécialisés regroupés en bouquets plus ciblés que ceux des services analogiques.

Les quotidiens

Douze quotidiens payants sont publiés au Québec, dont dix en langue française. Par ailleurs, deux quotidiens gratuits desservent le marché francophone de Montréal depuis 2001. Ces journaux visent principalement les utilisateurs des transports en commun, auxquels ils proposent, du lundi au vendredi, une synthèse des principales nouvelles du jour. Montréal est particulièrement bien desservie, puisque six quotidiens y sont publiés, cinq de langue française (incluant les deux gratuits) et un de langue anglaise.

La propriété des quotidiens de langue française est très concentrée. Même s'il ne possède que trois de ces douze titres, le groupe Quebecor détient 45 % du marché des lecteurs francophones. Qui plus est, le conglomérat contrôle plusieurs autres sources d'information : le réseau de télévision le plus regardé (TVA), un service télévisé d'information continue, un portail très fréquenté, de nombreux magazines et plusieurs hebdomadaires régionaux. Ce n'est pas le cas de l'autre important propriétaire de quotidiens, Gesca, dont les intérêts se limitent essentiellement à sept quotidiens. Ceux-ci cumulent 38 % de parts de marché. Gesca est une filiale de la multinationale montréalaise Power Corporation, active surtout dans les services financiers et les assurances. Cela ne laisse qu'un seul journal indépendant, *Le Devoir*. Celui-ci appartient à un groupe de fiduciaires qui laissent la direction du quotidien aux mains de son directeur. Le lectorat du *Devoir* ne représente, toutefois, que 4 % du lectorat francophone du Québec.

Dans l'ensemble, le tirage des quotidiens québécois payants a peu varié ces cinq dernières années. Cette relative constance constitue plutôt une bonne nouvelle étant donné les baisses de tirage que connaissent les journaux ailleurs. En effet, les autres titres canadiens ont connu une chute de 9 % depuis 1998. On note également des baisses dans la plupart des pays développés.

Mais les quotidiens québécois ont perdu beaucoup de plumes depuis 1990. La baisse est de 12 % pour les titres francophones et de 25 % pour les titres anglophones. La perte de popularité des quotidiens est toutefois plus importante que ne le démontrent ces données brutes qui ne tiennent pas compte de l'augmentation de la population et, donc, du nombre des clients potentiels. En effet, l'ensemble des quotidiens québécois vendent maintenant presque deux fois moins d'exemplaires par tranche de 1 000 personnes âgées de vingt ans et plus qu'au milieu des années 1960. Le nombre est passé de 304 exemplaires pour 1 000 lecteurs potentiels en 1965 à 219 en 1990 puis à 164 en 2006. Dans la métropole du Québec, le nombre de personnes qui lisent régulièrement un journal du lundi au vendredi a connu une augmentation de 15 % entre 2001 et 2006. La percée des gratuits est manifestement le facteur le plus important qui explique une telle hausse.

Les magazines

Selon les données les plus récentes compilées par Statistique Canada, on publiait quelque 550 magazines, toutes catégories confondues, au Québec en 2003. C'est une centaine de plus qu'en 1993. Au total, il s'y publie annuellement près de 200 millions d'exemplaires. De 1993 à 2003, le tirage des magazines a connu une augmentation de 18 %.

Les données de Statistique Canada concernent plusieurs catégories de magazines : généraux, spécialisés destinés au grand public, d'affaires ou professionnels, agricoles, religieux et savants. Les magazines généraux et les publications spécialisées destinées au grand public représentent 64 % du tirage. Bien qu'ils ne représentent que 9 % du tirage, les magazines d'affaires ou professionnels constituent près du quart des titres. Enfin, on compte 85 titres savants qui publient quelque 23 millions d'exemplaires par année.

Cependant, tout comme pour les quotidiens, le lectorat des magazines est à la baisse. L'analyse des plus récentes données portant sur une trentaine de magazines québécois destinés au grand public, fait état d'un recul global de près de 16 % du nombre de leurs lecteurs entre 2006 et 2003. Ce résultat fait écho au désintéressement dépeint par le ministère de la Culture et des Communications dans la dernière édition de son enquête sur les pratiques culturelles des Québécois (2004).

Selon cette enquête conduite aux cinq ans depuis 1979, c'est en 1994 que les magazines attiraient le plus grand nombre de lecteurs avec 63 % des Québécois qui en lisaient au moins un par mois. Depuis, cette proportion ne cesse de diminuer pour atteindre 53 % en 2004. Cela représente une baisse de dix points en dix ans. Le taux de lectorat des Québécois en 2004 était donc plus bas qu'il ne l'était en 1979. Ce phénomène touche autant les hommes que les femmes ainsi que tous les groupes d'âge. L'enquête révèle également que les magazines ont perdu des lecteurs de tous les niveaux de scolarité. Les baisses les plus importantes sont toutefois survenues chez ceux qui comptent douze années de scolarité et plus.

Comment expliquer cette baisse de popularité ? Ce n'est certainement pas en raison d'une diminution de l'offre puisque le nombre de titres a continué de croître pendant cette période. L'engouement croissant pour Internet est sans doute l'une des causes du phénomène puisque les usagers du Net y trouvent des contenus similaires à ceux des magazines, qu'il s'agisse d'information ou de divertissement. Le tout est offert sans frais autres que ceux liés à l'accès au réseau et avec les avantages de l'interactivité. ■

* *Secrétaire général, Centre d'études sur les médias.*

LES ENJEUX DE L'ENVIRONNEMENT

CLAUDE VILLENEUVE*

Sur le plan géographique, le Québec se définit d'abord par ses réseaux hydrographiques. On y trouve environ 3 % des réserves d'eau douce de la planète. À l'origine, ce pays était couvert de forêts denses sur toute la partie sud jusqu'à la latitude de la Baie James. C'est à travers son réseau hydrographique que les premiers habitants l'ont exploré, peuplé et transformé pour donner les paysages et les infrastructures qui le caractérisent aujourd'hui. Nous verrons dans cet article comment l'environnement hydrographique a permis le développement du Québec tel que nous le voyons aujourd'hui et comment il prendra une importance grandissante dans le contexte de l'évolution du climat au XXIᵉ siècle.

Le climat, déterminant de la biologie et de la culture

Les étudiants en écologie apprennent comment les facteurs physico-chimiques d'un biotope influencent les organismes vivants qui le peuplent et comment ceux-ci s'adaptent aux conditions du milieu et à leurs variations.

Les humains aussi doivent s'adapter à leur environnement. Leur adaptation, cependant, se fait le plus souvent par l'intermédiaire de moyens techniques plutôt que par les mécanismes de mutation et de sélection naturelle qui sont communs aux autres espèces. L'adaptation pour nous se fait par l'adoption de comportements culturels, par le choix d'un type d'agriculture ou l'exploitation de ressources naturelles spécifiques au territoire, par le choix d'un type d'habitat et par d'autres éléments qui caractérisent la diversité des sociétés humaines. Le climat représente un déterminant majeur de l'environnement de tous les peuples. Le Québec ne fait pas exception à cette règle.

Une histoire d'eau

Le Saint-Laurent, voie d'entrée de l'Amérique française, est sans doute le plus remarquable des cours d'eau du Québec, mais l'ensemble du territoire est traversé par des centaines de grandes rivières et près d'un million de lacs qui permettaient aux premiers occupants de se déplacer à leur guise au gré des saisons et des impératifs de l'exploration, du commerce et de la guerre. Or, s'il y a des fleuves, des lacs et des rivières, c'est qu'il y a un climat caractérisé par un régime de précipitations régulières et un bilan annuel des précipitations (moins l'évaporation) qui est positif. Ainsi, les eaux peuvent s'infiltrer pour alimenter les nappes phréatiques ou ruisseler vers le réseau de surface lorsque le sol est imperméable. La disponibilité de l'eau est aussi le premier facteur qui explique la présence de la forêt sur un territoire. À leur tour, les forêts sont le milieu de vie de toute une faune toujours plus diversifiée à mesure qu'on observe des moyennes de températures annuelles plus élevées. De même, la disponibilité de l'eau pendant la saison de croissance, combinée avec la disponibilité de sols fertiles, permet le développement de la production agricole.

La quantité d'eau qui tombe sur un territoire n'est pas la seule caractéristique importante du climat : la périodicité et la forme des précipitations sont aussi des facteurs écologiques d'importance. En effet, une précipitation d'un mètre de pluie à l'intérieur d'un mois suivie de onze mois de sécheresse ne donne pas les mêmes conditions de vie aux plantes que le même volume de précipitations réparties sur dix mois, par exemple. Par ailleurs, la neige, en s'accumulant sur le sol, compte dans le bilan hydrique annuel, mais elle ne contribue pas pendant tout l'hiver à alimenter les nappes phréatiques et le réseau hydrographique. C'est pourquoi les étiages[1] les plus sévères dans les rivières du nord ont lieu en mars. Ce n'est qu'au printemps, alors qu'elle fond, que la neige provoque des crues printanières caractéristiques des pays nordiques. L'hiver est donc une période de sécheresse et les arbres à feuilles décidues y sont adaptés par la perte de leurs feuilles. La neige est aussi un excellent isolant qui protège contre le gel la microfaune du sol. Les animaux et les plantes s'adaptent ainsi aux caractéristiques du climat. Si celui-ci change de façon notable dans sa variabilité interannuelle, certains animaux et certaines plantes seront favorisés ou défavorisés.

Situés à l'interface des écosystèmes aquatiques et terrestres, les milieux humides (marais, marécages, tourbières, étangs temporaires et, en général, toute la portion inondable du littoral) jouent un rôle de premier plan dans la présence d'un grand nombre d'espèces vivantes. Ils constituent, en raison des conditions qui y règnent, les lieux les plus propices à la biodiversité. En raison du régime de crue et des grands bassins versants de ses rivières et du fleuve Saint-Laurent, l'abondance des milieux humides sur le territoire québécois expliquait en bonne partie l'abondance de la faune qui a étonné les premiers explorateurs[2].

Il y a dix-huit mille ans, l'essentiel du territoire était recouvert par une masse glaciaire, un inlandsis, d'une épaisseur pouvant atteindre trois kilomètres, à l'instar du territoire du Groenland ou de l'Antarctique aujourd'hui. On peut penser qu'on n'y trouvait aucune population importante d'animaux, ni de forêt, ni de plantes à l'exception peut-être d'espèces typiques de la toundra isolées dans quelques refuges glaciaires. Pas de poissons non plus, la glace recouvrant les lacs profonds depuis des dizaines de milliers d'années. Le littoral maritime de l'inlandsis laurentien devait héberger une faune semblable à celle de la côte du Groenland aujourd'hui.

Le réchauffement du climat planétaire de cinq degrés environ a libéré progressivement le territoire dont les parties basses ont été envahies par l'océan et les parties plus hautes, par de grands lacs glaciaires qui ont alimenté la mise en place du réseau hydrographique. Il y a donc moins de dix mille ans que se sont installés les immenses massifs forestiers que les explorateurs européens ont découverts, il y a moins d'un millénaire.

L'omniprésence de l'eau et de la forêt ont induit dès la naissance de la nation canadienne une connaissance relationnelle de l'environnement, proche de celle des Amérindiens, façonnant la culture des coureurs de bois. L'habitant, pour sa part, vivant de l'agriculture, de l'artisanat ou du commerce, a développé une représentation très différente du pays où les forces de la nature étaient des forces contre lesquelles on devait lutter pour arracher sa subsistance. Mais même si la Nature était perçue comme hostile, le cadastre du Régime français se construit à partir d'un accès à la rivière, proto-chemin du Roy et provende pour l'habitant de poissons et de sauvagine.

C'est la combinaison de la prépondérance de l'eau pour le transport et de la richesse des terres de la vallée du Saint-Laurent qui explique le mieux la progression de l'occupation du territoire au cours des trois premiers siècles de l'histoire du Canada. L'industrialisation à partir de la deuxième moitié du XIXe siècle a été un facteur supplémentaire permettant de créer des concentrations urbaines et d'occuper le territoire de l'arrière-pays, surtout après le développement du transport ferroviaire. Mais l'industrie, qu'elle soit forestière, papetière, et même minière, a besoin d'eau, de beaucoup d'eau pour ses procédés, pour la production d'énergie et pour l'évacuation de ses déchets. L'économie du Québec, essentiellement tournée vers les marchés extérieurs, a marqué profondément le territoire et affecté l'environnement local près des sites où se pratiquaient les activités de production. L'accélération de l'impact d'activités d'extraction et de transformation destinées à fournir des marchés lointains et avides de ressources peu chères s'est traduit par la presque-destruction de la forêt feuillue du sud, par la surexploitation des pêches, par la dégradation accélérée de la qualité des cours d'eau de surface et des sols sur l'ensemble du territoire habité[3].

La fragilisation des écosystèmes

Le XXe siècle a représenté ce qu'on pourra appeler la phase destructrice du développement. L'impact des activités humaines sur le paysage, sur la qualité des eaux de surface et sur la santé humaine s'est sans cesse amplifié jusqu'à la fin des années 1970. Parmi les grands facteurs de fragilisation des écosystèmes, on peut mentionner le développement industriel lourd, l'urbanisation extensive, l'agriculture de plus en plus intensive en engrais et pesticides, le reprofilage des ruisseaux et le déboisement des berges ainsi que la prépondérance hégémonique de l'automobile individuelle et du camion lourd dans le transport. Dans le nord du territoire, l'extension des activités forestières et la construction de grandes centrales hydroélectriques ont marqué le milieu d'une empreinte indélébile sans toutefois représenter la catastrophe écologique que certains ont dénoncée[4].

C'est ainsi qu'à la fin du XXe siècle, l'impact cumulatif des activités humaines a fragilisé les écosystèmes partout au Québec et, surtout, dans la portion sud du territoire où l'activité était plus intense. Ce sont particulièrement les habitats qui ont souffert du développement. Or, c'est la partie la plus essentielle de l'équation du vivant, car c'est dans des habitats de qualité que la flore et la faune peuvent trouver les conditions nécessaires pour compléter leur cycle vital. L'empreinte toxique persistante d'une société peu soucieuse de ses rejets industriels a complété le portrait. Sans qu'il y ait eu de plan machiavélique pour détruire l'environnement, l'incurie politique et le manque de sensibilité écologique des citoyens ont fait disparaître plusieurs populations de poissons et d'amphibiens, détruit des milliers d'hectares de milieux humides productifs et bétonné des surfaces écologiquement productives qui ne pourront plus assumer leur rôle pour les siècles à venir. C'est avec ce lourd héritage que nous abordons le XXIe siècle.

Un intérêt tardif pour l'environnement

Dans les faits, l'activité destructrice de la nature est encore, pour beaucoup de gens, synonyme de travail nourricier, comme l'était le défrichage pour leurs grands-parents. Cette attitude utilitariste envers l'environnement, couplée à l'ignorance généralisée de la population et de ses élites politiques, explique probablement le retard de la naissance d'un réel intérêt pour l'environnement au Québec avant les années 1980. Cependant, la création du Bureau d'audiences publiques sur l'environnement[5], la création du ministère de l'Environnement, le programme québécois d'épuration des eaux municipales et surtout la mise en place de plusieurs outils d'éducation et de formation à l'environnement dans le réseau de l'éducation et auprès du grand public par le biais des groupes environnementaux, ont contribué à un changement fort important. On peut constater, environ trente ans après ce réveil de l'État, de l'industrie et de l'opinion publique, que les attitudes et les comportements ont commencé à changer, bien qu'il reste encore des différences importantes entre la représentation de l'environnement des populations urbanisées, maintenant très majoritaires, et les populations rurales, très dépendantes de l'exploitation des ressources. C'est de cette opposition que s'alimentent la crise de l'exploitation de la forêt boréale et les oppositions croissantes entre les agriculteurs et les populations riveraines. Pour simplifier la question, disons que les urbains ont une vision plus déconnectée de la Nature, sacralisée et considérée comme en danger, alors que les ruraux conservent du lien de l'exploitation des ressources naturelles une représentation utilitariste de la Nature. Même si elles se déclinent entre les deux extrêmes, les deux visions s'opposent sur le terrain où l'une veut conserver et l'autre, exploiter, au mieux en acceptant de prendre quelques précautions.

Aujourd'hui, si l'on en croit les sondages, l'environnement et sa qualité figurent au premier rang des préoccupations des Québécois et c'est l'enjeu des changements climatiques qui est le premier en titre à occuper l'espace médiatique. Nous verrons dans la prochaine section pourquoi cette problématique globale aura dans l'avenir du Québec un impact majeur sur de multiples composantes de l'environnement et du développement.

Les changements climatiques

Depuis une trentaine d'années, des preuves de mieux en mieux étayées par les scientifiques à l'échelle internationale montrent que le climat planétaire change à une vitesse étonnante, qui n'a pas d'équivalent dans l'histoire. Le dernier rapport[6] du Groupe intergouvernemental d'experts sur l'évolution du climat (GIEC), publié en 2007, établit que ce réchauffement est pour la majeure partie attribuable aux émissions de gaz à effet de serre anthropiques. Ces émissions résultent de la combustion des carburants fossiles (charbon, pétrole et gaz naturel) pour la production d'électricité, le transport et la production industrielle. On note aussi l'importance du changement de vocation des terres qui sont de plus en plus transformées pour des fins d'agriculture et d'urbanisation surtout dans les pays tropicaux. Ce phénomène est exacerbé par la croissance de la population humaine et de l'économie mondiale. Le réchauffement qui atteint actuellement 0,2 degrés par décennie devrait s'amplifier au cours du présent siècle. Même avec une activité concertée et vigoureuse à l'échelle internationale, il est peu probable qu'elle soit de moins de deux degrés en 2100[7].

Les conséquences de ces changements sont multiples et vont affecter la majeure partie des activités que nous pratiquons sur le territoire. Les premières qui nous viennent à l'esprit sont l'agriculture et la foresterie, mais il faut y ajouter le transport, les sports d'hiver et le tourisme, la construction domiciliaire, la production d'électricité, la navigation intérieure, la conservation de la nature, etc. Ces impacts, bien qu'ils soient évoqués essentiellement dans un mode catastrophique par les médias, n'en sont pas moins bien réels et ont commencé à se manifester de manière mesurable. Il faudra s'y adapter.

Encore une histoire d'eau !

Les changements climatiques se feront non seulement sentir par le réchauffement des moyennes, perceptible surtout l'hiver, mais ils affecteront aussi le régime des précipitations, donc le régime des eaux. En effet, une température plus élevée augmente l'évaporation et amplifie le volume des précipitations. Cela se manifestera en amplifiant les crues et les étiages, favorisant l'érosion et créant des situations potentiellement limitantes pour la survie de plusieurs espèces aquatiques, caractéristiques des eaux froides en été. La montée prévue du niveau de la mer aura aussi un effet dévastateur sur le littoral, effet qui est d'ailleurs déjà observable à la faveur de la réduction du couvert de glace protecteur. La fonte des glaciers continentaux et la dilatation causée par le réchauffement de la mer en font augmenter inexorablement le niveau, ce qui amplifiera les dommages à la faveur de la violence des tempêtes.

Les enjeux des changements climatiques au Québec

Situé à l'est de trois mers intérieures (golfe du Mexique, Grands Lacs et Baie d'Hudson), le Québec jouit de précipitations abondantes qui entraînent une pluviosité moyenne annuelle d'un mètre d'eau sur l'ensemble de son territoire. La présence des grandes rivières du sud au nord du territoire a favorisé l'installation d'une puissance hydro-électrique qui nous donne un portefeuille énergétique unique constitué à 95 % d'énergies renouvelables dans la production d'électricité. Cela fait des habitants du Québec les plus faibles émetteurs de gaz à effet de serre de l'Amérique du Nord, malgré une activité économique comparable à celle des provinces et États voisins. La fiabilité de notre capacité de produire cette électricité dans un régime de crues perturbé pourrait donc être affectée. Par ailleurs, dans une stratégie de lutte aux changements climatiques, la nature renouvelable et faible en carbone de notre électricité peut la rendre attrayante pour l'exportation et le remplacement d'autres formes d'électricité provenant de carburants fossiles. Ces éléments ont incité Hydro-Québec à devenir un des premiers partenaires du consortium OURANOS[8].

Par ailleurs, la modification du régime des précipitations, combinée à l'augmentation de la température des mois d'hiver risque d'avoir des impacts très importants sur le système hydrographique du Saint-Laurent et des Grands Lacs. En effet, en l'absence d'un couvert de glace en hiver, l'évaporation diminue la quantité d'eau disponible au printemps et réduit d'autant la crue du Saint-Laurent, ce qui entraîne divers problèmes et présage des étiages difficiles. Ces conséquences auront pour effet de rendre la navigation fluviale plus difficile et contribueront sans doute à exacerber les impacts d'autres pressions sur l'environnement et les habitats fauniques dans le corridor fluvial. Par exemple, les détériorations des milieux humides causées par l'artificialisation des berges, les dégradations liées à l'agriculture et à l'urbanisation qui mettent déjà en péril plusieurs espèces risquent de devenir de plus en plus limitantes à mesure que la combinaison des étiages sévères se feront sentir. Les plus faibles niveaux d'eau et la température plus élevée pourraient augmenter l'effet de certains polluants et favoriser les floraisons de cyanobactéries, par exemple. De leur côté, des précipitations plus violentes favorisent l'érosion et le transport de sédiments fins qui occasionneront une eutrophisation accrue des plans d'eau et une détérioration de leur qualité.

Malgré les avantages d'une température plus chaude pour la pratique de l'agriculture, il faudra que les précipitations soient au rendez-vous pour améliorer le rendement des cultures. Il faut penser aussi que les redoux hivernaux peuvent occasionner des pertes pour les cultures, comme la luzerne, qui ont besoin d'être protégées par la neige. Sans compter que les insectes et certains autres ravageurs, aujourd'hui limités par les températures trop froides, ne le seront plus et pourront causer de nouveaux problèmes sur notre territoire.

Dans le domaine du tourisme et des loisirs, ce sont les activités hivernales dans le sud du Québec qui seront les plus négativement affectées. Déjà, il y est difficile certaines années, de trouver des conditions de ski de qualité. Les modèles prévoient que cette tendance va s'accélérer. On peut aussi penser à la détérioration de la qualité des eaux de baignade et à la disparition de certaines populations de poissons d'eau froide comme le saumon atlantique.

Dans le domaine de la conservation de la nature, c'est encore une fois dans le sud du Québec qu'on verra les plus grands défis se présenter. En effet, c'est là que se trouve la majorité de la population et des activités humaines, donc la majorité des espèces menacées alors que les aires protégées y sont rares et de petite dimension. Le paradoxe des pays nordiques veut que la migration des espèces du Sud amènera chez nous un grand nombre d'animaux et de plantes autrefois absents du territoire en raison du froid. On risque donc de voir arriver des plantes, des invertébrés (insectes et autres), des reptiles et même des mammifères qui rentreront en compétition avec nos espèces indigènes pour l'habitat et les ressources.

Est-il utile d'évoquer que nos richesses hydrographiques peuvent aussi devenir un enjeu stratégique sur un continent dont certaines régions riches seront possiblement assoiffées ? Les détournements

massifs d'eau douce seront peut-être à l'ordre du jour dans le bassin des Grands Lacs-Saint-Laurent avant le milieu du siècle.

L'eau, enjeu du XXIᵉ siècle

L'eau sera encore au XXIᵉ siècle au cœur des enjeux majeurs du développement durable du Québec. La façon dont les changements climatiques influenceront le régime des crues et les étiages transformera sans doute le paysage, la capacité de produire et d'exporter de l'électricité propre, l'importance du Saint-Laurent comme voie navigable et affectera même la topographie du littoral. Selon la saison, les précipitations affecteront l'agriculture ou la possibilité de pratiquer les sports d'hiver. Les printemps secs verront augmenter les superficies affectées par les feux de forêt. Les étiages sévères causeront de nouveaux défis pour l'approvisionnement en eau potable des villes et réduiront la productivité des habitats fauniques. Les précipitations violentes provoqueront des inondations et des dommages à la propriété des riverains de rivières autrefois calmes. Les redoux hivernaux créeront des embâcles avec lesquelles la sécurité publique devra composer. Tout ce qu'on pouvait considérer comme acquis devra être réexaminé à la lumière des nouvelles données climatiques. Le passé n'est désormais plus garant de l'avenir.

Même si les Québécois, plus chanceux que prévoyants, sont les plus faibles émetteurs de gaz à effet de serre en Amérique du Nord, ils doivent se préparer aux changements sur lesquels ils n'ont somme toute que peu de prise, par des mesures d'adaptation dont nous avons aujourd'hui l'entière responsabilité. Il faudra savoir anticiper et maîtriser les impacts des changements climatiques qui s'annoncent, car nos enfants ne pourront s'en prendre qu'à nous, s'ils en sont les victimes. ∎

Notes

1 Le plus grand abaissement des eaux d'une rivière.

2 Claude Villeneuve, *Le fleuve aux grandes eaux*, Montréal, Québec Amérique, 1995.

3 Claude Villeneuve, *Des animaux malades de l'Homme ?*, Québec, Québec Science éditeur, 1983.

4 La crise forestière dénoncée dans les médias depuis la parution du film *L'erreur boréale* de Richard Desjardins et de Robert Monderi n'est pas une crise écologique, mais une crise qui menace l'approvisionnement des usines de rupture de stock. En effet, la loi au Québec oblige depuis 1986 au reboisement par la régénération naturelle ou par des plantations d'espèces indigènes. Cependant, la vitesse à laquelle s'est faite l'exploitation et le mécanisme d'attribution des droits de coupe ont prêté le flanc à la critique et obligé le gouvernement du Québec à revoir en profondeur son régime forestier.

5 www.bape.gouv.qc.ca

6 Voir : www.ipcc.ch

7 Claude Villeneuve et François Richard, *Vivre les changements climatiques, réagir pour l'avenir*, Sainte-Foy, Éditions Multimondes, 2007.

8 OURANOS est un consortium de recherche créé en 2002 pour travailler sur l'impact et l'adaptation dans le domaine des changements climatiques. Le consortium de recherche s'intéresse à la modélisation régionale du climat, à la prévision des impacts et à la mise en œuvre de mesures d'adaptation pour orienter le gouvernement québécois, les entreprises partenaires et les municipalités dans leurs prises de décisions. Voir : www.ouranos.ca

✳ *Professeur, Département des sciences fondamentales, Université du Québec à Chicoutimi.*

PARCOURS
CULTUREL

LA VIE CULTURELLE EN RÉGIONS

FERNAND HARVEY*

Vu de l'extérieur, le dynamisme culturel du Québec se manifeste d'abord autour des deux grandes villes que sont Montréal et Québec. On y trouve la plus grande concentration de population, d'institutions, d'activités culturelles, de médias et d'institutions d'enseignement supérieur. Compte tenu que les grandes institutions culturelles nationales y sont localisées, les dépenses de l'État québécois en matière de culture y sont supérieures *per capita*, en comparaison avec les autres régions du Québec. Ces deux villes ont également développé plusieurs activités culturelles à caractère international.

Montréal regroupe le plus grand nombre d'industries culturelles et de professionnels de la culture au Québec, de même que les grands médias écrits et électroniques. Ce terreau fertile pour la culture médiatique explique, pour une bonne part, la localisation à Montréal du *star system* québécois. D'où la puissance d'attraction qu'exerce la Métropole sur les artistes professionnels et les jeunes provenant des autres régions et qui veulent faire carrière.

Quant à la région de Québec, on y trouve également plusieurs institutions culturelles de stature nationale, dont deux grands musées nationaux : le Musée national des beaux-arts du Québec et le Musée de la civilisation. Le théâtre y est également vivant et diversifié. Enfin, autre signe de vitalité culturelle de la Capitale nationale, on recensait en 2007 quelque 26 événements culturels annuels ou biannuels, tels que festivals, symposiums et salons dans le domaine des arts, de la littérature, du patrimoine et du cinéma. Cependant, malgré son dynamisme culturel des dernières décennies, la région de la Capitale-Nationale souffre comme les autres régions du Québec de l'exode vers Montréal des professionnels de la culture à la recherche d'emplois polyvalents et plus lucratifs.

Perspectives historiques

Qu'en est-il alors des autres régions du Québec ? Bien que les médias nationaux concentrés à Montréal n'en rendent compte qu'à l'occasion, on retrouve dans la plupart de ces régions une vie culturelle d'un dynamisme étonnant. Pour qui n'est pas familier avec la territorialité québécoise, il est bon de rappeler que l'essentiel de la population est concentrée dans les régions de la vallée du fleuve Saint-Laurent avec deux pôles principaux que constituent les villes de Montréal (1,8 M hab.) et de Québec (500 000 hab.). Hors de cette zone des anciennes seigneuries héritées du régime français se situe le territoire des cantons, colonisés à partir du début du XIXe siècle. L'espace habité issu de la colonisation agroforestière atteint son expansion maximale au milieu du XXe siècle. Par la suite, on assiste au développement hydroélectrique et minier dans les régions nordiques (Côte-Nord et Baie-James). Pour sa part le gouvernement du Québec procède à la création de dix régions administratives en 1966. Un nouveau découpage est effectué en 1987 pour mieux tenir compte des réalités historiques et socioéconomiques des différents milieux. Le Québec compte maintenant 17 régions administratives. Bien que ces découpages administratifs ne correspondent pas toujours à la réalité historique et culturelle de sous-régions, comme Charlevoix ou la Beauce, par exemple, il est néanmoins possible de considérer l'activité culturelle selon une approche régionalisée qui s'appuie sur ces découpages.

À l'extérieur des villes de Montréal et de Québec, la vie culturelle des régions du Québec demeurait relativement limitée avant le milieu des années 1970. On pouvait, certes, noter l'existence de quelques troupes de théâtre, mais leur durée de vie incertaine reposait sur l'initiative individuelle. Il n'existait pas de véritable politique culturelle gouvernementale de soutien aux arts et aux lettres en région. Quant aux municipalités, elles accordaient la priorité aux loisirs et aux sports. Bon nombre de pratiques culturelles amateures relevaient de la paroisse catholique et de ses centres de loisirs. De leur côté, les collèges classiques et les couvents assuraient la production dans leurs murs d'activités reliées à la musique, au chant, au théâtre et aux arts visuels. Malgré ces limitations, certaines régions ont su, à travers leurs institutions d'éducation dirigées par le clergé et les communautés religieuses, instaurer des traditions

> Hélène Labrie, *Équus*, 1995, Musée du bronze d'Inverness.

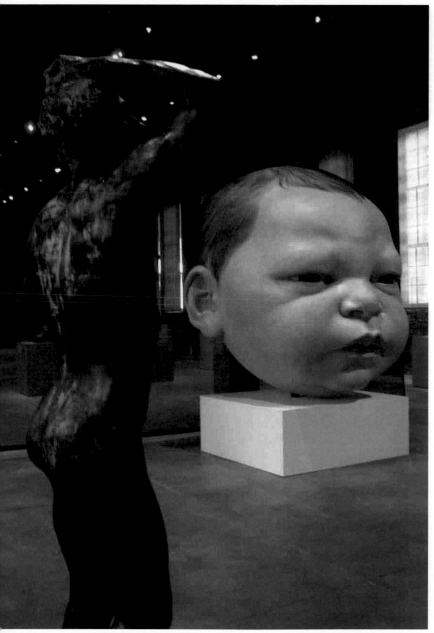

> Exposition *La vraie vie*, Espace Shawinigan, La Cité de l'énergie, 2003.

culturelles qui serviront de base à des initiatives ultérieures. Le Festival international de musique classique de la région de Lanaudière, par exemple, doit beaucoup à la tradition musicale instaurée au Collège de Joliette par les Clercs de Saint-Viateur.

Les politiques de régionalisation de l'activité culturelle

Divers facteurs sont à l'origine de la nouvelle dynamique culturelle et artistique des régions du Québec depuis le milieu des années 1970. Le développement des politiques culturelles – tant générales que sectorielles – du ministère de la Culture et des Communications a favorisé la stabilisation et l'institutionnalisation de la vie culturelle en région. De telles politiques ont permis la régionalisation des conservatoires de musique à Trois-Rivières, Saguenay, Gatineau, Val d'Or et Rimouski, en plus de ceux de Montréal et de Québec. Autour de ces conservatoires se sont greffés au fil des années divers ensembles musicaux, incluant sept orchestres symphoniques. Dans le domaine du théâtre, le Conseil des Arts et des Lettres du Québec soutient financièrement diverses troupes professionnelles en région. En 2007-2008, le total des subventions de fonctionnement attribué à neuf de ces troupes s'élevait à 1,2 M $.

La régionalisation des politiques culturelles a aussi favorisé le développement de bibliothèques municipales depuis les années 1980. Ces institutions, peu développées jusque-là, sont devenues de véritables centres culturels polyvalents. Quant aux petites localités qui ne pouvaient pas se permettre de soutenir seules un tel équipement, elles ont pu bénéficier du réseau *Biblio du Québec*, présent dans onze régions et qui regroupe 762 bibliothèques locales. Le monde du livre est également présent en région grâce à 60 éditeurs agréés, ainsi qu'à sept salons du livre présentés chaque année, soit ceux de Trois-Rivières, de Rimouski, de l'Estrie, du Saguenay–Lac-Saint-Jean, de la Côte-Nord et de l'Outaouais.

Au cours des récentes décennies, on a pu également observer un impressionnant développement du réseau muséologique et patrimonial à l'extérieur de Montréal et de Québec, lequel s'inscrit dans une perspective d'animation culturelle locale et de promotion touristique. En 2008, ce réseau comptait 170 établissements, incluant des musées d'art ou d'histoire, des centres d'interprétation ainsi que divers sites et maisons patrimoniales. De toute cette activité muséale, une expérience originale issue du milieu régional mérite d'être soulignée : il s'agit de l'économusée de la Papeterie Saint-Gilles, créé dans la région de Charlevoix par une équipe autour de l'architecte et ethnologue Cyrille

Simard. Cette expérience d'autofinancement d'une activité artisanale n'a pas tardé à faire tache d'huile dans d'autres régions du Québec, et dans les provinces de l'Atlantique. Le réseau compte 43 économusées en 2008 (www.economusees.com).

Dans le domaine des arts visuels et des métiers d'art, nombreux sont les artistes et les artisans qui se sont établis en région, puisque ces pratiques peuvent être décentralisées assez facilement. En somme, à l'exception des industries culturelles (disque, livre, cinéma, télévision et production de spectacles) qui sont surtout concentrées dans la grande région de Montréal, on retrouve ailleurs sur le territoire une vaste gamme d'activités culturelles et d'événements culturels. Il faut dire que, depuis les années 1980 en particulier, les pouvoirs publics ont beaucoup investi dans la construction de nouvelles infrastructures : musées, salles de spectacle, bibliothèques publiques, centres d'exposition et centres d'interprétation du patrimoine.

Les acteurs de la régionalisation

Diverses instances ont favorisé ce nouvel élan de la vie culturelle régionale. Le gouvernement du Québec a été particulièrement actif dans ce domaine par le biais de son ministère de la Culture et des Communication, lequel a développé des directions régionales dans la plupart des régions. Par ailleurs, si la Société de développement des industries culturelles (SODEC) a été peu présente en région, il n'en va pas de même du Conseil des Arts et des Lettres du Québec (CALQ), qui a adopté une politique de régionalisation de son financement aux artistes et aux organismes culturels à partir des années 1990. À la même époque, les municipalités commencent à s'intéresser plus activement à la promotion de la culture locale et développent – incitées en cela par le ministère de la Culture et des Communication – leurs premières politiques culturelles.

Des organismes issus du milieu contribuent également activement à la promotion de la vie culturelle. Parmi ceux-ci, les Conseils régionaux de la culture, présents dans chacune des régions administratives depuis la fin des années 1970, occupent une place importante et exercent un rôle d'encadrement, de représentation et d'aide à la formation professionnelle pour les créateurs et les organismes culturels du milieu. Depuis 1998 est venu s'ajouter le réseau *Villes et villages d'art et de patrimoine* (VVAP) financé par le ministère de la Culture et des Communications, réseau qui a permis l'embauche sur une base régulière d'animateurs-coordonnateurs au sein des Centres locaux de développement (CLD) ou de divers organismes afin de faire la promotion du tourisme culturel.

Connaissance et communication de l'activité culturelle en région

Si les intervenants culturels en région sont multiples, on peut également constater que l'offre culturelle est variée, malgré un public relativement limité durant la saison régulière. Il est impossible de rendre compte ici de toute l'ampleur de ce dynamisme culturel. On consultera les *portraits* et les *diagnostics* culturels régionaux qu'ont réalisés les Conseils régionaux de la culture, à la demande du ministère de la Culture et des Communications et des Conférences régionales des élus (CRÉ), qui regroupent les élus municipaux d'une même Municipalité régionale de comté (MRC).

Quant à l'information courante sur l'activité culturelle en région, il est difficile d'y avoir accès par les grands médias nationaux qui n'en font guère état, à l'exception du journal *Le Devoir* et d'une brève émission de nouvelles culturelles diffusée à la radio de la Société Radio-Canada. Bon nombre de régions disposent cependant d'un guide culturel mensuel ou d'un hebdomadaire culturel distribué gratuitement. Mais la consultation la plus commode demeure celle des *portails culturels* sur le Web, réalisés par les conseils régionaux de la culture. On y trouve,

> Musée de Kamouraska.

> Mondial des cultures de Drummondville.

> Internationale de sculpture de Saint-Jean-Port-Joli.

outre les services offerts par ces organismes, un calendrier des activités locales et régionales. Il importe néanmoins de distinguer les activités offertes durant la saison régulière et fréquentées principalement par la population locale de celles qui sont développées durant la saison estivale dans le but de promouvoir le tourisme culturel en provenance de l'extérieur.

Le cas des festivals

Parmi l'ensemble des activités offertes en région, celles qui sont reliées aux événements culturels ponctuels ou annuels sont particulièrement révélatrices de la dynamique locale. Un grand nombre de localités organisent un festival populaire chaque année. Cependant certains festivals ou symposiums ont un contenu artistique plus manifeste. Une étude publiée en 1993 révélait l'existence de 68 événements artistiques récurrents en région. Une recension plus récente indiquerait sans doute le maintien, voire l'augmentation du nombre de ces événements dont plusieurs ont acquis une dimension internationale au fil des années. Parmi ceux-ci, mentionnons : le Festival du cinéma international de Rouyn (Abitibi), le Festival de cinéma jeunesse de Rimouski (Bas-Saint-Laurent), le Festival du film international de Baie-Comeau (Côte-Nord), le Carrefour international de l'accordéon de Montmagny (Côte-du-Sud), L'Internationale de sculpture de Saint-Jean-Port-Joli (Côte-du-Sud), le Festival international de Poésie de Trois-Rivières (Mauricie), le Festival international de musique actuelle de Victoriaville (Centre-du-Québec), le Mondial des cultures de Drummondville (Centre-du-Québec), le Festival international de Lanaudière (musique classique), le Festival international du Domaine Forget et le Symposium de la jeune peinture au Canada de Baie-Saint-Paul (Charlevoix), le Festival d'Orford (Estrie), le Festival en chanson de Petite-Vallée (Gaspésie), les Choralies internationales de Rigaud (Montérégie) et la Semaine mondiale de la marionnette de Jonquière (Saguenay).

Les relations avec Montréal et avec l'étranger

Il semble exister une sorte de division du travail culturel entre les régions et la métropole. Si les régions concèdent à Montréal l'essentiel des industries culturelles, elles servent souvent d'inspiration et de banc d'essai pour de jeunes artistes en émergence qui choisissent par la suite en très grand nombre de faire carrière dans la métropole. Il faut, par ailleurs, noter que chaque région ne développe pas ses activités culturelles en vase clos. La tournée d'artistes et de groupes populaires ou classiques en provenance de l'extérieur constitue un fait marquant

de la vie artistique régionale. À cet égard, la plupart des petites et moyennes villes disposent de salles de spectacles bien équipées. Certaines régions ont même développé leur propre réseau de diffusion de spectacles. Enfin, constat tout à fait nouveau : depuis les années 1980, plusieurs régions ont développé des relations internationales dans certains créneaux artistiques spécifiques, comme en témoignent les festivals énumérés précédemment.

Un modèle de démocratisation de la culture ?

Ce bref tour d'horizon de la vie culturelle en région ne manque pas de surprendre par la diversité et la qualité des activités offertes depuis les années 1980. L'amélioration des infrastructures culturelles ainsi que le soutien matériel et financier qui découle des différentes politiques culturelles du gouvernement du Québec et des municipalités ne sont certes pas étrangers à une telle offre culturelle, malgré le fait que bon nombre de régions, en particulier celles qui sont éloignées des grands centres, ont une population peu nombreuse et dispersée sur un vaste territoire. Faut-il, dès lors, parler d'un *modèle québécois* en matière de démocratisation de l'activité culturelle sur l'ensemble d'un territoire ? Quoi qu'il en soit, beaucoup de progrès a été accompli en ce sens au cours des 30 dernières années, même si l'inévitable concentration des industries culturelles et des grands médias à Montréal, la métropole culturelle, vient limiter la variété et l'importance des produits culturels et artistiques qu'il est possible de développer dans les autres régions du Québec, particulièrement dans le nouveau contexte de la mondialisation des produits culturels. ■

∗ *Sociologue, INRS-Urbanisation, Culture et Société, Québec.*

ÉVOLUTION DE L'ART AU QUÉBEC

JULIE GAGNÉ*

De grandes traditions de représentations liées à la religion, aux paysages ou au nationalisme ont marqué le long chemin de l'art québécois. Depuis les débuts de la colonie jusqu'aux années 1950, il évolue lentement. Sa progression sera bouleversée, accélérée, dès le début des années 1930. Puis, à partir des années 1940, elle deviendra exaltée, effervescente. Les idées ont évolué pour laisser maintenant la place à un art contemporain riche en diversité et, surtout, ouvert sur le monde.

Les illustrations de voyage de Samuel de Champlain, fondateur de Québec, sont les premiers exemples de manifestations artistiques en Nouvelle-France. Telles que publiées dans ses *Voyages* (1613), on y observe les péripéties des débuts de la colonisation : par exemple, on peut y visualiser l'Abitation, premier édifice construit dans la colonie française.

C'est toutefois en 1670 que l'on voit les premières œuvres d'art réalisées en Nouvelle-France : des œuvres dues à des missionnaires surtout, dont Claude François, dit Frère Luc, en l'honneur du saint patron des Arts. Ce récollet n'est resté en sol nord-américain qu'un an et demi, mais il a toutefois exercé une influence considérable. Il y a produit plusieurs tableaux représentant les célébrations de la Foi, tel celui de *L'Assomption de la Vierge*, peint pour le retable de la chapelle de sa communauté. Outre les œuvres des peintres missionnaires, celles qui sont produites dans le Nouveau Monde sont plutôt rares, car il est impossible d'y obtenir une formation académique. Ainsi, les tableaux de l'époque sont presque exclusivement importés d'Europe.

La Conquête de 1759 a toutefois entraîné la visite de militaires anglais, peintres formés en topographie et principalement intéressés par le paysage, sujet demeuré

> Henri Beau, *L'arrivée de Champlain à Québec*, 1903 (MNBAQ).

Patrick Altman

très rare sous le Régime français. Les œuvres des artistes James Pattison Cockburn, George Heriot et Thomas Davies allient à la fois la précision du paysage topographique et une perception romantique du pays, exprimée notamment à travers chutes et cours d'eau. Plusieurs artistes ont aussi émigré dans la *Province of Quebec* sous le Régime anglais, dont William Berczy, célèbre pour son portrait de Joseph Brant, chef mohawk resté fidèle à la couronne anglaise, ou encore pour son tableau *The Woolsey Family*.

Portraits et paysages

Il faudra attendre le XIXᵉ siècle pour voir apparaître, chez les Canadiens français, des artistes qui parviennent à vivre de leur art. Joseph Légaré est le premier à créer une œuvre importante, en faisant de la copie de tableaux religieux européens et en s'intéressant à la peinture d'histoire canadienne. Son intérêt pour les causes nationalistes l'a amené à peindre ce qui bouleversait le corps social : épidémies, incendies dans les faubourgs de Québec, actions collectives.

L'influence de Légaré a marqué aussi l'œuvre d'Antoine Plamondon, son élève. Ce dernier, fort engagé, n'a jamais cessé de réclamer la liberté d'action pour l'artiste et, tout au long de sa carrière, a cherché à se distancer des mécènes. Sa maîtrise du portrait, de l'équilibre entre réalisme et idéalisme, a forgé toutefois sa réputation : on se souvient ainsi de son portrait de Louis-Joseph Papineau. À cette époque, le portrait commence d'ailleurs à s'imposer sur la scène artistique canadienne-française, avec la montée d'une bourgeoisie issue de la classe marchande. Plusieurs artistes se vouent à cette tâche, notamment Théophile Hamel, qui réalise le portrait de tous les présidents des chambres du Haut et du Bas-Canada dès 1792.

À partir des années 1840, bien que l'art colonial soit toujours tributaire des conventions européennes, les sujets typiquement canadiens commencent à s'imposer. Cornelius Krieghoff représente les alentours du Saint-Laurent et illustre la vie des habitants et des Amérindiens, sujet qu'il affectionne particulièrement. C'est ce style de peinture documentaire qui domine le Bas-Canada jusqu'à la Confédération. Après l'arrivée de la photographie et l'ouverture du studio de photographie Notman, à Montréal, les artistes choisissent plutôt de représenter le terroir de manière idéalisée. Cet intérêt perdure d'ailleurs jusque dans les années 1940. Il faut notamment souligner l'apport de Napoléon Bourassa, héritier des idées de Plamondon et Légaré, que plusieurs considèrent comme le premier peintre complet du Québec. Peintre d'histoire et philosophe, on lui doit des œuvres majeures de l'art québécois comme *L'apothéose de Christophe Colomb*, vaste fresque historique qu'on peut admirer au Musée national des beaux-arts du Québec.

L'intérêt pour les scènes rurales est aussi visible chez des peintres annonçant la modernité, tels Horatio Walker et Ozias Leduc. Le premier est fortement influencé par le naturalisme européen, et ses œuvres illustrent l'importance majeure qu'il accorde aux motifs du paysage, de l'ouvrier et du fermier. De son côté, Leduc est aujourd'hui reconnu pour ses œuvres plus symbolistes, pour ses paysages intimistes et aussi pour avoir été le maître de Paul-Émile Borduas, peintre marquant du modernisme.

> Claude François (Frère Luc), *L'Ange gardien*, 1671 (MNBAQ).

Vers le modernisme

L'aube du XXᵉ siècle marque les débuts d'une intégration prononcée des nouveaux styles européens. Comme la place accordée au terroir reste importante, c'est du côté de la forme qu'on observe les véritables innovations et que des styles comme l'impressionnisme se manifestent d'abord. Alors que, traditionnellement, les artistes académiques sont associés aux sujets humains et les modernes, au paysage, il en est autrement au Québec. Si les représentations de la nature participent à une tradition nationaliste, les figures humaines, elles, sont perçues comme une émancipation des diktats traditionnels. Ainsi, des artistes comme Marc-Aurèle de Foy Suzor-Côté, qui peint son village d'Arthabaska, ont recours à l'impressionnisme pour peindre le paysage, tout en conservant une rigueur académique. Quant à James Wilson Morrice, considéré comme le père de l'art moderne au Québec, il est influencé par l'impressionnisme, mais c'est le fauvisme qui le marque profondément. Son ascendant sur les peintres modernistes québécois est notable. Certains se sont inspirés de son traitement du paysage hivernal (Clarence Gagnon, Maurice Cullen), alors que d'autres sont marqués par ses œuvres fauvistes.

L'influence du terroir s'affaiblit à partir des années 1910-1930. Marc-Aurèle Fortin et Adrien Hébert figurent parmi les premiers à s'être intéressés à la représentation de la ville. Fortin l'immortalise toujours avec des éléments de la nature, alors qu'Hébert la célèbre en l'associant à la vie moderne. *Le Port de Montréal* (1924) est à cet égard un tableau particulièrement éloquent. Dans les années 1920, on assiste aussi à la montée des représentations qui se rapprochent de l'art moderne : portraits, natures mortes, etc. Le fauvisme s'impose également grâce au travail de son premier défenseur, John Lyman. Artiste engagé à promouvoir l'art moderne[1], il met l'accent sur le rôle de l'instinct et des sentiments. Plusieurs se tournent ensuite vers le fauvisme : Edwin Holgate, Stanley Cosgrove, Jaques de Tonnancour… Louis Muhlstock, quant à lui, est l'un des rares artistes à produire un art social, inspiré

> William Berczy, *The Woolsey Family*, 1809 (MNBAQ).

> Théophile Hamel, *Les enfants Hamel*, 1854 (MNBAQ).

> Clarence Gagnon, *Le pont de glace à Québec*, 1920.

par la crise économique. Il représente avec sensibilité et humilité les chômeurs, les malades, les lieux délabrés.

Malgré une forte intégration du modernisme, il n'en reste pas moins que l'art de l'époque est marqué par une prédominance de l'art traditionnel, mis de l'avant par les toutes nouvelles Écoles des Beaux-Arts de Québec et de Montréal. On y prônait la création d'un art national, orienté vers des sujets à caractère religieux, historique ou paysager, puisque l'élite et l'institution, dans un désir de prévenir l'assimilation du peuple canadien-français, s'opposaient farouchement à un art moderne associé à la ville et à l'internationalisation.

La révolution surréaliste

C'est Alfred Pellan, à son retour d'Europe en 1940, qui permet au modernisme d'émerger officiellement des traditions. Il ramène également avec lui le cubisme et un surréalisme onirique, inspiré des formes de la nature. Le 4 février 1948, il publie le manifeste *Prisme d'yeux* en compagnie de Jacques de Tonnancour et de quelques autres peintres, dont Louis Archambault et Albert Dumouchel. Le manifeste s'inscrit en réaction à une définition trop étroite de la peinture au Québec, plongée, selon eux, dans un conservatisme rigide. Le mouvement se veut aussi un lieu de rencontre de plusieurs tendances de l'art moderne. Par manque de cohésion, l'initiative s'éteint après deux expositions. Voilà qui est pourtant suffisant pour ces peintres pour changer le visage de l'art au Québec.

C'est toutefois aux Automatistes, groupe multidisciplinaire réuni autour de Paul-Émile Borduas[2], que revient l'honneur de définir l'art moderne au Québec. Ce sont tous des artistes majeurs de l'art d'ici : Jean-Paul Riopelle, Marcelle Ferron, Fernand Leduc, Françoise Sullivan… Même s'il est influencé par le surréalisme, leur art s'inscrit davantage dans la lignée de l'écriture automatique d'André Breton, appliquée à la peinture. L'art, selon eux, est guidé par l'inconscient et les œuvres deviennent le fruit d'une création où le geste pictural en traduit les mouvements.

Ce groupe publie en 1948 *Refus global*[3], un manifeste qui crée un véritable scandale à sa sortie, en pleine période de la Grande Noirceur, faisant notamment perdre à Borduas son emploi de professeur à l'École du meuble. *Refus global* remet en question certaines valeurs traditionnelles comme la foi catholique ou l'attachement aux modèles ancestraux, leur oppose le refus du repliement sur soi et réclame une ouverture sur la liberté de pensée individuelle. Son retentissement s'étend bien au-delà de la sphère des arts : il est d'ailleurs aujourd'hui

perçu comme le premier coup de tonnerre annonçant les perturbations qui devaient mener à la Révolution tranquille. Au plan artistique, l'influence des Automatistes a provoqué une rupture avec la tradition, a permis un tout nouveau langage pictural et a assuré une ouverture aux idées d'autres pays.

Parallèlement à l'automatisme, un autre mouvement plus formaliste s'est développé dans les années 1950, orienté autour des Plasticiens, qui ont principalement développé la forme des œuvres pour en venir à évacuer toute notion de contenu, car, selon eux, le tableau est justifié par sa seule réalité matérielle. Rodolphe de Repentigny, Fernand Toupin, Louis Belzile et Jean-Paul Jérôme ont lancé ce mouvement en 1955 avec la publication du *Manifeste des Plasticiens*. Leur œuvre

> Adrien Hébert, *Le port de Montréal*, 1924 (MNBAQ).

> Jordi Bonet, Murale du Grand Théâtre de Québec (détail), 1969.

incite plusieurs jeunes peintres à suivre la voie du formalisme. Guido Molinari et Claude Tousignant poussent radicalement les considérations esthétiques, introduisant les notions de respect quasi-sacré de la surface, de l'ambivalence des lignes et de répétition sérielle. Alors que les années 1950 sont celles des Automatistes, les années 1960 seront celles des Plasticiens, dont l'influence, considérable, ne s'atténue qu'avec les années 1970.

Art social et éclatement des genres

Malgré ces influences, une nouvelle forme d'avant-garde a émergé pendant les années 1960, favorisée par les idées modernes de la Révolution tranquille. D'une pluralité de pratiques se produit une explosion des styles, mais aussi des préoccupations. La nature de l'œuvre d'art se transforme. On occupe des lieux inédits. L'art pop, les débuts de la performance, les *Happenings*, l'art cinétique et bien d'autres se côtoient. Les artistes se regroupent[4] et s'interrogent sur une réelle vocation sociale et politique de l'art. Les sujets sont plus ancrés dans les nouvelles réalités québécoises : culture populaire, montée du nationalisme québécois, consommation de masse, libération des mœurs. On cherche à rendre l'art accessible au grand public, à le désacraliser, bref à relier l'art et la vie.

On ne peut parler de l'art québécois des années 1960 sans mentionner le rôle primordial de Serge Lemoyne, qui a préconisé le décloisonnement des genres et une démocratisation de l'art. Son œuvre, *Cap Canaveral*, créée sur une planche à repasser, marque d'ailleurs les débuts de l'art pop au Québec. Il a sorti l'art de ses lieux habituels et a contribué à la richesse de l'époque et son groupe, Le Groupe de l'Horloge[5], compte parmi les premiers à pratiquer le Happening[6] au Québec.

Aux côtés du mouvement pop apparaît aussi le Ti-Pop[7], une version ludique, critique et politique du mouvement pop. Sa réflexion vise tout particulièrement à s'approprier les éléments de la culture populaire pour créer une identité québécoise. Aussi l'estampe québécoise devient un médium privilégié dans la démocratisation de l'art. Pierre Ayot, défenseur d'un art pour tous, est le premier à intégrer une américanité dans le médium. D'ailleurs, tant Ayot que Lemoyne sont considérés comme des incontournables et des catalyseurs en leur domaine.

Dans les années 1970, des pratiques telles que l'installation font leur entrée dans le panorama artistique québécois. De plus, la pratique du *Land Art* s'affirme grâce à la nouvelle conscience relative à l'environnement : Bill Vazan, entre autres, offre *Stone Glaze*, installation de roches sur un terrain, créée pour les Jeux olympiques de Montréal en 1976. La montée du féminisme s'exprime aussi dans les arts avec, par exemple, Francine Larivée qui expose sa *Chambre nuptiale* en 1976 au Complexe Desjardins de Montréal. L'œuvre remet fortement en question les rapports homme / femme à l'intérieur de la cellule familiale, du couple et de la société.

À la même époque, des événements majeurs tels les Jeux olympiques ou la construction du métro de Montréal stimulent une volonté d'intégrer l'art à des lieux publics, volonté que supportent écoles, théâtres et autres lieux institutionnels. Des œuvres importantes sont ainsi créées : le vitrail de la station Champ-de-Mars par Marcelle Ferron ou la murale de Jordi Bonet au Grand théâtre de Québec.

Alors que la décennie s'amorce avec un esprit de communauté, elle se termine sur un désenchantement des idéaux et sur un individualisme duquel émerge un repli sur soi. Ainsi, au début des années 1980, on assiste à un retour de la figuration en peinture, inspiré, entre autres, par l'expressionnisme et la condition humaine. Betty Goodwin, par exemple, évoque dans sa peinture tout ce qui sous-tend l'existence humaine : la vie, la mort, la mémoire, le corps…

Ouverture sur le monde

Depuis une trentaine d'années, le contexte social favorise l'expression des pratiques artistiques ouvertes sur le monde, et l'art s'inscrit dans une tendance plus internationale. Les années 1980 voient s'exprimer la dissolution du projet collectif et un certain repli sur soi. Avec les développements technologiques apparaissent des pratiques comme l'art vidéo, l'estampe numérique ou encore l'art Web. Actuellement, le Québec est à l'ère de la globalisation et du métissage : métissage des pratiques, métissage des matériaux. Jana Sterbak travaille sur le corps humain et le rapport au corps et crée, en 1987, *Vanitas, robe de chair pour albinos anorexique*, robe constituée de pièces de bœuf revêtues par un mannequin. Elle y évoque le vieillissement, tout en questionnant le sort des animaux dans un contexte de consommation de masse. L'œuvre a fait scandale.

Lorsqu'on parle d'intégration des pratiques disciplinaires, l'installation reste le médium par excellence. Ces œuvres, qui s'illustrent dans un lieu et un parcours, fusionnent diverses formes d'art : photographie, sculpture, peinture, etc. Des artistes comme BGL intègrent le spectateur à l'art et cherchent à le déstabiliser afin de lui faire vivre une expérience active et physique. L'œuvre *Perdu dans la nature*, formée d'une piscine, d'un patio, d'une voiture et d'une pelouse, en bois et

grandeur nature, présente ainsi une critique, humoristique et ironique, de la consommation de masse.

Le décloisonnement des genres est pratique courante. Des artistes comme Bettina Hoffman travaillent sur les frontières entre les médiums. Elle se concentre sur la jonction entre photographie et vidéo, appliquant des conventions cinématographiques à des photographies, afin de traiter des interactions et des rapports de force. Irène Whittome, quant à elle, abolit les frontières entre peinture et sculpture, dessin et photographie. Son œuvre s'articule autour d'une réflexion sur la communication et la transmission des sens.

Enfin, l'autoréférentialité est aussi couramment pratiquée dans l'art contemporain. Les artistes réinterprètent leur production antérieure, donnant ainsi naissance à des œuvres originales, qui permettent de pousser plus loin la réflexion de départ. On peut penser à Donigan Cumming qui, pour sa série *Kincora*, a mis sur papier calque une série documentaire qu'il avait produite dans les années 1980. Raymonde April, de son côté, a extrait 517 images de sa production antérieure pour créer son œuvre vidéographique *Tout embraser*, un film intimiste où l'œuvre photographique, présentée hors-chronologie, évoque une durée avec un début, un milieu et une fin.

> Bill Vazan, Land-art, Plaines d'Abraham, Québec, 1978-1979.

Lorsque l'on parcourt l'histoire de l'art québécois, on se rend compte à quel point son évolution est riche et évocatrice de la culture québécoise. On y retrouve les grands thèmes et les grands moments : paysages hivernaux, scènes rurales, personnages politiques marquants, moments historiques, etc. Parcourir l'histoire de l'art québécois, c'est apprendre le Québec, le comprendre et le ressentir. Il en est de même avec l'art québécois contemporain, qui exprime la richesse culturelle du Québec et qui témoigne de préoccupations actuelles, ouvertes sur le monde : la mondialisation, la consommation de masse, le rapport de l'humain à son environnement. Bien qu'influencé par les grands courants européens, il reste québécois, tout simplement. ■

∗ Étudiante en histoire de l'art, Université Laval.

Notes

1   John Lyman est le fondateur de la Contemporary Art Society, qui a vu le jour en 1939.

2   On y trouvait aussi des peintres, des écrivains, des danseuses, une actrice et un psychanalyste.

3   Les signataires de *Refus global* sont les membres du groupe automatiste : Marcel Barbeau, Jean-Paul Riopelle, Pierre Gauvreau, Fernand Leduc, Jean-Paul Mousseau, Marcelle Ferron, Claude Gauvreau, Thérèse Renaud, Jeanne Renaud, Françoise Sullivan, Françoise Riopelle, Madeleine Arbour, Muriel Guilbault, Maurice Perron et Bruno Cormier.

4   Les années soixante ont vu naître une multitude de groupes d'artistes multidisciplinaires. Parmi ceux-ci, on peut mentionner le Zirmate, Fusion des Arts.

5   Formé d'une danseuse, d'un poète, d'un artiste et de musiciens.

6   L'idée du happening est d'impliquer le public dans le processus de création afin d'abolir les frontières entre l'art et la vie. Le happening, plutôt que de donner l'art à voir, pose l'art comme une expérience qui se vit, dans un « ici et maintenant ».

7   Précisons que ce ne sont pas tous les artistes pop québécois qui s'inscrivaient dans le mouvement Ti-Pop.

> BGL, *Perdu dans la nature (La voiture)*, 1998 (MNBAQ).

UN BREF PARCOURS ARCHITECTURAL

AMÉLIE DION*

> James Cockburn, Place-Royale, Québec vers 1821-1832.

NOTRE DAME DES VICTOIRES.
Site of Original City

L'histoire de l'architecture au Québec est un sujet vaste qui, lorsque nous amorçons son étude au moment de l'érection du premier établissement permanent, couvre une période de 400 ans. Ces quatre siècles ont vu apparaître une multitude de types de bâtiments et de styles architecturaux, partant de la simple habitation des premiers colons aux constructions contemporaines complexes. Nous proposons ici un bref survol des principaux courants stylistiques, en nous concentrant sur les villes de Montréal et de Québec, qui ont été les lieux privilégiés des expérimentations architecturales et de leur diffusion. Pour ce faire, six périodes, se chevauchant par moment, ont été établies : l'architecture du Régime français, les lendemains de la Conquête, les premières influences britanniques, l'ère victorienne et éclectique, la modernité et l'architecture contemporaine.

Le Régime français : 1608-1759

L'histoire de l'architecture au Québec débute lors de la fondation de Québec par Samuel de Champlain, en 1608, avec l'érection de l'*Abitation*, bâtiment de bois rapidement construit pour répondre efficacement aux besoins. Les maisons des premiers colons, généralement petites et en bois, disparaîtront également rapidement car, inspirées des modèles français, elles ne sont pas adaptées aux conditions du pays. Déjà, vers la moitié du XVIIe siècle, dans les milieux urbains, la pierre est largement utilisée pour l'érection des murs, notamment pour la protection contre les incendies, source d'inquiétude constante. Une architecture propre au pays, adaptée aux ressources disponibles, au climat et aux besoins se développe. Les demeures, coiffées d'un toit à deux versants pouvant être percé de lucarnes, ont habituellement deux étages. Les fenêtres sont à vantaux et à petits carreaux. Aux extrémités, on retrouve les cheminées et leur souche massive, ainsi que des murs coupe-feu. Le château Ramezay (1756), à Montréal, est un bel exemple de l'architecture domestique du Régime français.

Quant aux bâtiments publics et religieux, on note, tout au long de cette période, une volonté de transposer

> Quartier Petit-Champlain, Québec.

les modèles classiques français. Toutefois, les restrictions budgétaires et le manque d'une main-d'œuvre qualifiée feront en sorte qu'il y aura simplification des projets, par exemple à l'église Notre-Dame-des-Victoires (1688), située sur la place Royale de Québec. Durant cette période se poursuit également le développement d'un vocabulaire architectural propre au Québec.

Les lendemains de la Conquête : 1759-1790

En 1759, la ville de Québec tombe aux mains des Britanniques et, en 1760, c'est au tour de Montréal. L'appartenance du Québec à la Couronne d'Angleterre est confirmée en 1763 par le Traité de Paris. Après ces évènements politiques, une période d'incertitude s'amorce. D'autres conflits politiques – la Guerre de l'Indépendance américaine et la Révolution française – font en sorte que l'Angleterre ne sait pas quelle place prendra sa nouvelle colonie dans son empire. Par conséquent, aucun grand chantier n'est entrepris. Les autorités se contentent, sur le plan de l'architecture publique, de reconstruire les bâtiments afin de loger leurs troupes et leur administration.

En architecture domestique et religieuse, cette période se caractérise par la continuité. Les Canadiens d'origine française sont coupés de leurs ressources outre-mer et l'immigration britannique, très faible, ne compte pas d'architecte. Le renouveau formel est donc inexistant. De plus, la main-d'œuvre du pays est formée sur le chantier, un milieu dans lequel la pratique est de reproduire les formes et techniques apprises. Néanmoins, il y a un essor dans le domaine de l'architecture domestique, car il faut reconstruire et le besoin de maisons est en hausse.

Les premières influences britanniques : 1790-1870

En 1791 a lieu la création de la Chambre d'Assemblée. La ville de Québec devient la capitale de la colonie britannique d'Amérique du Nord. Le gouvernement prend en main le développement de la colonie et s'ensuit un essor économique majeur, qui favorise Montréal et Québec. Dans ce contexte, les autorités cherchent à marquer dans le paysage architectural le pouvoir britannique par l'importation de leurs modèles. Voilà qui entraînera un renouveau formel, qui n'affectera cependant pas en profondeur l'architecture traditionnelle développée au cours du Régime français et des premières décennies du Régime anglais.

Les Britanniques importent deux styles architecturaux durant cette période : le palladianisme, qui s'inspire des réalisations de l'architecte de la Renaissance italienne Andrea Palladio, et le néo-classicisme, qui puise ses formes dans le vocabulaire de la Grèce et de la Rome antique, mais qui, au Québec, est principalement appliqué à partir de l'interprétation qu'en fait James Gibbs dans son *Book of Architecture*. Ils seront grandement utilisés pour les édifices publics.

Le palladianisme, que l'on retrouve entre autres au marché Bonsecours de Montréal (1845-1847), est caractérisé par son austérité, l'emploi de pierre de taille au fini lisse, une symétrie rigide à partir d'un axe central, l'emploi des ordres dorique, ionique et toscan, et par une impression d'aplat de l'élévation.

L'architecture néo-classique, quant à elle, se rapproche du palladianisme, mais en moins austère, notamment grâce au jeu des volumes en façade et à une ornementation plus importante. À Québec, l'hôpital de la Marine (1834-1854), conçu par deux officiers britanniques, en est un exemple.

Comme dans le cas des grands projets du Régime français et pour des raisons similaires (restrictions budgétaires, manque d'une main-d'œuvre qualifiée), le contexte colonial a obligé une simplification des formes. Néanmoins, ces styles ont été adoptés tant par les autorités que par l'élite anglophone pour les valeurs britanniques et l'attachement à la Couronne qu'ils véhiculaient.

L'ère victorienne et éclectique : 1824-1940

Cette période de l'architecture au Québec se veut une réponse à l'austérité et à la rigidité du palladianisme et du néo-classicisme, en même temps qu'une réaction aux changements que la société connaît avec l'avènement de l'industrialisation et de la mécanisation. On cherche à humaniser son environnement, en créant des effets romantiques et pittoresques, et à marquer son individualité, en se démarquant de ses voisins et en exprimant sa richesse et ses goûts par des constructions originales. Pour ce faire, on se tournera vers le passé, proche ou lointain, et vers des cultures exotiques pour trouver des formes originales. Toutes les sphères du bâti seront touchées : l'architecture résidentielle comme l'architecture industrielle, commerciale, publique et religieuse.

Au Québec, c'est l'architecture religieuse qui ouvre la voie avec la construction de la Basilique Notre-Dame de Montréal (1824-1829) en style néo-gothique. Cette période voit d'ailleurs plusieurs renaissances de styles : néo-roman, néo-Renaissance et néo-baroque, pour ne nommer que ceux-là.

Certains styles s'appliquent à plusieurs types de bâtiments, alors que d'autres sont utilisés principalement pour un type. Par exemple, les styles Queen Anne et néo-géorgien s'appliquent essentiellement à l'architecture résidentielle, alors que le protorationalisme et le style révolution industrielle servent surtout aux bâtiments industriels et commerciaux. Ces derniers sont d'ailleurs les précurseurs, par l'importance accordée à la fonction, de certains courants de l'architecture moderne.

D'autres styles marquent alors particulièrement les paysages architecturaux par leur monumentalité et leur application à des bâtiments prestigieux. C'est le cas du style Second Empire, qui sert à la réalisation de l'Hôtel de ville de Montréal (1874-1878) et du Parlement de Québec (1879-1884), ainsi que du style Château, que le Canadien Pacifique adopte comme marque de commerce et utilise pour l'érec-

tion d'hôtels de luxe, comme le Château Frontenac (première partie, 1892), et de gares.

La fin de cette période est marquée par un retour du pendule, avec l'avènement du style Beaux-Arts, qui se caractérise par un retour au classicisme, à la rigueur et à la symétrie, que certains styles de cette période avaient mis de côté. Néanmoins, il ne s'agit pas d'un retour en arrière, car ce style s'avère moderne, entre autres, par une simplification des formes, mieux adaptées à leur fonction, et par l'utilisation des nouveaux matériaux et des nouvelles technologies (béton, fer, électricité, etc.). Comme exemple, nous pouvons citer le Musée national des beaux-arts du Québec (1933).

La modernité : 1890-1980

Au tournant du XXe siècle, un nouveau vocabulaire commence à se développer. On cherche à se détacher des modèles académiques, à bannir l'ornementation, à employer et à mettre en valeur les nouvelles technologies et à utiliser la forme pour mettre en valeur la fonction. En prônant l'utilisation des nouveaux matériaux comme l'acier et de nouvelles méthodes de construction comme le mur-rideau, les principes de l'École de Chicago servent de transition vers un vocabulaire plus dépouillé, et ce, même s'il y a toujours, dans ce cas, l'utilisation d'une certaine ornementation classique.

Le style Art Déco, qui fait son apparition au Québec vers 1925, est également un pas de plus vers l'architecture moderne, tout en restant très décoratif. Sa différence, par rapport aux courants antérieurs, est

> Gare du Palais, Québec.

> Musée national des beaux-arts du Québec.

> Palais des congrès, Montréal.

> Habitat '67, Montréal.

> Stade olympique, Montréal.

que l'aspect décoratif est principalement dû au jeu des volumes et des matériaux. Le principal ambassadeur de ce style est l'architecte Ernest Cormier, à qui l'on doit le pavillon central de l'Université de Montréal (1924-1943), où l'impression de puissance et de verticalité, grâce à la tour centrale, ainsi que la sobriété et la symétrie sont également des caractéristiques de ce style.

Le style Art moderne, inspiré par les nouvelles technologies du transport et qui se veut une expression de l'ère de la vitesse que l'on connaît, laisse également sa marque dans l'architecture. Contrairement au mouvement Art Déco, c'est l'horizontalité qui est mise en évidence, par un jeu de ligne dans l'utilisation des matériaux et par la disposition en bande des ouvertures.

Le Québec assiste à la construction d'édifices conçus selon les théories développées à partir des années 1920 en Europe, dans le cadre du mouvement d'architecture moderne. On y prône l'aspect pratique, fonctionnel, flexible et simple de l'architecture, ainsi que des volumes simples, des surfaces lisses et l'absence d'ornementation. L'exploitation des nouveaux matériaux et des possibilités qu'offrent la mécanisation et la préfabrication sont souvent au cœur des recherches. Plusieurs courants en émanent, dont le style international, le néo-expressionnisme, le brutalisme et le courant organique. Au Québec, les années 1960 et 1970 voient apparaître plusieurs bâtiments issus de ces courants, notamment, à Montréal, la Place Ville-Marie (1959-1962), la Place Bonaventure (1966), Habitat '67 (1966-1967) et le Stade Olympique (1971-1976).

L'architecture contemporaine : depuis 1980

L'architecture contemporaine est, pour sa part, plus difficile à cerner. Cependant, certaines particularités semblent en émaner, à commencer par un intérêt de plus en plus marqué pour la prise en considération et la mise en valeur de l'environnement. On peut remarquer également un intérêt pour la question du patrimoine et une volonté de le préserver sans pour autant mettre les témoins du passé sous une cloche de verre : par exemple, le Centre canadien d'architecture, où la maison Shaughnessy a été intégrée au bâtiment de 1990. On peut penser également aux nombreux projets de recyclage architectural, comme la transformation, en 1995, de l'ancienne fabrique de la Dominion Corset, à Québec, en bureaux pour la Ville et en École des arts visuels de l'Université Laval. Il y a également un engouement pour le développement d'une architecture verte.

Force est de constater que l'architecture au Québec est un vaste champ dans lequel plusieurs styles et idéologies ont laissé leur trace. Nous possédons un riche patrimoine, témoin de notre histoire, et son étude nous permet de mieux comprendre qui nous sommes. Sa connaissance aide à prendre conscience de sa valeur et d'orienter nos choix quant à son avenir, tout en influençant nos goûts et nos choix d'aujourd'hui, eux qui auront un impact sur le paysage architectural de demain. ∎

✱ *Étudiante à la maîtrise en architecture, Université Laval.*

LA DIFFICILE PERCÉE DU ROMAN

AURÉLIEN BOIVIN*

Le roman québécois a mis du temps à se développer, car il a été considéré, pendant une bonne partie du XIXᵉ siècle, comme un genre dangereux. On l'accuse d'être immoral et antisocial, d'être contraire aux bonnes mœurs, de troubler les imaginations (des jeunes filles surtout), d'avilir la femme, car il est le travestissement de tout ce qui émane d'elle, d'engendrer le crime. Si des romanciers se gardent bien d'en écrire – « ce n'est pas un roman que j'écris », affirme Antoine Gérin-Lajoie, dans l'Avant-propos de *Jean Rivard, le défricheur* (1862) –, des romans sont quand même publiés, dont certains ont connu une longue fortune, tels *La terre paternelle* de Patrice Lacombe (1846), prototype du roman du terroir, qui perdure pendant plus d'un siècle au Québec, *Les anciens Canadiens* de Philippe Aubert de Gaspé (1863), premier roman historique, et *Angéline de Montbrun* de Laure Conan (1881-1882), premier roman écrit par une femme, qui inaugure le roman intimiste à caractère psychologique. À ces trois catégories de romans, il faut ajouter le roman gothique, qui marque les débuts du genre. Les auteurs s'inspirent des romanciers anglais Horace Walpole, Ann Radcliffe, Mathew Gregory Lewis, pour ne nommer que ceux-là, et français, tel Eugène Sue, dont *Les mystères de Paris* ont joui d'une grande popularité au Québec. Bien que sous-titré « Roman historique », le premier roman canadien-français, comme on le disait alors, *L'influence d'un livre* (1837) de Philippe Aubert de Gaspé, fils, *La fille du brigand* (1846) d'Eugène L'Écuyer et *Les fiancés de 1812* (1844) de Joseph Doutre font partie de cette catégorie. Il faut ajouter encore la popularité des romans d'aventures, avec l'apport, entre autres, de Pamphile Le May et d'Eugène Dick.

Il faudra attendre la parution de *Maria Chapdelaine*, œuvre de l'écrivain brestois Louis Hémon, pour que le roman connaisse un véritable renouveau. Contrairement aux romanciers du terroir, qui défendent l'idéologie agriculturiste en vantant les mérites et les beautés de la campagne en l'opposant à la ville, perçue comme un réel danger, tant pour l'âme que pour le corps – que les romanciers ont vite fait d'associer à l'enfer par rapport au paradis de la campagne –, Hémon pose le problème autrement quand il écrit : « C'était l'éternel malentendu des deux races : les pionniers et les sédentaires, les paysans venus de France qui avaient continué sur le sol nouveau leur idéal d'ordre et de paix immobile, et ces paysans en qui le vaste pays sauvage avait réveillé un atavisme lointain de vagabondage et d'aventure ». Prétendant à la main de Maria, François Paradis, l'aventurier, le coureur de bois ivre de liberté, est rapidement écarté. Car, pour assurer la survivance de la race, ainsi que l'a compris Hémon, il faut prendre feu et lieu, ce que Paradis est incapable de faire. Maria refuse aussi la proposition de Lorenzo Surprenant, qui a émigré aux États-Unis pour gagner sa vie dans les manufactures de la Nouvelle-Angleterre. Seul Eutrope

> Horatio Walker, *Labour aux premières lueurs du jour*, 1900 (MNBAQ).

Gagnon, celui qui pourtant ne croyait pas en ses chances, répond aux critères. Et le pauvre habitant finit par convaincre Maria, qui accepte de l'épouser, « le printemps d'après ce printemps-ci, quand les hommes reviendront du bois pour les semailles ». La survivance est alors assurée.

Cette survivance de la race est souvent menacée, car le sol du Québec est riche et avidement convoité par des exploiteurs, que le vieux Menaud, le héros de *Menaud, maître-draveur* de Félix-Antoine Savard (1937), associe à des envahisseurs contre qui il entend bien défendre sa montagne, microcosme du pays de Québec, selon l'expression de Savard. Mais il perd son fils, « la chair de sa chair », et se retrouve seul avec l'ami de ce fils, Le Lucon, et ne parvient pas à convaincre les habitants de son patelin d'entreprendre la lutte. Le vieux Menaud sombre dans la folie, alors qu'Euchariste Moisan, le riche habitant de Saint-Jacques, dans *Trente arpents* de Ringuet (1938), doit se résigner, après avoir été spolié, à céder sa terre et à émigrer aux États-Unis. Ce roman et celui de Germaine Guèvremont, *Le Survenant* (1945), sonnent la glas du roman de la terre. Didace sera le dernier de la lignée des Beauchemin à porter ce nom. Après la noyade de son fils cadet et la mort de son aîné, qui n'avait pas les qualités requises pour assurer la relève, après le départ de l'étranger, qu'il a appelé le Survenant, le père Didace doit se résigner à son sort.

Le roman de mœurs urbaines

Avec la parution d'*Au pied de la Pente douce* de Roger Lemelin (1944) et de *Bonheur d'occasion* de Gabrielle Roy (1945), Prix Femina (1947), l'espace romanesque se déplace de la campagne à la ville, dans deux quartiers ouvriers, l'un à Québec, l'autre à Montréal, dans le quartier pauvre et défavorisé de Saint-Henri, où les Canadiens français,

peu instruits, sont soumis à l'exploitation des gens riches qui habitent la montagne. À l'idéalisme des romans de la terre succède le réalisme des romans de mœurs urbaines, aussi appelés romans réalistes et romans d'observation, qui mettent en scène deux types de personnages : les rêveurs, de la trempe d'Azarius Lacasse (*Bonheur d'occasion*), et les ambitieux, de la trempe de Jean Lévesque, dans le même roman. Mais les deux sont condamnés à la médiocrité et à l'échec ; peu instruits, ils sont incapables d'atteindre la conscience sociale pour échapper à la soumission dont ils sont victimes.

Le roman psychologique ou d'analyse intérieure

Dans les romans psychologiques, le héros, contrairement à celui des romans de mœurs urbaines, est conscient de l'aliénation dont il est victime et s'interroge « sur le sens de la vie et sur les valeurs [qui lui sont] proposées comme normes de la conduite individuelle et collective ». Par le biais du journal intime, de la correspondance ou du monologue intérieur, il entre en lui-même et procède à un bilan de son existence. Cette introspection débouche inévitablement sur le procès de la société dont il conteste ce que Maurice Arguin a appelé « les empêchements à vivre[1] », soit le passé aliénant qui l'a toujours brimé, la famille, qui est un fardeau, et la religion. Le passé est souvent incarné par la mère, qui empêche ses enfants de respirer, de vivre, d'où la détérioration des relations entre elle et lui, car elle n'est plus cette mère attentive, dévouée, idéalisée, telle Rose-Anna Lacasse (*Bonheur d'occasion*) ou maman Plouffe (*La famille Plouffe*), dans les romans de mœurs urbaines, mais une mère souvent acariâtre, calculatrice, dominatrice, voire dénaturée, qui en vient même à regretter sa maternité. Les enfants contestent son autorité et son emprise sur leur destinée, telle Claudine Perreault, du *Torrent* (1949) d'Anne Hébert, allant même jusqu'à la supprimer. Dans les romans de Jean Filiatrault, de Jean Simard, de Jean-Paul Pinsonneault, voire dans *Les chambres de bois* d'Anne Hébert, on assiste à l'éclatement de la famille, qui n'est plus une valeur de cette nouvelle société, qui conteste l'autorité, le pouvoir en place. On rejette la famille comme on rejette la religion : crise de la foi, crise de la pratique religieuse. Le héros, même s'il est prêtre, tel Pierre Dupas, dans *Le temps des hommes* (1956) d'André Langevin, en vient à douter de la bonté de Dieu, en particulier devant la souffrance d'un enfant condamné par la maladie, situation qui n'est pas sans rappeler la révolte du docteur Rieux dans *La peste* d'Albert Camus. Le héros du roman psychologique est d'avis que la religion aliène l'homme en le rendant dépendant d'une valeur en laquelle il ne

croit plus, surtout que la religion prêche la résignation, qui conduit au désespoir. Il ne croit plus en l'amour et en vient même à détester son propre corps. Empêché de vivre jusque-là, il laisse libre cours à la révolte : il est prêt à briser ses chaînes pour enfin vivre.

Le roman de contestation

Dans le roman psychologique, le narrateur-héros, en s'autoanalysant, accède lui-même à la conscience et en vient à reconnaître que sa carence individuelle est liée à la carence de vie collective, consécutive à une domination, à un asservissement. En identifiant les causes profondes de son aliénation, le personnage est en mesure d'effectuer un choix. De rêveur ou ambitieux, selon le cas, il devient révolté. Ici, le refus de l'idéologie traditionnelle acquiert une dimension collective. Aussi bien l'être démuni, aliéné, que le révolutionnaire sont d'accord pour affirmer qu'il n'y a pas de solution individuelle au drame collectif. Le cri de désespoir du « cassé » de Jacques Renaud et l'appel à la révolution traduisent la conscience de l'urgence historique. Le roman se fait conscience. Et les héros de tous les âges participent à ce vaste mouvement de contestation, comme le prouve Vieux-Thomas, le héros d'*Il n'y a pas de pays sans grand-père* (1977) de Roch Carrier, qui, comme le vieux Menaud quarante ans plus tôt, rêve de reconquérir le paradis perdu. Le texte reproduit en quatrième de couverture de la première édition du roman de Carrier est révélateur du contenu, de la thématique, du message du romancier : « Nous marcherons sur la terre ° où ton père a marché, ° avant qu'il ne soit terrassé par le désespoir, ° où mon père a marché, ° et son père avant lui, ° et son grand-père ; ° nous pêcherons dans cette eau ° où nos pères ont pêché ° et nous chasserons dans cette forêt ° où nos pères ont chassé, ° toujours à la sauvette, à la façon ° d'étrangers, en territoires interdits, ° mais nous savons toi et moi, ° que le bon Dieu a créé cette terre ° pour nous et nos enfants...[2] ».

Lutter « pour ne pas mourir », telle est la signification du message de Vieux-Thomas qui veut que l'autre génération, la jeune, retrouve la nature et l'habite, redécouvre la forêt et la reconquière, renoue contact avec les animaux et avec les hommes, qu'elle apprenne, comme l'ancêtre, à construire sa propre maison, car « bâtir sa maison, c'est naître une deuxième fois », avoue-t-il, « construire sa chaise, c'est bâtir sa deuxième ossature ». Il faut apprendre à rejoindre le passé, l'assumer pour mieux vivre le présent, éphémère et, parfois, aliénant, afin de préparer l'avenir.

La prise de conscience de ces héros prépare la lutte plus intense, mieux planifiée, d'une autre série de héros qui, épousant les traits du

> Anne Hébert.

révolutionnaire, rejettent la représentation traditionnelle du Canadien français, défini comme minoritaire, dénoncent la situation du Canadien français, prolétaire et colonisé, et posent la question de l'identité collective. Dans les romans de contestation et d'aliénation collective, qui empruntent au *Portrait du colonisé* d'Albert Memmi ou aux *Damnés de la terre* de Franz Fanon, le héros narrateur tente de définir l'homme nouveau, le Québécois, de le comprendre pour mieux se comprendre soi-même. Prendre conscience de sa propre aliénation, puis de celle des siens, la dire, la dénoncer, l'assumer, n'est-ce pas là franchir une étape importante vers la libération ? Pour devenir un homme nouveau, Antoine Plamondon, le héros du *Cabochon* d'André Major, doit s'éloigner de la ville et entreprendre un voyage de purification vers le Nord mythique. À son retour, il est tout à fait transformé ; il a appris à se connaître mieux et à connaître les autres ; il peut ainsi rencontrer son père et entreprendre sa mission d'écrivain, car, avec les écrivains de la génération de Parti pris et avec les poètes du pays, on passe de l'individuel au collectif. Ils nomment le pays pour mieux le posséder, pour mieux l'habiter.

La lutte s'organise à tous les niveaux, politique, économique, social, culturel. Fini le temps de « l'agneau si doux », de « l'enfance à l'eau bénite » (Denise Bombardier), ne restent plus que les « souvenirs d'un enfant de chœur » (Jean-Pierre Boucher). Pleins feux sur les descendants d'une race de bûcherons et de crucifiés, une race humiliée dans son poème même, selon l'expression de Miron, agressée, tourmentée, agonique.

C'est la réconciliation de la tradition et de la modernité après l'ère de la contestation, de la revendication, de la révolution marquée par la parution de quelques œuvres majeures, dont *Prochain épisode* (1965) d'Hubert Aquin, l'une des plus grandes, sinon la plus grande œuvre

> Hubert Aquin.

de la littérature québécoise, qui dénonce le sort réservé aux Canadiens français représentés, dans les œuvres, sous les traits d'un être aliéné, colonisé, soumis au capital entre les mains des étrangers usurpateurs. Certains héros optent carrément pour les actes révolutionnaires, pour le terrorisme. Des bombes sautent, ici et là (*Mon cheval pour un royaume*, 1967, de Jacques Poulin ; *Les écœurants*, 1966, de Jacques Hébert ; *Hier les enfants dansaient*, 1966, une pièce de théâtre de Gratien Gélinas), détruisant des monuments, symboles de l'échec et de la Conquête et confirmant ainsi l'aliénation des héros. D'autres, jeunes aussi pour la plupart, prennent conscience de leur situation et espèrent s'en sortir car ils ont appris au cours de leur difficile apprentissage, qui les a fait passer du monde de l'adolescence à l'âge adulte, à mieux se connaître et à mieux connaître les autres.

La campagne, symbole du passé, a cédé sa place à la ville, gage d'avenir. Il faut renoncer au passé, l'assumer, vivre au présent pour mieux préparer l'avenir. C'est le message d'une foule d'œuvres québécoises publiées depuis 1960, œuvres dans lesquelles les narrateurs semblent s'être concertés pour contester certaines valeurs de la société traditionnelle : la famille, la religion (ou l'Église), le mariage...

Famille, je te hais...

La famille est l'institution la plus contestée. Nombre d'œuvres, tant romanesques que théâtrales privilégient le temps de l'adolescence pour affirmer le droit à la dissidence. Jusque-là perçue comme une valeur-refuge, comme une assurance contre l'extérieur, la famille est désormais considérée comme un lieu de contrainte et de frustration. C'est particulièrement évident dans les romans de Marie-Claire Blais. Les couples sont désunis, se font et se défont au gré des saisons, et la famille est parfois entièrement anéantie, disloquée. Même contestation, même effritement de la famille dans *Une saison dans la vie d'Emmanuel*

(1965). Quand ils ne meurent pas, les petits-enfants de la toute-puissante Grand-mère Antoinette sont déshumanisés : ils portent des noms de nombres (le Septième), de fruits (Pomme), de fleurs (Pivoine), de choses (Lorgnette) ; réduits à de simples dénominateurs communs (les grandes A, les petites A) ; décrits selon leur physique (Jean le Maigre, Octavie Embonpoint) ; voire privés de noms, tels le curé qui n'est que ventre, oreilles, crâne chauve, la mère qui n'est que silence ou les grands frères qui ne sont que ronds de fumée. Ils sont souvent ramenés au rang des animaux en plus d'être privés de sentiments et d'amour. Une telle déshumanisation mène inévitablement à la désacralisation des institutions : Héloïse glisse du couvent au bordel, Jean le Maigre parcourt tous les lits du dortoir tandis que le noviciat est considéré comme un terrain de chasse, « un jardin étrange où poussaient, là comme ailleurs, entremêlant leurs tiges, les plantes gracieuses du vice et de la vertu[10] ». On parodie la mort qui coûte cher, la confession, l'extrême-onction, l'éducation des enfants, l'entraide familiale, la vocation religieuse, la piété filiale... Apparaissent l'homosexualité, la prostitution, qui ne sont plus des sujets tabous. L'érotisme, qui frôle souvent la pornographie, s'installe aussi dans les œuvres, peu importe les genres, dans le roman, dans la poésie et au théâtre. On découvre son corps, on découvre la chair. On est de plus en plus conscient de la beauté de son corps. La femme est de plus en plus consciente de la puissance de ses charmes. Car la femme, dans les œuvres de cette période, entreprend sa longue marche vers la libération.

Libération des mœurs, mais aussi libération du langage et multiplication des scènes scatologiques. Rien n'est plus tabou, désormais : les romanciers, les conteurs, les dramaturges, les poètes ne se gênent pas pour imaginer des scènes que l'on aurait condamnées vingt ans plus tôt : scènes macabres, telle cette séance de dépeçage dans le roman *Un rêve québécois* de Victor-Lévy Beaulieu, qui n'est pas sans rappeler « Le sac », un des *Contes pour un homme seul* d'Yves Thériault, ou l'évocation d'un cas de nécrophilie dans « La récompense », une nouvelle du recueil *La cruauté des faibles* de Marcel Godin.

Parallèlement à une explosion de la forme, de la structure du récit, morcelé, écrit parfois en joual, une langue de « cassés », ou dans un français standard, sans ponctuation ni paragraphe, un peu à la manière alors à la mode du « nouveau roman » ou de l'antiroman, on assiste aussi, dans les œuvres québécoises, depuis les années 1960, à une contestation du politique. Les romanciers, qui associent, comme les poètes, la quête du pays à la femme aimée, condamnent la présence des envahisseurs, les gros, c'est-à-dire les Anglais et tout ce qu'ils représentent de la force économique. Ils dénoncent la peur séculaire des Canadiens français, peur de la guerre, par exemple, comme dans *La guerre, yes Sir !* de Roch Carrier et, plus tard, *L'emmitouflé* de Louis Caron, et l'asservissement du peuple canadien-français, asservissement aux croyances religieuses, à un régime politique associé à la noirceur, à l'étranger... Dans le roman de Carrier, les Canadiens français sont chassés par la force de la maison de leur compatriote Corriveau, où ils veillent le cadavre du jeune soldat, fils de la famille, mort au champ d'honneur. La violence éclate donc dans ce roman dans lequel la guerre, à peine évoquée dans *Bonheur d'occasion*, vient de prendre une tout autre signification, puisqu'elle a frappé une « jeunesse » de la paroisse. Cette mort provoque une prise de conscience par les habitants du mal que représente la guerre. Comme les Anglais qui ont voulu la guerre, car c'est la guerre des gros contre les petits, c'est la guerre des autres, ils sont finalement capables de révolte et de violence. Le roman dénonce les conditions déplorables réservées aux Canadiens français, sur les plans politique et social, soumis aux « maudits Anglais qui ont l'habitude d'avoir des nègres Canadiens français pour fermer leurs portes ». Aux yeux des gros, « les French Canadian étaient moins civilisés que les Sauvages », ils « étaient des porcs indociles, indisciplinés, fous », ils « étaient solitaires, craintifs, peu intelligents ; ils n'étaient doués ni pour le gouvernement, ni pour le commerce, ni pour l'agriculture ; mais ils faisaient beaucoup d'enfants ».

Les jeunes se révoltent donc, dans le roman des années 1960, protestent ouvertement dans la poésie québécoise qui atteint, au cours de cette décennie, « l'âge de la parole », pour reprendre le titre d'un recueil de poésie de Roland Giguère, l'un des poètes qui, avec Miron, a exercé le plus d'influence auprès de la jeune génération. Avec la crise d'Octobre (1970) et l'arrivée en force du Parti québécois, le nationalisme s'effrite. Les œuvres publiées au cours des années 1970, outre qu'elles se multiplient à un rythme effarant, éclatent de toutes parts, s'en vont dans toutes les directions. L'imaginaire des écrivains québécois de la nouvelle génération s'est considérablement transformé. Les œuvres se métamorphosent. Les jeunes privilégient les thèmes de l'errance, de l'exil, de la fuite, de la difficile quête de soi, du retour aux sources, à la vie primitive. Ils fuient cette société moderne, aliénante, dans laquelle ils ne se sentent pas à l'aise pour renouer avec les origines.

Conclusion

Au terme de cette longue « démanche », de cette longue « voyagerie » dans l'imaginaire des romanciers québécois, selon l'expression du prolifique Victor-Lévy Beaulieu, on peut conclure que le roman québécois traduit les préoccupations de la société québécoise moderne, ouverte au monde. L'appréhension de la mort, l'angoisse de l'homme nouveau devant la fuite inexorable du temps, la lutte incessante pour la justice et la liberté, voilà les thèmes récurrents que l'on peut découvrir dans le roman des années 1940-1970. Les personnages, aux prises avec les difficiles problèmes de l'existence, ont choisi, pour échapper à l'ennui, au découragement, au désespoir, de vivre intensément, d'occuper un espace afin de faire reculer, en quelque sorte, les frontières toujours trop proches de la mort. Le roman québécois est passé de l'idyllique roman à thèse du XIXe siècle au tragique et difficile roman du désespoir. En l'espace d'une ou deux décennies, le roman est parvenu à franchir les frontières du réel, à briser cet enfermement qui caractérisait jusque-là la littérature québécoise. Le roman québécois contemporain transcende le temps et le réel. Il aspire au bonheur[3]. ∎

Notes

1   *Le roman québécois de 1944 à 1965*, Montréal, L'Hexagone, 1989, p, 112.

2   Montréal, Stanké, 1977, 4e de couverture.

3   Une partie de ce texte a paru dans la revue *Québec français* n° 144 (Hiver 2007), p. 33-37.

✶ *Professeur, Département des littératures, Université Laval, directeur de la* revue Québec français *et du* Dictionnaire des œuvres littéraires du Québec.

LE ROMAN QUÉBÉCOIS POSTMODERNE

CHANTALE GINGRAS*

> Martin Bureau, *Le problème du texte*, 2001.

En apparence locales et isolées, les petites et grandes révolutions culturelles qui ont marqué l'Occident à partir des années 1960 ont fait boule de neige. Le mouvement est d'abord collectif : on se regroupe pour faire éclater les anciennes structures et créer une société où l'individu acquerra plus de liberté. À partir des années 1990, la démarche s'individualise : on table sur les acquis collectifs pour atteindre les objectifs qu'on se fixe chacun de son côté. L'idéologie individualiste influe progressivement sur toutes les autres valeurs : la liberté, le bonheur, la réussite... Et à partir des années 2000, c'est, paradoxalement, un mouvement collectif qui s'enclenche pour faire triompher l'individu : l'air du temps invite toute la collectivité à affirmer son unicité individuelle. L'individu est roi : désormais, c'est son destin qui importe et non plus tellement celui de la société, de la patrie dans laquelle il s'inscrit plus ou moins passivement.

Le roman postmoderne rend compte de tous ces changements, de tous ces bouleversements en tendant une sorte de miroir au lecteur, qui lui rappelle la fin des idées collectives et la nouvelle hégémonie de l'individualisme. Dans cette société en évolution / révolution, l'individu devient sa propre fin, sa propre patrie à vénérer. Et cela devient d'autant plus vrai, au Québec, à la suite de l'échec du premier référendum sur la souveraineté... et, plus encore, après l'échec du second, en 1995.

Les années soixante : ruptures et éclatement

Trois romans absolument remarquables sont parus au cours des années 1960, des romans qui, par la modernité de leur propos et de leur forme, participaient à l'effort collectif visant l'éclatement des structures sociales devenues désuètes.

Le cassé de Jacques Renaud (Parti pris, 1964), premier roman québécois écrit en joual, constitue un véritable acte politique, une affirmation de notre identité nationale. Il donne la parole à Ti-Jean (comme dans *les petites gens*), un *cassé*, un homme sans le sou, un chômeur qui ne croit plus à Dieu ni à diable, mal embouché, cynique à souhait, existentialiste dans le geste et la pensée, qui dit sa révolte de locataire et d'exploité en son propre pays.

Ensuite, il faut évoquer *Une saison dans la vie d'Emmanuel* de Marie-Claire Blais (Éditions du Jour, 1965) une charge contre la dictature de l'Église catholique au Québec, contre le continuel écrasement de l'individu par la pression ambiante, contre l'étouffement des pulsions intimes par une société bien-pensante plus vicieuse encore que les vices qu'elle prétend prévenir par son rigorisme exacerbé. Blais y règle ses comptes avec l'Église, mais aussi avec la charge d'obligations que la société fait peser sur l'individu. Avec ce roman-libération, elle annonçait bien la fin de la Grande Noirceur.

Enfin, je soulignerai l'importance indéniable qu'a l'œuvre de Réjean Ducharme dans le développement de notre production romanesque, en particulier son premier roman, *L'avalée des avalés* (NRF Gallimard, 1966), une note si étrangère à la musique qu'on entendait alors au Québec qu'il a dû paraître d'abord à Paris. À travers Bérénice, la femme-enfant troublante et troublée, c'est toute l'imagination de Ducharme qui se déploie : l'univers y est éclaté et le langage, (ré)inventé. Ducharme, au milieu des années soixante, a été comme un grand coup de vent qui a ouvert avec fracas la porte aux autres romanciers, et les plus téméraires sont allés voir dans cet ailleurs s'ils y étaient aussi.

Les années soixante-dix : place aux femmes

La production romanesque de cette décennie est somme toute marquée par sa faible prolificité, j'oserais dire, peut-être parce que les énergies vives de notre littérature étaient déjà toutes employées à servir la cause nationale, sans doute mieux soutenue à l'intérieur des genres comme la poésie et l'essai, à cette époque. Il n'empêche que des œuvres incontournables et très novatrices méritent qu'on s'y attarde.

Je pense d'abord à Louky Bersianik et à son étonnant – et jamais imité – *L'Euguélionne* (La Presse, 1976), œuvre-phare de toute la pensée féministe de cette décennie. Bersianik y fait un relevé du discours et des idées reçues sur la femme, elle donne à voir le sexisme qui s'infiltre dans le langage courant comme dans le langage scientifique. Elle oppose à cet ensemble idéologique sexiste un contre-discours, un « contre-texte » qui devient une somme résumant toutes les connaissances relatives à la Femme, livrées ici par Dieu lui-même, qui discute avec elle des injustices dont elle est victime. Ce roman, qui est un pastiche extrêmement original des textes sacrés, non dépourvu d'humour à plusieurs endroits, est un appel à la transformation radicale des rapports entre les sexes.

L'œuvre romanesque de Michel Tremblay s'amorce à la fin de cette décennie avec *La grosse femme d'à côté est enceinte* (Leméac, 1978). Par ce roman, qui ouvre le cycle des *Chroniques du Plateau Mont-Royal* – en quelque sorte *La comédie humaine* de Tremblay, notre Balzac québécois –, Tremblay plonge son lecteur, avec réalisme et humour, dans le monde de ces gens pour qui l'univers s'arrête au bout de la rue. C'est la vie de quartier qui est ici reproduite, surtout celle des femmes qui, à travers leurs tâches ménagères quotidiennes, essaient de trouver une place au soleil – en se demandant, en même temps, s'il y a du soleil pour tout le monde…

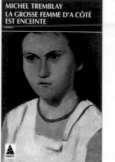

Les années quatre-vingt : à la recherche de soi

Dans un tout autre registre, en 1984 Jacques Poulin fait paraître *Volkswagen Blues* (Québec / Amérique), son sixième roman. Dans la lignée de *On the road* de Jack Kerouac (1957), il amène ses personnages à poursuivre leur quête d'identité sur la route. Parti de Gaspé à bord de son Westfalia, avec la Grande Sauterelle, une auto-stoppeuse métisse, Jack traverse le Québec et presque tous les États-Unis à la recherche de son frère Théo. Mais c'est lui en fait qu'il trouvera, au contact de toute cette Amérique francophone qu'il (re)découvre, de tout ce territoire anciennement possédé mais aujourd'hui « volé », au contact de toutes ces pages d'Histoire qu'il aimerait pouvoir arracher. Avec *Volkswagen Blues*, c'est à une véritable redécouverte de notre histoire et de notre culture que nous convie Poulin.

Plus politique encore est le petit roman de Jacques Godbout, *Les têtes à Papineau* (Seuil, 1981), une « science-fiction » drolatique qui met en scène les personnages de François et de Charles Papineau, un être bicéphale qui se questionne sur son identité tout au long du roman, sur la nécessité ou non de subir une opération de séparation qui redonnerait à chacun des « siamois » son propre corps, son propre espace, et lui permettrait de vivre sa vie à part entière, dans le respect de sa personnalité. Un an après l'échec du premier référendum, Godbout signe un roman-essai non sans profondeur, qui déploie une métaphore vraiment désopilante portant sur la possibilité de séparation offerte aux Québécois…, une opération qui, c'est dit, ne serait pas sans douleur.

Sylvain Trudel fait une percée remarquée dans l'univers romanesque québécois avec *Le souffle de l'Harmattan* (Typo, 1986), son premier roman. Il y présente la quête d'identité de Hugues, un enfant adopté – ou plutôt *adapté*, comme il le dit lui-même –, un « petit saint-simoniaque d'enfant de chienne » qui cherche sa place dans le monde et qui pense la trouver un peu à travers l'amitié terriblement fusionnelle

> Michel Tremblay.

qu'il développe avec Habéké Axoum, un Africain lui aussi « adapté ». Les jeunes adolescents vivent plusieurs aventures, toutes teintées par leur recherche effrénée des origines et, aussi, d'un sens à leur vie. Le lecteur est happé par la quête d'absolu des personnages, surtout celle de Hugues, qui n'a pas, comme Habéké, tout l'univers mystique des ancêtres auquel se rattacher, ni le sentiment d'appartenir vraiment à une famille.

> Christian Mistral.

> Monique Proulx.

Il faudrait encore parler de *La rage* (Québec/Amérique, 1989), premier roman de Louis Hamelin, qui est une plongée dans la vie d'Édouard Malarmé, autrefois agronome et biologiste, qui a tout abandonné pour se réfugier sur les terres expropriées de Mirabel. Il squatte un vieux chalet et passe de longues heures à jouer à la machine à boules et à boire. Sa rencontre avec Christine Paré fait monter la rage en lui, en même temps que la passion. Il devient une machine détraquée, toute tournée vers les abus, le sexe, l'alcool et la violence, et connaît aussi des épisodes végétatifs pendant lesquels il contemple son nombril et s'occupe ardemment à ne rien faire de sa vie et à s'approcher ainsi un peu plus de l'heure de sa mort.

Dans la même veine, près de dix ans plus tard, un autre jeune auteur accouche d'un être complètement déboussolé, enragé lui aussi. Il faut aller visiter les délires romanesques du génial Christian Mistral, le romancier québécois qui souffle son vent de folie dans une langue qui emprunte beaucoup à l'argot parisien mais qui, malgré tout, parle beaucoup de *l'homo quebecus*. Sa trilogie présente les errances d'un homme qui ne sait même pas s'il doit chercher son chemin, je dirais. Il faut lire, dans l'ordre, *Vamp* (XYZ éditeur, 1995), *Valium* (XYZ éditeur, 2000) et *Vacuum* (XYZ éditeur, 2003).

Les années quatre-vingt-dix : la voix des écorchés vifs

Monique Proulx publie *Homme invisible à la fenêtre* (Boréal, 1993), un roman résolument urbain et postmoderne, qui met en scène une galerie de personnages éclatés, tous des âmes éclopées, en quête d'amour et d'apaisement, à commencer par Max, alias « Long Man », l'homme devenu « invisible » depuis qu'il est cloué à son fauteuil roulant. Puis il y a cette femme, Lady, qui l'aime toujours, et que Max tente de fuir ; et Mortimer, le sculpteur excentrique qui débarque chez Max pour lui faire part de ses lubies et angoisses créatrices ; et enfin Maggie, l'actrice qui porte sa beauté trop grande comme un handicap et qui vient chez Max chaque semaine pour y dire son dégoût d'une société éprise d'apparences. Tous ces personnages ont l'art de se « débattre immobiles » : ils veulent changer les choses mais sont incapables de mettre un pied devant l'autre, tous plus handicapés que ne l'est Max lui-même.

Autre œuvre mettant en scène des marginaux : *La petite fille qui aimait trop les allumettes*, de Gaétan Soucy (Boréal, 1998). On y découvre l'univers passablement étrange de deux enfants élevés dans les lubies de leur père-dictateur qui croyait les protéger du monde, mais qui les laisse complètement démunis socialement. Au cœur de cette famille-secte, la narratrice, âgée de 16 ans, se construit tout un réseau de sens inspiré des enseignements du père, pour le moins lacunaires. Le style de Soucy est inventif et se permet tout, tout : de terminer des phrases par *que* ; de passer du français québécois populaire à l'argot marseillais – *peuchère* – à l'intérieur d'une même phrase ; de forger des néologismes, brillants et abondants ! Il faut lire cette œuvre pour découvrir l'univers clos et oppressant auquel la narratrice et son jeune frère sont confinés.

Les années deux mille : six milliards de solitudes…

Maintenant, les années deux mille… elles sont si remplies d'œuvres intéressantes que les choix deviennent particulièrement déchirants, dans ce panorama que je fais et qui exclut tout désir d'exhaustivité. Suivent ici quelques œuvres riches qui donnent assez le ton des publications actuelles.

En 2001, Guillaume Vigneault publie son deuxième roman, *Chercher le vent* (Boréal). Le personnage qui y cherche son vent, c'est Jacques Dubois, un pilote et photographe de 36 ans qui se retrouve complètement déboussolé à la suite d'une rupture amoureuse. Avec Tristan, son ex-beau-frère fauteur de troubles, aux prises avec le même problème, il part aux États-Unis pour changer d'air et chercher le vent qui les poussera vers un meilleur destin. En cours de route, ils rencontrent Nuna, une auto-stoppeuse d'origine catalane. Ce voyage permet à chacun de constater son manque d'implication réelle dans les relations interpersonnelles, surtout amoureuses. C'est la voix d'un jeune auteur brillant qui se fait entendre, qui dit habilement le besoin de partir pour se (re)trouver… et qui sait parler de l'amour comme d'une mécanique.

Dans la veine des récits de ruptures amoureuses difficilement assumées, on trouve aussi l'excellent roman de Stéphane Dompierre, *Un petit pas pour l'homme* (Québec Amérique, 2004). En abandonnant sa

> Guillaume Vigneault.

> Stéphane Dompierre.

copine, Daniel pensait se libérer et accéder à un monde sans angoisses, peuplé de jolies filles se disputant sa présence. Il se retrouve plutôt dans un appartement sans meubles, à regarder la vie passer à travers le hublot qui lui sert de fenêtre. C'est alors que la dégringolade s'amorce. Pour remédier à la situation, il décide d'agir de la façon qu'il connaît le mieux : courir très vite dans tous les sens, sans réfléchir. Dompierre raconte avec un humour assez désopilant le cynisme et la déroute des hommes de sa génération, prisonniers de leurs pulsions et de leurs remises en question.

On plonge avec ravissement, c'est le cas de le dire, dans le roman d'Andrée A. Michaud, *Le ravissement* (L'Instant même, 2002). C'est l'histoire d'une femme capable de faire du mal à une mouche (elle en tue d'ailleurs plusieurs, en s'étonnant de la cruauté dont elle peut faire preuve). L'intrigue traite de déterminisme, en lien avec la théorie de l'impact du vol d'un papillon voulant qu'une action apparemment insignifiante déclenche un cataclysme. Pour Marie, la protagoniste, la quête du bonheur passe par l'oubli, mais, dans ce roman entièrement inscrit dans la mémoire, il semble hors d'atteinte. C'est dans une

> Gaétan Soucy.

atmosphère poétique et noire que le lecteur est plongé, et la narration présente des trouvailles vraiment fascinantes, dont cette répétition constante qui martèle les événements et crée des obsessions, et cette structure-gigogne, dans laquelle tout s'imbrique. C'est un beau, un envoûtant casse-tête, ce roman, une sorte d'*Alice au pays des merveilles* halluciné.

En 2003 paraît *L'histoire de Pi* (XYZ éditeur), le succès planétaire de Yann Martel, traduit en trente langues. Cette œuvre marque le retour à la spiritualité, intégrée savamment à travers cette fable moderne. Le roman montre l'importance de redéfinir ses repères quand on se retrouve seul, horriblement seul, comme le sera Pi, un jeune adolescent perdu au milieu de l'océan Pacifique… dans un canot de sauvetage où se tient aussi Richard Parker, un splendide tigre du Bengale pesant trois cents kilos. Cette histoire est le récit de sa survie, durant 227 jours, dans le Pacifique… de sa survie tant physique que psychologique. C'est une belle œuvre, qui redonne à l'humain toute sa grandeur et qui enseigne au lecteur à trouver en lui la force de *tout* vaincre.

Dans la veine des récits qui nous en apprennent sur la nature humaine, il faut aussi compter *Comment devenir un monstre* de Jean Barbe (Leméac, 2004). Un homme, surnommé le Monstre, refuse de parler et attend, en prison, la tenue de son procès. Venu de l'étranger pour l'assister, un avocat cherche à découvrir les raisons de son mutisme et les circonstances entourant ses crimes. Dans ce roman, Barbe se livre à un examen de nos faiblesses et de nos comportements les plus inexplicables, qu'il dissèque avec une réserve et une minutie qui, heureusement, ne donnent pas de réponse mais ouvrent entièrement sur la réflexion. Ce roman traite de l'instinct de survie, des forces vitales qui se déploient chez tout individu écrasé par son milieu. Que reste-t-il de l'humain quand tout concourt à le déshumaniser, quand on tue ses rêves, quand on lui ôte même toute utilité ? On traverse le roman sans vraiment arriver à dire si Viktor Rosh est un monstre. Et c'est très bien ainsi.

Conclusion

Dans ces romans, oui, on parle de soi, de son *ego* ; ce sont principalement de grandes odes au je-me-moi qui se déploie et se découvre au fil des pages, du quotidien, des mois, des années, mais des thèmes plus vastes y prennent place aussi, comme la quête d'identité, l'amour, l'amitié, la solitude, la société, le mal de vivre. Il est impossible d'arriver à parler de tout ce qu'il faut lire dans un tel panorama, mais j'espère tout de même avoir titillé votre curiosité et vous avoir mis les fourmis dans les jambes… pour qu'elles vous conduisent chez votre libraire. ■

Note

Une version légèrement différente de ce texte a paru dans la revue *Québec français* n° 145 (Printemps 2007), p. 30-34.

> Yann Martel.

> Jean Barbe.

* *Professeure de littérature au Cégep de Sainte-Foy et membre du Comité de lecture et de rédaction de la section « Littérature, langue et société » de la revue* Québec français.

LE FANTASTIQUE QUÉBÉCOIS

STEVE LAFLAMME*

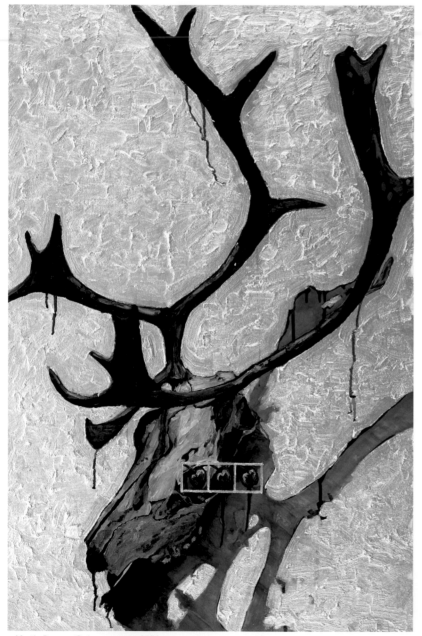

> Martin Bureau, *Cerises sauvages*, 2006.

Si le Québec a mis du temps à joindre le reste du monde en ce qui a trait à sa production littéraire[1], la production fantastique, elle, s'est développée au rythme du reste de la planète. Le fantastique étant apparu « officiellement » au Royaume-Uni dans la seconde tranche du XVIIIe siècle, il a gagné véritablement l'Europe francophone au début du XIXe. C'est aussi à cette époque que le Québec voit apparaître la première trace du fantastique dans sa littérature : « La tour de Trafalgar », une nouvelle de Pierre-Georges Boucher de Boucherville (1835), et le chapitre intitulé « L'étranger » dans *L'influence d'un livre* de Philippe-Ignace-François Aubert de Gaspé, fils, premier véritable roman de notre histoire, paru en 1837. C'est donc dire que le fantastique apparaît chez nous au moment où le font connaître Théophile Gautier en France, Edgar Allan Poe aux États-Unis et Alexandre Pouchkine en Russie, pour ne nommer que ceux-là. À peine deux ans après *L'influence d'un livre*, un incident de marque allait, sans qu'on le soupçonne, donner le véritable coup d'envoi au fantastique québécois.

XIXe siècle : ultramontanisme et naissance du genre

D'abord influencés par le romantisme, les premiers fantastiqueurs du Québec (Boucher de Boucherville, Aubert de Gaspé, fils, puis Eugène L'Écuyer dans *La fille du brigand* en 1844) donnent dans le roman d'inspiration gothique. C'est le *Rapport Durham,* produit en 1839 par l'inquisiteur envoyé au Canada français par l'Angleterre après les Rébellions des Patriotes, qui a pour effet chez l'élite intellectuelle canadienne-française de l'inciter à prouver à son auteur qu'il a tort lorsqu'il affirme que les Canadiens français sont « un peuple sans histoire et sans littérature ». Ainsi, non seulement François-Xavier Garneau publie-t-il l'*Histoire du Canada* (quatre tomes, 1845-1852), mais nombre d'écrivains se donnent aussi le mandat de mettre par écrit certaines des légendes qui circulent de génération en génération – plusieurs d'entre elles présentant des phénomènes surnaturels –, faisant du conte un diffuseur du fantastique plus efficace que le roman, qui est boudé par certains intellectuels. Bref, « [l]e XIXᵉ siècle puise abondamment dans [l]e patrimoine oral, découvre [...] le roman gothique et ses scènes macabres, ses lieux étranges et horrifiants, ses personnages inquiétants aux passions violentes[2] ».

Outre Louis Fréchette, sans doute le chef de file des fantastiqueurs québécois de la seconde moitié du XIXᵉ siècle, on trouve entre autres Joseph-Charles Taché, Aubert de Gaspé, père, Honoré Beaugrand, Pamphile Le May et Louvigny de Montigny. Ces auteurs offrent un fantastique imprégné de religieux. Le catholicisme surplombe à peu près tous les aspects de la vie québécoise à l'époque et la littérature n'y fait pas exception. Les récits fantastiques de cette époque font intervenir les fantômes, les loups-garous, les feux follets et, bien entendu, le diable, « [a]utant de personnages effrayants dont le but est de provoquer la peur et qui ne sont pas étrangers à la pratique du culte[3] ». Les auteurs mettent en scène le sort qui guette les mauvais chrétiens...

1944 à 1965 : retour du pays des morts

Alors que Guy de Maupassant indiquait en 1883 dans le journal *Le Gaulois* que c'en était fini du surnaturel en littérature et que les générations futures se moqueraient des élucubrations des prédécesseurs, le fantastique est toujours vivant au XXᵉ siècle, ayant même été rafraîchi par l'école argentine à partir des années 1930, grâce surtout à la revue *Sur*. Au Québec, après un silence de plusieurs décennies, il ressuscite dans un recueil d'Yves Thériault intitulé *Contes pour un homme seul* (1944). Le fantastique de Thériault délaisse quelque peu le mysticisme religieux et relève davantage du grotesque, tel que l'indique Danielle Pittet dans l'étude qu'elle en a fait[4]. Chez Thériault, « les personnages du hameau, leurs défauts, leurs maladresses servent de prétexte à toutes sortes d'étrangetés, à mettre au profit de l'insolite la candeur de certains personnages[5] ». « Thériault fait basculer dans un fantastique à mi-chemin entre le merveilleux et l'étrange, cet univers rural subitement miné de l'intérieur[6] ».

Il faut attendre ensuite le début des années 1960 pour voir poindre de nouveaux noms dans le fantastique québécois : Andrée Maillet publie « Les doigts extravagants », seule nouvelle fantastique du recueil *Le lendemain n'est pas sans amour* (1963). L'année suivante, Roch Carrier publie *Jolis deuils*, recueil de très courts textes qui naviguent entre fantastique et merveilleux. En 1966, le jeune Michel Tremblay publie ses *Contes pour buveurs attardés*, écrits à l'adolescence et inspirés par Jean Ray et Howard Philipps Lovecraft. Pour l'un comme pour l'autre,

« le fantastique a servi de cheval de Troie pour s'infiltrer dans l'univers de la littérature québécoise[7] ».

C'est toutefois un recueil publié en 1965 qui, pour cette période, retient l'attention de nos jours – après être malheureusement passé inaperçu à l'époque : *La mort exquise* de Claude Mathieu, recueil de nouvelles rattaché au néo-fantastique (par opposition au fantastique canonique, auquel appartient celui de Tremblay, par exemple), regroupe des textes dans lesquels le fantastique est plus « cérébral », les récits, plus introspectifs, plus érudits, influencés sans doute par les fantastiqueurs sud-américains que sont Jorge Luis Borges, Adolfo Bioy Casares et Silvina Ocampo, par exemple. La nouvelle éponyme de Mathieu est devenue un classique du fantastique de chez nous et fait contraste par rapport à ce que l'on connaît du genre en ce que le phénomène insolite, dans ce texte, altère positivement le destin du personnage : « Mathieu montre [...] que le fantastique peut se renouveler, [...] que le protagoniste peut vivre le surnaturel sans le problématiser[8] ».

Le foisonnement des années 1970

La mort exquise propulse les fantastiqueurs de la décennie 1970 dans le néo-fantastique[9]. Jacques Brossard, fortement politisé, compose en 1971 des textes inspirés par la sensation d'étouffement que lui a inspiré la crise d'Octobre – la nouvelle « L'objection », dans son recueil *Le métamorfaux*, en est un cas patent. D'ailleurs, c'est avant tout dans la nouvelle que s'expriment les fantastiqueurs de cette décennie (André Berthiaume, Daniel Sernine, André Carpentier, Claudette Charbonneau-Tissot et autres) et de la suivante, mis à part Anne Hébert, dont le roman *Les enfants du sabbat* (1974) s'avère un titre marquant de son époque. « [S]e côtoient [alors] des types de fantastique singulièrement différents : quelques-uns usent de procédés canoniques (sorcellerie, horreur et peur) ; certains explorent les limites de la raison et de la folie ; d'autres font surgir l'impossible dans le réel de manière plus ténue, en apparence accidentelle, voire anodine[10] ».

L'année 1974 restera une année charnière dans l'histoire du fantastique québécois : outre la publication du recueil *Le métamorfaux* de Brossard et du roman d'Anne Hébert, l'année marque la fondation par Norbert Spehner de la revue *Requiem* – qui deviendra en 1979 *Solaris* –, diffuseur important de la nouvelle fantastique et de science-fiction dans l'ensemble de la francophonie, encore aujourd'hui. En 1979 est fondée la revue *imagine...* et on met sur pied le premier congrès Boréal, rassemblement annuel des auteurs de fantastique et de science-fiction. Depuis 1980, c'est lors de ce congrès qu'est attribué le Prix Boréal (devenu successivement le Grand Prix de la science-fiction et du fantastique québécois puis, en 2008, le Prix Jacques-Brossard), qui récompense la production d'un auteur au cours de l'année.

Se donner un genre

Suivant la mouvance instiguée par les nouvelles institutions susmentionnées, le fantastique québécois cherche à se légitimer au cours de la décennie 1980. Des revues de littérature générale (*La Nouvelle Barre du jour*, par exemple) consacrent des numéros au fantastique. En 1985, Jean Pettigrew et ses collaborateurs publient le premier opus de *L'année de la science-fiction et du fantastique québécois*, anthologie rétrospective de la production annuelle. On entreprend alors de livrer un combat à l'Institution littéraire, qui boude les littératures de genres : « Ces genres littéraires, si souvent relégués aux oubliettes de l'ignorance ou – pire encore – de la diffamation par certains critiques, directeurs littéraires, théoriciens et autres intervenants obtus de ce que l'on nomme l'Institution littéraire, envahissent progressivement le marché littéraire québécois [...]. N'est plus automatiquement un écrivain de dernière zone celui qui puise régulièrement à l'Imaginaire de la Conjecture[11] ».

Les fantastiqueurs – encore des nouvellistes, pour la plupart – sont de plus en plus nombreux : 75 auteurs différents se partageaient la production de fantastique et SF en 1985 ; ils sont 89 en 1986 puis 108 à la fin de la décennie[12]. De plus en plus, le fantastique se fait aussi au féminin : Johanne de Bellefeuille, Claire Dé, Carmen Marois, Marie José Thériault, Claude-Emmanuelle Yance font leur apparition, tout comme Michel Bélil, Stanley Péan, Bertrand Bergeron, Pierre Goulet, Gaëtan Brulotte. Nombre de ces nouvellistes sont servis par l'entrée en scène des éditions L'instant même, à Québec, en 1986.

« En 1990, c'est l'heure des communications »

Depuis 1990, « le récit fantastique [de chez nous] est inoculé d'une grande valeur poétique, donne à voir des univers diffus, évanescents, témoigne d'une lenteur contemplative qui vise à s'analyser soi-même, à ausculter à la fois sa vision du phénomène surnaturel et sa vision du monde – ainsi que la vision de soi-même dans le monde[13] ». Typique du postmodernisme, le fantastique se diversifie. Roland Bourneuf (*Mémoires du demi-jour*, 1990), Pierre Ouellet (*L'attrait*, 1994) et plus récemment David Dorais (*Les cinq saisons du moine*, 2004) versent dans un fantastique très littéraire. De leur côté, Claude Bol-

duc, Natasha Beaulieu et Hugues Morin poursuivent la tradition du fantastique canonique en reprenant au goût du jour les archétypes que sont le fantôme et le vampire. En 1996, Jean Pettigrew fonde les éditions Alire, spécialisées dans les littératures de genres, ce qui permet la renaissance du roman comme véhicule du fantastique au Québec. Joël Champetier, Patrick Senécal, Luc Durocher et Natasha Beaulieu sont les principaux romanciers du genre. En 2002, Édith Madore fonde La Veuve Noire, petit éditeur qui cible aussi entre autres le fantastique et fait connaître Frédérick Durand.

Les quinze dernières années voient le fantastique faire l'objet de recherches plus approfondies de la part de la critique. Le GRILFIQ[14] publie en 1990 un collectif intitulé *Les voies du fantastique québécois*. Aurélien Boivin, Maurice Émond et Michel Lord publient en 1992 la *Bibliographie analytique du fantastique et de la science-fiction*. Outre Lise Morin, citée dans le présent texte, Michel Lord publie *La logique de l'impossible. Aspects du récit fantastique québécois* (1995), Georges Desmeules s'intéresse à l'humour dans le discours fantastique (*La littérature fantastique et le spectre de l'humour*, 1997), Simone Grossman traite de l'interaction entre peinture et littérature fantastique (2006) et Claude Janelle (2006) revisite certains des textes fondateurs de *La décennie charnière*, celle de la Révolution tranquille.

Il va sans dire que le pullulement du fantastique dans l'univers artistique québécois ne se limite pas aux titres ni aux auteurs susmentionnés. Des fanzines voient le jour, des revues (*Solaris, Brins d'éternité, Clair obscur, Québec français*) continuent de promouvoir le genre, des blogues (« Fractale Framboise[15] » au Québec) livrent l'actualité littéraire et cinématographique. Au tournant du millénaire, le fantastique s'est aussi offert le cinéma (*Le marais* de Kim Nguyen, 2002 ; *Sur le seuil* d'Éric Tessier, 2003 – adaptation du roman de Senécal ; *La peau blanche* de Daniel Roby, 2004 – adaptation du roman de Joël Champetier ; *Saints-Martyrs-des-Damnés* de Robin Aubert, 2005), en plus de se retrouver au petit écran en 2004 par l'intermédiaire des séries *Grande Ourse* et *L'héritière de Grande Ourse* de Frédéric Ouellet et Patrice Sauvé. Bref, chez nous comme ailleurs, le fantastique semble bien établi et là pour rester : « En donnant un visage, une forme à l'inconnu qui nous terrifie, le fantastique n'est-il pas [...] un moyen d'élargir notre vision du monde, de nous en révéler, de façon symbolique, métaphorique, des portions inaccessibles à nos sens ?[16] ». Puisque les terreurs individuelles et sociales changent de costume au fil des ans plutôt que de disparaître, le fantastique continue d'avoir sa place pour tenter de tracer le contour de l'inconnu qui nous perturbe.

On verra bientôt un fantastique inspiré par la course aux accommodements raisonnables et la lutte au terrorisme – nouveaux visages de l'« inquiétante étrangeté » dont parlait Freud. ∎

Notes

1   Retard du roman comme genre, celui-ci ayant été boudé par nombre d'intellectuels au XIXᵉ siècle, et retard des idéologies littéraires, le courant du terroir s'étant étendu sur une centaine d'années au même moment que se succédaient, en France par exemple, quelques courants aux orientations différentes.

2   Maurice Émond, *Anthologie de la nouvelle et du conte fantastiques québécois au XXᵉ siècle,* Montréal, Fides, 1987, p. 5.

3   Aurélien Boivin, *Le conte fantastique québécois du XIXᵉ siècle,* Montréal, Fides, 1987, p. 8-9.

4   Danielle Pittet, « Analyse des procédés grotesques dans "Le sac" tiré de *Contes pour un homme seul* d'Yves Thériault », dans Maurice Émond [dir.], *Les voies du fantastique québécois,* Québec, Nuit blanche éditeur, 1990, p. 181.

5   Steve Laflamme, « La nouvelle et le conte fantastiques québécois. Un genre qui se développe », dans *Québec français* nᵒ 144 (hiver 2007), p. 52.

6   Maurice Émond, *op. cit.,* p. 6.

7   Steve Laflamme, *op. cit.,* p. 53.

8   Steve Laflamme, « Répandre la bonne nouvelle. L'affirmation du fantastique au Québec depuis 1970 », dans *Québec français,* nᵒ 145 (printemps 2007), p. 47.

9   « [L]e néo-fantastique apparaît comme le registre de la détente ou de l'atténuation. […] Dérouté en premier lieu par l'événement inhabituel, le personnage finit par s'en accommoder ». (Lise Morin, *La nouvelle fantastique québécoise de 1960 à 1985. Entre le hasard et la fatalité,* Québec, Nuit blanche éditeur, 1996, p. 75.

10   Claude Grégoire, *Le fantastique même,* Québec, L'instant même, 1997, p. 10.

11   Jean Pettigrew, *L'année de la science-fiction et du fantastique québécois 1985,* Beauport, Le Passeur, 1986, p. 7.

12   Denis Côté, Claude Janelle et Jean Pettigrew, *L'année de la science-fiction et du fantastique québécois 1989,* Beauport, Le Passeur, 1990, p. 11.

13   Steve Laflamme, *op. cit.,* p. 48.

14   Groupe de recherche interdisciplinaire sur les littératures fantastiques dans l'imaginaire québécois.

15   « Fractale Framboise », blogue dirigé par Éric Gauthier, Christian Sauvé et Laurine Spehner, www.fractale-framboise.com.

16   Serena Gentilhomme et Claude Bolduc, « Et pourtant il vit… », dans *Québec français* nᵒ 139 (automne 2005), p. 44.

∗ *Professeur de littérature au Cégep de Sainte-Foy, membre du Comité de lecture et de rédaction de la revue* Québec français *et responsable de la chronique* « Fantastique ».

REGARD SUR LA SCIENCE-FICTION

JEAN-LOUIS TRUDEL*

> Jean Tremblay, *L'homme nature*, 1990.

Quand il est question de science-fiction, tout le monde a son idée, mais c'est plus facile d'en parler quand tout le monde a la même. Par conséquent, entendons-nous : la science-fiction regroupe des pratiques propres, dont la description de machines fantastiques et la projection dans l'avenir, mais le souci de la vraisemblance est tout aussi important. En général, ceci passe par une référence explicite ou non à des savoirs d'origine scientifique, mais il existe mille et une façons de faire passer la pilule sans infliger au lecteur de longues explications. D'où le nom même de science-fiction pour désigner cette alliance du savoir et de l'imagination.

La science-fiction avant la lettre

On associe rarement le Québec à la science-fiction. Pourtant, les voyages extraordinaires, les fins du monde et les récits d'anticipation font partie de la culture québécoise tout comme ils font partie de la culture occidentale. Dès le XVIIe siècle, marqué par une véritable révolution scientifique, des auteurs comme Johannes Kepler et Cyrano de Bergerac signent des voyages extraordinaires. Si les Lumières et le romantisme inspirent ensuite Jonathan Swift, Voltaire et Mary Shelley (dont le *Frankenstein* est parfois identifié comme le premier roman de science-fiction), il faut attendre la Révolution industrielle triomphante pour voir la science-fiction s'imposer avec Jules Verne, H. G. Wells et leurs émules.

Dans la plupart des cas, il faut admettre que la science-fiction arrive au Québec dans les bagages de cultures importées originaires de la France, de la Grande-Bretagne ou des États-Unis. Mais il existe aussi une production locale de science-fiction, principalement sous la forme d'écrits. Elle remonte à un feuilleton intitulé *Mon voyage à la lune*, signé en 1839 par Napoléon Aubin, un journaliste, inventeur et professeur d'origine suisse.

Ce récit inachevé reste longtemps isolé. Avant 1875, quelques romans de science-fiction écrits par Edmond About, Mary Shelley et Émile Souvestre sont disponibles au Québec, ainsi que les utopies agraires des auteurs québécois Pierre-Joseph-Olivier Chauveau (*Charles Guérin*, 1846-1847, 1853) et Antoine Gérin-Lajoie (*Jean Rivard, le défricheur*, 1862, et *Jean Rivard, économiste*, 1864).

Les choses vont changer avec l'arrivée massive des œuvres de Jules Verne. Ce ne sont pas tous ses livres qui relèvent de la science-fiction, mais il a signé une douzaine de romans, dont *Voyage au centre de la Terre*, *De la Terre à la Lune* et *Vingt mille lieues sous les mers*, qui ont fondé la science-fiction moderne. Vers 1875, ses romans se multiplient dans les (rares) bibliothèques québécoises. De 1873 à 1878, quand l'Institut canadien de Montréal prête un livre, il s'agira une fois sur cinquante d'un roman de Verne. Les lecteurs québécois de Verne signeront plus tard des textes inspirés des siens. Parmi ceux-ci se retrouvent certaines des premières œuvres de science-fiction au Québec, dont la « Lettre écrite de la Lune » (1911) de Louis-Joseph Doucet, le roman *Némoville* (1917) d'Adèle Lacerte et *Les aventures extraordinaires de deux Canayens* (1918) de Jules Jéhin-Prume.

Anticiper l'affirmation nationale du Québec

Toutefois, entre la déferlante vernienne et ses échos québécois, le XIXᵉ siècle technicien inspire d'autres textes. Le Progrès est sur toutes les lèvres et le futur du Canada est devenu un projet national pour le nouveau Dominion britannique. Mais plusieurs auteurs québécois réagissent en revendiquant un futur propre au Québec.

En 1880, un conte de l'écrivain Wenceslas-Eugène Dick s'adresse aux Québécois de 1980, tout comme Nazaire Le Vasseur se projette en 1996 dans un texte de 1896. Dans ces nouvelles, ainsi que dans un essai futuriste de Jules-Paul Tardivel en 1880, le Québec est promis à un futur radieux. De nouveaux chemins de fer quadrillent la province, épaulée par de nouvelles provinces francophones au sein du Canada ou accoucheuse d'une nouvelle province interne, tel ce Saguenay peuplé de trois millions d'habitants en 1980...

Pendant un demi-siècle, la science-fiction va permettre à des écrivains de s'interroger sur le destin national du Québec. C'est en 1895 que paraît un ouvrage phare, *Pour la patrie* de Jules-Paul Tardivel. Souvent cité par Lionel Groulx, l'ouvrage sera réédité plusieurs fois au cours du XXᵉ siècle et même traduit en anglais. Qu'est-ce qui lui vaut cette influence ? C'est que Tardivel prône l'indépendance du Québec (pour des raisons religieuses) et la prévoit pour 1946. Par la suite, d'autres romans imagineront des séparations plus ou moins réussies du Québec : *La cité dans les fers* d'Ubald Paquin en 1926, *Erres boréales* d'Armand Grenier en 1944 et *Eutopia* de Thomas Bernier en 1944 également.

Les nouveaux publics de la science-fiction

Mais la science-fiction de la première moitié du siècle dernier ne se limite pas à ce thème. Ulric Barthe imagine l'occupation de la ville de Québec par les Allemands dans *Similia Similibus* (1916). Jean-Charles Harvey inclut des nouvelles de science-fiction dans son recueil *L'homme qui va* (1929) et décale (légèrement) la réalité canadienne

dans son roman *Les paradis de sable* (1953). Alexandre Huot rend hommage à H. Rider Haggard et Pierre Benoit dans *L'impératrice de l'Ungava* (1927), tandis qu'Emmanuel Desrosiers signe *La fin de la Terre* (1931), qui raconte la destruction de la planète et la fuite des survivants sur Mars.

Huot et Desrosiers joueront d'ailleurs un rôle clé dans la mise sur pied d'une nouvelle industrie littéraire populaire, celle des fascicules vendus 5, 10 ou 25 cents l'unité et offrant des aventures complètes, des épisodes d'une série ou même plus d'un texte court sous la même couverture. En 1941, Huot signe les premières enquêtes d'Albert Brien, détective canadien-français, tandis que Desrosiers signe celles de John Steel, détective britannique. Pendant un quart de siècle, les presses du Québec imprimeront des millions de fascicules consacrées aux existences héroïques de l'agent IXE-13, d'Albert Brien, de l'incomparable Françoise AC-12, du sergent Colette UZ-16 ou de M. Mystère. Dans le lot se glisseront au moins quelques dizaines d'aventures relevant de la science-fiction, mais l'inventaire complet du corpus reste à faire.

Au tournant des années soixante, dans le contexte de la course à l'espace et de la vogue de la science-fiction au cinéma et à la télévision, des éditeurs québécois misent sur la science-fiction pour rejoindre les jeunes. Maurice Gagnon et Yves Thériault signent des séries, tandis que d'autres auteurs égrènent des titres isolés, dont *Surréal 3000* de Suzanne Martel.

La science-fiction contemporaine

Au Québec, les années soixante-dix débutent par la diffusion de *Star Trek* à la télévision (dans une version doublée au Québec). Ce n'est que justice puisque le capitaine Kirk est un Québécois, William Shatner, né à Montréal. Car la science-fiction existe aussi en anglais au Québec. Si Hugh MacLennan y a touché à l'occasion (*Voices in Time*, 1980), c'est surtout Donald Kingsbury dont il faut signaler la production, presque entièrement parue aux États-Unis depuis 1978, dont le roman *Courtship Rite* (1982).

Mais c'est pour la science-fiction en français que la décennie s'avère la plus féconde. Deux revues spécialisées apparaissent. Tandis qu'*imagine...*, née en 1979, cesse de paraître en 1998, *Requiem*, née en 1974, devient *Solaris* en 1979 et publie toujours. Plusieurs autres revues et fanzines ont été lancés depuis, mais la plupart se sont avérés éphémères. *Solaris* et *imagine...* publient non seulement des auteurs du cru, mais elles accueillent très tôt des textes étrangers, principalement français, et des traductions.

De nombreux auteurs encore actifs débutent à cette époque. Depuis son premier livre paru en 1974, Esther Rochon a façonné une œuvre hors-normes récompensée par de nombreux prix. Daniel Sernine s'illustre dans *Requiem* avant d'écrire abondamment pour les jeunes et pour les adultes, tant de la science-fiction que du fantastique. Son œuvre maîtresse reste sans doute *Chronoreg* (1992). Élisabeth Vonarburg débute également dans *Requiem*, mais elle écrit surtout pour les jeunes. Outre *Chroniques du Pays des Mères* (1992),

> *Dans une galaxie près de chez vous*, 2004.

une splendide aventure féministe, on retient d'elle une fresque ambitieuse, *Tyranaël* (1996-1997). Dans la même veine, Francine Pelletier a signé plusieurs romans pour jeunes et pour adultes, dont la trilogie *Le sable et l'acier* (1997-1998). Joël Champetier est moins prolifique que ses collègues, mais l'efficacité de son écriture romanesque ne fait aucun doute, tant pour les jeunes que pour les adultes (*La taupe et le dragon*, 1991). Tout aussi efficace, Alain Bergeron a signé des œuvres fortes, dont la plus récente est *Phaos* (2003).

Le tournant des années quatre-vingt-dix est également marqué par le magistral premier volume de *L'oiseau de feu* de Jacques Brossard et par l'émergence d'une cohorte d'auteurs qui, faute de débouchés, se consacreront surtout à l'art de la nouvelle et à la littérature jeunesse. Parmi ceux-ci se distinguent Michèle Laframboise et Yves Meynard, dont le recueil *La rose du désert* (1995) mérite le détour.

Ces dix dernières années, les nouvelles plumes ont été plus rares, sauf peut-être en bande dessinée. Des albums fascinés par les mises en abyme de réalités synthétiques sont sortis coup sur coup, comme *Le naufragé de memoria* (1999, 2003) de Jean-Paul Eid et Claude Paiement, *Théogonie* (2000) de Dominique Desbiens et Jean-Paul Laporte ou *La voix du tonnerre* (2003) de Martin Villeneuve et Daniel Svatek.

Enfin, on notera que le cinéma québécois compte quelques films de science-fiction, dont un long métrage d'Yves Simoneau, *Dans le ventre du dragon* (1989), et une comédie pour jeunes, *Dans une galaxie près de chez vous* (2004), dont le second volet paraît en 2008. ■

★ *Écrivain et professeur d'histoire à l'Université d'Ottawa.*

SUR LA PISTE DU ROMAN POLICIER QUÉBÉCOIS

NORBERT SPEHNER*

Quel est le premier roman policier québécois ? David Skene-Melvin, un spécialiste du polar canadien, fait remonter le genre au récit *L'influence d'un livre* (1837) de Philippe-Ignace-Francois Aubert de Gaspé, fils, à cause des éléments criminels de cette histoire aux accents gothiques. Fondé sur des crimes réels qui eurent lieu dans la région de Québec en 1834, *Les révélations du crime ou Cambray et ses complices* (1837) de François-Réal Angers relate les mésaventures d'un groupe de malfaiteurs dirigés par Charles Cam-bray et Georges Waterworth. *Les mystères de Montréal* (1898) d'Hector Berthelot, alias Ladébauche, semble être la seule autre œuvre de cette catégorie à avoir été publiée au XIXe siècle. Ce roman d'aventures rocambolesques s'inscrit dans la foulée des *Mystères de Paris* d'Eugène Sue, avec course au trésor, coups fourrés et autres complots.

Pour les puristes cependant, le premier vrai limier de la littérature policière québécoise s'appelle Jules Laroche, un détective millionnaire. Il apparaît aux prises

> Adeline Lamarre, *Légende de méta-recherche*, 2004.

avec une bande de malfrats dans *Le trésor de Bigot* (1926) d'Alexandre Huot. Au début du XXᵉ siècle et jusqu'à l'apparition des romans en fascicules pendant la Seconde Guerre mondiale, on recense tout au plus une dizaine de polars, parmi lesquels *La ligue dorée* (1927) d'Ubald Paquin, *Trois lettres manquent* (1933) de Joseph-Pierre Bourdon (dont le héros détective se nomme René Dupin) et *Les rôdeurs de minuit* (1932) de J. R. Caron, tous publiés chez Édouard Garand, un éditeur qui a fait la promotion de la littérature populaire.

Dans la jungle des fascicules

Les années 1940 à 1960 sont une période faste alors que des milliers de récits policiers et d'espionnage brefs sont publiés sous forme de fascicules hebdomadaires de 32 pages. En 1944, les éditions Police-Journal lancent la série des aventures de *Guy Verchères, l'Arsène Lupin canadien-français*. Écrite par Paul Verchères (alias Pierre Daignault), elle se poursuivra pendant 21 ans, avec un total de 937 aventures. À la même époque, Félix Métivier proposera *Les aventures extraordinaires d'Arsène Lupien* en 109 épisodes hebdomadaires publiés par les éditions Irène. Toujours en 1944, Police-Journal lance *Les exploits du domino noir*, une série qui va durer plus de 20 ans (966 titres) et écrite par Michel Darien, Hercule Valjean, Paul Verchères et quelques autres. Souvent, il s'agit de pseudonymes dont plusieurs cachent l'infatigable et polyvalent Pierre Daignault. Diffusées en grand nombre, les aventures des héros canadiens-français se multiplient : *Diane la belle aventurière* (Pierre Saurel, *et al.*, 318 épisodes, 1952-1962), *Les exploits fantastiques de Max Beaumont* (Maurice Lenoir, plus de 300 titres), *Les exploits fantastiques de Monsieur Mystère* (Michel Bernard), *Les aventures policières d'Albert Brien, détective national des Canadiens français* (plus de 850 titres, 1944-1962) et des dizaines d'autres séries, lancées avec plus ou moins de succès. La plus célèbre de toutes est sans conteste *Les aventures étranges de IXE-13, l'as des espions canadiens* (Pierre Saurel). Pas moins de 970 numéros sont publiés entre 1947 et 1966, après quoi l'auteur change d'éditeur et écrit les aventures de *IXE-13, l'espion playboy* (plus de 200 numéros, à partir de 1967) pour en faire ensuite un feuilleton dans *Photo-Police* (1978) sous le titre *Les nouvelles aventures d'IXE-13*. L'aventure des fascicules se termine au début des années 1970. Durant cette période, seuls quelques rares romans policiers sont publiés en format livre, parmi lesquels *L'assassin de l'hôpital* (1956) de Bertrand Vac.

Une période de déclin

Les années qui suivent la Révolution tranquille sont rudes pour la littérature populaire en général, et le polar en particulier. La question nationale, celle de l'indépendance du Québec, jumelée à la quête d'identité, mobilise les esprits, pour devenir un thème majeur de la littérature romanesque. Dans toute cette effervescence, le roman policier se fait plutôt rare. Parmi les auteurs de cette époque, on retiendra surtout Maurice Gagnon, dont le roman *L'inspecteur Tanguay : meurtre sous la pluie* (1963) met en scène deux personnages bien connus du public : l'inspecteur Tanguay et son fidèle Boisvert, héros d'un feuilleton radio-phonique diffusé sur les ondes de Radio-Canada. Ce même Gagnon inaugurera une des premières collections policières québécoises, « Montréal-Mystère », avec une aventure de Marie Tellier, avocate, dans *Le corps dans la piscine* (1974). Quatre autres aventures de Marie Tellier alterneront avec celles d'Alonzo le Québécois, créé par Jean Côté. La collection prend fin en 1976 après la parution de neuf titres.

En 1974, « Le cadavre exquis » propose des récits policiers de Vou-kirakis (pseudo), de Gazounaud (pseudo), d'Emmanuel Cocke et de Yolande Villemaire, dont le roman *Meurtres à blanc* s'attire quelques compliments critiques. Cette collection, plutôt médiocre et hétéroclite, ne publie que quatre titres.

Vers l'épanouissement du genre

Après un séjour d'une vingtaine d'années dans les limbes littéraires, le roman policier acquiert une nouvelle visibilité et produit quelques œuvres de qualité, notamment dans les années 1980-1990. En 1980, les éditions Québec/Amérique confient au très prolifique Pierre Saurel le soin de lancer une nouvelle collection populaire, « Les aventures du Manchot ». Présentée en mini-format de poche, la série est très largement diffusée. Chaque épisode est d'une longueur variant entre 140 et 175 pages. Entre 1980 et 1985, 46 titres seront publiés. En 1982, le réalisateur et écrivain André Major publie l'anthologie *Fuites et poursuites*, un recueil de dix fictions policières inédites. La même année Chrystine Brouillet remporte le prix Robert-Cliche avec *Chère voisine*, un récit à suspense, qui sera suivi de plusieurs autres comme *Coups de foudre* (1983), *Le poison dans l'eau* (1986) ou *Le Collectionneur* (1995), adapté à l'écran en 2002 par Jean Beaudin. Toujours au début des années 1980, Claude Jasmin se lance dans la littérature policière avec une série mettant en scène l'inspecteur Asselin. *Le crucifié du Sommet-Bleu* (1984), premier roman de la série, s'attire les éloges de la critique, ce qui ne sera pas toujours le cas avec les quatre suivants, de qualité très inégale.

Dans cette période d'affirmation du genre, on notera l'excellent *Copies conformes* (1989) de Monique LaRue, un polar littéraire, hommage au *Faucon de Malte* de Dashiell Hammett. Cette même année, Sophie Schallinger remporte le Grand Prix du suspense français avec *L'amour venin*, d'abord publié aux Éditions Quinze puis réédité en France, chez J'ai Lu.

Au cours des années 1980-1990, les polars de qualité se multiplient et des noms commencent à émerger, parmi lesquels Benoît Dutrizac, dont *La conciergerie des monstres* (1995) est adapté au cinéma par Michel Poulette ; Jacques Bissonnette, dont le roman *Sanguine* (1994) est une des belles réussites du polar québécois ; ou Jean-Jacques Pelletier, qui a commencé sa carrière en 1987, aux éditions Le Préambule, avec le thriller *L'homme trafiqué*, et qui, depuis, fracasse les records de vente. En 1998, François Barcelo fait une entrée remarquée dans la prestigieuse « Série Noire française », alors que Danielle Charest publie un premier titre dans la collection du Masque. On pourrait multiplier les noms : Bruno Jobin, Alain Cavenne, Sylvain Meunier ou André Marois, dont le roman *Accident de parcours* (1999) est un petit chef-d'œuvre de perversion.

Un genre de plus en plus populaire...

En 1996, Jean Pettigrew et Louise Alain fondent une maison d'édition spécialisée dans les littératures dites de genre (polar, science-fiction, fantastique). Bien connu pour son dynamisme et son sens de l'innovation, cet éditeur de Lévis publie les thrillers de Jean-Jacques Pelletier, de Patrick Senécal, de Michel Jobin, de Lionel Noël et les polars de Maxime Houde, de Robert Malacci et de Jacques Côté.

Leurs auteurs-vedettes : Jean-Jacques Pelletier, surtout connu pour sa volumineuse saga en quatre volets intitulée *Les gestionnaires de l'Apocalypse*, et Patrick Senécal, « le maître du suspense québécois », qui écrit des romans noirs, comme *Les sept jours du talion* (2002) et *Le vide* (2007) ou des thrillers fantastiques.

Après avoir publié trois romans de littérature générale, Jacques Côté s'est mis à écrire des polars mettant en vedette Daniel Duval et son coéquipier Louis Harel, qui apparaissent dans *Nébulosité croissante en fin de journée* (2000), *Le rouge idéal* (2002) et *La rive noire* (2005), un récit d'enquête exemplaire. De son côté, Maxime Houde s'intéresse au polar historique. Ses quatre romans mettent en scène le détective Stan Coveleski et ont pour cadre Montréal dans les années 1940. *La mort dans l'âme* (2002) raconte la traque d'un tueur en série qui sévit dans la métropole.

À Longueuil, dès 2003, outre quelques polars mineurs, La Veuve Noire publie *À l'Est d'Eddy*, des nouvelles noires de Luc Baranger, et *Les enfants de chienne* de Camille Bouchard. La conjoncture étant favorable au genre, d'autres éditeurs flairent la bonne affaire. *La trace de l'escargot* de Benoit Bouthillette, paru chez JCL, est un des meilleurs récits policiers publiés au Québec en 2005. Le même éditeur a publié les romans de Laurent Laplante, qui ont connu beaucoup de succès. Chez Libre Expression, *La femme de Berlin* de Pauline Vincent, ainsi que *Cachemire* et *Tsiganes* de Mario Bolduc, n'ont rien à envier aux auteurs étrangers, de même que *On finit toujours par payer* de Jean Lemieux, paru à La courte échelle et dont l'action se passe aux Îles-de-la-Madeleine, ou *La commanderie* d'André Jacques (Québec Amérique).

À chaque rentrée littéraire, de nouveaux noms s'ajoutent à la liste de plus en plus longue de cette filière québécoise parmi lesquels Michel Bergeron, Martin Daneau, Luc Martin... Bref, l'avenir du polar québécois semble assuré. ■

⋆ *Auteur, critique et bibliographe, spécialisé dans les littératures populaires.*

L'ESSAI AU QUÉBEC

YOLAINE TREMBLAY*

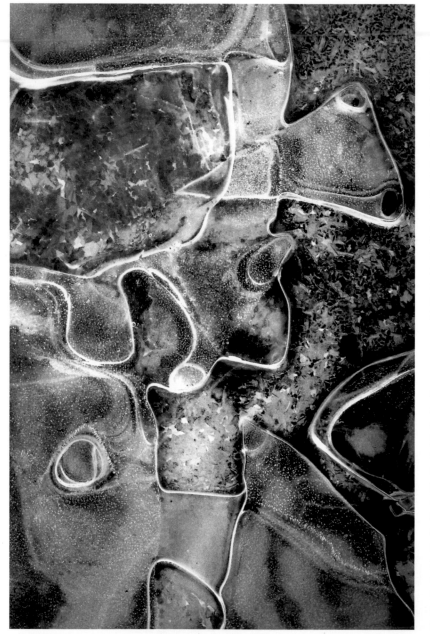

> Yves Laroche, *Sans titre*, 2006.

Combien de fois le Québec naît-il, avant que nous puissions le reconnaître ? D'abord lors de la Conquête, puis lors des Rébellions de 1837-1838, puis encore dans l'élaboration de la Confédération, avant de prendre le dernier tournant décisif, la Révolution tranquille. De cette naissance confuse, fébrile, dans le bruit et la fureur (car le mot *tranquille* ne s'entend que par opposition au bruit des mitraillettes), mais aussi dans la plongée en soi-même, l'essai est le témoin privilégié, à cause de sa nature même – il s'agit d'un discours sur le réel, d'un examen du monde sans intermédiaire symbolique ou fictif. L'essai qu'on peut déjà dire *québécois* – par opposition à l'essai *français* écrit en Nouvelle-France, comme les *Relations* des Jésuites ou les *Voyages* du baron de La Hontan – naît au moment où cette Nouvelle-France n'est plus qu'un souvenir, où le Canada français se soulève, s'agite et réclame à l'administration anglaise un statut particulier, une autonomie qui reconnaîtrait sa différence. L'essai québécois naît donc dans le politique, mais aussi dans la reconnaissance et l'affirmation de soi.

Les essayistes et la naissance du Québec moderne

Bien qu'on puisse évoquer les noms d'Octave Crémazie, de Jules-Paul Tardivel, c'est peut-être avec Arthur Buies (1840-1901) et Jules Fournier (1884-1918) que l'essai prend véritablement son essor. Tous deux journalistes, plumes sarcastiques et parfois vitrioliques, ces écrivains nous renvoient l'image d'un Québec qui, contrairement à l'image largement véhiculée, a l'esprit critique et remet en question normes et dogmes. Ainsi, Buies fustige le clergé : « Venez voir comme on endoctrine la jeunesse au moyen de pratiques étroites et tyranniques. [...] Le clergé est partout, il préside tout, et l'on ne peut penser et vouloir que ce qu'il permettra » (*Lettres sur le Canada*, 1864). Il réclame au contraire « des hommes au cœur libre et fier qui comprennent ce que c'est que d'être français » (*ibid.*). De son côté, le Montréalais Fournier signe un texte qu'on lit aujourd'hui avec le sourire, premier opus d'une querelle devenue folklorique, qui oppose les habitants de la capitale à ceux de la métropole : « Le Québecquois en veut à Montréal, d'abord, de n'être pas Québec. Il lui en veut ensuite d'être Montréal, c'est-à-dire une ville de six cent mille âmes, avec des industries, du commerce, de la richesse et de l'activité ». Leurs textes, comme ceux de leurs contemporains et, un peu plus tard, ceux de Robert Charbonneau[1], s'attachent aussi à établir et à discuter une littérature proprement canadienne-française, en train de naître et de se nommer. En 1948, en marge du monde littéraire, seize artistes signent le très virulent manifeste *Refus global*, qui envoie au diable « le goupillon et la tuque » et rejette le passé, le servage, la peur : « Place à la magie ! Place aux mystères objectifs ! Place à l'amour ![2] ». Cette avancée marque le début de la modernité revendicatrice. Quinze ans plus tard, Pierre Vadeboncoeur salue en ces termes Paul-Émile Borduas, principal signataire du manifeste : « Le Canada français moderne commence avec lui. [...] Il a délié en nous la liberté[3] ». Et cette parole de liberté se fait entendre haut et fort : à partir des années soixante sont publiés de nombreux recueils, rassemblant des chroniques, des billets parus ailleurs dans des magazines, des journaux ; l'essayiste d'ici est engagé dans le réel concret, souvent quotidien, et le lecteur auquel il s'adresse est plus incarné que virtuel. Avant d'appartenir au monde du livre, l'essayiste québécois appartient donc à la réalité de son temps et y prend sa place. « Dans les mutations de la société québécoise, constate Maurice Lemire, l'essayiste demeure à la fois un témoin et un participant. [...] Il exerce un véritable leadership intellectuel[4] ».

La question identitaire

La question identitaire, si présente dans le roman, revient de façon récurrente dans les essais au Québec. Abordée d'un point de vue personnel ou politique, dans un texte réflexif ou dans un pamphlet, elle souligne l'incessant malaise d'un être différent et incertain dans un monde qu'il ne voit pas à sa ressemblance, d'un francophone en Amérique, d'un Européen dans un monde d'américanité, d'un Américain dans une culture de souche européenne. D'Edmond de Nevers à Jean Larose, tout le XXᵉ siècle est témoin de cet effort vers une définition collective, sans cesse reprise, revisitée. Jean-Éthier Blais explore la *canadianité* ; Pierre Vallières parle des *Nègres blancs d'Amérique*, Hubert Aquin se penche sur « La fatigue culturelle du Canada français ». Mais au-delà du questionnement apparaissent des certitudes : nous ne sommes plus des Français ; nous ne sommes – et ne deviendrons – pas des Américains ; nous revendiquons notre américanité.

« De par sa genèse, sa population, ses coordonnées et ses repères géographiques, le Québec constitue une avancée de l'Europe en terre d'Amérique. C'est là son mode d'être, unique et irremplaçable. [...] Les eaux du Saint-Laurent rôdent aussi dans les parages des côtes étatsuniennes. De falaise en falaise, de marais en place, à travers les flèches, les îles de sable, les grottes et les tombolos, tout le littoral atlantique porte en creux et en relief les empreintes du fleuve. On dirait presque que cette région côtière constitue un prolongement naturel des terres québécoises » (Luc Bureau, « Au fil du monde », *La terre et moi*, Montréal, Boréal, 1991, p. 213-214).

Quand Gilles Marcotte écrit, en 1989 : « En somme, le mot Amérique ne m'appartient pas[5] », le problème identitaire reste au cœur de son questionnement, mais son œuvre, comme celles de ses contemporains, travaille à une appropriation de ce vaste continent, habité certes par les *Étatsuniens* – comme les appelle Jacques Ferron – mais qui n'est pas leur propriété exclusive.

Quelques titres : *La France et nous* de Robert Charbonneau ; *Convergences* de Jean LeMoyne ; *le Canadien français et son double* de Jean Bouthillette ; *La dernière heure et la première* de Pierre Vadeboncoeur ; *Escarmouches* de Jacques Ferron.

La question de la langue

Un autre sujet – mais est-il vraiment autre ? – omniprésent dans l'essai québécois touche la langue. Indissociable de notre littérature dès son émergence, source de périodiques querelles étalées dans nos journaux, cette question allume périodiquement les passions. Déjà en 1867, Octave Crémazie constatait : « Ce qui manque au Canada, c'est d'avoir une langue à lui. Si nous parlions iroquois ou huron, notre littérature vivrait. Malheureusement, nous parlons et écrivons d'une assez piteuse façon, il est vrai, la langue de Bossuet et de Racine » (Lettre à l'abbé Casgrain, janvier 1867). À ce double défaut, un siècle plus tard, les écrivains de la revue *Parti pris* proposeront un remède radical : le *joual,* langue colonisée, humiliée, mais langue identitaire. Gérald Godin s'engage ainsi : « Je serai d'ici ou je ne serai pas. J'écrirai joual ou je n'écrirai pas et comme à joual donné on ne regarde pas la bride... Le bon français c'est l'avenir souhaité du Québec, mais le joual c'est son présent[6] ». D'autres écrivains, à la suite du frère Untel[7], prendront le parti contraire, voyant dans le joual un instrument d'aliénation : « La question est de savoir si on peut faire sa vie entre jouaux. Aussi longtemps qu'il ne s'agit que d'échanger des remarques sur la température ou le sport [...] le joual suffit amplement. [...] Mais si l'on veut accéder au dialogue humain, le joual ne suffit plus[8] ». Dans les années soixante et soixante-dix, peu restent à l'écart de ce débat : Jacques Brault, Fernand Ouellette, Victor-Lévy Beaulieu ; journalistes, critiques et spécialistes : tous ceux qui gravitent autour de la littérature se sentent interpellés par un sujet si étroitement lié au Québec en devenir.

> « Écrire en français, c'est-à-dire avec une tête française, c'est se provincialiser, c'est s'aliéner, c'est remettre son âme à la métropole en lui demandant de la conserver au musée des colonies. Mais écrire en québécois, c'est-à-dire avec une *tête* québécoise, *c'est se choisir comme capitale*. Le vocabulaire, le sujet, dérangeront peut-être ces messieurs de la République française des Lettres réunis parfois dans un grand restaurant parisien. Qu'importe ! Nous avons maintenant une Amérique à nous qui exige, pour se nourrir, grandir, s'épanouir, de manger ses propres fictions dans sa propre vaisselle » (Jacques Godbout, *Le réformiste*, Montréal, Boréal, 1994, p. 247).

Cette question n'est pas vidée : l'actualité littéraire nous montre que périodiquement paraissent des essais – souvent polémiques – proposant des avenues de réflexion dont la nouveauté n'est pas évidente aux yeux de tous : « Quand je pense aux générations de Québécois qui ont brûlé leurs milliards de neurones sur la question de la langue[9] », écrit déjà, en 1987, un Gaston Miron exaspéré.

> **Quelques titres :** *Les insolences du frère Untel* de Jean-Paul Desbiens ; *Le joual de Troie* de Jean Marcel ; *La petite noirceur* de Jean Larose ; *La grande langue : éloge de l'anglais* d'André Brochu.

L'essai au Québec : lieu de l'homme

En marge de ces enjeux paraissent des essais où les considérations géopolitiques ont peu de poids : c'est de l'homme universel qu'il est question dans ces pages. Si, au fil de la lecture, on rencontre le Québec, son histoire et ses luttes, leur présence demeure assez anecdotique, contingente aux propos. L'essai québécois s'inscrit alors dans la directe lignée de Montaigne. Ces textes, narratifs ou méditatifs, empruntent des sentiers extrêmement divers, parlant du sacré comme du hockey, passant du grave au léger, sans cesser de proposer ample matière à réflexion. Quand Ernest Gagnon publie, en 1952, *L'homme d'ici*, ce recueil au titre trompeur ne parle pas du Québécois ; il parle de l'être hors de ses frontières, de l'être entier, de sa vie intérieure, de son rapport avec le mythe. Jacques Brault, dans *Ô saisons, Ô châteaux*, fait se côtoyer trivialité et gravité. Le poète Pierre Morency, quant à lui, publie les trois volumes de ses *Histoires naturelles du Nouveau Monde*, textes fortement originaux attachés à la contemplation d'une nature où l'homme prend sa véritable

mesure. Que ce soit sur le mode humoristique ou poétique, des chroniqueurs comme Ariane Émond ou le tandem Bernard Arcand-Serge Bouchard, des écrivains comme Gilles Archambault ou Jean-Pierre Issenhuth s'attardent au quotidien, à l'insignifiant (apparemment – et c'est là que l'essai renouvelle le regard du lecteur), au fugitif.

> « Mon garage est un cimetière de projets avortés ou qui n'ont pas duré. Je n'y mets jamais les pieds sans une mélancolie difficile à contenir. On y trouve les débris d'une tour Eiffel pour oiseaux, sorte de portique-restaurant avec mangeoires suspendues à des poulies [...] Ces morceaux et d'autres [...], conçus dans des moments d'illuminations associées à un rêve d'autarcie, sont aujourd'hui les bornes kilométriques d'une route où nul ne passe plus » (Jean-Pierre Issenhuth, *Rêveries*, Montréal, Boréal, 2001, p. 129-131).

Sur un mode plus narratif et plus intime, les mémoires, l'autobiographie permettent aussi au lecteur de poursuivre cette réflexion sur l'homme d'ici. Au-delà du devoir de mémoire – on rejoint, ici encore, la quête identitaire – portés par la trame anecdotique, ces essais proposent souvent une méditation sur l'homme et son destin. Il s'agit de revisiter l'enfance dans un Montréal disparu, comme le fait Michel Tremblay. Il s'agit de rappeler la colonisation de l'Ouest canadien par des exilés pour qui le Québec abandonné prendra la dimension du mythe, comme le fait Gabrielle Roy dans son dernier ouvrage paru de façon posthume : *La détresse et l'enchantement*. Il s'agit de revenir sur une enfance ouvrière où le questionnement intérieur peine à trouver sa place, dans une vie tout occupée de la survie, comme le fait Fernand Dumont, lui aussi dans son dernier livre, *Récit d'une émigration*.

> « La nuit tombée, mes devoirs terminés, mes leçons apprises, je lus *Le Menteur* et entamai *Le Cid*. Je ne compris pas grand-chose. [...] Corneille m'entraînait très loin de Montmorency, plus loin que les lectures faites jusque-là. Je venais de quitter un monde pour entrer dans un autre, plus fascinant par les difficultés même qu'il présentait. Je ne savais pas que commençait ce qui devait être un exil » (Fernand Dumont, *Récit d'une émigration*, Montréal, Boréal, 1997, p. 39).

Ces récits sont marqués de nostalgie et, souvent, d'une lucidité admirable, et ouvrent sur une réflexion que ne renieraient pas maints philosophes.

Le creuset de l'écriture

Enfin, le champ de l'essai, depuis les années soixante, est investi sans cesse par les écrivains – romanciers et poètes – qui y développent, à ce titre, leur réflexion sur les liens entre le réel et le littéraire. *Entre la sainteté et le terrorisme*, titre volé à Victor-Lévy Beaulieu, entre natio-

nalisme et refus des frontières, entre devoir et désir de liberté, entre érudition et contemplation, les textes explorent les mille chemins de la création et plongent dans le mystère de l'écriture, magie sans cesse

Quelques titres : *Les ponts d'Ariane* de Ariane Émond ; *Quinze lieux communs* de Bernard Arcand et Serge Bouchard ; *Lumière des oiseaux*, de Pierre Morency ; *Fragiles lumières de la terre* de Gabrielle Roy.

renouvelée du verbe.

« Vous vous êtes borné à "faire des vers". Non, ce n'est pas un crime. Et puis, vous quêtiez l'approbation, faiblesse bien humaine, mais enfin… bref : le désert, mon ami, le désert. Là, dans l'inaptitude au monde, on arrive parfois à dire ce qu'on ne pensait pas pouvoir dire ; l'inespéré se produit. "Mon père enfin, qui m'a jusqu'à sa mort accablé de sa tendresse". Petite phrase surgie de la stupeur qui saisit l'écriture en première personne quand elle n'est pas frôlement à soi-même » (Jacques Brault, *Au fond du jardin : Accompagnements*, Montréal, Le Noroît, 1996, p. 11).

Au cœur du texte, l'écrivain au travail dans ce *pays incertain*, artisan du verbe – mais lequel, justement ? – artisan du dire aux prises avec un silence contre lequel il lutte ; c'est André Major publiant *Le sourire d'Anton ou l'adieu au roman*. Pour mieux entendre sa propre parole, peut-être, c'est souvent sur d'autres écrivains que son regard se porte : les essayistes québécois ont beaucoup parlé des autres, Cendrars, Cioran, Woolf, Yourcenar. Ainsi, Fernand Ouellette, dans *Les actes retrouvés*, Robert Lalonde, dans *Le vacarmeur*, Yvon Rivard, dans *Personne n'est une île*. Comment les nommer tous ? L'essai au Québec, en ce début du XXIe siècle, se penche sur lui-même, se réfléchit puis embrasse du regard tout l'horizon de la culture occidentale. Il se réapproprie un héritage qu'il avait timidité à reconnaître. L'ère du repliement est passée. ■

* *Professeur de la littérature au Cégep de Sainte-Foy, auteure du livre* Du refus global à la responsabilité entière : parcours analytique de l'essai depuis 1948, *Sainte-Foy, Le Griffon d'argile, 2000.*

Notes

1   *La France et nous* (Bibliothèque québécoise) rend compte de l'extraordinaire querelle qui, autour de l'autonomie de la littérature d'ici – traduite par la métaphore filée de la branche et de l'arbre – a opposé Charbonneau et plusieurs écrivains de la NRF, dont Aragon.

2   Paul-Émile Borduas *et al.*, *Refus global*, Montréal, Typo, 1996, p. 73.

3   Pierre Vadeboncoeur, *La ligne du risque*, Montréal, Hurtubise HMH, 1963, p. 187.

4   Maurice Lemire [dir.], *Dictionnaire des œuvres littéraires du Québec*, t. III : *1940-1959*, Montréal, Fides, 1982, p. XL.

5   Gilles Marcotte, *Littératures et circonstances*, Montréal, l'Hexagone, 1989, p. 91.

6   Gérald Godin,« Le joual et nous », *Parti pris*, janvier 1965, p. 18-19.

7   La publication des *Insolences du frère Untel*, en 1960, au début de la Révolution tranquille, joue un rôle de détonateur et donne naissance à la « querelle du joual », qui marquera les années 1960 et 1970.

8   Jean-Paul Desbiens, *Les insolences du frère Untel*, Montréal, Éditons de l'Homme, 1960, p. 25.

9   Gaston Miron, « Chus tanné », *Un long chemin : proses 1953-1996*, Montréal, l'Hexagone, 2004, p. 431.

Références

CHASSAY, Jean-François *et al.*, *Anthologie de l'essai au Québec depuis la Révolution tranquille*, Montréal, Boréal, 2003.

HAMEL, Réginald [dir.], *Panorama de la littérature québécoise contemporaine*, Montréal, Guérin, 1997.

LEMIRE Maurice [dir.], *Dictionnaire des œuvres littéraires du Québec*, t. I à V, Montréal, Fides, 1978-1987. Le tome VI a été dirigé par Gilles DORION et le tome VII, par Aurélien BOIVIN.

MAILHOT, Laurent, *L'essai québécois depuis 1845*, Montréal, HMH, 2005.

PRZYCHODZEN, Janusz, *Un projet de liberté : l'essai littéraire au Québec (1970-1990)*, Québec, Institut québécois de recherche sur la culture, 1993.

LA DRAMATURGIE QUÉBÉCOISE

ÉLIZABETH PLOURDE*

> *Le langue-à-langue des chiens de roche* de Daniel Danis (Théâtre du Trident, 2004).

Si faire l'histoire d'une pratique artistique consiste à dérouler chronologiquement le fil des événements marquants qui en jalonnent l'évolution, l'observateur désireux de retracer les moments clefs de la dramaturgique québécoise contemporaine risque fort d'avoir du fil à retordre s'il souhaite ordonner la nébuleuse composite qui se déploie sous ses yeux. En effet, la dramaturgie qui s'est écrite au Québec depuis 1980 témoigne d'une joyeuse indiscipline, donnant du coup à voir un statut précaire ainsi que bon nombre de tangentes fort contrastées. Il n'est pas vain de le mentionner, la séculaire suprématie du texte dramatique au théâtre a subi plusieurs revers ces quelque trente dernières années. Cela s'est généralement produit au profit de ce que Richard Schechner a bien justement nommé le « texte représentationnel » ou « texte scénique ». De fait, et en dépit des tenants d'une vision principalement textocentriste pour qui le théâtre est d'abord littérature, l'histoire du théâtre québécois ne saurait en aucun cas se confondre avec l'histoire de sa dramaturgie ! C'est que le texte n'est plus systématiquement le pôle centralisateur de la représentation théâtrale ; bien souvent, il s'avère n'être guère plus qu'une composante parmi d'autres. Ainsi, en se restreignant à l'étude de la seule dramaturgie, on risque fort d'occulter une part immense de la production théâtrale actuelle, et notamment celle qui donne préséance aux écritures scéniques. Celles-ci constituent une pratique résolument scénocentriste, soit beaucoup plus près des arts visuels que de la littérature, pratique à laquelle, il faut bien le dire, la notion de « genre » est étrangère... D'entrée de jeu, il importe donc de garder à l'esprit que l'objet dont il sera question en ces pages ne représente qu'une portion du théâtre actuel.

Du héros bâtard de Gélinas au poète ébloui de Gauvreau

D'un commun accord, les historiographes s'entendent généralement pour faire coïncider la naissance du théâtre québécois avec la création de *Tit-Coq* de Gratien Gélinas ; présentée le 22 mai 1948 au Monument-National, la pièce, qui met en scène le destin fatal d'un héros pathétique dont le langage et les valeurs trahissent les origines canadiennes-françaises, constitue pour la majorité la pierre angulaire d'une dramaturgie proprement québécoise. Bien que le théâtre de l'époque demeure encore largement calqué sur les modèles français, la décennie qui s'annonce voit enfin l'émergence d'un théâtre professionnel canadien-français et l'instauration d'un répertoire national, et ce, grâce aux tentatives résolues de certains actants clés. Par ses accents réalistes et psychologiques, l'œuvre de Gélinas a certes contribué à ériger, dès le début des années 1950, une dramaturgie résolument populaire et accessible, entraînant à sa suite des œuvres majeures, des drames prolétaires ou bourgeois du très prolifique Marcel Dubé (*Zone*, 1953[1], *Le temps des lilas*, 1958 ; *Les beaux dimanches*, 1965 ; *Au retour des oies blanches*, 1966) aux déflagrations de Michel Tremblay (*Les belles-sœurs*, 1968), en passant par les premiers textes de Françoise Loranger (*Une maison... un jour*, 1965 et *Encore cinq minutes*, 1967). Embrassant une vision progressiste afin de contrer les effets pervers de l'étroitesse d'esprit des sociétés duplessistes bien-pensantes, tout un pan de la dramaturgie des années 1950-1960 s'attache à récuser le dogmatisme québécois sous toutes ses formes, tels l'autorité paternelle, les pouvoirs religieux, économique et politique.

Rien n'est pourtant moins précaire que la survie de cet embryonnaire répertoire dont on cherche par tous les moyens à consolider les fragiles acquis. En installant dès 1958 sa Comédie-Canadienne en les murs fraîchement rénovés du Gayety, Gélinas permet que se fassent entendre les voix de Dubé (*Un simple soldat*, 1958 ; *Florence*, 1960), de Félix Leclerc (*Les temples*, 1966) et de Guy Dufresne (*Le cri de l'engoulevent*, 1960), en plus de la sienne (*Bousille et les justes*, 1959 et *Hier les enfants dansaient*, 1966). Proposant à un auditoire populaire enthousiaste une variante de qualité aux télé-théâtres et aux lectures radiodiffusées qui pullulent alors, il suscite un goût certain pour la création de pièces auxquelles les spectateurs n'ont aucun mal à s'identifier. Mais les subsides ne suffisent pas longtemps à maintenir la barque à flots, et la Comédie-Canadienne, en fort mauvaise posture à l'aube des années 1970, passe le relais au frais émoulu Centre du Théâtre d'Aujourd'hui, fondé dans la foulée de Mai 68 à la faveur de la fusion des compagnies Les Apprentis-Sorciers, Les Saltimbanques, le Mouvement Contemporain et la Compagnie de Michel Poletti avec Jean-Claude Germain à sa tête ; le tout nouveau théâtre de l'avenue Papineau se spécialise exclusivement dans la création, la production et la diffusion de la dramaturgie québécoise et canadienne d'expression française. Les textes d'auteurs tels que Michel Garneau, Victor-Lévy Beaulieu, Roland Lepage, Élizabeth Bourget et Maryse Pelletier, pour ne nommer qu'eux, y trouvent à se nicher fort confortablement.

En parallèle, convaincus de la qualité des œuvres dramatiques québécoises qu'ils jugent aptes à rivaliser avec les pièces du répertoire international, et confortés en cela par la réception généralement chaleureuse qui en accueille la mise en scène, six écrivains – Jacques Duchesne, Roger Dumas, Robert Gauthier, Robert Gurik, Jean-Pierre Morin et Denis Saint-Denis – s'unissent en 1965 pour fonder le Centre d'essai des auteurs dramatiques (CEAD). Premier organe institutionnel entièrement dévolu à la protection et à la visibilité du répertoire québécois, le CEAD s'efforce encore aujourd'hui de conférer au métier de dramaturge ses lettres de noblesse en veillant au développement, à la promotion et à la diffusion de textes d'ici. De fait, il est un outil symbolique en ce qu'il procure support et guidance aux auteurs (rencontres dramaturgiques, parrainage, résidences d'écriture, ateliers et cours de maître), et une ressource concrète en ce qu'il se charge de la pérennité et de la circulation des textes (publication annuelle de répertoires d'auteurs et de textes, diffusion de texte, organisation de lectures publiques et d'une Semaine annuelle de la dramaturgie). Le CEAD fut donc le témoin privilégié de l'épanouissement de la dramaturgie québécoise, voyant l'arrivée glorieuse, à la fin des années 1960, d'une nouvelle génération d'auteurs qui prend ses distances par rapport au réalisme psychologique afin d'embrasser une parole dramatique plus personnelle et, surtout, plus engagée.

Certes, dans la foulée des efforts de Gélinas, qui témoignent d'un désir de rupture déterminant, la dramaturgie s'affirme et réclame sa juste place dans le paysage théâtral québécois. Si 1948 renvoie à l'année de création de *Tit-Coq*, elle marque aussi la parution du manifeste automatiste *Refus global*. De fait, quiconque prend acte de la modernité picturale de l'époque, tout comme du renouveau des pratiques théâtrales européennes et américaines en cours, ne peut que constater le retard qu'accuse à bien des égards notre dramaturgie, notamment sur le plan formel. Pourtant, nichée dans la plaquette originale du *Refus global* parmi d'autres *Entrailles* du poète Claude Gauvreau, *Bien-être*, pièce atypique pour l'époque, préfigurait sinon la vague dramaturgique avant-gardiste qui allait déferler sur la décennie postréférendaire, à tout le moins l'importance considérable qu'allait prendre, dans un futur pas si éloigné, la mise en scène de la figure de l'artiste, homme d'une « génération de jeunesse vieille[2] ».

Rares furent ceux qui prirent la véritable mesure de l'événement, et le peu de cas qui fut fait du texte de Gauvreau à l'époque apparaît pour le moins troublant. Quelques historiographes soulignent la modernité formelle de la pièce, mais remarquent au passage que « la liberté de penser et de s'exprimer de son auteur qui tient pour acquis, en 1950, la liberté sexuelle, l'évocation sur scène du coït, l'anticléricalisme et l'athéisme, et qui, de plus, dramatise la répression sociale dont est victime le poète, ne peuvent qu'isoler Gauvreau et le tenir éloigné de la scène. Le scandale, formel et idéologique, effraie autant les directeurs de théâtres que le public lui-même pour qui le théâtre était jusque-là le lieu d'une culture sécurisante[3] ». Visiblement, le public québécois n'était pas encore prêt à recevoir une telle charge dramatique, du moins jusqu'à ce que Réjean Ducharme n'y mette son grain de sel (*Ines Pérée et Inat Tendu* et *Le Cid maghané* en 1968, *Ha HA !...* en 1978). Il n'en demeure pas moins que, depuis peu, certaines voix discordantes s'élèvent pour réhabiliter l'importance de l'œuvre (Kemeid) et imposer l'idée d'une « "double naissance" du théâtre québécois, à la fois aux prises avec la dure réalité du quotidien, pétri de psychologie, nourri de formes américaines (O'Neill, Williams, Miller), et d'autre part entouré d'arcanes surréalistes, souvent avant-gardistes, toujours révoltés, en lutte contre des valeurs religieuses et bourgeoises, en accord avec un monde mouvant[4] ».

Bref, tout porte à croire que c'est sur les bases d'une double éclosion que s'érige la dramaturgie québécoise contemporaine, la première étant destinée à poser les termes d'une spécificité propre au théâtre d'ici, la seconde étant entièrement dévolue à éradiquer l'ordre ancien. De toute évidence, les ferments de l'une et de l'autre traversent les textes dramatiques québécois qui s'écrivent depuis bientôt près de trente ans, cristallisant ainsi une modernité fraîchement acquise.

Référendum : « conditions gagnantes » pour l'émergence d'une nouvelle dramaturgie

S'il faut en croire le critique Robert Lévesque, «[u]n théâtre tombait le 20 mai 1980. Un théâtre dont on ne visitera pas les ruines[5] ». Lors du référendum de 1980, l'effervescence contestataire et patriotique qui, tout au long des années 1970, avait alimenté la philosophie du jeune théâtre et fait les jours heureux de la création collective, achoppe avec le rejet de la souveraineté-association, provoquant un « post-mortem douloureux[6] ». L'euphorie nationaliste d'un Jean-Claude Germain menant avec emphase et détermination ses Enfants de Chénier et autres P'tits Enfants Laliberté vers la terre promise est brutalement mise en berne, cependant que l'on échoue désormais à motiver les envolées à saveur « québécisante » qui faisaient pourtant encore florès il n'y a pas si longtemps. Pour nombre d'artistes, la défaite fut mortifiante, certes, toutefois, c'est en reléguant sous le boisseau les discours engagés et les thématiques à teneur sociopolitique que les dramaturges

> *Tit-Coq* de Gratien Gélinas, 1948.

> *Les Belles-Sœurs* de Michel Tremblay (Théâtre du Rideau-Vert, 1968).

purent enfin délester leur démarche créatrice d'une charge politique fort contraignante pour embrasser une expression plus poétique, des imaginaires plus intimes et l'exploration de désordres plus personnels. Retirés bien loin des tribunes publiques, mais non prostrés sur eux-mêmes, les dramaturges opèrent un déplacement de préoccupations. Ils se dégagent de l'hégémonie du texte à thèse, s'évertuant à développer avec rigueur un langage qui leur est propre, en marge des esthétiques réalistes qui avaient cours jusqu'alors, tout en choisissant d'inféoder leurs problématiques à une recherche formelle au détriment de prises de parole retentissantes. Le théâtre, précipité tambour battant dans cette modernité que Gauvreau a appelée un jour de tous ses vœux, se détourne de la recherche de spécificité nationale qui l'a conduit à sa propre désillusion pour se mettre en quête d'une spécificité toute théâtrale.

L'entrée dans la modernité : au carrefour de l'ancien et du nouveau

Année charnière qui a laissé derrière elle de nombreux vestiges, 1980 voit simultanément la fin d'une époque et le début d'une ère nouvelle. Quelques œuvres monolithiques ont sans conteste opéré le passage de l'une à l'autre, avec plus ou moins de bonheur selon chacune, mais peu d'entre elles se sont enrichies de pièces véritable-ment remarquables. Michel Tremblay n'aura pas su réitérer le coup de force des *Belles-sœurs*, pas plus qu'il n'aura ajouté de grands opus à son répertoire, mis à part peut-être *Le vrai monde ?* (1987), dont la démultiplication des personnages et l'amalgame entre réalité et fiction en font une œuvre d'innovation formelle, la très chorale *Messe solennelle pour une pleine lune d'été* (1996) et le véritable chef-d'œuvre polyphonique que constitue *Albertine, en cinq temps* (1984), ce qui s'avère somme toute une assez maigre production, compte tenu de l'ampleur de l'œuvre du prolifique dramaturge. Marie Laberge, pour sa part, délaissera progressivement le théâtre au cours de la décennie pour se tourner vers le roman, mais non sans avoir ajouté quelques pièces de choix à l'anthologie de la dramaturgie réaliste psychologique. Faisant de l'incommunicabilité entre hommes et femmes la pierre de touche de sa théâtrographie (*Deux tangos pour toute une vie* et *L'homme gris*, 1984), Laberge livre de vibrants constats d'échec à portée féministe : *C'était avant la guerre à l'Anse-à-Gilles* (1981) témoigne, entre tradition et progressisme, de la condition des femmes dans un Québec rural, alors que la pièce *Oublier* (1987) dresse un bien pathétique portrait de famille d'où suppurent mensonges et manipulation.

Il reste que le véritable appel d'air auquel aspire la dramaturgie québécoise provient d'un événement certes atypique, mais aussi rafraî-chissant dans ses thèmes que formidable dans sa facture. C'est du moins ainsi qu'est perçue la présentation du cycle complet, à l'Expo théâtre de la Cité du Havre, de « l'épopée sanglante et grotesque » de Jean-Pierre Ronfard et de ses acolytes du Nouveau Théâtre Expérimental, *Vie et mort du roi boiteux* (1981-1982). Spectacle culte des années 1980, à la fois amorce et point de rupture d'une pratique en mal de renouveau, la délirante saga réhabilite la fonction d'auteur dramatique et sonne le glas des derniers mouvements collectifs dont, paradoxalement, elle constitue en quelque sorte l'achèvement. D'un même souffle, Ronfard provoque un violent électrochoc en tournant résolument le dos aux esthétiques consacrées, produisant une fresque historique et théâtrale de six heures et autant de tableaux, savoureusement baroque, tissée de références shakespeariennes et tragiques, s'appropriant les cultures québécoise et internationale, empruntant sans distinction un langage à la fois châtié et « joualisant ». « Tel carnaval qui mise sur le chaos pour assurer le retour à l'ordre et la survivance de la société, le théâtre va pro-céder à un immense brassage des passions, à une déstructuration, afin de mieux saisir le fonctionnement de chaque pièce du mécanisme », « celui de la création au premier chef, car il est soudé à la question de l'identité et de la raison d'être de l'humain[7] ». En orchestrant les furieuses croisades menées par le sombre Richard Premier, souverain boiteux des ruelles du quartier de l'Arsenal, Ronfard creuse une brèche dans la forteresse qui, jusqu'alors, emmurait la dramaturgie québécoise sur elle-même, brèche dans laquelle de nombreux dramaturges auront tôt fait de s'engouffrer à sa suite.

Le triumvirat de la dramaturgie postréférendaire

Alors que Ronfard se prépare à « rejouer l'histoire folle et furieuse du monde », deux dramaturges d'exception s'efforcent de faire entendre la première pièce d'une œuvre qui, chacune à sa manière, fera école. Monté par la Gougoune de Fantex en février 1980, le délire de René-Daniel Dubois, *Panique à Longueuil*, est présenté moins d'un mois après que le Théâtre de Quat'Sous eut créé le très surréel *Rêve d'une nuit d'hôpital* de Normand Chaurette : d'un seul coup, et après deux décennies de facéties collectives, le théâtre québécois opère un brusque et vivifiant retour au texte.

Chez Chaurette, les voix dialoguent en contrepoint comme autant de lignes mélodiques composant une partition musicale aussi ciselée qu'hallucinée : point de drame familial ici, non plus que de convention réaliste, et, en l'absence de conflit au sens traditionnel du terme, la dramaturgie chaurettienne s'égare dans le dédale de labyrinthes bien souvent perçus comme inextricables. En proposant des thrillers irrésolus (*Fragments d'une lettre d'adieu lus par des géologues*, 1988) et des enquêtes déroutantes où l'on découvre que le geste artistique côtoie dangereusement la folie ou la perversion (*Provincetown Playhouse, juillet 1919, j'avais 19 ans*, 1981), l'auteur érige l'incomplétude en logique structurelle, disséminant çà et là quelque impasse, imbriquant quelque hiatus fort troublant dans des textes dont la facture, constituée de nombreux jeux de miroirs et de structures rythmiques (*Le passage de l'Indiana*, 1996 ; *Le petit Köchel*, 2000), frôle généralement la perfection formelle. Intertextualité, emprunts divers et métissages multiculturels tissent la trame complexe d'une étoffe chatoyante. Comme autant de variations sur un même thème, celui du mystère, et notamment le mystère de la création, ces œuvres mettent en scène, sur un mode lyrique et passionné, des figures d'artistes tourmentés (*La société de Métis*, 1986 ; *Je vous écris du Caire*, 1993), dont le destin, suspendu entre l'illumination, la démence et la mort, apparaît aussi trouble que les miroirs dans lesquels ils se mirent sans véritablement s'apercevoir.

D'une mathématique moins implacable que celle de Chaurette, la dramaturgie de Dubois oscille entre le drame réaliste (*Being at home with Claude*, 1985 ; *Le printemps, monsieur Deslauriers*, 1987) et un univers absurde sophistiqué où les délires de l'inconscient semblent avoir libre cours. Là où certains critiques n'ont relevé que divagations langagières et autoreprésentation narcissique, Dubois s'est efforcé de poser les jalons d'une écriture complexe où des voix discordantes et singulières s'enchevêtrent, à l'image des personnages protéiformes – certaines pièces supposent que l'ensemble des protagonistes soient interprétés par un même acteur (*Adieu, docteur Münch...*, 1981 ; *Ne blâmez jamais les Bédouins*, 1984) – d'où elles émanent. Jouant sur plusieurs niveaux fictionnels comme sur une variété de tons, multipliant les références culturelles éclectiques et les digressions, Dubois propose un discours de la démesure, autoréférentiel et déconstruit, qui se donne lui-même à voir. Qu'elles se présentent sous la forme d'une spirale de tracasseries administratives (*Panique à Longueuil*, 1980), d'un cauchemar kafkaïen (*Adieu, docteur Münch...*, 1981), d'un récit d'espionnage débridé (*Le troisième fils du professeur Yourolov*, 1987) ou encore d'un improbable dialogue entre un auteur désabusé et son personnage, vieille princesse russe nymphomane (*26ᵇⁱˢ impasse du colonel Foisy*, 1986), ces « pièces paniques » travaillent à « mettre à jour l'état de manque existentiel qui, pour lui, fonde la vie humaine et

à exprimer la douleur fondamentale de cet état, montrant à quel point les discours ambiants le masquent et, aussi, le dévoilent[8] ».

Alors que Chaurette et Dubois s'éloignent des circumductions des générations précédentes pour mieux fuir en avant, Michel Marc Bouchard propose de véritables psychodrames familiaux, qui en font l'héritier présomptif de Michel Tremblay. Tenus de prendre sur eux les crimes de leurs aînés (*Le voyage du Couronnement*, 1995), d'en porter *ad vitam æternam* les stigmates (*L'histoire de l'oie*, 1991 ; *Le chemin des Passes-dangereuses*, 1997), voire d'en reconduire l'odieux en attisant les tensions familiales (*Les muses orphelines*, 1998), les personnages profondément endoloris de Bouchard, Atrides des temps modernes rompus aux célébrations sacrificielles, s'inscrivent dans une lignée maudite. À ces figures tragiques, l'auteur concilie des thématiques personnelles étroitement liées aux mythologies antiques (*La contre-nature de Chrysippe Tanguay, écologiste*, 1983), chrétiennes et romantiques (*Les feluettes ou La répétition d'un drame romantique*, 1987), qu'il explore avec finesse et sensibilité. À elle seule, cette dernière pièce, œuvre-phare de cette dramaturgie du désir dont Bouchard se fait le chantre, fédère les principales préoccupations de l'auteur. Dans un langage qui hybride parler vernaculaire et français canonique, ce mélodrame achevé présente, en un habile jeu de rôles fait de multiples mises en abyme, la tragédie qui sanctionne, dans un contexte régionaliste intolérant, les amours homosexuelles de deux jeunes gens taraudés par des désirs qui les consument. Foncièrement trouble, marquée du sceau de l'interdit, cette dramaturgie présente la destinée individuelle de personnages – homosexuels, artistes, laissés-pour-compte –, dont

>Yves Jacques et Denis Roy dans *Les feluettes* de Michel-Marc Bouchard, 1987.

la réalisation ne peut advenir sans que s'accomplisse pour eux une douloureuse catharsis.

De l'essentiel de la dramaturgie qui se déploie dans les années 1980, on retiendra, outre son considérable pouvoir d'évocation, sa prédilection pour l'introspection sous toutes ses formes. En « troquant la quête physique du pays pour une quête métaphysique de l'homme », les auteurs manifestent leur volonté d'explorer l'esprit humain, ses angoisses et ses contradictions, ce qui se traduit de façon remarquable par l'omniprésence de la figure de l'artiste. Ici, la recherche identitaire transite par une exploration du thème de la création, du rôle et des ambitions du poète, des difficultés et des exaltations que suppose le geste artistique.

Foisonnement de voix singulières au tournant du millénaire

Saisies par la « bombe » qui éclate avec fracas dans le ciel de Montréal sous la forme de la pièce *Cabaret Neiges noires* (1992), pièce écrite par un collectif de jeunes auteurs (Jean-François Caron, Dominic Champagne, Jean-Frédéric Messier et Pascale Rafie), dont l'énergie n'est pas sans rappeler celle de la joyeuse bande de *Vie et mort du roi boiteux*, les décennies à venir sont marquées par une dramaturgie ambivalente, à la fois caustique et poétique, intime et festive, qui se caractérise principalement par sa diversité et la richesse de ses zones grises.

Dans la foulée des écrits de Dubois, Larry Tremblay emprunte avec une habileté peu commune les détours du surréalisme. Certaines de ses pièces les plus réussies rendent compte de conflits dont on ne connaît *a priori* ni l'origine ni la nature – sinon qu'ils découlent de désirs incestueux et débouchent sur des troubles identitaires –, ces conflits simulant les arabesques d'une démarche psychanalytique au cours de laquelle la pensée des protagonistes semble errer, voire dangereusement tourner à vide (*The Dragonfly of Chicoutimi*, 1995). Chez Tremblay, les structures organisationnelles sont d'une complexité vertigineuse (*Le ventriloque*, 2001) et l'écriture marque une prédilection certaine pour les délires cauchemardesques de personnages plus déviants les uns que les autres, qui semblent s'enferrer joyeusement dans une névrose sans fin (*Téléroman*, 2003), quand ils n'en perdent pas littéralement la tête (*Le déclic du destin*, 1988).

D'une tout autre trempe est l'œuvre imposante de Wajdi Mouawad dont la tétralogie en cours constitue le principal joyau (*Littoral*, 1997 ; *Incendies*, 2003 ; *Forêts*, 2007 et *Ciels*). Chez Mouawad, les pièces-fleuves empruntent de nombreux chemins de traverse, comme autant de détours subtils destinés à brouiller les pistes du parcours initiatique qu'elles mettent en scène, de même qu'à fragiliser la logique dramatique. En apparence seulement, car les mécanismes tentaculaires que sous-tendent ses pièces sont extrêmement bien huilés : les conflits se déploient sur plusieurs continents, touchent de nombreuses générations de personnages spirituellement liés et provoquent le choc de la rencontre interculturelle dans un cadre spatiotemporel qui donne à voir de multiples réalités télescopées se superposant parfois. Cristallisé autour des leitmotive du passé traumatique lié à la guerre, de la révolte, de la promesse et de la réconciliation, dont l'auteur tire quelques récits qui constituent de véritables morceaux de bravoure, le propos de la tétralogie se fait dense et sa charge, dramatique, d'une intensité tout à fait extraordinaire, notamment en raison du lyrisme de la parole libératrice de Mouawad.

Partageant avec l'œuvre de Mouawad une certaine nature métaphorique et poétique du discours, la dramaturgie de Daniel Danis emprunte toutefois à un autre type de sacré. Appelant à une « symbolique tellurique pour retrouver la puissance des mythes premiers[9] », les pièces de Danis témoignent de l'omniprésence d'un imaginaire de la nature qui lui est cher (*Cendres de cailloux*, 1993 ; *Le langue-à-langue des chiens de roche*, 1998). Évoluant à une certaine distance du monde réel dans un ailleurs indéterminé, les personnages forment une société autarcique composée de pierres muettes, d'animaux sauvages et d'amazones. Repliés sur eux-mêmes, sans défenses, éloignés du monde, qui pour vivre un amour illicite, qui pour protéger un secret, qui encore pour se « refaire une seconde peau », ils communiquent entre eux grâce à une langue poétique rituelle à demi inventée (*Celle-là*, 1993 ; *Le chant du Dire-Dire*, 1998), car pour ces êtres meurtris qui peinent à dire leur détresse et leur amour, « se paroler » constitue sans doute la seule voie d'échange possible.

Avec *Baby blues*, Carole Fréchette amorce en 1991, à la suite d'une période effervescente d'implication féministe, une œuvre dramatique tout en délicatesses. Ses pièces aux ressorts psychologiques témoignent d'une sensibilité humaniste tout autant que d'une intelligence émotionnelle peu commune. Sous le couvert de traiter de sujets en apparence banals – épuisement *post-partum* (*Baby blues*, 1991), perte d'un bijou de plastique (*Le collier d'Hélène*, 2002), vieillissement (*La peau d'Élisa*, 1998), perte d'emploi (*Les sept jours de Simon Labrosse*, 1997) –, Fréchette se fait l'observatrice attentive de malaises sociaux actuels. Dans son théâtre de l'intime, elle se penche avec bienveillance

et commisération sur le désarroi de personnages fragiles, déroutés par une déshumanisation sociale qui, visiblement, les dépasse. Cherchant à combler le vide qui les habite en provoquant d'improbables rencontres (*Jean et Béatrice*, 2002), ces personnages sont bien souvent contraints de constater l'échec de leur quête affective.

Pour être pleinement représentatif, encore faudrait-il que ce bref état des lieux rende compte de certaines tendances fortes récentes, car, depuis 1995, « des trajectoires et des itinéraires se sont tracés et approfondis, tandis que s'accusait la diversité d'écritures dramatiques pour lesquelles la base réaliste demeure importante. Peut-être, en somme, parce qu'il faut un socle à qui veut s'envoler[10] ».

« La modernité du texte théâtral s'inscrit désormais dans le registre de la déconstruction » elle « exhibe l'hétérogénéité des codes spectaculaires ou linguistiques, moins pour accroître le nombre de ses composantes que pour en multiplier les connexions[11] ». Fortement baroque et métissée, la dramaturgie québécoise contemporaine, bien qu'encore fortement tributaire du réalisme qu'elle s'amuse à distordre par tous les moyens possibles, s'accommode plutôt bien des conventions qu'elle manipule de manière à produire des textes aux structures théâtrales hautement complexes (fragmentation de la chronologie et de la linéarité traditionnelle, refus d'un théâtre essentiellement mimétique, multiplication de jeux de miroirs et de mises en abyme, conflit décalé, cadre spatiotemporel bouleversé, etc.). « Dans de telles œuvres, la décomposition, les décentrements, les biaisements, les façons de raconter "à côté", donnent au lecteur un pouvoir inégalé, celui de procéder lui-même à des tissages, de construire du récit ou du sens en s'immisçant dans les failles du texte[12] ». En

l'absence de réponses claires – la dramaturgie actuelle semble s'accommoder beaucoup mieux d'un écosystème de questions que d'un environnement de réponses –, c'est donc au récepteur de ces textes d'apprendre à en gérer la complexité, celui-ci se voyant désormais invité à construire l'intelligibilité de l'œuvre en s'y investissant activement, de façon subjective, en opérant son propre montage au sein des bribes de sens qui lui sont données à voir. Les œuvres dramatiques actuelles témoignent du désir d'une époque « de voir l'auteur engager une sorte de passage des responsabilités avec le lecteur (ou le spectateur), en le provoquant à construire à son tour à partir des liens qu'il détecte entre les morceaux et les multiples pistes. Il s'agit alors de savoir comment les pièces du puzzle sont agencées, quels réseaux narratifs, même discrets, demandent à être activés, comment l'entrelacs des thèmes demande à être mis au jour et aussi comment tout cela a été prémédité ou non par l'écrivain dans son travail d'agencement[13] ».

Singulière, imaginative, foisonnante, la dramaturgie québécoise contemporaine se fait d'abord et avant tout audacieuse : par les détours qu'elle emprunte et la profondeur de la plongée introspective qu'elle autorise, elle favorise l'exploration de visions inusitées du monde, nous forçant à nous y perdre davantage qu'elle ne nous y conduit. Et nous de nous laisser entraîner dans ses méandres en y embrassant les vertiges avec une délectation chaque fois renouvelée. ■

✶ *Doctorante en études théâtrales, Université Laval.*

Notes

1. À moins d'avis contraire, et comme plusieurs d'entre elles n'ont pas encore fait l'objet d'une publication à ce jour, les dates qui suivent les titres des pièces renvoient à l'année de leur création.

2. Claude Gauvreau, *Œuvres créatrices complètes*, Montréal, Parti pris, 1971, p. 48.

3. Madeleine Greffard, et Jean-Guy Sabourin, *Le théâtre québécois*, Montréal, Boréal, 1997, p. 65-66.

4. Olivier Kemeid, « Pour le théâtre contre », *Cahiers de théâtre Jeu*, n° 120 (septembre 2006), p. 109.

5. Robert Lévesque, *La liberté de blâmer. Carnets et dialogues sur le théâtre*, Montréal, Boréal, 1977, p.21.

6. Louise Vigeant, « Du réalisme à l'expressionnisme. La dramaturgie québécoise récente à grands traits», *Cahiers de théâtre Jeu*, n° 58 (mars 1991), p. 10.

7. *Ibid.*, p. 12.

8. Paul Lefebvre, « La dramaturgie québécoise depuis 1980 », *Théâtre / Public*, n° 117 (mai-juin 1994), p. 46.

9. Hervé Guay, « Le nouveau désarroi amoureux et quelques vertiges identitaires. Portrait de la dramaturgie de 1995 à 2005 », *Cahiers de théâtre Jeu*, n° 120 (septembre 2006), p. 99.

10. *Ibid.*, p. 96.

11. Dominique Lafon, « La dramaturgie de René-Daniel Dubois : un dispositif multiplex », dans Chantal Hébert et Irène Perelli-Contos [dir.], *Théâtre, multidisciplinarité et multiculturalisme*, Québec, Nuit blanche éditeur, 1997, p. 133.

12. Jean-Pierre Ryngaert, « Du bon usage des cailloux », dans Chantal Hébert et Irène Perelli-Contos, *op. cit.*, p. 145-150.

13. Ryngeart, *ibid.*, p. 149.

Bibliographie

BOIVIN, Aurélien, « Portraits de dramaturges », *Québec français*, n° 146 (été 2007), p. 47-55.

GARAND, Caroline, « Dramaturgie québécoise. D'une naissance à une autre», *Québec français*, n° 144 (hiver 2007), p. 42-46.

GARAND, Caroline, « La dramaturgie des années 1980. Premières traces », *Québec français*, n° 145 (printemps 2007), p. 40-42.

GODIN, Jean Cléo, et Dominique LAFON, *Dramaturgies québécoises des années quatre-vingt*, Montréal, Leméac, 1999, 263 p.

GODIN, Jean-Cléo, et Laurent MAILHOT, *Théâtre québécois. Introduction à dix dramaturges* et *Théâtre québécois II. Nouveaux auteurs, autres spectacles*, Montréal, BQ, 1988, 2 tomes.

HÉBERT, Chantal, et Irène PERELLI-CONTOS, « Une mutation en cours », *Théâtre / Public*, n° 117 (mai-juin 1994), p. 64-73.

LAFON, Dominique [dir.], *Le théâtre québécois, 1975-1995*, Montréal, Fides, 2001, 523 p.

PLOURDE, Élizabeth, « Partitions scénographiques et textes spectaculaires. Panorama des écritures scéniques québécoises contemporaines », *Québec français*, n° 146 (été 2007), p. 30-37.

Daniel Rousset

> Jean-Paul Lemieux, *Hommage à Nelligan*, 1971 (Collection d'œuvres d'art de l'Université de Montréal).

LA POÉSIE DU QUÉBEC

ANDRÉ GAULIN*

De Crémazie à Garneau

Qu'on le veuille ou non, la poésie québécoise est intimement liée à l'histoire. Les trois noms que j'ai retenus pour faire trois ponctions dans cette poésie franchissent son évolution par étapes forcées. Octave Crémazie, Émile Nelligan et Hector de Saint-Denys Garneau sont trois balises importantes de la poésie du Québec, trois poètes qu'on a tour à tour considérés comme exprimant quelque chose de l'âme nationale ou du paysage. Trois poètes, trois destins. Pourquoi à travers les courants poétiques avoir choisi ceux-là ? Un peu parce que les trois ont été reconnus comme des poètes signalétiques. Mais, raison peu évoquée, chacun des trois a été édité, en tout ou en partie, par le soin de tierces personnes. Et ce sera aussi le cas de Gaston Miron, édité par ses amis en 1970.

Octave Crémazie, poète exilé

Né à Québec en 1827, Crémazie meurt en France en 1879, y étant exilé depuis 1862, sous le nom d'emprunt de Jules Fontaine. Il n'a pu revenir au Canada, ayant dû le fuir afin d'éviter la prison pour dettes. Protégé par le libraire parisien Hector Bossange, qui a épousé la Montréalaise Julie Fabre, il travaille pour ce couple ami, ce qui adoucira son exil. Il vit surtout à Paris où il tiendra son « Journal du siège de Paris » sous la Commune, faute de pouvoir alors écrire aux siens. Plutôt dolent, il meurt au Havre à 51 ans, y ayant été enterré de façon anonyme. Étrange destinée pour celui qui écrivait, dès janvier 1858 :

> *Heureux qui le connaît, plus heureux qui l'habite,*
> *Et, ne quittant jamais pour chercher d'autres cieux*
> *Les rives du grand fleuve où le bonheur l'invite,*
> *Sait vivre et sait mourir où dorment ses aïeux !*
> (« Le Canada »)

Au moment où intervient Crémazie comme poète dans son pays, la littérature du Québec est très jeune. Les recueils, peu nombreux, paraissent à la suite de souscriptions publiques. Il y a bien les journaux, nombreux et éphémères, qui publient de la poésie, et Crémazie s'amusera de ceux qui se croient trop facile-

ment consacrés poètes pour autant. C'est par ce biais qu'il commence toutefois à se faire connaître par des poèmes de circonstances, le nouvel an par exemple, mais il se détache de la banalité et se fait vite remarquer. Deux thèmes se dégagent de sa poétique, soit le patriotisme et le thème significatif de la mort, celui qu'il préfère, d'ailleurs. Mais le peuple, lui, vibre à sa poésie patriotique, car le Québec vient de connaître la tourmente avec la révolte des Patriotes de 1837-38. En 1840, l'Acte d'Union vise l'assimilation des francophones. Par lui, on rescinde l'Acte constitutionnel de 1791 qui avait créé deux Canada : un Canada de langue française et un Canada de langue anglaise. La lutte de résistance politique qui suit est donc vive et Crémazie sait bien que faire rimer France avec espérance, gloire avec victoire, ainsi qu'il l'écrira à l'abbé Henri-Raymond Casgrain, redonne de l'espoir à des gens qui ont été cédés par Paris au mariage anglais du Traité de 1763. C'est pourquoi des poèmes, assez longs d'ailleurs, comme « Le vieux soldat canadien » paru dans *Le Journal de Québec* en août 1858, inspiré du « Vieux sergent » de Béranger, mis en musique par Antoine Dessane, ou comme « Le drapeau de Carillon », 1858, rappelant une grande bataille française de Montcalm et mis en musique par Charles Sabatier, viennent toucher le cœur des gens qui font de Crémazie leur barde national surtout que les Québécois aiment chanter :

> *Ô Carillon, je te revois encore,*
> *Non plus hélas ! comme en ces jours bénis*
> *Où dans tes murs la trompette sonore*
> *Pour te sauver nous avait réunis.*
> *Je viens à toi, quand mon âme succombe*
> *Et sent déjà son courage faiblir.*
> *Oui, près de toi, venant chercher ma tombe,*
> *Pour mon drapeau je viens ici mourir.*

Mais dans ses importantes et significatives lettres à l'abbé Casgrain, un « monsieur du Séminaire » de Québec qui fera publier ses œuvres en 1882[1] sans toujours comprendre ce qui ne relève pas du classicisme, Crémazie se dit romantique, ayant des centaines de vers dans la tête et ne voulant pas les publier comme contemporain de Musset ou de Lamartine, qui l'impressionnent. Cette dizaine de lettres au professeur Casgrain constitue une longue discussion sur la condition littéraire du Québec qui ne sera toujours, pour Crémazie, qu'une province de la France, faute de ne pas parler iroquois ou huron et d'attirer l'attention de Paris, au moyen de la traduction ! Le poète exilé estime aussi que son œuvre importante emprunte la voix du romantisme, comme ce long poème inachevé appelé « fantaisie » et intitulé « Promenade de trois morts », un texte fort macabre. Car il y a chez le poète né à Québec une morbidité qui relève d'une religion vorace, tout le contraire de la sensualité, comme en témoigne son poème intitulé « Les morts » :

Ô morts ! dans vos tombeaux vous dormez solitaires,
Et vous ne portez plus le fardeau des misères
Du monde où nous vivons.
Pour vous le ciel n'a plus d'étoiles ni d'orages ;
Le printemps, de parfums ; l'horizon, de nuages ;
Le soleil, de rayons.

On comprend que Crémazie, libraire à Québec jusqu'à son exil forcé, un homme fort cultivé, endetté pour avoir cru ses compatriotes lecteurs, qui déplore l'esprit mercantile du Canada, reclus, austère et plutôt sombre, avoue à Casgrain que seule sa foi le retient d'aller se pendre à un réverbère de Paris, comme jadis Gérard de Nerval, qu'il admire.

Émile Nelligan, comme un météore

Crémazie sera considéré par les poètes nombreux qui vont apparaître au XIXe siècle ainsi qu'un aîné en poésie. Louis Fréchette est de ceux-là, le premier poète québécois à recevoir, en 1880, un prix Montyon de l'Académie française. Pour en savoir plus sur les poètes de l'époque, on peut se rapporter à l'*Anthologie de la poésie québécoise du XIXe siècle* de John Hare[2]. Mais c'est Émile Nelligan qui va attirer, au tournant du siècle, l'attention des siens. Né la veille de Noël 1879, année où Crémazie décède, il meurt en 1941. C'est comme une fausse mort, car le poète, qui écrit ses poésies de 1896 à 1899, entre 17 et 19 ans, disparaît ensuite de la circulation. Le 9 août 1899, il est envoyé pour repos à la Retraite Saint-Benoît. Il y restera jusqu'en 1925 – étrange repos ! – pour être placé ensuite à Saint-Jean-de-Dieu, le grand hôpital psychiatrique de Montréal. Toute sa poésie manifeste le refus d'avoir 20 ans. C'est comme un poète de l'enfance absolue. Ce que l'on a regardé comme sa folie, une folie bien étrange, va lui

attirer l'admiration de ses contemporains. Il faut dire que peu de temps avant qu'il soit soustrait à la vie publique, le 26 mai 1899, au Château de Ramezay où l'École littéraire de Montréal tient ses réunions, il a déclamé son poème « La romance du vin », ce qui lui a valu d'être porté en triomphe dans les rues de Montréal. Il me souvient l'avoir récité lors d'un cours au Conservatoire royal de Bruxelles où les étudiants avaient été soufflés par le pouvoir de ce texte[3].

Emporté dans « l'abîme du rêve » comme il l'écrit dans son poème d'inspiration rimbaldienne « Le vaisseau d'or », Nelligan laissera là son œuvre dont quelques poèmes ont paru dans des journaux de Montréal[4]. C'est un père belge du Saint-Sacrement, qui a perdu la foi à Rome, qui commencera l'édition des poèmes nelligonniens en 1902-1903[5]. Comment traiter les poèmes d'un adolescent sinon avec un peu de condescendance, surtout qu'Eugène Seers, un littéraire, a édité des poèmes de son protégé dans sa revue communautaire *Le Petit Messager du Saint-Sacrement*, ce qui a éveillé les soupçons de certains religieux qui ne trouvent pas toujours les anges du jeune poète très catholiques. Toujours est-il que, le Père Seers devant quitter la communauté pour les États-Unis où il prendra le nom de plume de Louis Dantin, son travail d'édition sera repris par la librairie Beauchemin, qui fait paraître le recueil *Émile Nelligan et son œuvre* en 1904. Quel aurait été le plan du recueil de Nelligan, et son titre ? Augmentant de 55 poèmes les quatre premières éditions, Luc Lacourcière, qui au demeurant a découvert des poèmes sous le pseudonyme d'Émile Kovar, fera l'édition critique du poète en 1952, suggérant comme titre probable « Le récital des anges ». On pourrait alors fort bien voir son recueil commençant par le sonnet « Prélude triste », où la virtuosité versificatoire rejoint presque une prose de grande rhétorique.

Quoi qu'il en soit, le rapaillement de l'œuvre de Nelligan a été difficile, des poèmes se sont perdus au fil des ans, des titres ont changé. Influencée par les romantiques, les symbolistes et les parnassiens – Arthur de Bussières, un ami du poète a écrit *Les bengalis* –, l'œuvre s'articule autour du thème majeur de l'enfance, d'où l'importance de la mère et le refus des vingt ans ; elle évoque aussi beaucoup la musique. L'œuvre est d'ailleurs d'une grande musicalité. Dichotomique, elle joue sur le noir et le blanc, comme sur un piano, de dire le professeur Paul Wyczynski, un spécialiste du poète. Souvent, l'auteur tout jeune, qui n'a fait qu'un voyage en bateau vers l'Angleterre, qui passe quelques étés à Cacouna, au pays de sa mère sensible et assez religieuse, s'inspire de ces expériences pour puiser ses images, comme dans « Le vaisseau d'or » pour la mer, le plus cité de ses textes avec « Soir d'hiver », comme dans

> Octave Crémazie, Émile Nelligan, Hector de Saint-Denys Garneau.

« Jardin d'antan » pour Cacouna et peut-être dans « Prière du soir » où l'atmosphère de la maison de campagne ou de ville est rendue par des figures de style comme l'inversion, l'onomatopée, l'allitération et la musique alliée au silence.

Certains poèmes sont aussi puisés chez des peintres, dont il fait revivre les tableaux, ou dans des verrières d'église, pour sainte Cécile, qu'il aime musicalement, par exemple, ou dans des événements de la vie sociale, comme le passage de Paderewski à Montréal.

On peut dire que si Nelligan avait été Français, son œuvre serait plus largement connue, car il est beaucoup plus qu'un imitateur débutant, comme certains ont voulu le faire voir. Cette méconnaissance donne un peu raison à Crémazie, car, par exemple, qui connaît en France ce grand romancier qui s'appelle Jacques Ferron ? En effet, malgré ses influences, Nelligan sait être personnel, il a un sens des mots, il les aime en jouant avec eux tout comme il sait rendre sa poésie essentiellement sonore ; ainsi son « Clavier d'antan » a quatre tercets de huitains dont les derniers disent :

Vous êtes morte tristement,
Ma muse des choses dorées
Et c'est de vous qu'est mon tourment ;
Et c'est pour vous que sont pleurées
Au luth âpre de votre amant
Tant de musiques éplorées.

La noirceur de ses thèmes n'éteint jamais la lumière de ses poèmes, comme Marie-Claire Blais le fera, plus tard, dans son roman *Une saison dans la vie d'Emmanuel*. Mais pourquoi Nelligan a-t-il autant touché les Québécois ? En raison de son amour de l'enfance et son refuge dans le passé, faute d'avenir ? En raison de son sort tragique, car longtemps on a associé sa poésie et sa folie ? Ou est-ce la typologie de son cas : fils de père irlandais unilingue anglais (Nelligan voulait qu'on prononce son nom à la française) et d'une mère francophone ? Ce que

l'on sait mieux aujourd'hui, c'est qu'il a été, comme dit Miron, qui l'admire à ce titre, le premier à vouloir se vivre comme poète, tous les autres devant avoir un métier ou une profession. Pour lui, sur les textes duquel Julos Beaucarne, Claude Léveillée ou François Dompierre ont fait des musiques, il convient de rappeler cette chanson terrible de Félix Leclerc qui écrit :

En mil neuf cent un
Être poète est un malheur
Surtout au temps de Nelligan
À Montréal
C'était comme être juif sous les nazis
Être seul avec son oiseau dans les mains
Son trésor
Et marcher sur les mines
Comme un espion en pays ennemi
Qui va sauter au prochain pas
Pulvérisé dans les airs
Dans la folie et dans la mort
(« Nelligan »)

Hector de Saint-Denys Garneau, poète moderne

Les yeux ouverts les yeux de chair trop grand ouverts
Envahis regardent passer
Les yeux les bouches les cheveux
Cette lumière trop vibrante
Qui déchire à coups de rayons
La pâleur du ciel d'automne
Et mon regard part en chasse effrénement
De cette splendeur qui s'en va
De la clarté qui s'échappe
Par les fissures du temps
(« Tu croyais tout tranquille »)

À sa manière, Hector de Saint-Denys Garneau participe avec Octave Crémazie, Émile Nelligan – et, plus tard, Miron – à l'empêchement de la poésie. Tous les quatre, même si c'est de manières différentes, doivent l'édition partielle ou complète de leur œuvre à des amis, tous les quatre ont dû lutter contre des conditions sociales, politiques ou personnelles qui niaient leur poésie ou les forçaient à se retrancher comme en exil, que ce soit par le lieu, la folie, l'angoisse ou la militance.

Hector de Saint-Denys Garneau, pour sa part, fit paraître sous le titre *Regards et jeux dans l'espace*[6] son premier et seul recueil non posthume, en 1937, – il a alors 24 ans – après y avoir mis un souci formel très grand, ainsi qu'en témoigne son ami et préfacier Robert Élie. Il s'agit d'un livre de soixante-quinze pages, sans éditeur, tiré à 1 000 exemplaires, que l'auteur devait retirer de la circulation. Pourtant, la critique, importante par la quantité, est plutôt très bonne, à part celle plus officielle de Valdombre, Camille Roy ou Albert Pelletier, qui saisissent mal la poésie garnélienne. En 1943, le poète meurt à 31 ans sans avoir refait surface dans le monde de l'édition. Il faudra attendre 1949 pour que paraissent les *Poésies complètes. Regards et Jeux dans l'espace. Les solitudes*[7], cette dernière partie du titre étant donnée par les amis et regroupant de nombreux inédits puisque le recueil compte alors 227 pages. Entre les deux recueils sont apparues des voix poétiques modernes comme celles de Rina Lasnier, d'Anne Hébert, d'Alain Grandbois, de Gilles Hénault et de Paul-Marie Lapointe. Déjà, l'écriture garnélienne de poésie libre, près d'une certaine prose insolite de 1937, est moins l'objet d'incompréhension.

Si l'on croit avec Robert Escarpit qu'il y a des générations littéraires, il faut reconnaître que l'œuvre de Saint-Denys Garneau a été reçue par des gens qui ont participé aux mêmes structures mentales que lui et qui ont reçu l'œuvre comme un groupe d'âge marqué par la quête spirituelle un peu tourmentée dont témoignent *La Relève* et *La Nouvelle Relève*, revues auxquelles Garneau collaborait avec ses amis. De sorte que la poésie de Garneau a été, au-delà de ses thèmes et images, liée par la plupart d'entre eux, à son drame personnel et à ce qu'il a eu de mystérieux dans son état de réclusion. Cependant, comme le souligne Robert Vigneault dans son excellent article du *Dictionnaire des œuvres littéraires du Québec* dont cette brève présentation s'inspire largement[8], toute œuvre riche – et celle de Garneau l'est singulièrement en son temps de réception au point de dérouter des spécialistes – est susceptible d'interprétation plurielle et ouverte sur les lectures intergénérationnelles.

Même aujourd'hui, un critique comme Philippe Haeck, à partir d'une étude un peu rapide du poème « Accompagnement », a refusé de voir en Garneau un poète moderne. Il est vrai que Jean-Louis Major lui a opposé un point de vue contraire et a démontré qu'il y a dans le poème et l'œuvre garnélienne une « structure d'identité » où le poète recherche une coïncidence avec lui-même, ses pas, sa joie. Cependant, pour Major, l'angoisse du poète est insurmontable et marque, par son insuccès, l'échec d'une démarche poétique vue en quelque sorte comme une psychanalyse. Ce faisant, Major rejoint le point de vue de ceux qui lisaient Garneau à travers son drame existentiel. Le point de vue de Jacques Blais est différent quand il interprète Garneau à travers le mythe d'Icare (*Saint-Denys Garneau et le mythe d'Icare*[9]), le voyant comme un poète aérien finalement brûlé par le soleil – on peut se rappeler René Char, qui voyait la lucidité comme la blessure la plus rapprochée du soleil. Richard Giguère, pour sa part, à partir d'une lecture bachelardienne des éléments, reprendra la lecture mythique de Blais avec la nuance, cependant, qu'Icare-Garneau n'opère pas une chute dans la mer mais reste plutôt en « errance indéfinie dans l'air ». Il y a alors comme « un état de lévitation », de légèreté qui rejoint le thème des os que l'on retrouve autant chez Garneau que chez sa cousine, Anne Hébert. Chez l'une cependant, sous les dehors de « La fille maigre », « les beaux os […] polis sans cesse » annoncent une résurrection alors que, dans la « Cage d'oiseau » de l'autre, ils préfigurent la mort qui ronge. Cela correspond assez à la démarche de l'une et de l'autre, Garneau apparaissant comme le François « dépossédé du monde » du *Torrent* « par l'expression d'une volonté antérieure à la [s]ienne » ou comme le Michel perdu des songes des *Chambres de bois* alors que plusieurs des personnages féminins de la romancière, Catherine, Élisabeth, Julie de la Trinité, Flora Fontanges, se libèrent et réussissent à vivre.

Toutes ces études de l'œuvre garnélienne sont issues de la richesse des images et de la qualité de l'écriture poétique. C'est ce qui amène précisément Jacques Blais, un spécialiste percutant de la poésie québécoise, à cerner Saint-Denys Garneau comme un poète moderne. Blais rattache cette modernité à la recherche du langage fait d'insolite et de merveilleux, il accole à cette modernité la « distance ironique » qu'il perçoit dans de nombreux poèmes comme « Faction », « Cage d'oiseau », « Autrefois ». Pour Blais et Vigneault, la modernité en poésie tient encore et surtout au fait qu'elle se prend elle-même comme objet d'écriture « et que la thématique, métaphore de l'aventure littéraire », exprime bien la littérature d'aujourd'hui. Soulignons en terminant l'étude de Serge Proulx, une thèse de doctorat, qui a relu Saint-Denys Garneau dans l'aura de son arrière-grand-père, François-Xavier Garneau, le poète et historien, de son grand-père, Alfred Garneau le poète, et de son père Paul Garneau, banquier. Cette approche permet à Proulx de situer l'œuvre dans une perspective à la fois collective en même temps qu'immédiatement réaliste qui nous fait mieux saisir des vers comme :

Nous ne sommes pas des comptables
Tout le monde peut voir une piastre de papier vert
Mais qui peut voir au travers si ce n'est un enfant
(« Le jeu »)

On peut le constater, l'œuvre de Saint-Denys Garneau reste une œuvre ouverte à d'autres générations parce qu'elle marque en même temps les conditions de sa naissance et celles de l'humanité qui constamment se métamorphose à travers les âges. C'est ainsi que, conditionné par mon âge et ce qu'il y a de commun entre une époque et sa lecture, j'étais plutôt un partisan du côté sombre de l'œuvre poétique garnélienne. Cependant, à moi qui suis sensible à la chanson, j'avouerai que le groupe montréalais Villeray (*Villeray musique sur Saint Denys Garneau*[10]) m'a offert, comme en une vision, une autre lecture de Saint-Denys Garneau, lumineuse plutôt que sombre. Je sais bien que Gilles Marcotte, pour avoir sommairement entendu le groupe à la radio, l'a jugé tout aussi sommairement. Mais Villeray m'a imposé une autre lecture de l'œuvre, celle du regard comme dans « Je regarde en ce moment sur la mer », de la lumière comme dans « Rivière de mes yeux », celle du bruissement des feuilles comme dans « Les grands saules chantent », celle de la quête spirituelle d'une génération solitaire qui se serait voulu solidaire comme dans « Ah ! ce n'est pas la peine » ou « Ma maison ». Sa poésie, comme sa maison, Saint-Denys – ce frère et compatriote – la décrit ainsi au début de son recueil posthume *Les solitudes* :

Je veux ma maison bien ouverte,
Bonne pour tous les miséreux.
Je l'ouvrirai à tout venant
Comme quelqu'un se souvenant
D'avoir longtemps pâti dehors,
Assailli de toutes les morts
Refusé de toutes les portes
Mordu de froid, rongé d'espoir
Anéanti d'ennui vivace
Exaspéré d'espoir tenace

(« Ma maison »)

Cette poésie, celle de Crémazie ou de Nelligan, celle des si nombreux poètes d'avant 1940, continue de faire partager la parole qui libère à toutes les générations de lecteurs qui veulent s'en nourrir. ∎

Notes

1   Octave Crémazie, *Œuvres complètes,* publiées sous le patronage de l'Institut canadien de Québec, Montréal, Beauchemin et Valois, 1882, 543 p. Aussi, *Œuvres 1 - Poésies, texte établi, annoté et présenté par Odette Condemine,* Ottawa, Éditions de l'Université d'Ottawa, 1972, 613 p. On consultera aussi avec intérêt l'article d'Odette Condemine dans le *Dictionnaire des œuvres littéraires du Québec,* tome 1 : *Des origines à 1900,* Montréal, Fides, 1978, p. 549-551. Il s'y trouve également quelques articles sur des poèmes significatifs de l'œuvre de Crémazie parus avant l'édition de 1982.

2   John Hare, *Anthologie de la poésie québécoise du XIXᵉ siècle (1790-1890),* Montréal, Cahiers du Québec / Hurtubise HMH, 1979, 410 p.

3   Poème de 9 quatrains en alexandrins aux coupes classiques et hugoliennes, très sonore et déclamatoire.

4   Par exemple *Le Samedi, Le Monde illustré* (sous le pseudonyme d'Émile Kovar, ce que découvre le professeur Luc Lacourcière qui fera l'édition critique de 1952), *L'Alliance nationale.*

5   Émile Nelligan, *Émile Nelligan et son œuvre,* Montréal, Librairie Beauchemin, 1903), xxxiv, 164 p. ; *Émile Nelligan. Poésies complètes, 1896-1899,* Montréal et Paris, 1952 [1974], 331 p. *Poésies complètes,* Montréal, Bibliothèque québécoise, 1992, 262 p. On consultera avec intérêt l'article de Paul Wyczynski dans le *Dictionnaire des œuvres littéraires du Québec,* tome 2 : *1900 à 1939,* Montréal, Fides, 1980, p. 407-413.

6   Hector de Saint-Denys Garneau, *Regards et Jeux dans l'espace,* sans éditeur, 1937, 75 p.

7   *Poésies complètes. Regards et jeux dans l'espace. Les solitudes,* Montréal, Fides, 1949, 227 p.

8   Robert Vigneault, « *Regards et Jeux dans l'espace,* recueil de poésie d'Hector de Saint-Denys Garneau », *Dictionnaire des œuvres littéraires du Québec,* tome 2 : *1900 à 1939,* Montréal, Fides, 1980, p. 949-956.

9   Jacques Blais, *Saint-Denys Garneau et le mythe d'Icare,* Sherbrooke, Éditions Cosmos, 1973, 140 p.

10   Villeray, *Villeray musique sur Saint-Denys Garneau,* Montréal, Productions St-Denys 1998, GSIC 991.

Ce texte a déjà paru dans *Québec français,* nᵒ 143, p. 43-46.

✶ *Professeur émérite, Littératures, Université Laval.*

LA POÉSIE DE 1940-1970

JACQUES PAQUIN*

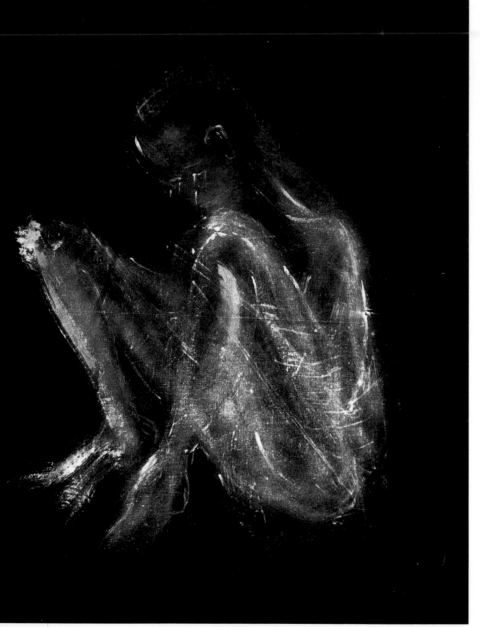

> Jean-Michel Cholette, *Touché*, 1999.

La décennie 1940 s'ouvre sur les disparitions successives d'Émile Nelligan (1941) et de Saint-Denys Garneau (1943). La borne de 1940 ne peut prétendre marquer d'une pierre blanche un recueil déterminant pour l'histoire de la poésie. En revanche, elle signale une période d'intense activité qui se manifeste par la création de réseaux littéraires majeurs dans l'histoire de la littérature, comme les éditions de l'Arbre (1940-1944) qui feront paraître *Les songes en équilibre* d'Anne Hébert, en 1942.

Poésie de la solitude et de la transcendance

En 1941, Rina Lasnier entame une œuvre dans laquelle la transcendance sera au cœur du projet poétique avec ses *Images et proses* qui se démarquent, par leur lyrisme visionnaire et authentique, des nombreuses publications à saveur évangélique qui caractérisent les années 1940 et même la décennie suivante. Lasnier publie ses œuvres de maturité au cours des années 1950. La frontière entre poésie et prière demeure bien mince, mais l'expression n'est jamais oblitérée par le sentiment religieux. Au contraire, se nourrissant l'un et l'autre, ils confèrent aux images leur force et leur densité, comme en témoignent ces vers de *Présence de l'absence* (1956) :

Tu es né mêlé à moi comme à l'archaïque lumière les eaux sans pesanteur,
Tu es né loin de moi comme au bout du soleil les terres noyautées de feu,
Tu nais sans cesse de moi comme les mille bras des vagues courant sur la mer toujours étrangère ;
C'est moi ce charroi d'ondes pour mûrir ton destin comme midi au sommet d'une cloche.

La publication du *Tombeau des rois* (1953) d'Anne Hébert constitue sans doute le sommet et en même temps la limite que peut atteindre une poésie de l'introspection. La narratrice, qui vit le cauchemar d'un viol par des gisants royaux, entrevoit, malgré les blessures accumulées, l'espoir d'une nouvelle vie :

122

Livide et repue du songe horrible
Les membres dénoués
Et les morts hors de moi, assassinés,
Quel reflet d'aube s'égare ici ?

Par la suite, Anne Hébert, avec *Mystère de la parole* (1965), concrétise une nouvelle conception de la poésie, conçue comme une « solitude rompue », et se rallie au discours de libération collective ambiant, mais en accentuant la prédominance du point de vue féminin qui avait eu cours dans ses recueils précédents, à travers une expérience d'écriture où ce point de vue demeure à l'avant-plan. Dans le corpus des œuvres où la transcendance et l'introspection jouent une part importante, il faut signaler les recueils de Fernand Ouellette. Ce poète a écrit une œuvre importante sous le signe de la fulgurance, qui est à la fois une quête continuelle et un état d'esprit. C'est un poète des commencements, comme de nombreux poètes de sa génération, y compris Gatien Lapointe, Son œuvre, issue de fréquentations livresques avec la culture européenne, allemande entre autres, occupe une place à part au sein la poésie québécoise. Pour lui, « la fonction de la poésie est beaucoup plus d'accroître que d'assouvir le désir ». Son recueil, *Dans le sombre* (1967), témoigne en effet d'une métaphysique de la sexualité, mélange d'enivrement et d'angoisse et dont la mort représente la ligne d'horizon. Seule l'illumination peut sauver de l'inéluctable :

Dans l'univers je repris tout corps
parole et pleur en fusion
il se répandait dans le pur
en survolant la mort

Par sa valeur et par sa signification emblématique pour toute une génération de poètes, le recueil d'Alain Grandbois, *Les îles de la nuit* (1944), mérite de figurer au palmarès de la période. Chez Grandbois, la nuit et l'angoisse forment les compagnons du périple du poète :

Ah je poursuivais l'interminable route
les villes derrière moi et les hommes sous la pluie

L'ampleur du chant de Grandbois, bien que profondément désespéré, va inspirer la génération de l'Hexagone, qui voyait dans le prosaïsme des vers de Saint-Denys Garneau un échec de la poésie.

Poésies de la verve populaire

Par contraste avec la dimension cosmique de Grandbois, les recueils d'Alphonse Piché (*Ballades de la petite extrace*, 1946) et de Clément Marchand (*Les soirs rouges*, 1947), tous deux de Trois-Rivières, apparaissent d'autant plus ancrés dans l'actualité et au plus près des préoccupations des classes populaires. Tous deux procèdent selon la forme de l'inventaire en prenant comme objet d'écriture les divers aspects de la vie quotidienne des gens. Piché renoue avec la poésie populaire de Jean Narrache (pseudonyme d'Émile Coderre), mais en portant une attention particulière aux formes fixes léguées par la tradition du vers, s'inspire des ballades de Villon pour parler de sujets brûlants comme la guerre (« Blessés, crevés, vétérans, hères, ° Maigres chômeurs, enrôlez-vous ° Pour les batailles d'après-guerre »). Marchand, s'il n'est pas le premier à parler des prolétaires, fait figure de pionnier pour désigner Montréal dans sa poésie : « Montréal, lumineux réseaux, luisants pavés, ° Ruissellement diffus des faisceaux de lumières ». Mais ce courant demeure relativement marginal en poésie québécoise. Le surréalisme domine incontestablement la fin des années quarante pour se poursuivre même au-delà des années soixante-dix.

L'influence surréaliste

Les œuvres de Gilles Hénault, Roland Giguère, Paul-Marie Lapointe et Claude Gauvreau, bien que ces poètes répondent parfois à des motifs presque à l'opposé, ont toutes subi, à divers degrés, l'influence du surréalisme. Hénault inaugure en quelque sorte le maillage entre le surréalisme et un langage élevé, entre son engagement social et des réflexions sur le poème lors de la parution d'un recueil qui coïncide avec la fondation des Cahiers de la fille indienne (avec Éloi de Grandmont). Le recueil *Théâtre en plein air* (1946) rend compte du désir de décloisonnement de l'homme québécois en quête de libération, par la diversité des formes et des registres poétiques. On note, par exemple, la présence de poèmes en prose. Le poème « Les insulaires » dénonce l'apathie d'une patrie qui n'est pas sans rappeler, avec les accents de révolte en plus, les « îles » de Grandbois : « Les habitants des îles parlent très fort crient très fort dans la tempête. Leurs cris insulaires, en détresse, dressent le pavillon désemparé des solitudes » L'influence surréaliste, première manière, c'est-à-dire caractérisée par le recours à l'écriture automatique, est notable chez Giguère et Paul-Marie Lapointe. Le premier publie son premier recueil *Faire naître* dans sa maison d'édition, Erta, où le graphisme fait partie intégrante de la construction matérielle et verbale du livre. Giguère, qui est le meilleur représentant en poésie québécoise de l'influence exercée par Paul Éluard, emprunte un intitulé du poète français, « Vivre mieux », pour l'adapter à la situation du Québec :

je détournai de moi
les palmes noires que l'on m'offrait
je quittai pour toujours les routes jalonnées de feux morts
pour d'autres routes plus larges
où mon sang confondait le ciel
comme une flèche confond sa cible

Toutefois, il revient à Paul-Marie Lapointe, alors âgé de 18 ans, d'avoir fait entrer le Québec dans la modernité avec son recueil *Le vierge incendié*, publié en 1948, recueil qui coïncide avec la parution du manifeste *Refus global*. Faisant appel aux procédés de l'écriture automatique, Lapointe multiplie toutes les formes de ruptures, à commencer par une contestation et une démolition en règle du siège de la Raison au profit d'une lecture du monde à partir du corps. Le discrédit des facultés purement cérébrales aura des répercussions jusque chez les poètes formalistes qui reconnaîtront leur dette à l'égard de Lapointe : « et tout le pays exploration à plat-ventre du pays de ventre ». Toutefois, malgré un parti pris dans la discontinuité des images, c'est à un lyrisme neuf qu'aspire Lapointe :

un monde va faire l'habitation du monde
la sphère d'une main
la balle du gamin tout l'idéal en pomme
et goûter le corps universel

Une certaine tradition de la poésie, identifiée comme la poésie de l'arbre, qui eu cours dans les époques précédentes, est conspuée mais sans que la thématique soit elle-même remise en question. La fin du *Vierge incendié* annonce déjà le grand poème « Arbres », publié une dizaine d'années plus tard : « parce qu'on a la cervelle des arbres ° et que les arbres c'est la plus belle chose ° quand on ne peut se fier aux hommes ». L'œuvre de Paul-Marie Lapointe, si elle est issue d'une esthétique surréaliste, va aussi se rattacher à la poésie de l'Hexagone, avec la parution de *Pour les âmes* (1965), recueil dans lequel la valorisation de l'improvisation, à l'instar du jazz, va de pair avec une solidarité non seulement nationale mais universelle, avec les choses comme avec les hommes et les femmes de toutes cultures. L'exacerbation du langage et de la révolte atteint un degré de plus dans *Étal mixte* de Claude Gauvreau, dont le texte est écrit durant la période mais qui ne verra

véritablement le jour que lors de la réédition posthume des *Œuvres complètes* (1977). La violence est aussi bien un mode d'exploration du langage qu'une manière de résistance à toute forme d'idéologie. L'« Ode à l'ennemi », souvent cité, en donne un bon aperçu :

Pas de pitié
les pauvres ouistitis
pourriront dans leur jus
Pas de pitié
le dos de la morue
ne sera pas ménagé
Cycle
Un tricycle
à ongle de pasteur
va jeter sa gourme
sur les autels de ses présidences
Pas de pitié !
Mourez
vils carnivores

Poésies de territoire

Les années cinquante voient la fondation de la plus prestigieuse maison d'édition de poésie, l'Hexagone, qui coïncide avec la parution du premier recueil, *Deux sangs* (1953), écrit conjointement par Olivier Marchand et Gaston Miron. Ce qu'on a qualifié de poésie du pays va consister, chez les poètes les plus marquants, à allier une exploration du territoire et la recherche d'un nouveau langage, le plus souvent sous la forme d'un chant en accord avec le désir d'habiter l'espace québécois au sein d'une géographie qui embrasse tout l'espace américain. *Recours au pays* (1961) de Jean-Guy Pilon et *Ode au Saint-Laurent* (1967) de Gatien Lapointe (dont voici un extrait) en sont les exemples les plus connus :

Ma langue est d'Amérique
Je suis né de ce paysage
J'ai pris souffle dans le limon du fleuve
Je suis la terre et je suis la parole

L'Hexagone, qui est avant tout une maison d'édition, a représenté un lieu rassembleur pour tous les poètes y compris les poètes de la solitude, comme en fait foi la rétrospective des *Poèmes* d'Alain Grandbois (1963). Sur le plan littéraire et idéologique, l'influence de Miron au cours de ces années est énorme bien qu'elle ne se mesure pas en termes de recueils. Son engagement pour la cause nationale de même que ses réflexions sur la fonction de poète dans un Québec dominé par la langue anglaise le conduisent à vivre son rapport à la poésie comme une contradiction étant donné la situation du Québec à l'époque. Pour Miron, l'épanouissement de l'individu est indissociable de la libération du Québec : « un jour j'aurai dit oui à ma naissance ». Miron est confronté à un paradoxe, celui d'être poète, d'écrire des poèmes, manifestant de la méfiance envers la poésie parce qu'elle ne peut que sonner faux dans la logique de la colonisation que professent Miron et les théoriciens de la décolonisation. Ce constat, équivalant à la « conscience malheureuse » chez Sartre, se traduit sur le plan formel par l'incursion d'une prose qui utilise une tonalité intimiste, proche de la confession afin de préserver un dialogue authentique avec la collectivité. Paul Chamberland, dans *L'afficheur hurle* (1965), écrit que « la poésie n'existe plus ». Jacques Brault, qui cumule les héritages de Garneau, de Grandbois et de Miron, bien qu'il s'exprime lui aussi par le biais de vers amples, évoque dans ses vers un quotidien qui se décline en mode mineur. La mémoire, qui titre son recueil de 1965 (*Mémoire*), se voit forcé d'admettre que son père, comme la collectivité, lui fait honte. Il se trouve confronté au fossé qui sépare le milieu d'où il vient et la nouvelle fonction d'écrivain qu'il essaie d'assumer. C'est ce qui rend si criante la non-coïncidence entre le moi et la collectivité. Le poème « Mémoire » se lit comme une longue confession adressée au père humilié, associé à la pauvreté natale, thématique commune des poètes de *Parti pris* : « J'ai mémoire de toi père et voici que je t'accorde enfin ce nom comme un aveu ». Ces témoignages font écho à l'espoir mironien de transformer un échec langagier en un salut collectif, comme dans « La pauvreté Anthropos » :

Ma pauvre poésie en images de pauvres
avec tes efforts les yeux sortis de l'histoire
[...]
ma pauvre poésie toujours si près de t'évanouir
désespérée mais non pas résignée
obstinée dans ta compassion et le salut collectif

Progressivement, bien que les accents de Grandbois soient toujours en filigrane d'un certain registre de voix, le prosaïsme et surtout la tentation du mutisme, voire la sécheresse de cette absence de chant qu'on avait reprochée à Saint-Denys Garneau, rejoignent contre toute attente les poètes des années soixante. Mais, à la différence de Saint-

Denys Garneau et, sans doute plus encore que pour les surréalistes pour lesquels elle fut pourtant une source d'inspiration fondamentale, la figure féminine chez Miron, Chamberland, Brault et d'autres s'avère une destinatrice privilégiée. Le poète lui accorde le rôle de médiatrice entre lui et la collectivité. Mais elle peut tout aussi bien représenter un obstacle pour l'engagement du poète. C'est encore Miron qui a exprimé l'écartèlement entre l'engagement politique et l'amour. L'échec de la parole, la précarité du pays risque de corrompre ce que le poète tente d'établir avec la femme, comme le constate Miron dans l'un de ses « recours didactique » :

Tu sais que je peux revenir et rester près de toi
ce n'est pas le sang, ni l'anarchie ou la guerre
et pourtant je lutte, je te le jure, je lutte
parce que je suis en danger de moi-même à toi
et tous deux le sommes de nous-mêmes aux autres

Ainsi les deux courants, poésie surréalisante ou automatiste, d'une part, discours lyrique du pays à venir d'autre part, se maintiendront tout au cours des années soixante.

Les avant-gardes

Au milieu de cette dernière décennie, la contre-culture et le formalisme vont engager la poésie québécoise dans d'autres voies. La première est influencée par l'imaginaire américain, en particulier la *beat generation* et le *sex, drug and rock and roll*, et forme une triade qui résume son orientation. Denis Vanier, Claude Péloquin, Raôul Duguay puis, plus tard, Paul Chamberland, qui y participera dans la décennie suivante, en sont les principaux représentants. Cette poésie mise sur la multiplicité des expériences sensorielles pour atteindre une libération qui, somme toute, ne peut être qu'individuelle, et, en cela, elle prolonge à sa manière les vœux qu'exprime le manifeste de *Refus global* : « Au terme imaginable, nous entrevoyons l'homme libéré de ses chaînes inutiles, réaliser dans l'ordre imprévu, nécessaire de la spontanéité, dans l'anarchie resplendissante, la plénitude de ses dons individuels ». Les pratiques contreculturelles se divisent effectivement entre l'exaltation et une poésie plus polémique, qui se veut provocatrice et qui utilise le langage cru pour dénoncer l'hypocrisie d'une société accusée de brimer les pulsions des individus. C'est le cas de Vanier, poète précoce de 15 ans qui publie *Je* (1965), préfacé par Claude Gauvreau, et *Pornographic delicatessen* (1968), de même que de Josée Yvon, qui publient des recueils où dominent la violence et la pornographie. Mais le courant majeur de la dernière partie de cette décennie est sans contredit le formalisme, qui se concrétisera par la parution de *La Barre du jour*, en 1965. Cette revue, née de l'initiative d'étudiants, veut tourner le dos à la poésie du pays pour proposer une source d'inspiration neuve. De manière significative, elle se trouve à renouer avec des poètes de la génération des exotiques, fondateurs de la revue *Le Nigog* (1918), dont elle publie des inédits. Ce choix délibéré des membres de la revue manifeste une volonté d'entraîner la poésie québécoise hors des sentiers d'un certain régionalisme que représente à leurs yeux l'Hexagone. Les poètes de cette période proposent une perspective matérialiste (à l'encontre d'un idéalisme rejeté en bloc) qui s'inspire largement des formalistes français de la revue *Tel quel*. De même, on assiste à la fondation des Herbes rouges en 1968, où se feront entendre des voix (François Charron, Normand de Bellefeuille, André Roy, Yolande Villemaire, Roger Des Roches, etc.) qui donneront leur pleine mesure dans la décennie 1970. Nicole Brossard, qui publie trois recueils au cours de la période, compose des textes à visée expérimentale où le *je* de l'écrivain, offrant une face neutre, s'est substitué à la représentation d'un sujet lyrique introspectif ou en quête du salut collectif :

> ensemble je dégage devant les fils qui
> séparent un regard de l'autre stratégiques
> le non-sens de voir que nous sommes épars
> dans la distance du retour à la première personne

La poésie migrante

La littérature migrante offre enfin un autre point de vue sur la littérature québécoise. En poésie, elle a commencé dès la fondation de l'Hexagone, avec des poètes qui ont activement participé à ses destinées : Alain Horic, Claude Haeffely et Michel Van Schendel. Mentionnons encore les noms de Juan Garcia, qui publie *Alchimie du corps* (1967), Théodore Koenig et Anthony Phelps. La fraternité, entre autres, fut sans conteste un élément porteur pour les poètes venus des quatre coins du monde et qui cherchent à s'intégrer non seulement à la société québécoise, mais aussi à la recherche de pairs en écriture. La pratique de leur art les amène à découvrir, par-delà ce qui les dif-férencie des Québécois, la possibilité d'un échange où la parole de l'immigré mêle sa voix à celle du pays d'accueil. Le poète immigrant trouve en outre l'occasion d'ajouter une *autre* voix au concert relativement homogène. Ainsi Van Schendel, dans *Poèmes de l'Amérique étrangère* (1958), pose son propre jugement sur la société québécoise tout en l'inscrivant dans le territoire plus vaste de l'Amérique. Son esprit critique ne l'empêche pas de l'accueillir comme sa terre d'élection :

> Je te veux ton alliance à mon doigt
> Que je te mate et te cravache revêche
> Et te plante sous mes plafonds bas
> [...]
> Je suis un homme de mes terres d'Amérique

Conclusion

Toutes ces voies diverses et parfois divergentes, que ce soit celles du surréalisme, du recours au pays, de la contre-culture ou du formalisme, finiront par être réunies le 27 mars 1970 sur une même scène, lors de la Nuit de la poésie du Gesù. Le public a l'occasion de voir défiler devant lui les poètes les plus représentatifs du Québec, dans une atmosphère surchauffée, avec en arrière-plan le climat politique qui va mener à la crise d'Octobre. Nombreux sont les poètes mais aussi les textes qui sont devenus familiers à la suite de cette fête de la poésie : Claude Gauvreau, Gaston Miron, ou Michèle Lalonde lisant « Speak white ». Les années 1940-1970 sont celles qui ont contribué à jeter les assises de la poésie québécoise. À partir de 1970, on peut considérer que la poésie a pris sa place au sein des infrastructures, que ce soit dans le domaine éditorial, dans la réception critique ou même au sein des institutions scolaires. Beaucoup de recueils de cette période sont d'ailleurs considérés aujourd'hui comme des classiques. La poésie québécoise de ces trente années est devenue un fait acquis. Une *référence*. ∎

Ce texte a déjà paru dans *Québec français*, n° 144, p. 38-41.

★ *Professeur à l'Université du Québec à Trois-Rivières et chroniqueur de poésie.*

© Jean-Pol Stercq

L'INVENTION D'UN PAYSAGE

ALEXANDRE DROLET*

Mouvements de la poésie moderne

> Gaston Miron, 1984.

C'est sur le constat d'une littérature qui *existe*, ni plus ni moins, et qui en est d'autant plus consciente que notre confrère Jacques Paquin a conclu son article sur l'émergence de la poésie québécoise de 1940 à 1970. Avec en avant-plan cette grande fête de la poésie qui s'est tenue dans la nuit du 27 mars, la décennie 1970 s'ouvrait sur des perspectives enthousiastes quant à l'avenir de la culture au Québec. C'était là sans savoir que les publications pour le moins marquantes de Gaston Miron et de Nicole Brossard dans les mois qui suivraient allaient marquer d'un trait le passage entre deux générations. L'heure était à l'expérimentation.

Mai 1970 – *L'homme rapaillé* de Gaston Miron

Aussi surprenant que cela puisse paraître, ce recueil si déterminant dans l'histoire de la poésie québécoise aurait bien pu ne jamais naître. Résumons brièvement sa genèse. Miron est né d'une famille de menuisiers en 1928 à Sainte-Agathe-des-Monts, dans les Laurentides. Très jeune, il découvre l'analphabétisme de son grand-père, un homme illustre qui avait participé à la fondation du village. Il en est bouleversé, à un point tel qu'il racontera souvent dans divers entretiens avoir senti se déverser en lui « tout le noir de sa vie ». À l'âge de vingt ans, il s'installe à Montréal où il découvre un monde dans lequel le capitalisme anglophone domine, ce qui lui donne l'impression d'être étranger en son pays. Naît alors chez lui cette prise de conscience par rapport à la langue et à l'identité du Canadien français, résultant en une profonde impression d'aliénation collective, celle d'un peuple qui ne contrôle pas son destin.

Dès les premiers poèmes (*Deux sangs*), qu'il publie avec Olivier Marchand en 1953, au moment de la fondation des éditions de l'Hexagone, Miron fait de cette crainte de l'envahissement collectif un thème récurrent. L'engagement politique se ressent à ce moment comme une nécessité, ce qui se fait au détriment de l'écriture : l'établissement d'une œuvre poétique équivaut à l'affirmation d'une collectivité qui parvient à s'épanouir, ce qu'il ne peut concevoir dans le contexte de l'époque. Pour lui, l'action la plus concrète est d'abord politique, puis poétique. Pendant toute sa vie, il se contentera ainsi de publier ses textes et ses poèmes dans diverses revues, refusant chaque fois de leur reconnaître un caractère définitif. Il n'a en fait d'autre choix, puisqu'il les modifie sans cesse au fil de ses nombreuses lectures publiques. Un des exemples les plus éloquents sera celui du célèbre poème « La marche à l'amour » qui, à la suite de sa première rédaction en 1952, a vu plusieurs vers être complètement remaniés, des coquilles, corrigées, des strophes, ajoutées et même la dédicace, modifiée puis supprimée.

Malgré les demandes répétées de son entourage de réunir l'ensemble de ses écrits au sein d'un même ouvrage, ce n'est donc qu'en cette année 1970 que Georges-André Vachon réussit à convaincre l'auteur de faire paraître le manuscrit dans la collection du « Prix de la revue *Études françaises* » aux Presses de l'Université de Montréal. Mais encore, Miron n'accepte qu'avec réticence, imposant à chaque nouvelle version la mention « nondéfinitive » au début de l'ouvrage, ce qui s'avère légitime puisque le recueil sera réorganisé et augmenté à chaque nouvelle impression, que ce soit de la version française publiée chez Maspero en 1980 ou celle désormais définitive qu'entraînera la mort du poète en 1996. Le recueil *Courtepointes*, publié en 1977 aux Presses de l'Université d'Ottawa, intégrera de son côté *L'homme rapaillé* à partir de 1981.

Bref, il y a lieu de parler de la parution de ce recueil comme d'un véritable événement dans la littérature québécoise tant le discours qu'il véhicule est révélateur de la condition d'une époque et tant son rayonnement dépasse les frontières du Québec. D'une double portée, *L'homme rapaillé* contribuera non seulement à la reconnaissance de la poésie québécoise, mais permettra à Miron de joindre le prestigieux cercle des poètes de l'universel.

Formalisme et avant-garde

Malgré cette publication attendue, les problématiques qui ont occupé les écrivains des années soixante s'estompent peu à peu en cette année 1970. La question nationale continue d'animer les débats sans nécessairement se retrouver dans les textes. Depuis *L'afficheur hurle* de Paul Chamberland en 1965, le rôle de la poésie est de plus en plus remis en question, et plusieurs écrivains ressentent le besoin de se libérer de la thématique du pays au profit de nouvelles formes d'écriture. C'est le cas entre autres du jeune Pierre Nepveu qui, avec *Voies rapides* en 1971, s'introduit dans un univers urbain jusqu'alors peu exploré, ce qui ne se fait toutefois pas dans l'optique expérimentale qui marquera l'écriture des années suivantes.

Qualifiée littéralement de « laboratoire », cette écriture que l'on dira formaliste ou avant-gardiste prend forme au sein de deux revues qui naissent respectivement en 1965 et 1968 : *La Barre du jour* et *Les Herbes rouges*. Prenant appui sur diverses théories américaines et surtout européennes, les membres de cette école tentent de remettre en question le rapport de la poésie au langage. Autoréflexif, le poème devient une sorte de discours sur le discours, lui qui s'écarte considérablement de la lisibilité et, pour tout dire, d'une bonne part du public lecteur. La typographie est mise à profit, tout comme l'herméneutique du texte qui prend souvent la forme d'un discours codé. Plus que jamais, la réalité est déjouée, ce qui dominera l'écriture poétique de la première moitié des années soixante-dix. Par la suite la poésie s'orientera vers des formes différentes : les Herbes rouges deviendront une maison d'édition qui se montrera fidèle à certains auteurs-clés, comme François Charron ou Normand de Bellefeuille, pour ne nommer que ceux-là. Les enjeux de l'écriture continueront d'alimenter les débats, notamment dans un conflit qui opposera ces mêmes Herbes rouges à l'équipe de *La Barre du jour*. Même si Paul-Marie Lapointe en surprendra plusieurs en publiant en 1980 *écRiturEs*, un ouvrage massif de deux tomes à forte connotation formaliste (dans une époque où l'on croyait révolu ce genre d'expérimentation), la poésie retrouvera lentement ses traces de lisibilité, puis son lyrisme, tout en laissant la place à un mouvement d'importance dans l'histoire de la littérature québécoise : l'écriture au féminin.

Féminisme et féminité

D'un point de vue historique, il est étonnant de constater à quel point les femmes figurent peu dans les anthologies de poésie dans la période qui précède les années soixante-dix. Du nombre, l'on compte certainement Rina Lasnier, Medjé Vézina, Anne Hébert, Éva Senécal et quelques autres, mais elles sont loin d'être la majorité dans le paysage poétique de la première moitié du siècle. La situation changera considérablement à partir de 1975, notamment à la suite de la Rencontre québécoise internationale des écrivains. Ayant pour thème « La femme et l'écriture », l'événement regroupe des écrivaines de plusieurs pays et marque l'entrée des femmes, tant par l'écriture que par l'engagement, dans une littérature québécoise qui accède enfin à la modernité.

Ouvertement inspirées par le mouvement féministe français, des écrivaines québécoises prennent le pari de créer un langage dans lequel la femme se constitue comme sujet, ce qui donne naissance à la notion de corps-texte. Parmi les représentantes les plus importantes de ce groupe se retrouvent Nicole Brossard, Madeleine Gagnon et France Théoret. Pour ces trois poètes de la même génération, le féminisme incarne un appui sans en faire nécessairement une cause militante. Ce faisant, elles contribuent à créer une poésie devant d'abord être perçue comme un langage, basé effectivement sur les travaux des différentes théories féministes, mais qui relève plus de l'inspiration que de la pure représentation.

C'est au sein de cette avant-garde que Nicole Brossard effectue ses premières armes. Son recueil *Suite logique*, publié en 1970, ira à contresens de la production de la génération de l'Hexagone. Elle efface toute trace de lyrisme, de même que toute mention d'un « je », pourtant si présent dans l'écriture des années soixante, afin de laisser la place nécessaire à l'expansion de la figure du neutre (ce que l'on pouvait déjà percevoir dans ses premiers recueils, dont *L'écho bouge beau* en 1968).

On passera par diverses appellations pour nommer le courant : écriture féministe, écriture féminine, écriture au féminin. C'est à cette dernière formule que la plupart des critiques et théoriciens de la littérature auront le plus souvent recours, ce dont Louise Dupré rend compte dans son essai *Stratégies du vertige*. Selon elle, l'écriture féminine montrerait des traces d'une féminité inconsciente, sans que ce soit une recherche sur le féminin, ce que dénoterait par exemple un roman comme *Bonheur d'occasion* de Gabrielle Roy. L'emploi d'« écriture féministe » renverrait à un discours « manifestaire » ayant pour but de transformer l'Institution en y intégrant des valeurs féministes, ce qui serait plus près d'une pièce de théâtre comme *Les fées ont soif* de Denise Boucher que des œuvres d'écrivaines comme Brossard, Théoret ou Gagnon. « Les écritures au féminin » tenteront, quant à elle, de dévoiler plus justement un langage-femme. Il reste néanmoins que ni Gagnon, ni Théoret, ni Brossard ne tireront le même appui de cette question. Un recueil au ton agressif comme *Pour les femmes et tous les autres* (1974) de Gagnon démontrera un engagement rarement égalé en littérature québécoise envers la cause féministe, lui qui calque à l'aide du joual la situation d'une condition réprimée. Ce sera d'abord et avant tout dans le désir de montrer à quel point un inconscient féminin peut permettre de produire un autre type de littérature que les trois auteures se rejoindront, faisant de leurs visions divergentes de l'écriture l'expression d'une même collectivité.

À partir des années quatre-vingt, le cercle des différentes écritures au féminin s'agrandira au profit de nouvelles poètes comme Anne-Marie Alonzo, Élise Turcotte, Louise Desjardins, Louise Warren ou Danielle Fournier, sans compter celles qui adopteront une approche basée sur la féminité ou celles qui choisiront plutôt des perspectives formalistes, comme Claudine Bertrand.

L'intimisme

C'est encore une fois en rupture avec une époque d'écriture que la poésie québécoise s'ouvre au tournant des années quatre-vingt. Beaucoup plus lyrique que ne l'était l'écriture formaliste, le courant que l'on dira « intimiste » fera de la proximité le centre du discours et de la réflexion : près de l'instant, attentifs aux sensations, les poètes de l'intime se plaisent à nommer ce qui les entoure, ce qui relève alors d'un autre type d'expérience, faisant de chaque objet la source d'un questionnement, de la remise en question d'une certaine condition d'être. Le lecteur assiste à une sorte de quête où la compréhension de soi est inhérente à la compréhension de l'autre. L'être serait alors à même d'offrir les réponses aux énigmes de l'existence, ce qu'une poète comme Hélène Dorion tendra à démontrer dans son œuvre. La question de l'horizon prendra aussi un sens nouveau à partir de ce que produiront certains poètes de ce courant. La relation qui s'instaure dans la poésie intime entre le « je » et le « tu » contribue souvent à ouvrir l'espace, ce qui éveille le poète à une sensibilité particulière, celle d'un monde nouveau qu'il s'affairera à découvrir.

Même s'il publie ses premiers poèmes au seuil de la Révolution tranquille, ce n'est que dans les années soixante-dix que Michel Beaulieu fait paraître le plus significatif d'une œuvre abondante qui prendra fin subitement avec sa mort en 1983. Romancier et critique, il participe activement à la vie littéraire québécoise en fondant les Éditions Estérel et la revue *Quoi ?*, deux réalisations qui ne survivront que peu de temps, mais qui montrent bien le rôle que Beaulieu exerce sur le métier qu'il pratique, lui qui aura d'ailleurs une influence considérable sur plusieurs

poètes des générations suivantes. Au fil des ouvrages, il parvient à développer un style qui lui est propre, dans lequel le récit du quotidien avance au rythme des sensations. L'image d'un poète en continuelle quête de l'acuité des perceptions trouve un achèvement certain dans un recueil comme *Kaléidoscope ou les aléas du corps grave* (1984) : « Entre autres villes ° celle où tu reviens au bout ° du compte des voyages le flanc ° de la montagne taillé d'un coup ° tu n'arrives pas ° de très loin retraçant les marches ° tes dix-sept ans des nuits d'autrefois ° le vague à l'âme à force de trop lire ° les poètes dont tu ne redécouvrirais ° qu'à quarante ans la teneur disait-on ».

Chez Marie Uguay, disparue elle aussi prématurément en 1981, l'écriture prend des accents autobiographiques lors de l'annonce de la maladie qui l'assaille. Bien qu'elle n'ait publié que trois recueils, dont *Autobiographie*, à titre posthume, Uguay offre une poésie inspirée, marquée par l'expérimentation du vivable, en dépit d'une continuelle confrontation avec l'idée de la mort. Face au silence qui veille, le poème semble être le lieu de l'ultime apaisement, celui où en un état de profonde communion, le corps se réconcilie avec la souffrance :

J'irai partout   ailleurs
l'hirondelle   la fumée les roses tropicales
c'est tout le matin ensemble
puis l'homme que l'on aime et que l'on oublie
je serai bien le jour
dans cette moisissure d'or
qui traîne dans toutes les capitales
et le tapis usé les ascenseurs

Je n'ai plus d'imagination
ni de souvenirs forcément
je regarde finir le monde

et naître mes désirs

Comme chez Beaulieu, le discours fait l'éloge de la simplicité. De « la lampe reflétée au plafond » au « lait qui s'épanouit dans le noir du café », chaque image fait acte de présence au monde.

Bien que son œuvre poétique semble avoir emprunté de nouvelles orientations à partir des années quatre-vingt-dix, Hélène Dorion mérite aussi d'être perçue comme une des poètes les plus importantes du courant. Dès son premier recueil en 1983, *L'intervalle prolongé*, elle propose certaines lignes qu'elle suivra avec précision au fil de son œuvre. La poésie de Dorion questionne l'existence sans tenter d'expliquer, visant plutôt à ouvrir ce que l'on pourrait percevoir comme un espace de non-réponse, et c'est ce qui garde le monde en vie. Souvent, la réflexion semble sortir tout droit du silence, elle qui appelle au mouvement, à l'animation. La relation entre la présence et l'absence dévoile ainsi l'immensité de plusieurs horizons, de la compréhension du monde à la compréhension du paysage, de la compréhension de l'autre à la compréhension de soi. Dans son recueil *Les retouches de l'intime* (1987), elle explore pour une des rares fois les voies de la prose poétique, ce qui permet d'habiter différemment le monde et d'ainsi explorer l'espace entre le moi et l'autre : « La pièce est vide maintenant. Tu as rouvert l'angle des disparitions. Mon regard, ma main, mon désir se dépouillent de toi. Ce vide a la beauté durable du silence, et je ne sais si je peux vivre des matières du réel autant que de leur absence, leur disparition ».

Relevant plus de l'inspiration que d'une école, l'intimisme occupera de différentes façons la poésie québécoise jusqu'à aujourd'hui, sans jamais cependant marquer une époque comme ce fut le cas dans les années quatre-vingt. Preuve de son autonomie, il sera difficile d'associer cette poésie des années qui suivront à des espaces précis, elle qui semblera au contraire se libérer des qualificatifs réducteurs. Les lecteurs devront s'ouvrir à la diversité.

Le Québec et les poètes minoritaires

La publication en 1992 de l'essai de François Paré, *Les littératures de l'exiguïté*, permettra de légitimer cette diversité. En se penchant comme peu l'avaient fait auparavant sur les petites littératures, telles les littératures insulaires ou coloniales, Paré dévoile au grand jour la valeur de plusieurs œuvres d'écrivains francophones d'Amérique jusqu'alors peu considérées. Sans doute obnubilé par l'émancipation de sa propre littérature, le Québec mettra du temps à reconnaître que d'autres littératures francophones se développaient en parallèle, en Acadie, en Ontario et au Manitoba.

C'est en partie grâce à la maison d'édition Prise de parole, de Sudbury, là où résident un grand nombre de francophones de l'Ontario, qu'on a pu commencer à parler d'une écriture franco-ontarienne. Fondée au début des années soixante-dix, la maison a toujours conservé la mission de faire connaître les œuvres d'écrivains francophones de l'Ontario et par le fait même d'animer la scène culturelle très effervescente de cette ville minière. Parmi les poètes qui feront la renommée de Prise de parole figurent deux amis de longue date : Robert Dickson, un écrivain anglophone qui choisit le français comme langue d'écriture,

et Patrice Desbiens, un poète qui sera à cheval toute sa vie entre les littératures québécoise et franco-ontarienne.

L'histoire et l'œuvre de ce dernier méritent d'être brièvement commentés. Patrice Desbiens est né en 1948 à Timmins, autre ville à minorité francophone de l'Ontario. Ce lieu, tout comme ce Sudbury associé à une autre partie de sa vie, sera dépeint fortement dans les recueils de poèmes qu'il fera paraître à partir de 1972. On le devine, les ouvrages de Desbiens sont grandement teintés d'autobiographie, et c'est en grande partie ce qui fera de lui un poète emblématique de l'Ontario francophone. Il aborde les thèmes représentatifs d'une condition collective, celle de la minorité. La quotidienneté, le désespoir et, surtout, la quête identitaire figurent au centre de ses principales problématiques. Il ne faut pas se surprendre de constater que c'est un de ses tout premiers recueils qui figure en tête de liste de ses œuvres les plus connues et les plus marquantes. Intitulé *L'homme invisible / The Invisible Man*, le recueil se présente comme un récit / *story* bilingue, avec en page de gauche un poème en français accompagné à sa droite par une « traduction » anglaise. L'on comprend dès la première page les enjeux qui accompagneront non seulement le recueil, mais aussi l'œuvre poétique entière de Patrice Desbiens, qui s'étendra jusqu'à aujourd'hui.

> 1. *L'homme invisible est né à Timmins, Ontario.*
> *Il est Franco-Ontarien.*
>
> 1. *The invisible man was born in Timmins, Ontario.*
> *He is French-Canadian.*

Avec le thème du questionnement identitaire apparaissant de telle sorte à l'avant-plan, la poésie de Desbiens se présente comme une poésie de l'ordinaire, du vécu quotidien d'un poète qui n'est pas totalement francophone, encore moins anglophone, à mi-chemin entre le fait d'être un homme et n'être rien du tout. C'est à cette condition de minoritaire qu'il s'arrêtera tout au long de son œuvre, et ce sera comme s'il tentait de montrer une société qui sous une apparente vacuité n'est pas absente pour autant du paysage. Pourtant, les portraits que peint cette poésie prouvent qu'il y a bien une communauté franco-ontarienne, perdue comme toutes les communautés dans un univers de contradictions, mais qui reste tout de même communauté. Une scène du recueil *Sudbury* :

> *Je descends en ville avec mon cri dans gorge.*
> *Je m'en vais où la réalité est un bouncer qui s'excuse*
> *en te crissant à porte.* […]

Tout s'éloigne.
On ne va plus se chercher une bière par plaisir,

mais par nécessité.

Ce « cri dans la gorge » se perçoit souvent dans sa poésie, et ce, bien qu'il renverra à d'autres significations lorsque le poète se fixera à Montréal dans les années quatre-vingt. La problématique du minoritaire se déplacera, sans pour autant s'effacer, puisque partout où il se trouvera, Desbiens semblera être le citoyen de nulle part, de l'entre-deux, entre l'ici et l'ailleurs. Si ce déplacement vers Montréal, ville qu'il affirme être pour lui « ce que Paris est aux Québécois », semble ici la solution aux problèmes de dépossession de soi et de quête identitaire si dominants dans sa poésie, comment expliquer que sa venue à Montréal non seulement n'y règle rien, mais ne fait qu'amplifier les choses, accentuant chez lui cette sensation perpétuelle d'être un étranger en milieu lointain ? L'ailleurs serait donc pour lui un espace constamment idéalisé, au point d'être sans cesse un objet de quête. La poésie de Desbiens est somme toute l'affirmation d'une condition d'exclu, le poète se découvrant comme un marginal, un minoritaire de la vie, une sorte d'écrivain migrant de l'absolu qui, piégé entre l'ici et l'ailleurs, n'est finalement nulle part chez lui.

À partir d'une œuvre comme la sienne, et par rapport à celles d'autres poètes comme l'Acadien Herménégilde Chiasson, le Québec reconnaît qu'il n'est pas seul à être confronté à de telles préoccupations, autant du point de vue de sa condition de minoritaire que dans les rangs des littératures francophones. En fait, la reconnaissance de ces littératures que Paré dira de *l'exiguïté* ne fera plus de la littérature québécoise l'unique littérature francophone d'Amérique. Il faudra alors considérer l'existence de *plusieurs* littératures francophones d'Amérique.

Convergentes émergences

Ce trop bref panorama ne peut pas ne pas aborder le travail de certaines nouvelles voix du paysage poétique québécois. C'est d'abord confronté à diverses convergences que j'ai cru bon de proposer la lecture de trois recueils publiés, par complet hasard, au tournant des années 2002 et 2003. L'on ne se surprendra guère de retrouver dans cette courte liste deux auteurs publiés aux Herbes rouges, maison qui surprend chaque année par la découverte de nouveaux poètes.

C'est à la manière d'un album-photo que l'on entrera dans *Nous serons sans voix* de Benoît Jutras. La poésie est là un espace de remémoration, d'évocation d'instants variés plus ou moins lointains qui trouvent une union certaine dans leur rapport au fait divers. En prose, les textes oscillent entre la description du présent et celle du passé, empruntant souvent au journal intime, voire au journal de voyage, ses formes les plus personnelles. Le recours aux lieux, souvent des villes canadiennes, permet de ressasser des moments précis afin de faire ressurgir un caractère profondément événementiel, et c'est probablement ce qu'il y a de plus frappant dans ce recueil, car derrière une présentation très kaléidoscopique de souvenirs et d'anecdotes en apparence banals semble se dégager une dimension marquante significative bien propre à la notion d'événement. C'est en considérant l'ensemble de l'œuvre qu'apparaît une poésie à la modernité très noire, très près de ce que l'on pourrait attendre d'une écriture du désastre : « Je n'avais jamais regardé mes mains, les lignes de mes mains. Ces rivières qui s'effilochent, c'est de la folie, on dirait la terre qui s'ouvre partout en même temps. Hier à la foire de Swan Hills, une ex-mormone m'a dit que les lignes brisées étaient signes de salut. Avec tous ces milles depuis une semaine, et cette pluie jusqu'ici, ne pas la croire m'aurait achevée ».

Il y a certainement des filiations à faire entre les enjeux du recueil de Jutras et ceux de cet autre recueil des Herbes rouges, *Choix d'apocalypse* de Mario Brassard. Comme le titre l'indique, l'auteur s'attarde à décrire la mort, disons même *les morts*, mais moins en tant qu'état qu'en tant que condition. Mourir donc, et de toutes les façons possibles, puisque la mort doit être considérée d'abord et avant tout à son premier degré, celui de l'opposition à la vie. Le poète présente ainsi un choix de différentes réalités qui se rejoignent toutes dans leur propension à éteindre le monde, et ce choix doit littéralement être vu comme un guide, puisque les quarante-six poèmes qui composent le recueil sont titrés et présentés en ordre alphabétique. On devinera évidemment la démarche un peu ludique de l'auteur, ce qui ne doit en rien faire ombre au climat d'affaissement qui règne dans tout le recueil, appuyant les certitudes du monde actuel quant à l'éphémère et au vulnérable : « Dans l'arbre la nuit s'émiette ° Ce n'est pas tant qu'il fait froid ° Que la lune morte en plein vol ».

Puis question d'éclaircir quelque peu un paysage présenté jusqu'ici de façon bien sombre, glissons quelques mots enfin sur le très beau recueil de Louis-Jean Thibault, *Géographie des lointains*, publié cette fois aux Éditions du Noroît, autre maison depuis longtemps reconnue pour ses poètes de prestige. De ses quatre parties, nommées « Sur le seuil », « Dans les rues », « Périphérie » et « Littoral », on retiendra cette espèce de brume qui règne sans cesse au-dessus des poèmes, précisément au sens d'une matière entièrement naturelle qui, malgré tout ce qui la sépare d'un paysage très contemporain de gratte-ciel et d'artères commerciales, parvient tout de même à intégrer le paysage, refondant ses structures en une seule et même entité. Cette contradiction frappante entre les origines et le moderne est à la source du poème, renvoyant l'homme à son essence et au fondement de ce qui le compose :

Les pylônes électriques côtoient
les arêtes des fenêtres,
la charpente fragile des toitures.
Sur la ville pèsent des odeurs
de métal et d'étain,
la masse lourde des nuages.
Vois, les hommes cheminent plus bas
vers moins de beauté et de chaleur,
mais le soir reste auprès d'eux
comme la promesse d'une étreinte.

Conclusion

C'est sous le signe de la présence au monde qu'il m'a semblé le plus opportun de clore ce texte et, par le fait même, d'en arriver à certaines conclusions sur la situation actuelle de la poésie québécoise. S'il convient d'affirmer que toute poésie dévoile un certain point de vue sur le monde, chaque poète possède sa vision propre et unique de l'univers dans lequel il se trouve, et c'est ce qui m'a paru le plus frappant chez les trois poètes que nous venons d'aborder. La noirceur d'un recueil comme celui de Mario Brassard sera différente de celle beaucoup plus narrative et prosaïque que présente Benoît Jutras, alors qu'elle ira nettement en s'atténuant chez un Louis-Jean Thibault, révélant les contrastes d'une modernité remplie d'espoir et d'incertitudes.

Cette multiplicité des voix et surtout cette diversité à laquelle les poètes se livrent dans l'exercice de leurs expériences poétiques représentent, à mon sens, l'illustration la plus concrète d'une poésie qui se porte bien. Et encore, la volonté de peindre un portrait de la poésie québécoise des trente-sept dernières années se confronte inévitablement à une contrainte d'espace. Il fut nécessaire de faire des choix, et d'ainsi passer sous silence la valeur de plusieurs textes et auteurs : des poèmes sportifs de Bernard Pozier aux élans d'enthousiasme de Michel Garneau, de l'expérimentation du chaos de Thierry Dimanche à celle de la ville chez Pierre Nepveu, de la vision de l'Amérique de Lucien Francœur à celle de Jean-Paul Daoust, rien n'a été dit. Tout comme d'ailleurs à propos de ces aînés comme Fernand Ouellette et Jacques Brault, qui continuent de mêler leur voix à celle des apprentis.

Et pourtant, tous ces auteurs jeunes et moins jeunes font partie de ce portrait, preuve ultime que la poésie québécoise mérite sans cesse d'être découverte et redécouverte.

Or, les occasions de le faire foisonnent plus que jamais. Les maisons d'édition de poésie abondent, au point où la production semble parfois surpasser la réception. Diverses revues se spécialisent dans la publication de poésie, comme *Estuaire* et *Exit,* alors que *Liberté, Contre-Jour* ou *L'Inconvévient* en font paraître régulièrement. Les événements se multiplient : le Festival international de la poésie de Trois-Rivières réunit au début du mois d'octobre des centaines de poètes et d'adeptes de la poésie depuis plus de vingt ans, alors que le Marché de la poésie de Montréal n'a plus rien à envier à son équivalent parisien. Dans les deux cas, l'accent est mis sur les lectures publiques, activité qui tend à connaître de plus en plus de succès au Québec, ce qui est mis à profit par les Poètes de l'Amérique française, organisme qui, par l'entremise du poète Guy Cloutier, convie une fois par mois les spectateurs de Montréal et de Québec à entendre un poète lire un choix de ses propres textes au son des divers musiciens classiques qui l'accompagnent. Le comédien Christian Vézina se spécialisera quant à lui dans l'adaptation théâtrale d'œuvres poétiques comme celles de Gérald Godin ou, plus récemment, de Gaston Miron.

En 1951, Roland Giguère concluait un célèbre poème en affirmant que « le paysage était à refaire ». Un demi-siècle plus tard, force est d'admettre que cet appel à la reconstruction du monde, voire à l'invention de soi par le langage poétique, a été entendu. Alors que les usagers du métro de Montréal voient quotidiennement défiler sur les écrans électroniques des extraits de poèmes, il y a lieu de croire que le genre est bel et bien vivant au Québec, et ce, même si plusieurs émettent des réserves quant au réel pouvoir de diffusion qu'entraîne cette initiative. Un fait demeure, c'est que Nelligan n'est désormais plus seul dans cette fresque d'une poésie québécoise qui tend de plus en plus à s'agrandir. Sans doute faut-il y voir une illustration des plus splendides d'un paysage poétique qui a été fait, puis refait, mais qui surtout se recrée encore, se réinventant sans cesse, dans une quête continuelle des sources de sa vitalité. ■

Ce texte a déjà paru dans *Québec français,* nº 145, p. 35-39.

✳ *Étudiant à la maîtrise en études littéraires, Université Laval.*

QU'EST-CE QUI FAIT CHANTER LE QUÉBEC ?

ANDRÉ GAULIN*

Trois voix majeures

> Gilles Vigneault.

Les Québécois aiment chanter. Laissez-les quelques heures ensemble et vous aurez une chorale ! Ce goût du chant, ils le tiennent beaucoup de la tradition orale qui a marqué leur histoire. Les Québécois sont nés de mères qui chantaient, comme Fabiola, mère de Félix Leclerc, qui nous le rappelle dans sa chanson « Les soirs d'hiver » où sa « mère chantait ° Pour chasser le diable qui rôdait ». Avec sa famille enclose dans la maison, il chante aussi le père, comme le Samuel de *Maria Chapdelaine*, quand la poudrerie qui souffle l'empêche d'amener les siens à la messe de minuit. Ainsi que le rappelait Louis Hémon, l'auteur du célèbre roman, leurs ancêtres avaient apporté de France leurs chansons, une manière de garder quelque chose de la patrie quittée, comme une chaleur au cœur. Dans les folklores connus de mémoire, c'était Saint-Malo ou La Rochelle, beaux ports de mer, ou Fougères et la Bretagne, ou Avignon et son pont, ou Bordeaux encore attaquée par les Anglais. Ces textes témoignaient des us et coutumes dont celui de la bonne chère, « pâté si grand » de Rouen, soupe à l'oignon de Charenton, vie dure des cantonniers de Louviers, passage en sabots par la Lorraine et ce détour obligé, pour vider la bouteille, par Paris où « y a-t-une brune plus belle que l'amour » ! Quand le poète Octave Crémazie, exilé à Paris, écrit au lettré Henri-Raymond Casgrain, il suppose que le coureur de bois de chez lui chante pour oublier qu'il est si seul qu'il veut entendre sa voix. Le Gilles Vigneault des « Gens de mon pays » s'en souviendra quand il décrit ses compatriotes comme gens de parole qui parlent pour s'entendre !

Chanter, le cœur dans la mémoire

C'est tout dire de cette fidélité des Québécois à la mémoire profonde des provinces « françoyses » et de leurs capitales ou quais d'embarquement. Beaucoup d'anciens, dans les campagnes des régions québécoises et même les villes, étaient des anthologies vivantes du répertoire ancien : il suffisait de leur fournir « le petit boire » pour que le récital s'allonge. Avec l'ajout d'un violon, instrument national, les pieds entamaient la gigue et dansaient le cotillon. Puis tantôt, à voix nue, dans la relâche de l'essoufflement, une grand-mère réunirait toutes les générations de la soirée qui écouteraient le Moyen Âge et la complainte du Roy Renaud de guerre venant, « tenant ses tripes dans ses mains » ! C'est tout ce patrimoine chanté qui résiste à l'oubli dont témoignent les Archives de folklore de l'Université Laval de Québec où quelque 1 500 enquêteurs ont fait don de leurs fonds. Toute cette mémoire marquera diversement des chansonniers à venir qui en garderont la rythmique, laquelle influencera aussi l'intonation du langage et même la poésie.

Ainsi donc, longtemps le folklore et la chanson québécoise ont fait route ensemble, pratiquement jusque vers 1930 quand arrive la première chansonnière Mary Travers, dite « La Bolduc ». Bien sûr, le XIXe siècle a vu naître des chansons populaires, souvent sur timbres musicaux, dont les deux plus célèbres sont « Un Canadien errant » (sur timbre émouvant) et « Ô Canada » (sur musique originale), ancien hymne national du Québec devenu celui du Canada. Ces chansons du peuple, souvent anonymes, sont marquées par l'histoire patriotique, chantant ses heurs et ses malheurs, dont la défaite de 1759 et l'écrasement des Patriotes par les troupes anglaises. « Ô Carillon », sur un poème de Crémazie et la musique de Georges Sabatier, longtemps chanté, célèbre avec nostalgie cette victoire de Montcalm, en 1758, à Ticonderoga. Il n'en reste pas moins que le Traité de Paris, qui cède la Nouvelle-France à l'Angleterre, rend les nouveaux maîtres ombrageux de sorte qu'aucune liaison française par bateau ne se fera avant 1855, quand *La Capricieuse* remonte le Saint-Laurent et mouille dans le port de Québec. Les Québécois se trouvent ainsi privés, sinon par les voyages, de l'influence des caveaux et des cafés-concerts. Entre temps, le clergé a pris un pouvoir social excessif après l'échec des Patriotes (1837-1838), certains membres expurgeant même des chansons folkloriques, c'est tout dire. Ainsi, quand La Bolduc arrive, après 1930, avec ses chansons populaires aux textes peu poétiques et assonancés mais par ailleurs chantés et turlutés avec gouaillerie, la cote de la chanson est quasi nulle. Alors que le public se reconnaît en elle, les gens du domaine littéraire, en quête de modernité, la jugent archaïque alors que le clergé, dominant largement toute la critique littéraire, conspue la chansonnette française, jugée frivole ou immorale ! C'est alors qu'apparaît Félix Leclerc qui, sans le vouloir, va changer la donne.

Félix Leclerc, chantre du printemps

On peut, en un sens, considérer Félix Leclerc comme le père de la chanson québécoise. C'est lui qui fait voir le jour à la chanson à texte, une chanson littéraire d'inspiration poétique sur musique originale, qui respecte la « tropation », cette concordance heureuse des notes et des mots. Cela se fait presque malgré lui, pourrait-on dire pour celui qui se veut avant tout dramaturge. Au début, Leclerc fait quatre chansons, de trois ans en trois ans, à partir de 1934 jusqu'en 1943 ! Puis, davantage. C'est en particulier pour permettre un changement des décors qu'il écrit quelques chansons pour sa pièce à succès « Le p'tit bonheur » jouée à l'automne 1948. Jusque-là homme de radio et d'écriture, Leclerc a produit plusieurs livres dont la populaire trilogie *Adagio*, *Allegro* et *Andante* (1943-1944). Et quand il part pour la France à la fin de 1950 avec Jacques Canetti qui l'entraîne, mis sur la piste par Jacques Normand, son répertoire comprend à peine 32 chansons dont plusieurs de celles qui enchanteront les Français d'après-guerre : « Bozo », « Le bal », « Francis », « Moi, mes souliers », « Le train du Nord », et « Le p'tit bonheur », chanson fétiche. N'oublions pas non plus « L'hymne au printemps » et « Présence », deux chansons qui misent sur cette saison salutaire dans l'optique de Félix. D'ailleurs, notons que « L'hymne au printemps », d'abord paysan avec « les crapauds [qui] chantent la liberté », acquerra une portée politique. De même, la chanson « Le roi heureux » traduit très justement ce Félix, rat des champs, qui nous parle de lui en évoquant ce roi venu défroquer de la monarchie en Amérique. Avec ces chansons – il n'en écrit aucune en 1952, – Leclerc tient l'affiche pendant 14 mois aux Trois Baudets et signe un contrat de cinq ans avec Polydor. Il s'engage même à écrire huit chansons l'an, ce qu'il n'a fait qu'en 1946 et ne refera qu'une autre fois en 1969 ! Mais dès 1951, son premier album lui mérite le Grand Prix du disque de l'Académie Charles-Cros.

Comme beaucoup de Québécois avant lui, Félix découvre en France le pluralisme idéologique. On lui fait bon accueil, on l'aime pour son naturel, son côté homme des bois qui siffle volontiers, s'amenant sur scène avec sa seule guitare et sa chemise à carreaux. Notons surtout que son succès en France consacre le genre de la chanson, qui se détache ainsi du folklore séculaire, ou de la chansonnette fleur bleue, pour rejoindre un nouvel art déjà illustré par Charles Trenet et que Leclerc, Georges Brassens, Jacques Brel, Léo Ferré et d'autres vont illustrer superbement.

Pour le Québec, l'événement est important : d'ailleurs, lors d'un bref retour de Leclerc, la ville de Montréal accorde au poète une importante réception à l'Hôtel de ville. La chanson à texte vient au monde, à laquelle contribuent Lionel Daunais, Oscar Thiffault, Raymond Lévesque, Jacques Normand, Robert L'Herbier et Fernand Robidoux, Pierre Pétel – pour ne nommer que ceux-là – et, plus que tout autre, Félix Leclerc. Le barde québécois, qui croyait aller quelques semaines en France, y retourne de plus en plus pour des tours de chant. Pendant la décennie cinquante, il va ajouter une trentaine de chansons à son répertoire, chansons marquées par la critique moralisatrice et sociale (« Comme Abraham », « Attends-moi ti-gars »), par l'amour des humbles (« Prière bohémienne », qui charmera Raymond Devos, « Litanie du petit homme »), par l'humour (« Tirelou », « L'héritage »), par le pays rural et le patriotisme (« La drave », « Tu te lèveras tôt »), par la nature et les bêtes (« Blues pour Pinky », « Le petit ours », « Le loup ») et parfois par l'amour, comme en témoigne « Ce matin-là ».

La quarantaine de chansons que Leclerc ajoute à son carquois de textes pendant la décennie soixante, période fort riche pour son art, nous font voir un Leclerc traversé par une crise amoureuse, qui lui fait prendre nouvelle compagne et secoue ses anciennes certitudes de

> Félix Leclerc.

Québécois-né-catholique. En même temps que lui, le Québec connaît sa Révolution tranquille qui le sort de la grande paroisse provinciale autant au plan politique que moral ! Cela donne chez Leclerc des chansons plus philosophiques et plus libertaires, comme « Dieu qui dort », « Bon voyage dans la lune », « Grand-papa pan pan pan », des chansons mélodiquement belles, comme « Les algues » ou « Y a des amours », ou tout simplement des chansons de l'ordinaire des jours et des saisons (« Sur la corde à linge », « Passage de l'outarde »), marquées par le métier qu'il pratique de sa belle voix et qu'une orchestration habille désormais somptueusement. On perçoit aussi chez le poète faiseur de chansons l'influence tzigane qui fait la trame de sa musique et de sa vision du monde (« La vie, l'amour, la mort », « Tzigane »). Ceux qui ont essayé de chanter du Leclerc savent la grande difficulté qu'il y a à interpréter ses chansons selon la rythmique qui est la sienne, découvrant ainsi le grand art dont est marqué son talent.

Faisant carrière depuis vingt-cinq ans en France et vivant grâce aux droits d'auteur qu'il y reçoit, Félix Leclerc y fait pour ainsi dire ses adieux en décembre 1975 avec son spectacle « Merci la France » au Théâtre Montparnasse. La quarantaine de chansons de la décennie 1970, ses dernières – car chanter en public lui est toujours un effort – sont influencées davantage par l'actualité politique et sociale de son pays. Ce Félix, que les Français connaissent moins, a pris parti pour l'indépendance du Québec. Comme le manifeste bien sa chanson-ressort « L'alouette en colère », il n'a pas accepté que des soldats de l'armée canadienne qui occupe le Québec, lors de la crise d'Octobre 1970, lui demandent ses papiers pour entrer dans l'Île d'Orléans où il vit. C'est le coup de fouet d'une deuxième naissance ! Ses trois derniers disques (1972, 1975 et 1978), où il reste le poète à la vision aiguë (« Comme une bête »), comprennent des chansons comme « L'encan », « Le chant d'un patriote » mais aussi cette magnifique chanson cathédrale et hommage à la France, « Le tour de l'Île ». Certains éditorialistes ne reconnaîtront pas en ce Leclerc le poète d'hier, faute d'avoir écouté une chanson aussi universelle et pourtant tellement enracinée comme « L'ancêtre », chanson anthropologique qui rejoint la poésie de Gaston Miron. Ce Leclerc, ancêtre, a fait école ; les « boîtes à chansons » se sont multipliées ; ce sont des dizaines de poètes sonorisés que chaque décennie voit naître après 1960, comme autant de professeurs de poésie ! Plusieurs d'entre elles et eux auront même droit à un « Félix », prix créé pour la chanson par l'Association québécoise de l'industrie du disque, du spectacle et de la vidéo (l'ADISQ) en 1979 et décerné lors d'un gala annuel.

Clémence Desrochers, chantre de l'été

Mis à part La Bolduc, les femmes des origines de la chanson québécoises sont surtout interprètes, s'imposant comme auteures, en particulier après 1970. Toutefois, Clémence Desrochers fait exception en
formant avec d'autres le groupe des « Bozos » (1958). Cette association
de chansonniers à partir de la boîte à chanson Chez Bozo regroupe
deux anciens, comme Raymond Lévesque et Jacques Blanchet, ainsi
que de jeunes talents qui vont s'imposer comme Jean-Pierre Ferland,
Claude Léveillée, Hervé Brousseau et Clémence Desrochers. Tous ces
jeunes vont marquer la décennie qui va suivre, auxquels s'ajoutent
Claude Dubois, Claude Gauthier, Pierre Calvé, Pierre Létourneau,
Tex Lecor, Jean-Paul Filion, entre plusieurs autres, et bien sûr, Gilles
Vigneault. C'est toute une fraternité de poètes chantants ! Au fil des
années et après avoir travaillé en collectif pour monter des spectacles,
Clémence Desrochers fera carrière en solo. Elle fait alterner mono-
logues tragi-comiques et chansons émouvantes que ses contemporains
seront longs à vraiment découvrir.

Clémence Desrochers.

La chanson de Clémence Desrochers rejoint le monde intimiste du
micro-espace. La chansonnière chante de manière privilégiée l'univers
du cercle familial dans un décor précis. « La chaloupe Verchères »
illustre à merveille ces atmosphères ovifères, la remontée mythique
de la rivière Saint-François estrienne, image enfantine de la force gar-
gantuesque du père-rameur, écho sonore de la mère chanteuse, vie
engagée contre le courant, vers un lieu où l'herbe est plus verte, l'eau,
plus claire, quasi mythique. Éclate en cette chanson la blessure du soleil,
« l'été brûlant », le souvenir d'avoir frôlé le bonheur, la démultiplication
des années d'enfance, « les étés fous » (« L'été brûlant, les étés fous »),
évocation de l'enfance au soleil reprise autrement dans « le doux vent
d'été », ou dans « le lac en septembre ». Ne reste plus, dès lors, dans
l'univers de la chansonnière, qu'une saison : l'été. Chaque retour de
cette saison participe à l'enfance, à l'espace scellé de la mémoire, à
l'extase de la vie donnée à profusion : « On a eu un bien bel été »
rechantera « les mûres mûres », l'ancienne harmonie fragile, le passage
éphémère des oiseaux.

La structure de l'espace et du temps de l'univers de Clémence s'en
trouve influencée. L'hiver glace le cœur, fatigue, sépare, assoit comme
dans « Ça sent le printemps », rue Dorchester. L'été, au contraire,
reprend possession du jardin, regarde « pousser les fleurs » dans l'ancienne terre désertée : « Si tu veux attendre avec moi ° Que les oiseaux
reviennent ° Si tu veux souffrir ces semaines ° De silence et de froid »
(« Cet été, je ferai un jardin »). L'hiver ainsi vécu, comme un orphe-

linage, prive le cœur de l'amour, totalement retrouvé en été, celui qui
fait que « La ville est redevenue plus belle ° Les jours sont chauds, les
soirs plus longs » (« Quelques jours encor »).

Cette peur du changement de temporalité, de l'espace diurne au
nocturne, de la chaleur utérine du jardin à l'ailleurs, de l'espace enclos
à l'aventure, fait peur à l'enfant qui va cesser de vivre l'éternité de
l'innocence. La chansonnière le sent bien qui prête à la mère, dans une
sorte de vision inversée, ces paroles : « Partez mes enfants, partez ! °
Malgré le vide qui me désarme ° [...] Trop de souvenirs nous enchaî-
nent ! ° Je n'aime pas briser mes liens » (« Où sont les enfants ? »). Le
micro-espace estrien de Clémence pourrait bien ressembler, autrement,
au monde immobile de Vigneault, lui, un monde figé dans l'hiver historique, elle, dans l'instantané de l'enfance : « J'entends les cloches à
Saint-Benoît ° Un bateau flotte sur l'eau claire ° Entourée d'arbres centenaires ° Voici ma vieille maison en bois ° Mes parents passaient par
ici ° Avec leur cheval Capitaine ° Quand ils couraient la prétentaine °
De Rock Forest à Saint-Elie » (« C'est toujours la même chanson »).

La longue complicité de Clémence avec son public se traduit alors
par une question : « Veux-tu encore de ce jardin plutôt étroit ° De
ce domaine où je t'amène ° C'est toujours le même poème ° Que tu
reçois » (« C'est toujours la même chanson »). La question reste sans
réponse puisqu'il y a connivence entre une femme qui se chante et
un public longtemps restreint. Ce public fidèle connaît, comme son
monde à lui, papa Miller (« *Full day of* mélancolie »), maman Miller,
qui était si belle (« Vous étiez si belle »), les demoiselles Céleste et « La
vie d'factrie », les « Deux vieilles » qui rient « l'été, quand il fait beau
soleil » et qui – n'est-ce pas l'été ? – font avoir moins peur de la mort.

Le père et poète Alfred Desrochers reste un peu leur père. Le lien qui le lie à sa fille, son plus beau poème, lie ce public devenu « bons amis » à « L'homme de [sa] vie ». Tous retrouveront le monde en-allé des « chansons anciennes et lentes » qu'il chante à la brunante. Ce partage des mêmes chansons, celles de Clémence, celles de la tradition orale, les poèmes du père à la Rose en-allée (« Avec les mots d'Alfred, une chanson pour Rose ° Ma mère mon amie et parfois mon enfant ») les souderont tous dans le même micro-espace et la même macro-mémoire. Macro-mémoire, et c'est peut-être là une lumière jetée sur ce qui rattache une chansonnière et un public, dans la mesure où la maison de l'Estrie reste une typologie de la maison « vieille », « [e]ntourée d'arbres centenaires », près de laquelle tournent les «chevaux de labour» (« Full day of mélancolie»), qui rappellent aussi « Celui-là de jadis dans les labours de fond ° Qui avait l'oreille dressée à se saisir réel » (« Dans les lointains », Gaston Miron).

Un titre comme « Enquête », une chanson bien connue des fans, signale une remontée vers l'univers des signes et des repères. On ne sait plus trop bien si la quête du sens concerne la vie estrienne de la chansonnière – « le vieux chien Bijou », le jeu de cachette dans le foin, la « vieille poupée écossaise » – ou la vie traditionnelle québécoise tout simplement. Cet aller-retour de la chansonnière se termine sur une métamorphose de celle-ci en personnage quasi séculaire : « Comment allez-vous depuis mon départ ° J'ai changé vos noms en images ° Vous êtes partis j'y reviens encore ° Ne me demandez plus mon âge » (« Enquête »).

L'a-t-on noté d'ailleurs, la version musicale de J.-M. Cloutier pour cette chanson est introduite par la mélodie de la comptine « J'ai un beau château », marquant ainsi la précarité d'un univers menacé d'abolition. Est-ce pour cela que Clémence, dans son disque Chansons des retrouvailles, affirmera : « C'est toujours la même chanson que je chante... », qu'elle entendra « toujours les mêmes voix », hantée par « la même maison ». Ces retrouvailles d'une chanson de l'après-référendum (celui de 1980) sont aussi celles du micro-espace, le retour au refuge. Là encore, l'indication musicale de Marc Larochelle est significative : le couplet « Je t'en ai parlé tant de fois » de la chanson reprend le phrasé sonore de « Sur les quais du vieux Paris » et la présence de l'accordéon-musette qui suit ne fait que renforcer le rattachement de la chansonnière à la tradition culturelle française, en ce sens où nous sommes de langue française, tenant feu et lieu en Amérique.

Dans la poétique de Clémence, reçue surtout comme monologuiste comique, ce micro-espace familial symbolique trouve sa fin tragique dans sa puissante chanson du « Géant », renouvelée avec l'interprétation émouvante de Renée Claude. C'est la brisure complète du monde familial, « le vendredi de ce temps-là », avec la mort de la mère, en 1964. C'est le temps qui reprend ses droits, obture le paradis ancien, avance comme une marée impérieuse et implacable. À cet égard, il faut souligner la modernité troublante du refrain (« Le géant ») qui, dans sa prose allongée, marque bien musicalement l'envahissement du « Jardin d'antan » (poème très significatif de Nelligan) de l'enfance de l'auteure. Implacablement, oui, dans cet univers, montent le temps et les versets de ce refrain du « géant » noyé par la marée : « Et pendant ce temps ° Y avait un géant ° Qui marchait lentement vers nous ° On ne s'en doutait pas du tout ° On n'entendait pas son pas ° Sournois ° Comme le vent noircit le bois ° Sans qu'on le voie ° Et pendant ce temps ° Y avait un géant ».

Ce point d'orgue sur la poétique de Clémence Desrochers – on aurait pu tout aussi bien prendre celle de Claude Léveillée – illustre assez, d'une part, la quête de la première chanson « canadienne-française » encore rattachée, malgré le « Désormais » (1960) de Paul Sauvé et le « Il faut que ça change » des Libéraux, aux rives (et mirages) du passé que Robert Élie ou Anne Hébert ont appelés les « songes ». Mais, par ailleurs, cette poésie sonorisée est aussi offerte aux destinataires comme la « solitude rompue », dont parle Anne Hébert. Poésie présentée comme le partage de la parole et le fondement de nouveaux liens. Qui se font en chantant, c'est ça la beauté de la chose !

Gilles Vigneault, chantre de l'hiver

Étrange troubadour que Gilles Vigneault, né à Natashquan, sur la Basse-Côte-Nord, étudiant à Rimouski puis à Québec où il enseigne un peu et chante, et qui sera le maître de poésie de plusieurs générations de Québécois. C'est comme si en s'amenant chanter le pays de Natashquan il venait rappeler aux urbains et aux régions domestiquées, qu'en retard sur le progrès, il est en avance ! Le premier, il sort des boîtes à chansons et de leur vie utérine et affronte un grand public à la Comédie canadienne de Montréal. Le péril y est double, de singulier à pluriel, de poète instruit chantant pour des urbains colonisés et menacés d'assimilation. Un long monologue intitulé « Les menteries », selon une tradition ancienne, en dit assez long sur la symbiose qui s'opère entre lui et son public qui n'en revient pas de le voir giguer comme un fi-follet et qui crie bravo quand il évoque la possibilité de « faire pousser des oranges dans le jardin de ma tante Emma » ! Ces spectateurs de la Révolution tranquille donnent à ses mots et à ses chansons une portée outrepassant la poésie et applaudit les personnages gargantuesques de « Jos Montferrand », « John Débardeur », « Jean-du-Sud », « Jos Hébert » et « Jack Monoloy ». Vigneault apparaît comme celui qui vient rappeler à Montréal « monnayé et en maudit », le pays de ses origines, son ancien mordant, ses grands espaces fous. Reçu comme un rassembleur, il est en fait une sorte de poète médiéval qui chante un paradis perdu, le « temps rond » (« Les hirondelles »). C'est pour chanter cela qu'il a quitté son Natashquan : « J'ai fait cinq cents milles ° Par les airs et par les eaux ° Pour vous dire que le monde ° A commencé par une sorte de tam ti delam » («Tam ti delam »).

On l'accueille d'emblée, on l'acclame, il passe la rampe, il est reçu dans les milieux les plus humbles pour sa poésie. À la ville, il redit les origines ; à la campagne, la permanence. Il chante « Fer et titane » à une petite nation jadis frileuse qui se découvre une économie, mais il n'est pas sûr que l'on perçoive alors sa critique qu'il fait du progrès sauvage en cours : « Pas le temps de sauver les sapins ° Les tracteurs vont passer demain ° Des animaux vont périr ° On n'a plus le temps de s'attendrir ° L'avion le train l'auto ° Les collèges les hôpitaux ° Et de nouvelles maisons ° Le progrès seul a raison ° À la place d'un village ° Une ville et sa banlieue ° Dix religions vingt langages ° Les petits vieux silencieux ° Puis regarde-moi bien dans les yeux ° Tout ce monde à rendre heureux ». En fin pédagogue, Vigneault invite aussi les gens à chanter (« Qu'il est difficile d'aimer », « Gens du pays »), le récital devenant pro-actif.

« La danse à Saint-Dilon » soulève l'enthousiasme, on en redemande toujours en voyant ce grand escogriffe qui gigue avec des airs de mouette. Ce public de la Révolution tranquille n'a pas noté non plus dans cette chanson endiablée la peine de Thérèse qui « s'ennuie de Jean-Louis, son amour et son ami », ni celle de Charlie qui « s'est fait mettre en pacage ° Par moins fin mais plus beau que lui ». Et quand le poète chante son pays, c'est d'abord et avant tout son village, ce « Natashquan » que Gilbert Bécaud va mettre en musique, ce lieu presque moyenâgeux où le vent s'appelle Fanfan, la neige, Marie-Ange, le soleil, Gaillard, la pluie, Dameline (« Le temps qu'il fait sur mon pays »). À un monde nouveau qui ferraille, trime, change et se libère, Vigneault affirme la pérennité des choses et leur constante évanescence. Ainsi chante-t-il « C'est le temps » d'écouter la marée, les oiseaux « Tant qu'il reste de l'air dans l'air ° Tant qu'il reste de l'eau dans l'eau », sa chanson ne prendra vraiment son sens pour le destinataire que lorsque l'écologie sera devenue une préoccupation (ou une mode).

En fait, Vigneault, il faut le dire, sait tromper son monde. Il n'est pas sûr que l'on perçoive l'homme hanté par le passage de la vie sous l'allure de ce gai luron. D'ailleurs, le violon de Gaston Rochon, indissociable de sa première manière, fait souvent oublier la mélancolie de beaucoup de ses chansons. « Tout l'monde est malheureux » se chante sur un rythme enthousiaste. Et les chansons des spectacles font alterner la rêverie des chansons à couplets seulement (« Quand vous mourrez de nos amours », « Ballade de l'été », « Petite gloire pauvre fortune ») et la rêverie des chansons à refrain (« L'air du voyageur », « Les corbeaux »). Aussi n'est-il pas étonnant que le poète dans sa chanson si simple mais très profonde, « Les gens de mon pays », avoue : « Je vous entends rêver ». La version musicale de Pierre di Pasquale (« Au doux milieu de nous », le Gilles Vigneault de Fabienne Thibault) a su rendre la prise en charge collective de cette chanson qui va des « Douces voix attendries ° Des amours de village » à la débâcle d'un pays redevenu lieu de liberté, évoquée par la rentrée de l'orgue dans la dernière strophe. Cette chanson, d'ailleurs, constitue une véritable poétique, hommage aux siens : « Il n'est coin de la terre ° Où je ne vous entende ° Il n'est coin de ma vie ° À l'abri de vos bruits ». Mais notons-le aussi, ces bruits sont essentiellement ruraux et maritimes (4e couplet).

Dans un monde qui change et vite, l'univers de Vigneault reste « Le voyage immobile » (titre de photographies de Birgit sur Natashquan) qui l'emporte sur tout, celui d'un recoin de pays où « [q]uatre maisons font un village », dans « un siècle sans âge » (« Le temps qu'il fait sur mon pays »). Reçu comme un poète du pays québécois, Vigneault l'est avant tout du sien, Natashquan, dans la coïncidence du nôtre. Il est avant toutes choses le poète des vieux mots (« Avec les vieux mots »), l'amant du langage qui tente de dire l'angoisse de l'homme. Avec « Coffres d'automne » et « L'homme », le poète humaniste parle surtout et essentiellement de la fuite du temps, le thème le plus fréquenté de la poésie lyrique et qui le fait rester seul. Il cherche dans le vaste horizon « Un lac, un arbre, une maison ° Pour [lui] rappeler les visages ° Du temps des anciennes saisons » (« Petite gloire pauvre fortune »). Sa chanson, avec sa musique évocatrice du vent qui tremble – et il faut saluer Gaston Rochon qui l'a si bien rendu comme un poète de l'espace – rejoint ses contemporains qui finiront malgré tout par l'oublier, l'air de rien, dans leur mémoire intermittente. Pendant toute la décennie qui suit le référendum de 1980, c'est la France, dure à conquérir mais fidèle, qui le recevra comme un poète sonorisé majeur. ∎

* *Professeur émérite, Littératures, Université Laval.*

LES VOIES DE LA CHANSON DEPUIS 1970

GILLES PERRON*

> Jean-Pierre Ferland.

> Richard Séguin.

> Robert Charlebois.

La chanson des années 1960, dans le sillage de Félix Leclerc, était souvent nommée chanson à texte, pour souligner l'importance accordée aux paroles, et pour la rapprocher de la poésie, qui contribuait alors au grand mouvement national de prise de parole. Bien que la musique ne soit pas en reste pour les grandes figures émergeant de la chanson, on s'entendra pour dire que la chanson se transforme profondément avec Robert Charlebois qui, influencé par la musique anglo-saxonne, en particulier par les courants rock ou psychédéliques venus de Californie, fera la jonction entre la chanson populaire et la chanson poétique à la fin des années 1970. Avec l'Osstidcho, en 1968, Charlebois marque durablement la chanson québécoise, parce qu'il souligne l'importance de la musique dans son mariage avec un texte, mais surtout parce que ce texte s'écarte de la langue châtiée pour introduire le français populaire dans la chanson. Le titre – transcription phonétique de *l'hostie de show* – est provocateur et exprime bien le désir d'amener le spectacle (et ainsi la chanson) ailleurs.

On peut dire que l'Osstidcho est à la chanson ce que *Les belles-sœurs* de Michel Tremblay sont au théâtre : une révolution des formes et du langage, le triomphe de l'oralité dans une forme artistique qui repose sur la parole. Après 1968, les chansonniers qui vont durer s'inscrivent dans une conception de la chanson qui ne la réduit plus à un simple texte, mais qui en fait une œuvre complexe où paroles, musique et interprétation sont inséparables. C'est ce que fera Jean-Pierre Ferland, jusque-là émule de Jacques Brel, qui prendra le virage électrique avec l'album *Jaune* (1970), un album concept où les chansons sont liées les unes aux autres, dans la lignée des groupes britanniques de musique progressive.

Vivre en groupe

Dans les années 1970, les artistes tenteront de mettre en pratique les idéaux mis de l'avant dans les dernières années de la décennie précédente : l'amour, la paix, la fraternité. Après l'Exposition universelle de 1967, les jeunes Québécois, comme toute la jeunesse occidentale, découvrent le monde et ses couleurs et se prennent à rêver d'un monde pacifique. On écoute John Lennon qui chante « Give peace a chance » en 1969 et « Imagine » en 1971, hymnes à la paix toujours pertinents aujourd'hui. Au Québec, le besoin de fraternité s'exprime par l'effacement de l'individu au profit de la collectivité : c'est ainsi que les trois quarts de la décennie 1970 seront une sorte d'âge d'or pour les groupes de musiciens. Travailler en groupe, c'est évidemment s'assurer une plus grande richesse instrumentale, mais c'est surtout refuser le culte de la personnalité, c'est reconnaître l'apport de chacun dans la création des chansons, c'est vivre, sur une petite échelle, les valeurs de partage que l'on souhaite pour sa nation comme pour la planète. Évidemment, malgré toutes les bonnes intentions, rares sont les groupes où tous les musiciens sont vraiment à égalité : les créateurs prennent le pas sur les interprètes, les chanteurs ont toujours plus de visibilité que les autres membres du groupe, ce qui n'empêche pas la sincérité des discours. Les groupes ont donc leurs leaders : Pierre Flynn est la figure dominante d'Octobre, lui qui écrit presque tous les textes et musiques du groupe ; Serge Fiori est l'âme d'Harmonium ; Gerry Boulet est la voix et l'image d'Offenbach ; Beau Dommage, c'est beaucoup Michel Rivard, avant d'être un peu Pierre Bertrand ou Marie-Michèle Desrosiers. On le voit, c'est aux chanteurs que l'on identifie souvent les groupes, d'autant plus qu'ils sont presque toujours auteurs et souvent compositeurs. L'idéal du partage parfait, de l'égalité dans le groupe ne fait qu'un temps, jusqu'à

ce que les membres des groupes se séparent pour entamer ce qu'on appelle des carrières solo.

L'importance de se regrouper pour faire de la musique est symptomatique de l'évolution de la société québécoise. Depuis les années soixante et la Révolution tranquille, les Québécois sentent de plus en plus le besoin de confirmer leur appartenance à une vaste collectivité, ce qui se traduit par des rassemblements qui sont fort impressionnants pour les années 1970. Les succès de foule que sont les spectacles « J'ai vu le loup, le renard, le lion », en 1973 (Gilles Vigneault, Félix Leclerc, Robert Charlebois) et « Une fois cinq », en 1976 (Gilles Vigneault, Robert Charlebois, Claude Léveillée, Jean-Pierre Ferland, Yvon Deschamps) devant des centaines de milliers de personnes marquent le début des grands spectacles de chansons en plein air, tradition désormais bien établie avec les fêtes de la Saint-Jean ou les divers festivals un peu partout au Québec.

L'un est l'autre

Octobre choisit le rock progressif pour dénoncer la déshumanisation industrielle dès 1973, dans « La maudite machine » ; la même année, le duo des Séguin (Richard et Marie-Claire), dans une veine folk-rolk, parle de retour à la terre, rêve d'un monde meilleur où l'injustice n'aurait plus cours ; à partir de 1978, Paul Piché, syndicaliste, féministe, nationaliste, est le type même du chanteur engagé, qui réussit le difficile mariage du poétique avec le politique. Pour d'autres, se tourner vers son prochain commence par une quête de soi, par une sorte de voyage intérieur : Harmonium, en particulier avec *L'heptade*, s'intéresse aux divers niveaux de conscience, tout comme le mystique Raôul Duguay, dont le travail sonore vocal se veut en relation avec le grand tout cosmique. De manière beaucoup plus concrète, chez Beau Dommage, c'est une ville humanisée et des situations quotidiennes dans lesquelles se reconnaissent une vaste majorité de jeunes et moins jeunes. En parallèle, l'expression d'une liberté absolue est aussi revendiquée par des voix marginales ou discordantes : cela donne le rock lourd et les propos parfois durs et crus de Lucien Francœur, avec son groupe Aut'Chose, ou encore le personnage de hobo, d'ours mal léché qui sera la marque de commerce de Plume Latraverse, dont le folk éclectique et les textes hésitant entre poésie et vulgarité en feront un observateur impitoyable de ses semblables humains. Cette diversité est un signe de santé : la chanson québécoise, dans ses divers modes d'expression, demeure une voie privilégiée pour exprimer la québécitude, dans laquelle on semble naturellement se reconnaître. Elle dit ce que nous sommes. Même le passé est mis au service de l'avenir, avec la popularité des groupes traditionnels que sont La Bottine souriante ou Le Rêve du Diable, ou avec Garolou (d'abord appelé Lougarou, avec en tête les frères Lalonde, venus de l'Ontario), qui a repris avec succès des chansons traditionnelles avec des arrangements rock.

Entre deux référendums

Toute l'énergie qui semblait inépuisable dans les années 1970 semble disparue au début des années 1980, alors que la chanson québécoise paraît s'être arrêtée en plein essor. Le projet d'indépendance, soudainement devenu possible en 1976, a servi de moteur à l'expression identitaire et au besoin de se dire des Québécois, le plus souvent dans la langue de Charlebois. Après 1980, l'identité québécoise est en redéfinition. Le NON au référendum sur l'indépendance en transforme la perspective, ce qui se traduit par un glissement vers une appartenance à une collectivité supranationale : le fier Québécois des années 1970 devient, dans les années 1980, un citoyen du monde. Puisque le voilà sans nation, il voudra posséder la planète et s'inscrire, lorsqu'il chante en français, dans la francophonie, ce qui le conduit à privilégier un français « international ». Michel Rivard ou Paul Piché se renouvelleront, mais ils le feront entre autres en masquant pour un temps les traces de l'oralité dans leurs textes. Un facteur aggravant se joint à ce recul : en 1981 s'amorce une récession économique, qui entraîne la frilosité des grandes compagnies de disque, qui ne veulent plus prendre de risque. Dans cette décennie où l'individu prend souvent plus d'importance que la collectivité, les valeurs sûres continuent de bien vivre, alors que malgré tout certains artistes majeurs émergent (Jim Corcoran, Daniel Lavoie, Pierre Flynn), mais la relève se fait rare. Il faudra attendre la fin des années 1980 pour qu'encore une fois une reprise économique rencontre un événement politique (l'échec de l'Accord du Lac Meech, qui devait réconcilier le Québec avec le Canada) qui fera tourner le vent de manière durable. Le regain du nationalisme entraîne alors un retour d'intérêt pour la question identitaire. Être Québécois est à nouveau intéressant et, surtout, redevient un objet du discours artistique. La chanson, ayant toujours entretenu un lien privilégié avec cette thématique, se remet à puiser ses sujets dans le quotidien, et le langage populaire y reprend ses droits. La transition se fait avec la découverte, par un plus large public, en 1990, de Richard Desjardins, dont les intonations et certains textes marquent son appartenance au territoire québécois (*Tu m'aimes-tu*, 1990). Les groupes reviennent en force. Les Vilains Pingouins de Rudy Caya, Okoumé avec les frères Painchaud, Zébulon avec Marc Déry, sont fort populaires durant la décennie. Mais le groupe par excellence des années 1990 demeure Les Colocs, menés par André Fortin : derrière l'énergie communicative de leurs chansons se dissimulent, dès le début, et plus clairement sur le dernier disque sorti du vivant de Dédé Fortin (*Dehors novembre*, 1998) des sujets plus graves. Les Colocs, c'est aussi le Québec qui s'enrichit des cultures venues d'ailleurs : Saskatchewan, Belgique, Lac–Saint-Jean ou Sénégal, la formation est aussi variée dans sa composition que dans ses choix musicaux.

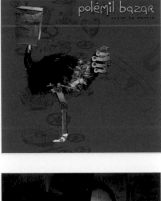

En même temps que les groupes se dessine le retour à une chanson plus engagée : les Cowboys Fringants, Polémil Bazar, Tomás Jensen se font porteurs de revendications sociales ou politiques, tout comme le font les rappeurs Loco Locass. Ces derniers, résolument nationalistes, sont particulièrement inquiets pour l'avenir de la langue française (« Malamalangue » ou « Langage-toi »).

De la musique en tous genres

La chanson québécoise, d'abord largement identifiée à la chanson poétique, s'est faite plurielle après l'électrochoc de l'Osstidcho. Sylvain Lelièvre, par exemple, est souvent inspiré par le jazz. Si beaucoup d'artistes établis (tels Charlebois ou Rivard) ne dédaignent pas une incursion occasionnelle du côté du country, d'autres, comme Bourbon Gautier, s'y consacrent entièrement, écrivant des textes de qualité sur des musiques dans la plus pure tradition du country. La musique traditionnelle, qui avait déjà sa place avec La Bolduc dans les années 1930, a acquis ses lettres de noblesse avec l'inventivité des arrangements musicaux de La Bottine souriante au long des trois décennies amorcées dans les années 1970 ; elle a repris de la vigueur au cours des dernières années, devenant, selon le terme contemporain, du *néo-trad*, alors que la musique d'inspiration traditionnelle accompagne des textes originaux privilégiant une manière et des valeurs à l'ancienne (le groupe Mes aïeux). Jean Leloup, aux influences éclectiques, a emprunté au raï à ses débuts, mais a surtout beaucoup pratiqué, sur des musiques variées, le slam musical avant la lettre, avec une manière unique de chanté-parlé. La culture hip hop, d'abord new-yorkaise et noire, est devenue un phénomène mondial ; le rap québécois porte donc les revendications sociales et les dénonciations habituelles au genre (exclusion sociale, violence policière, racisme et ghettos ethniques, etc.), auxquelles s'ajoutent, chez certains (comme Loco Locass), en lien avec leur particularité linguistique et géopolitique, un intérêt pour la langue et pour la question identitaire ou nationale. Mais il reste que le rap québécois est le plus souvent, comme ailleurs, un lieu d'expression privilégié pour la communauté noire, parfois née au Québec, mais aussi, comme chez Dubmatique, Muzion ou Sans Pression, en Afrique noire ou en Haïti.

> Tricot Machine.

> Loco Locass.

> Pierre Lapointe.

Des voix nouvelles pour un nouveau siècle

Au début de ce siècle nouveau (ou, si l'on veut, ce nouveau millénaire) sont apparues de nouvelles voix qui apportent leur originalité dans la variété des genres, dans des emprunts au passé comme dans une inscription dans leur présent. Pierre Lapointe s'est inscrit d'emblée, avec succès, à la fois dans la tradition de la chanson française et dans une chanson pop résolument moderne. Stefie Shock, ancien dj, produit également une pop intelligente et signifiante qui trouve sa place dans les discothèques. Vincent Vallières, dans un langage populaire, rend la poésie du quotidien sur des airs de folk-rock ou de country-rock qui rejoignent un public allant s'élargissant. Le mystérieux Edgar BORI, chanteur sans visage, privilégie pour sa part le sens dans un texte poétique sans compromis. Ariane Moffatt apporte une nouvelle parole féminine sur des airs de trip-hop. Antoine X ou Tomás Jensen intègrent les influences latino-américaines dans leurs chansons, ce dernier chantant parfois en espagnol (sa langue maternelle). Les années 2000 témoignent donc d'une chanson québécoise variée : poétiques, engagés, intimistes ou ludiques, les textes des jeunes auteurs rassurent sur la qualité et la pérennité de la relève : les Stéphane Côté, Ginette, Catherine Major, Daniel Boucher, Dobacaracol, Tricot Machine et combien d'autres encore qui sont la preuve éclatante de la vitalité de la chanson québécoise actuelle.

Et on pourrait ajouter, pour compléter le tableau, tous ceux qui mènent leur carrière depuis une ou plusieurs décennies, que je n'ai pas nommés et qui auraient bien mérité leur place ici ; les Daniel Bélanger, Louise Forestier, Claude Dubois, Luc de LaRochellière, Diane Dufresne, Laurence Jalbert, Kevin Parent, Lynda Lemay, Fred Fortin, Claire Pelletier, etc. La chanson québécoise, à n'en pas douter, se porte très bien. Et elle s'écoute encore mieux. ■

Une version légèrement différente de ce texte a paru dans *Québec français*, n° 145, p. 54-56.

✶ *Coordonnateur à la direction des ressources humaines, Cégep Limoilou, directeur adjoint de la revue* Québec français *et responsable de la chronique « Chanson ».*

LE CONTE : UN FESTIN POUR L'OREILLE !

RONALD LAROCQUE*

Le conte est depuis toujours une invitation au voyage de l'imaginaire et c'est sûrement la raison principale de l'engouement qu'il suscite, non plus seulement chez les enfants, mais auprès d'adultes de plus en plus consentants depuis son renouveau vers la fin des années quatre-vingt-dix puisque ceux-ci ont redécouvert son pouvoir attachant et son magnétisme enjôleur. À partir des années soixante-dix, le conte a connu des fortunes diverses au Québec et l'on peut presque dire que, pendant quelques décades, il s'est contenté de clignoter, maintenu en vie par de jeunes troubadours tel le fougueux Jocelyn Bérubé, qui à l'époque se promenait d'école en école pour entonner notre patrimoine conté, de « La chasse-galerie » à « Rose Latulipe », tout en le renouvelant aussi par des contes contemporains comme celui de « Tuyau Grand-Champs », adaptation d'un conte de Guy Thauvette, où un quêteux maltraité, pour se défendre, transforme les invités d'une noce en flamants roses, en parasols, en pierres de patio et en pneus d'auto peinturés blanc... Bérubé est toujours là, conteur vivant et vibrant dans sa langue puissante et pénétrante, qui joue de l'émerveillement tout autant que de l'ironie et de la naïveté.

Mais désormais, beaucoup d'autres trouvères du conte tiennent maintenant le fort, ou la citadelle si l'on préfère. Il s'en trouve même facilement plus d'une centaine, si l'on considère le nombre de conteurs et conteuses qui se sont produits lors du dernier festival « De bouche à oreille » dans toutes les *provinces* du Québec comme aurait pu l'affirmer le cartographe des *Contes* de Jacques Ferron. Il valait la peine, pour notre joie, de garder la tradition vivante. Je vous convie donc, en hors-d'œuvre au réel festin de la présence d'un conteur ou d'une conteuse, à l'évocation esquissée de quelques beaux visages du conte québécois.

Jocelyn Bérubé, conteur et musicien, est originaire de Saint-Nil en Gaspésie (village aujourd'hui disparu, sauf dans la parole de Bérubé) qui, depuis 1972, joue de ses légendes avec brio sur l'archet de sa langue. Plusieurs l'ont entendu raconter à la télévision de brefs contes mythiques révélant l'origine des étoiles, du soleil ou de la lune. Il sait comme nul autre transformer une vielle à roue, antique instrument ventru et grinçant du temps de la colonie, en navire abordant pour la première fois les rivages de notre Nouveau Monde. Conteur d'expérience, il aime faire participer son public en lui confiant des instruments de bruiteur qu'il a parfois conçus et qui, dans le cours de l'histoire, imageront le vent, les vagues et la tempête. J'ai vu, entre autres, de jeunes cégépiens captivés par son sens de l'animation et transportés par la marée de son imagination, découvrir tout à coup qu'ils aimaient en diable le conte. Bérubé a publié un livre-disque, *Portraits en blues de travail*, chez Planète rebelle, l'éditeur privilégié des conteurs et conteuses, où il emprunte à notre mythologie et notre tradition orale. Sa voix unique et chaleureuse est aussi celle d'un créateur, car ce menuisier dans l'âme et dans les mains charpente des histoires qu'il varlope jusqu'à l'émotion. Et c'est plaisir d'entrer dans les cabanes d'oiseaux qu'il vient de nous inventer…

> Jocelyn Bérubé.

Joujou Turenne, originaire d'Haïti, première conteuse noire au Québec, vient elle aussi enrichir le conte, mais dans un autre registre. Son énergie et sa générosité la rendent inoubliable. Avec celle qui fut la Passe-Tourelle de Passe-Partout, préparez-vous, *Messieurs Dames société*, à répondre à voix haute, car elle vous interpellera et avec elle vous entrerez dans une danse envoûtante dont vous scanderez le rythme : ce sera une expérience collective, car la convivialité intéresse au plus haut point cette conteuse allumée. En ce sens, elle rappelle Gilles Vigneault, ce grand conteur macacain (donc de Natashquan), dans la partie de ses spectacles où il orchestrait une participation générale de son public. Joujou Turenne est aussi une créatrice qui conte et invente autant pour les enfants que pour les grands. Son *Ti-Pinge* (Planète rebelle, 2000) en témoigne, mais elle a aussi enregistré *Hansel et Gretel* aux éditions Coffragants. Cette amie du vent vous caressera de sa fraîcheur communicative.

Alain Lamontagne, quant à lui, de plain-pied, pourra vous emmener au pays du sabre de lumière. Ce conteur globe-trotter, inventeur du terme podorythmie, manie avec art ses nombreux harmonicas et nous emporte dans des envolées époustouflantes tandis qu'il nous raconte ses histoires à relais pour le moins lamontagnesques. Il est truculent, gouailleur, farceur et… touchant. Pour lui, le conte stimule

> Henri Julien, *La Corriveau*, « La cage », Album Beauchemin, 1916.

l'imaginaire, la musique va à l'âme et le rythme, au corps. Il a publié un recueil, *Le musicien et ses histoires* (Fides), qui comprend certains des contes qu'il promène depuis plus de trente ans sur les cinq continents et qu'il a rendus plus littéraires cette fois-ci puisqu'ils seront lus et non entendus. Parions que « La banane très enchantée » ou « Le complot des frères Baumier » sauront vous donner le goût de savourer en personne l'oralité, le tapage de pieds et la musique à bouche de ce conteur hors norme.

Sylvie Belleau enchante les enfants et les très grands depuis plus de vingt ans, c'est-à-dire depuis le début du Théâtre de la source, qu'elle a fondé en 1985. Cette conteuse ensorcelante captive par l'aplomb de son naturel et par sa gestuelle fluide héritée de la tradition kathakalienne, art qu'elle s'est approprié lors de voyages d'études en Inde. Elle s'est consacrée au conte et à sa diffusion tant par la création, car elle est prolifique, que par la mise en valeur du patrimoine mondial, racontant de sa voix suave et harmonieuse les mythes et les légendes de chez nous et des pays d'ailleurs. L'avez-vous vue, en costume amérindien, raconter à des enfants sous le charme les prouesses de « L'oiseau couleur du temps » ? C'est un bonheur que je vous souhaite, de voir luire dans les yeux de l'enfant le passage tellement réel d'un oiseau imaginaire. Et si le désir vous en prend, vous pourriez aussi goûter, au Théâtre de l'Esquisse où elle officie, à la saveur plus mûre et assurément érotique des contes arabes que cette conteuse du ventre distille dans *Au pays des mille et une ruses*.

Claudette L'Heureux, qui anime depuis cinq ans les ateliers « Praticonte » pour les apprentis-conteurs, a fait ses débuts contés avec la joyeuse bande des Dimanches du conte du Sergent recruteur dont nous avons fêté le dixième anniversaire à l'automne 2007. C'est là qu'elle a étrenné les histoires qui se sont retrouvées dans son livre-disque paru chez Planète rebelle coiffé du titre *Les contes de la Poule à Madame Moreau*. Celle qui voulait vivre une vie d'artiste s'est appliquée à peaufiner son talent naturel tout en restant avant tout elle-même. Sa voix mémorable conte le terroir qui l'a vue grandir et elle se plaît à faire revivre le magasin général de son père pour le plaisir de nos oreilles. C'est aussi une amoureuse des complaintes et des vieilles chansons, qu'elle entonne allègrement, si le conte lui en chante. En France, la revue *Télérama*, dont elle a fait la couverture, en a dit : « Sa force, c'est de n'avoir jamais pensé être conteuse, de n'être ni jeune ni vieille, ni traditionnelle ni moderne, ni instinctive ni intellectuelle, d'être elle-même, d'un seul bloc, libre ».

> Fred Pellerin.

Fred Pellerin, enfin, reste incontournable. Cet intense conteur connaît une vogue sans précédent au Québec. Il mêle la tradition à la nouveauté, l'absurde au bon sens et l'humour aux sentiments. Sa trilogie de contes de village, *Dans mon village, il y a belle Lurette*, *Comme une odeur de muscles* et *Il faut prendre le taureau par les contes*, publiée dans la collection « Paroles » de Planète rebelle, a suscité une adhésion phénoménale propulsée par la popularité de ses spectacles et surtout le charisme de l'homme. C'est comme si chacun se reconnaissait dans cet Astérix du village de Saint-Élie-de-Caxton où c'est le barde qui est le vrai héros. La simplicité, la transparence, l'apparente naïveté, la générosité, le talent et la sensibilité du conteur y sont pour beaucoup… Et bientôt vous pourrez même suivre ses histoires dans un cinéma près de chez vous… Mais pour goûter vraiment sa langue truculente, rien ne vaut un face à face dans l'ambiance qu'il sait faire fleurir avec son auditoire. La dernière fois que je l'ai croisé, il m'a dit qu'il espérait que son succès aide à faire connaître les autres conteurs du Québec. Souhaitons-le ardemment avec lui !

La table est donc mise au pays pour que vous dégustiez bientôt la parole conteuse. Et c'est vrai que c'est festif, car le conte est avant tout une rencontre. Le conteur, ou la conteuse, fait réellement le conte avec son public, car ce dernier participe directement à l'élaboration des personnages et des lieux puisque l'imaginaire de chacun enrichit l'histoire racontée. Il peut y avoir autant d'Alexis le Trotteur qu'il y a de paires d'oreilles dans la salle, vu que chacun met son grain de sens dans le conte et fourbit naturellement de ses propres images intimes pour que vive le conte. Et le plus beau de l'histoire, c'est que cela se fait presque tout seul, ensemble. C'est cette participation retrouvée qui explique vraisemblablement cet engouement que crée le contact avec le conte vivant, incarné et partagé.

Alors, n'hésitez plus, les festivals se récoltent à foison au Québec, de l'Innucadie de Natashquan aux Grandes gueules de Trois-Pistoles, en passant par Lévis, l'Abitibi-Témiscamingue, le Saguenay–Lac-Saint-Jean, la Mauricie, la Beauce, Sherbrooke, les Îles-de-la-Madeleine et Montréal, donc les occasions ne manqueront pas d'y aller entendre tous ces conteurs et conteuses que je viens de vous présenter et combien d'autres. En plus des festivals, il y a bien sûr les bars et les cafés où ils se produisent régulièrement. C'est en paraphrasant le Jos Violon de Fréchette que je vous dirai : *Et cric, crac, cra ! sactabi, sac-à-tabac ! mon histoire finit d'en par là. Serrez les ris, ouvrez les rangs ; c'est ça l'histoire !* ■

---

* *Professeur au Cégep de Saint-Hyacinthe et conteur de la première heure des Dimanches du conte du Sergent recruteur. Il est l'auteur de* L'homme qui lisait dans les mamelons et autres contes de l'émotion *(Planète rebelle).*

LA BANDE DESSINÉE AU QUÉBEC

FRANÇOIS MAYEUX*

La bande dessinée québécoise n'est pas aussi connue que la BD franco-belge, les *comics* américains ou les mangas japonais mais, si l'on ne peut pas vraiment parler d'école québécoise en BD, il est intéressant de se pencher sur l'évolution de ce médium dans la Belle Province. Ses origines et son parcours sont souvent similaires à ces autres écoles de BD.

Avec le développement de l'imprimerie et, surtout, l'essor des journaux à la fin du XIXe siècle, les conditions sont réunies pour que la BD québécoise apparaisse. C'est dans la foulée des caricaturistes et dessinateurs de presse, qui publient dans les nombreux périodiques humoristiques, que les premiers auteurs de bande dessinée s'illustreront. Parmi ces pionniers québécois, retenons Raoul Barré, avec ses *Contes du Père Rheault*, Joseph Charlebois, le dessinateur du *Père Ladébauche* et, surtout, Albéric Bourgeois, le créateur des *Aventures de Timothée*. C'est d'ailleurs lui qui aurait eu l'honneur d'être, dès 1904, le premier dessinateur de bande dessinée francophone à utiliser un phylactère dans ses histoires.

À partir des années 1920, la BD québécoise subit dans les journaux une féroce concurrence de la part des *comics* américains. Grâce à leurs agences de distribution (les fameux *syndicates*) et leurs très bas prix, nos voisins du Sud inondent le marché, laissant bien peu de place aux productions locales. En parallèle, la BD québécoise subit également l'influence de la religion catholique. Presque toutes les publications de l'époque s'inscrivent dans un cadre religieux. Cet âge d'or de la BD religieuse persiste jusqu'à la fin des années soixante.

De cette grande noirceur émergera un auteur phare de la BDQ : Albert Chartier. Dès 1943, il invente le personnage d'*Onésime*, qu'il dessine tous les mois pour le *Bulletin des agriculteurs*. Ce sympathique personnage, issu du milieu rural québécois, voit ses aventures publiées pendant près de 60 ans, ce qui constitue probablement un record. Chartier est également l'auteur d'une adaptation en BD de *Un homme et son péché* de Claude-Henri Grignon, publiée sous le titre de *Séraphin, l'Ours du Nord*.

La fin des années 1960 marque le renouveau de la BD québécoise. Voilà qui correspond à la fois à la Révolution tranquille, à l'essor du nationalisme et à l'émergence de la contre-culture, suivant en cela le phénomène *underground* aux États-Unis. Malheureusement, cette effervescence, qui se caractérise par une prolifération des revues et la création de personnages comme *Capitaine Kébec* de Pierre Fournier ou *Le Sombre Vilain* de Jacques Hurtubise, n'a laissé que peu de traces aujourd'hui.

Les années 1980 sont marquées de l'empreinte de la revue *Croc*, revue d'humour au tirage impressionnant,

> *Onésime* d'Albert Chartier, *Bulletin des agriculteurs*, 1950.

qui a eu un impact certain sur le public avec la découverte d'auteurs comme Réal Godbout qui, avec la complicité de Pierre Fournier, crée deux des personnages majeurs de la BD d'ici : Michel Risque et Red Ketchup (nous y reviendrons) ; Jean-Paul Eid et son génial Jérôme Bigras, ou les diverses créations d'auteurs comme Serge Gaboury, Caroline Merola ou Jacques Goldstyn, par exemple. D'autres revues comme *Titanic, Cocktail* et, plus tard, *Safarir* permettront de découvrir des auteurs aussi divers que Rémy Simard, Henriette Valium, Jean Lacombe, Luis Neves, Julie Doucet, André-Philippe Côté ou Mario Malouin.

Dans les années 1990, deux faits majeurs marqueront à tout jamais la BD québécoise. D'une part, l'apparition et, surtout, la stabilité d'éditeurs qui permettent enfin à la BDQ d'avoir la visibilité qu'elle mérite. Grâce aux éditions Mille-Îles–400 coups (et à ses filiales Mécanique Générale et Zone Convective) ainsi qu'aux Éditions de la Pastèque, la BD québécoise dispose d'une vitrine importante et d'une diffusion professionnelle, ce qui permet enfin à ses auteurs de ne plus être les créateurs d'œuvres éphémères. Le succès phénoménal de Michel Rabagliati avec les aventures de *Paul* en est un exemple frappant. Aussi, grâce au développement des technologies et à l'apparition d'Internet, les plus talentueux auteurs d'ici peuvent facilement avoir accès au marché européen de l'édition. On ne compte plus aujourd'hui les auteurs québécois qui ont publié un album en Europe ou aux États-Unis. La BD québécoise connaît présentement son âge d'or !

Les principaux auteurs québécois

À défaut de définir ce qu'est la BD québécoise et surtout ce qu'est un auteur québécois de BD (et sur quels critères le définir : lieu de naissance, lieu de résidence, siège social de l'éditeur, propos régional du récit…), brossons un portrait des auteurs les plus marquants de notre BD. Il nous apparaît important de considérer d'abord les auteurs qui publient au Québec, puis ceux dont l'éditeur est à l'étranger, majoritairement en Europe.

Puisqu'il n'existe pratiquement pas de traces des BD publiées avant les années 1980, amorçons notre sélection par les créateurs qui, aujourd'hui, font figure de pionniers.

Réal Godbout et Pierre Fournier forment assurément le duo d'auteurs le plus prolifique du Québec. C'est aux Éditions de la Pastèque que nous devons la réédition de leur œuvre et la redécouverte de Michel Risque et Red Ketchup. Le premier est un héros québécois hors norme, aussi costaud que naïf ; il accumule les aventures, toutes plus extravagantes et exotiques les unes que les autres. Ce héros attachant a fait les beaux jours du magazine *Croc* dans les années 1980. L'intégrale de ses aventures est maintenant disponible en cinq albums publiés. Le second, Red Ketchup, est un personnage initialement apparu dans les aventures de Michel Risque. Cet agent du FBI, incontrôlable et extrêmement violent, a eu tellement de succès comme personnage secondaire que ses auteurs n'ont eu d'autres choix que de lui créer sa propre série. La maison d'édition s'est engagée à publier les huit tomes de la série, dont cinq sont inédits en albums. Fournier est aussi l'auteur de *Capitaine Kébec*, le premier super-héros de la BD québécoise. Quant à Godbout, il est le dessinateur de l'excellente série *Les grands débrouillards*, une BD à caractère biographique et scientifique publiée par Bayard Jeunesse Canada.

Issu de la défunte revue *Croc*, Jean-Paul Eid est un autre auteur incontournable. Il a été le génial créateur de Jérôme Bigras, une caricature à peine prononcée du banlieusard. Les aventures loufoques de ce personnage lui ont permis d'explorer et de repousser les possibilités techniques de la BD. Par son humour absurde, cette série s'est vite imposée comme l'une des plus originales de la BD québécoise. L'autre production majeure de cet auteur, *Naufragé de Memoria*, scénarisée par son complice Claude Paiement, est l'une des très rares BD de science-fiction québécoise. Ces deux albums, publiés aux Éditions 400 coups, leur ont valu de nombreuses distinctions, dont le prix Bédélys Québec et le prix Bédéis Causa en 2004.

> André-Philippe Côté.

Parmi les pionniers de la BD au Québec, il en est un qui détient certainement le record pour le nombre de magazines et de revues auxquels il a collaboré. Originaire de Québec, Serge Gaboury a été de toutes les expériences dans le genre. De *Croc* à *Titanic*, *Safarir*, *Le Soleil*, *Protégez-vous*, *TV-hebdo* ou *Les Débrouillards*, tous ces périodiques (et bien d'autres encore) ont inséré dans leurs pages son dessin rond et explosif. Aujourd'hui, cet auteur collabore principalement aux *Débrouillards* et à *Safarir*, où les jeunes lecteurs et les adolescents retrouvent tous les mois ses créations. Les Éditions 400 coups ont publié trois albums des aventures de *Glik et Gluk*, héros des lecteurs des *Débrouillards*.

Originaire de Québec également, Mario Malouin est lui aussi un pilier de la BD d'humour au Québec. Il s'est fait connaître dans les années 1980 avec des bandes dessinées inspirées de l'animateur radiophonique André Arthur, *Les aventures d'Arthur Leroy*, qui ont connu un très grand succès dans la Capitale nationale. Il est vite devenu un rouage important du magazine *Safarir* et a été un des responsables du Festival de bande dessinée de Québec pendant plusieurs années. Parmi ses nombreux albums, notons les deux tomes du *Monde de la télé* aux Éditions Mille-Îles et quatre tomes de *Drôlement piquants*, recueils de sa production humoristique publiée dans *Safarir*.

André-Philippe Côté est également natif de Québec et œuvre dans le milieu de la bande dessinée québécoise depuis longtemps. Il a fait les délices des lecteurs du *Soleil* durant les années 1990 avec son sympathique personnage de Baptiste le clochard, dont six albums furent publiés chez différents éditeurs. Il est devenu le caricaturiste attitré du journal *Le Soleil*, mais cette responsabilité quotidienne ne l'empêche nullement de poursuivre sa carrière de bédéiste. Mieux, un des personnages issus de ses caricatures est devenu un héros de BD ; en effet, son *Docteur Smog*, un psychanalyste assez particulier, est aujourd'hui publié par la prestigieuse maison d'édition européenne Casterman, et deux albums ont vu le jour récemment. Côté a aussi eu l'honneur d'être un des rares auteurs retenus par la maison Larousse afin d'illustrer quelques canadianismes pour l'édition 2006 de son *Petit Larousse*.

Jimmy Beaulieu est né à l'Île d'Orléans et est l'un des auteurs les plus talentueux du Québec. Cet homme à tout faire de la BD québécoise (il a été libraire, chroniqueur, enseignant, éditeur) a eu l'occasion de passer plus de six mois en résidence à la Maison des auteurs d'Angoulême. Avec *Résine de synthèse*, *Quelques pelures* ou *Le moral des troupes,* on lui doit quelques-unes des plus belles pages de non-fiction (comme il aime à le souligner) de la BD québécoise. Ses souvenirs d'enfance, ses anecdotes du quotidien, ses réflexions sur l'amour ou sur la vie sont un régal pour le lecteur. Tous ses ouvrages sont publiés par Mécanique Générale, une maison d'édition où il est directeur de collection.

Michel Rabagliati est sans conteste l'auteur québécois le plus populaire du Québec. Depuis la parution de son premier album (*Paul à la campagne*) en l'an 2000, les péripéties de son héros, son *alter ego*, rejoignent un public sans cesse croissant. Cette BD en grande partie autobiographique séduit tant les lecteurs que les lectrices, et c'est un peu grâce à lui si les médias s'intéressent enfin à la BD. Paul et son créateur sont en grande partie responsables de l'essor de la BD au Québec. Les nombreux prix remportés par cette série (Rabagliati monopolise les prix Bédélys en plus d'avoir gagné entre autres un prix Harvey Award aux États-Unis et quelques Bédéis Causa à Québec) confirment ce succès commercial. Les éditions de La Pastèque ont certes eu raison de lui faire confiance, lui qui y a publié les cinq volumes de la série disponibles à ce jour. Il a été traduit en anglais par l'éditeur montréalais *Drawn et Quartely*.

Et les femmes…

La BD québécoise s'écrit aussi de plus en plus au féminin. Voici quelques-unes des auteures à découvrir.

Julie Doucet est assurément l'auteure de BD québécoise la plus connue hors Québec. Ses ouvrages sont publiés en France, aux États-Unis et dans quelques autres pays. Elle est reconnue partout comme la reine de la BD *underground*. Son style *trash* et provoquant lui a valu une réputation enviable, même si ses albums, qui ont fait l'objet de quelques interdits, ne sont pas à mettre entre toutes les mains. Ses histoires racontent les déboires d'une jeune Montréalaise dans le milieu rock/punk de la fin des années 1980, ainsi que ses séjours dans des villes telles New York, Seattle ou Berlin. Parmi ses albums, on peut noter *Ciboire de Criss !*, *Changements d'adresses* et *L'affaire Madame Paul*, un policier au style original publié chez L'Oie de cravan.

Native de Matane, Line Arsenault a fait sa marque en produisant une BD d'humour originale, dans laquelle elle s'amuse à mélanger le dessin d'humour, le *comic-strip* et le gag en une page. Ses personnages aux traits de visage absents ou cachés par des lunettes sont tantôt des enfants tantôt des adultes. Ils expriment toujours des réflexions amusantes sur le sens de la vie, sur les rapports humains, sur le quotidien ou sur les envahissants moyens de communication. Ils sont connus des lecteurs et lectrices de *L'Actualité*, du *Devoir* ou du *Soleil*, et on

> Line Arsenault.

les retrouve souvent imprimés sur des gaminets. Six albums de *La vie qu'on mène* ont déjà été édités, dont cinq aux Éditions Mille-Îles, et le dernier à compte d'auteur.

Nouvelle venue dans le monde de la BD au Québec, mais rapidement remarquée, Éva Rollin est originaire de France. Elle est arrivée au Québec au début des années 2000, après des études à l'École des Beaux-Arts d'Angoulême, où elle a touché à tout, même à la bande dessinée. Elle a publié aux Éditions Marchand de feuilles en 2004 le premier volume de son personnage de Mademoiselle. Celui-ci séduit rapidement les critiques et le public par son autodérision, ses thèmes (la beauté, le vieillissement, la vie de célibataire) et son dessin dynamique. Deux autres albums de *Mademoiselle* ont été publiés depuis. Cette auteure de talent a également publié une bande dessinée sur la vie de couple, *C'est mieux à deux… enfin parfois*, aux Éditions Albin Michel.

Auteurs édités en Europe

Le nombre d'auteurs du Québec qui sont désormais édités en Europe est en constante progression et la variété de leur production est étonnante. À tout seigneur, tout honneur ! Comment ne pas commencer cette recension par celui qui, à défaut d'être le premier, est celui qui a permis aux auteurs d'ici de réaliser que leur rêve de publication en Europe était réalisable. En créant le personnage de Moréa avec Christophe Arleston (le papa de *Lanfeust de Troy*), Thierry Labrosse est entré dans la légende. Cette série de science-fiction, qui met en scène le très sexy personnage de Moréa, a remporté un grand succès et a mérité à son auteur un prix Bédélys en 2000. Autodidacte, Labrosse a longtemps travaillé dans le milieu de la publicité et du *story-board*. Il a, depuis, dessiné cinq aventures de Moréa aux Éditions Soleil en plus de participer à plusieurs albums collectifs.

Voro, pseudonyme de Vincent Rioux, est originaire du Bic. Jeune passionné de BD, il a suivi des cours à l'Institut Saint-Luc à Bruxelles, mais il a préféré apprendre son futur métier par lui-même. Il publie un premier album aux Éditions Mille-Îles, loué par la critique et récompensé par le Bédélys Québec et le prix Réal-Fillion en 2001. Par la suite, il réalise, en collaboration avec Jean-Blaise Djian, un scénariste français, une histoire en trois volumes, *Tard dans la nuit*, qui se déroule dans sa région natale pendant les années quarante. Cette trilogie mêlant histoire policière et chronique sociale est une très belle réussite, et a été publiée par les éditions Vents d'Ouest.

Si la bande dessinée réaliste est un genre peu présent dans l'édition québécoise, ce n'est pas à cause du manque de talent de nos dessinateurs. François Miville-Deschênes est là pour nous le prouver avec son excellente série *Millénaire*, publiée d'après des scénarios de son compère Richard D. Nolane (un pseudonyme) chez Les Humanoïdes Associés. Originaire de Bonaventure, en Gaspésie, Miville-Deschênes est un autodidacte qui a longtemps œuvré dans le domaine de l'illustration scientifique, notamment animalière. Sa rigueur et la précision de son dessin sont des atouts indéniables pour la réalisation d'une bande dessinée historique qui se situe au tournant du premier millénaire. Quatre albums sont parus à ce jour et le succès de cette série ne se dément pas.

Jacques Lamontagne est un autre dessinateur talentueux, originaire de la ville de Québec. Amateur de BD dès sa tendre enfance, il suit le parcours de bien des auteurs d'ici, à savoir le fait de travailler dans le domaine de la publicité, de l'illustration pour des maisons d'édition (c'est lui qui réalise les couvertures de la célèbre série *Amos Daragon* chez les Intouchables) pour enfin se tourner vers le dessin d'humour. Il a collaboré à *Safarir* et à *Délire*, entre autres revues. Mais c'est avec la série *Les Druides* qu'il fait sa marque dans le monde du 9e art. Cette intrigue policière se déroule à l'époque médiévale où les anciennes religions font place aux nouvelles. Les scénarios sont l'œuvre de Jean-Luc Istin et Thierry Jigourel ; trois albums sont parus chez Soleil.

Parmi toutes ces belles réussites redevables à des auteurs d'ici, la plus éclatante actuellement est sans aucun doute celle d'un jeune couple de la région de l'Estrie. Delaf et Dubuc ont non seulement réussi à publier leur série humoristique chez la très prestigieuse maison d'édition Dupuis, mais se sont imposés, même avec deux albums seulement, comme les représentants incontestés de la nouvelle BD pour adolescents. Marc Delafontaine, qui a longtemps travaillé dans le domaine de l'animation, crée directement ses BD à l'ordinateur. Maryse Dubuc, sa conjointe, scénarise la série et assure la majeure partie de la mise en couleur, ingrédient essentiel dans ce type de série.

Les aventures de Jenny, Vicky et Karine, les trois héroïnes de la série *Les Nombrils*, sont publiées dans plusieurs revues tant en Europe (*Spirou*) qu'au Québec (*Safarir* et *Cool*), rejoignant ainsi un très large public qui en redemande. Ce n'est que le début de la gloire pour eux.

Dans ce survol de la production locale, il ne faudrait pas oublier Guy Delisle, qui a été considéré pendant longtemps comme le secret le mieux gardé du Québec, selon son éditeur français L'Association. S'il réside dans le sud de la France depuis plusieurs années, il est devenu en l'espace de dix ans un des chefs de file de BD d'auteur actuelle. Ses deux chefs-d'œuvre autobiographiques, *Shenzhen* et *Pyongyang,* ont été publiés à L'Association, où il est responsable d'un studio d'animation. C'est là qu'il vit et décrit avec ravissement le décalage culturel, social ou politique qu'il éprouve. Il est aussi l'auteur de l'*Inspecteur Moroni* chez Dargaud et d'un recueil de courts récits, *Comment ne rien faire,* à La Pastèque .

Il faut encore mentionner Régis Loisel, un des grands de la BD francophone, qui a décidé de s'installer au Québec il y a plus de cinq ans et qui a aidé un bon nombre d'auteurs québécois à trouver un éditeur ou tout simplement à améliorer leur œuvre. Français d'origine, il est l'auteur, avec son complice Serge Letendre, d'une des plus fameuses BD d'*heroic-fantasy* : *La quête de l'oiseau du temps* publié chez Dargaud. Il a aussi signé une magnifique et très libre adaptation en six volumes de *Peter Pan* chez Vents d'Ouest. Il réalise avec un compatriote, Jean-Louis Tripp, une grande fresque sociale qui se déroule dans le Québec rural des années 1920 : *Magasin général*. Cette histoire, on ne peut plus québécoise, est publiée chez Casterman et connaît un énorme succès des deux côtés de l'Atlantique. Loisel fait maintenant partie de notre patrimoine culturel.

Il est bien difficile de parler de tous les auteurs qui ont fait ou qui font que la BD québécoise est plus vivante que jamais. Il aurait fallu mentionner Rémy Simard, Michel Falardeau, Siris, Tristan Demers, François Lapierre, Leif Tande, Caroline Merola, Valium, Djieff, Luis Neves, Jacques Goldstyn, Yves Rodier, Alexandre Lafleur, Marc Tessier, Grégoire Bouchard, Jean Lacombe, Paul Roux, Daniel Shelton, le regretté Jocelyn Houde et combien d'autres grâce à qui le 9e art est devenu un medium dynamique et respecté dans tout le Québec.

Jamais la BDQ n'a connu une telle vitalité. Jamais les créateurs n'ont été aussi nombreux au Québec à pouvoir vivre de leur travail. Jamais les œuvres n'ont été mieux diffusées. Il faut s'en réjouir. ■

* *Consultant et animateur en bande dessinée.*

LA LITTÉRATURE DE JEUNESSE QUÉBÉCOISE

MARIE FRADETTE*

Depuis 1980

> Marie-Francine Hébert, illustration de Janice Nadeau, *Nul poisson où aller,* Les 400 coups, Montréal, 2004.

La littérature de jeunesse québécoise, encore toute récente[1], entre à compter des années 1980 dans une période d'établissement. Certains auteurs, Reynald Cantin et Raymond Plante en tête, expérimentent avec succès l'écriture de romans pour adolescents et préadolescents, alors que d'autres, notamment les créateurs de livres illustrés, poursuivent une lancée amorcée dans les années 1970. Toutefois, et contrairement à la douce folie contenue dans le courant novateur des années 1970, en 1980 les auteurs mettent plutôt en scène des histoires à tendance réaliste. Au cours des années 1990 et 2000, la production et la reconnaissance de cette littérature atteignent un niveau inespéré. Les œuvres de Dominique Demers, Chrystine Brouillet, Christiane Duchesne, Marie-Louise Gay, pour ne nommer que ces auteures, sont traduites et exportées à l'étranger. Le réalisme côtoie alors le fantastique et l'imaginaire, donnant accès à une diversité étonnante. Voici un bref portrait de cette littérature.

Le livre illustré : entre réalisme et imaginaire

Après une décennie de tentatives[2], les auteurs et les éditeurs entrent avec entrain dans les années 1980 et ont pour objectif de valoriser le monde de l'enfance et de le défaire des stéréotypes présentés dans la littérature traditionnelle. Ainsi le mythe de l'enfant sage et obéissant est remplacé par un jeune éveillé, espiègle et imparfait. Les auteurs et les illustrateurs exploitent des thèmes parfois délicats, tels la différence, la solitude, les problèmes sociaux et familiaux, et font, de surcroît, appel à la lucidité des enfants. Le monde des adultes est alors sévèrement critiqué et opposé à celui plus authentique des enfants. *Monsieur Jean Jules*[3] reste sans doute l'exemple le plus percutant de cette vague. Un Jean-Jules, admiré de tous, se fait rabrouer et ridiculiser par une petite fille qui ne croit pas un mot de ses histoires pourtant vantées dans tous les pays. Cette critique est aussi perceptible dans les illustrations qui, grâce à des traits acérés, pointus et sévères, déforment l'image modèle des adultes. Dans la deuxième moitié de la décennie, la

critique des adultes est moins agressive, plus fantaisiste quoique toujours là. Par exemple, dans *Les grandes menaces*[4], le personnage-enfant rejette un discours parental qui a pour but de manipuler les enfants. Le ton et les illustrations sont beaucoup plus humoristiques, le trait, plus arrondi, bref la critique, plus douce.

Au cours des années 1990 et 2000, on fait place à une diversité, à un mélange des genres et des disciplines. Les auteurs jouent alors avec le conte traditionnel, l'art, la perspective, le dessin, offrant un éventail d'albums des plus diversifiés. Les thématiques abordées misent avant tout sur le monde de l'enfant et / ou son imaginaire. Prenons d'abord *Stella étoile de la mer*[5], œuvre dans laquelle l'enfant est aux premières loges. La relation frère-sœur côtoie une féerie perceptible dans les illustrations aux couleurs pastel. D'une autre facture, *Gratelle au bois mordant*[6] traduit un recyclage du conte traditionnel, tendance toujours actuelle en 2007. Notons au passage *La moustache magique*[7], une adaptation pour le moins excentrique de *Jacques et le haricot magique* ou encore *Marie-Baba et les 40 rameurs*[8]. Dominique Demers publie quant à elle trois albums marquants, *Vieux Thomas et la petite fée*[9],

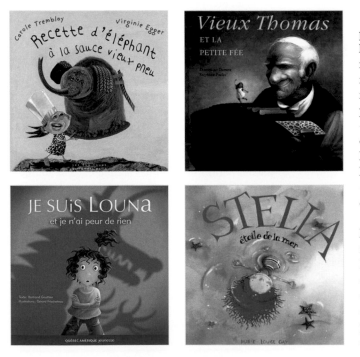

L'oiseau des sables et *Annabel et la Bête*, dans lesquels la mort, les relations intergénérationnelles et la beauté de la vie y sont exploités. Enfin, Carole Tremblay et Virginie Egger proposent une envolée complètement loufoque avec *Recette d'éléphant à la sauce vieux pneu*[10] où l'imaginaire n'a plus de limite. Le mélange des techniques utilisées (collage, dessins) pour produire les illustrations fait partie d'une nouvelle tendance qui tend à offrir au lectorat des images plus abstraites. Enfin, il est possible de constater l'éclectisme de la production pour les petits dans laquelle l'amitié, le quotidien, l'imaginaire, la fantaisie et même la guerre se déploient différemment selon les illustrateurs.

Le roman : la force du réalisme

À compter de 1985, la production de romans pour adolescents et préadolescents s'intensifie. Une baisse marquée de la production des livres illustrés encourage cette lancée. Les éditeurs doivent trouver une façon de rentabiliser la production. Le roman pour préadolescents apparaît alors en quantité au cours des années 1985 et 1990, lesquelles voient naître plusieurs collections destinées à ce groupe d'âge jusqu'alors à peu près oublié. Ainsi, dans les collections « Libellule » et plus récemment, « Roman vert », « bleu » et « rouge », chez Dominique et compagnie ou encore « Boréal maboul » chez Boréal, le texte est accompagné d'illustrations, ce qui favorise et encourage la lecture chez les apprentis lecteurs. Parmi les séries les plus colorées, pensons à la série « Julia[11] », « Les mésaventures du roi Léon[12] », « Jomush[13] » ou encore « Klonk[14] », des romans qui font en réalité le pont entre l'album et le roman.

Le roman pour adolescents connaît aussi à partir de la moitié de la décennie 1980 une popularité incontestée. Pensons ici surtout aux romans réalistes ou à ce que nous appellerons le roman du quotidien. Dans ces romans, les auteurs offrent des histoires de vie, des thèmes connus et peut-être vécus par le lectorat visé tels que l'amour, l'amitié ou encore des thèmes plus sombres comme la mort, la violence ou encore la toxicomanie. Ce type de roman arrive en fait à une période pendant laquelle les auteurs ont envie de raconter la vérité, la réalité aux jeunes après une vague et une époque de romans nationalistes.

Michèle Marineau[15], Raymond Plante[16], Reynald Cantin[17] représentent la décennie 1980, alors que Dominique Demers[18], Marie-Francine Hébert[19] et Charlotte Gingras[20] reflètent le courant des années 1990. Anique Poitras[21] et Tania Boulet[22], quant à elles, se démarquent de la production des années 2000 avec des romans lucides, francs et introspectifs. Parallèlement à cette vague de romans du quotidien, d'autres types de récit pour la jeunesse rejoignent le lectorat. Il y a, par exemple, la science-fiction de Daniel Sernine ou de Denis Côté, les romans policiers de Chrystine Brouillet, de Laurent Chabin ou encore de Robert Soulières qui, dans un style humoristique, publie la série « Cadavre », une série d'aventures policières dans laquelle l'auteur se (con)fond volontiers avec les différents personnages. Il y a aussi, et surtout depuis les années 2000, une forte vague de romans fantastiques lancée par la marée Harry Potter. Pensons à Daniel Mativat ou encore à Bryan Perro qui, sans rien enlever aux autres, reste sans doute le plus apprécié des jeunes dans le genre avec sa série « Amos Daragon », publiée en 12 tomes.

La littérature de jeunesse québécoise est éclatante de diversité, de talents et d'originalité. En ce sens, les années 2000 sont florissantes. Dominique Demers, Marie-Louise Gay, Marie-Francine Hébert, Christiane Duchesne, Élise Turcotte, Pierre Pratt côtoient de nouveaux auteurs tels que Tania Boulet, Anique Poitras, Paule Brière et Martine Latulippe dans une ronde des plus talentueuses. Les auteurs et illustrateurs reçoivent plusieurs prix, pensons au prestigieux prix du Gouverneur général qui, à tous les ans, est remis à un auteur et à un illustrateur pour la jeunesse. Ajoutons à cela qu'elle fait, par ailleurs, parler d'elle dans les revues, les journaux, de même qu'à la radio. Cette jeune littérature nous fait honneur et semble portée par un vent favorable. ■

Notes

1 Elle connaît ses débuts au cours des années 1920 avec des romans historiques empreints de valeurs patriotiques et religieuses. Pensons ici à la série de Marie-Claire Daveluy, *Les aventures de Perrine et de Charlot en Nouvelle-France*, qui marque de façon officielle les débuts de cette littérature.

2 Pendant les années 1970, les nouveaux auteurs, illustrateurs et éditeurs produisent des œuvres qui vont à contre-courant des valeurs traditionnelles que défend la littérature existante. On délaisse alors la religion et la nature pour aborder des sujets éclatés, fantaisistes, ou encore pour critiquer la société (parents, école, valeurs).

3 Pierre Foglia et Richard Parent, *Monsieur Jean-Jules*, Montréal, La courte échelle, 1982.

4 Marie-Hélène Jarry et Philippe Béha, *Les grandes menaces*, Montréal, La courte échelle, 1989.

5 Marie-Louise Gay, *Stella étoile de la mer*, Montréal, Dominique et compagnie, 1999.

6 Jasmine Dubé et Doris Barette, *Gratelle au bois mordant*, Montréal, La courte échelle, 1998.

7 Gary Barwin, Stéphane Jorish, *La moustache magique*, Montréal, 400 coups, 2003 [1999].

8 Carole Tremblay et Dominique Jolin, *Marie-Baba et les 40 rameurs*, Saint-Lambert, Dominique et compagnie, 1998.

9 Dominique Demers et Stéphane Poulin, *Vieux Thomas et la petite fée*, Saint-Lambert, Dominique et compagnie, 2000 ; *Annabel et la Bête*, 2002 ; *L'oiseau des sables*, 2003.

10 Carole Tremblay et Virginie Egger, *Recette d'éléphant à la sauce vieux pneu*, Montréal, Les 400 coups, 2002.

11 Christiane Duchesne et Bruno St-Aubin chez Boréal, dans la collection Boréal Maboul, 6 ans et plus.

12 Jean-Pierre Davidts et Claude Cloutier, Boréal Maboul, 6 ans et plus.

13 Christiane Duchesne et Josée Matte, collection « Roman vert » chez Dominique et compagnie, 8 ans et plus.

14 François Gravel et Pierre Pratt, collection « Bilbo » chez Québec Amérique, 7-8 ans.

15 Série Cassiopée chez Québec Amérique, 1988 (adolescence, amour).

16 Série François Gougeon chez Boréal, 1986 (adolescence, amour, polyvalente, amitiés).

17 Série Ève chez Québec Amérique, 1987 (grossesse, amour, famille, adolescence).

18 Série Marie-Lune chez Québec Amérique, 1992 (grossesse, adoption, amour, mort d'un parent).

19 Série Léa à La courte échelle, 1990 (mère absente, famille monoparentale, amour).

20 Voir Charlotte Gingras, *La liberté ? Connais pas…*, Montréal, La courte échelle, 1998, 156 p. (parents absents, souffrance psychologique, amitié, adolescence).

21 Série « Sara » chez Québec Amérique, 1993 (amour, mort, amitié) puis « Mandoline », chez Québec Amérique, 2003 (amour, toxicomanie, amitié)

22 Série « Maxine » chez Québec Amérique, 1996 (amitié, amour, adolescence, activités, univers adolescents).

✳ *Chargée de cours, Département des littératures, Université Laval.*

QUAND UN PEUPLE SE FAIT UN CINÉMA

CHANTALE GINGRAS*

Alors que le cinéma étatsunien continue d'accroître sa domination sur les marchés internationaux, le Québec résiste d'une manière étonnante à l'envahisseur. En effet, en 2004, les films québécois accaparaient 14 % du marché local, une performance remarquable qui constitue une véritable exception à l'échelle occidentale. Brève exploration d'un 7e art qui étonne, dérange, divertit, séduit… et dure.

Tout au long de son histoire, le cinéma québécois affirmera sa volonté de s'enraciner dans une mémoire, dans des traditions, et, en même temps, son besoin éperdu de valoriser la société industrielle moderne et nord-américaine. À cheval entre tradition et modernité, il tente de tracer sa propre voie, même s'il sait parfois emprunter les chemins de ses cousins français et étatsuniens.

À la recherche du bon temps perdu : le retour aux origines

Au cours des années 1940 à 1970, de nombreux cinéastes ont voulu immortaliser sur la pellicule l'essence de la culture québécoise. Il faut voir leurs films comme un hommage aux Québécois d'hier, à leurs métiers, à leur façon de vivre, à leur langue. En tête de liste, on retrouve Pierre Perrault qui, avec son cinéma documentaire, donne la parole aux pêcheurs de marsouins de l'Île-aux-Coudres dans *Pour la suite du monde* (1963) pour en perpétuer la mémoire… et lutter contre la perte de mémoire collective. Dans sa filmographie, qui compte près de vingt films, on trouve aussi *Le règne du jour* (1966) et *Les voitures d'eau* (1968), qui illustrent tous deux les derniers jours d'une époque appelée à disparaître. Dans la même veine, il faut parler du film magnifique de Benoît

> Pierre Perrault, *Pour la suite du monde,* 1963 (ONF).

Pilon, *Rosaire et la Petite-Nation* (1997), un documentaire qui illustre avec pudeur et sensibilité toute la poésie des gens simples, qui savent mettre des bâtons dans les roues du temps pour qu'il s'écoule moins vite… Rosaire, 89 ans, est un homme d'une autre époque, témoin d'un Québec à jamais disparu. Ce film le prend comme sujet et comme guide, nous faisant découvrir des gens étonnants qui peuplent la Petite-Nation. Documentaire personnel à l'écoute de la parole et des gestes, des émotions et des silences, le film s'intéresse à des gens à la fois simples et singuliers, plutôt heureux, dont on dit souvent qu'ils n'ont pas d'histoire. À voir aussi, du même cinéaste : *Roger Toupin, épicier variété* (2003), très vivement salué par la critique et le public (il a remporté de nombreux prix au Canada et à l'étranger), et son tout dernier, *Nestor et les oubliés* (2006). Un peu dans la même veine, parce qu'on y parcourt le Québec rural, on retrouve le film de Jean Beaudin, *J.A. Martin, photographe* (1977). Autre film qui illustre la vie des gens « ordinaires » : celui de Gilles Carle, *La vie heureuse de Léopold Z* (1965), qui met en scène un modeste employé sans éducation qui rêve de partir en Floride, parce qu'il a du mal à comprendre une réalité qui le dépasse. Il y a aussi *Mon oncle Antoine* (1971), de Claude Jutra, considéré encore aujourd'hui comme un film majeur de la cinématographie québécoise, dont l'action se déroule dans les années 1940 à Thetford Mines. Gérant du magasin général, l'oncle Antoine, avec son humour et ses gorgées de gin, anime les lieux sous l'œil intéressé de son neveu Benoît (15 ans), qui est orphelin et qui vit chez son oncle.

Du petit au grand écran

Ces dernières années, le grand écran se permet aussi quelques voyages dans le temps : les séries qui ont fait les beaux jours de la télévision au cours des années cinquante et soixante revivent dans les salles de cinéma : Charles Binamé revisite *Un homme et son péché* (2002) ; Luc Dionne propose *Aurore* (2005), qui relate l'histoire d'une enfant maltraitée ; Éric Canuel fait à nouveau frapper à nos portes *Le Survenant* (2005)… On fait même revivre une véritable icône, le joueur étoile des Canadiens de Montréal : au cinéma, Roy Dupuis incarne un Maurice Richard plus grand que nature dans le film du même nom réalisé par Charles Binamé (2005).

Des films, des révolutions

Le cinéphile revit aussi les bouleversements des années d'une révolution pas si tranquille à travers *C.R.A.Z.Y.* de Jean-Marc Vallée (2005), qui illustre la quête d'identité d'un jeune adolescent qui découvre son homosexualité… et d'une société qui prend conscience de la précarité de son équilibre. *Histoire de famille* de Michel Poulette (2005) nous fait entrer dans la vie d'une famille d'agriculteurs des Cantons de l'Est et observe les temps et les mœurs changer, de l'époque des Jérolas jusqu'à Beau Dommage de Bill Haley and the Comets aux Beatles. Et déjà, en 1989, *Jésus de Montréal* de Denys Arcand, abordait de façon déconcertante les tabous entourant le judéo-christianisme québécois.

Il faut compter aussi des films plus politiques, comme ceux de Michel Brault (*Les ordres*, 1974), qui a pour intention première de lutter contre l'oubli des événements d'Octobre 1970 et leur refoulement par la mémoire collective) et de Pierre Falardeau (*Le temps des bouffons* (1985), *Octobre* (1994), *15 février 1839* (2001), ce dernier portant sur l'exécution de 12 Patriotes, et toute la série des *Elvis Gratton* réalisée en collaboration avec le comédien Julien Poulin, et dont le premier a été porté à l'écran en 1985 qui, sous des dehors humoristiques et burlesques, renferme une critique de notre à-plat-ventrisme à l'égard de la culture américaine et du gouvernement canadien). Un autre film porte sur la Rébellion de 1837-1838 : *Quand je serai parti… vous vivrez encore* de Michel Brault (1999). Il y a aussi le troublant documentaire que Denys Arcand a tourné durant la première campagne référendaire, *Le confort et l'indifférence* (1981), dans lequel il expose les raisons qui ont mené à l'échec du référendum de 1980. Un autre film sur le référendum de mai 1980, *Le choix d'un peuple* d'Hugues Mignault (1985), avance que le Québec se trouve dans un état de vide politique.

La vie quotidienne des quartiers populaires de Montréal

Plusieurs films illustrent aussi les transformations sociales qu'a connues le Québec : l'exode rural massif vers les centres urbains, marqué bien souvent par la misère, le chômage et l'exploitation des ouvriers. À travers ces transformations, l'identité québécoise se reconstruit, et on voit défiler sur pellicule la vie de ceux qui luttent pour se faire une place au soleil. C'est un peu ce que raconte *Ti-Mine, Bernie pis la gang* de Marcel Carrière (1976), un film qui montre bien que les modèles hérités du passé sont ébranlés : les personnages s'y sentent

résolument seuls, délaissés par le gouvernement et même les curés, qui semblent les abandonner à leur triste sort. Ils n'ont qu'une seule idée : quitter le Québec pour chercher le bonheur en Floride…, bonheur qu'ils ne trouveront qu'à moitié, évidemment. On compte aussi *Le soleil se lève en retard* d'André Brassard (1976), dans lequel Gisèle, une jeune femme de trente ans, arrive progressivement à s'affranchir de son passé. Dans *L'eau chaude l'eau frette* d'André Forcier (1976), on voit aussi chez les personnages une tentative de s'en sortir, avec le support de la communauté, qui est elle-même en grand questionnement. Les structures traditionnelles sont littéralement balayées dans *Les bons débarras* (1980), un film de Francis Mankiewicz réalisé d'après un scénario du romancier Réjean Ducharme : on s'y débarrasse des idées et des modèles passéistes (par exemple, les enfants y sont plus matures et stables que les adultes), mais sans jamais arriver à proposer ni à édifier de nouveaux modèles à suivre. *Les Plouffe* de Gilles Carle (1981) présente au contraire une nette volonté d'action. Au sein de cette famille qui demeure à Québec (et non à Montréal, où se déroulent la majorité des films de ces années), les valeurs traditionnelles canadiennes-françaises sont confrontées à la modernité et au discours tenu par les plus jeunes, qui souhaitent rompre avec le passé pour se tailler une vie à leur mesure. Enfin, *La guerre des tuques* d'André Melançon (1984) montre comment les enfants, malgré leurs rivalités, parviennent à se créer une communauté sans l'aide des parents. On peut voir en eux la figure des Québécois de la nouvelle génération, qui établissent de nouvelles règles au sein de la société qu'ils sont en train de (re)créer.

> *Les bons débarras*, Francis Mankiewicz, 1980.

Les déroutes et les rivalités : l'impossible communication

Au cours des années 1980 et 2000, plusieurs films abordent les différents problèmes de communication et d'identification touchant la société moderne. On compte d'abord *Le vent du Wyoming* d'André Forcier (1994), qui expose les rivalités et la compétition à laquelle se livrent les membres d'une même famille. Dans *Léolo* de Jean-Claude Lauzon (1992), un adolescent lutte pour survivre aux privations liées à son éducation dans un quartier ouvrier de Montréal. Entouré d'adultes fous qui ont des préoccupations névrosées, Léolo note ses observations dans son carnet, où il consigne aussi ses rêves et ses fantasmes qui, une fois réalisés, le mèneront à un conflit avec les autorités. Rappelant en partie le cinéma surréaliste de Luis Buñuel, *Léolo* illustre la perte de l'innocence en même temps que celle des repères. *Requiem pour un beau sans-cœur* de Robert Morin (1992) montre pour sa part le naufrage sans issue d'un meurtrier confus et enragé par tout, qui semble lui aussi abandonné par la société, dans laquelle il ne trouve aucune réponse à sa détresse / rage intérieure. Dans *Being at home with Claude* de Jean Beaudin (1991) et *Eldorado*, de Charles Binamé (1995), on trace aussi le portrait de jeunes sans avenir, pris dans la toile urbaine où les repères sociaux sont absents. Dans *Un 32 août sur terre* (1998), Denis Villeneuve met en scène deux jeunes adultes qui tentent de redonner forme à leur identité : la jeune femme souhaite enfanter pour laisser au monde quelque chose d'elle-même ; le jeune homme, non convaincu de pouvoir transmettre quoi que ce soit – ni même d'être lui-même quoi que ce soit – refuse de lui faire cet enfant… et se fait en quelque sorte aspirer par le vide.

Les rapports hommes-femmes problématiques

Plusieurs films québécois illustrent la tension qui existe dans les rapports hommes-femmes, tension terriblement présente dans une société où les rôles traditionnels et les valeurs de droite ont perduré et où les baby-boomers sont vite déroutés devant les changements majeurs touchant entre autres l'émancipation de la Femme. Parmi ces films qui montrent l'entrée dans la modernité, on peut nommer, au premier plan, *Le déclin de l'empire américain* de Denys Arcand (1986). Ce film, comme son titre l'indique, traite du déclin de la société occidentale, en

mettant en lumière la déroute des intellectuels québécois de la génération du baby-boom. À travers eux, le Québec apparaît très détaché de
son passé et tout entier tourné vers les plaisirs hédonistes immédiats.
Arcand y explore avec lucidité les malaises profonds d'une société qui
se cherche et de ceux qui la dominent ; il y parle du prix énorme que
les femmes doivent payer pour leur émancipation. *Le déclin de l'empire
américain* marque une formidable étape dans l'histoire du cinéma
québécois : il a obtenu le record d'assistance pour un film québécois
et a raflé tous les honneurs. Encore aujourd'hui, il demeure le film
québécois qui est le plus connu internationalement.

Sur une note plus humoristique, *Cruising Bar* de Robert Ménard
(1989) traite de la recherche de l'âme sœur et des difficultés que rencontrent quatre hommes aux personnalités très différentes. *Cruising Bar*
fut l'un des films les plus populaires de l'histoire du cinéma québécois ;
les personnages interprétés par Michel Côté ont manifestement eu une
résonance sociale très forte, les gens ayant perçu, à travers la caricature,
le malaise des hommes qui ne savent pas comment se positionner par
rapport aux femmes. Quantité d'autres comédies, romantiques ou non,
continuent d'aborder la problématique des rapports hommes-femmes,
dont *Québec-Montréal* (2002) et *Horloge biologique* (2005), tous deux
de Ricardo Trogi.

Une société en mutation

D'autres films exposent la fin d'une époque, celle des baby-boomers,
et le début d'une ère que les trentenaires de la génération X tentent de
s'approprier. On compte parmi eux *La vie avec mon père* de Sébastien
Rose (2005), *Les invasions barbares* de Denys Arcand (2003), d'ailleurs
célébré en France et récompensé aux Oscars.

D'autres films se penchent sur les problèmes actuels de notre société,
en particulier sur la condition des plus démunis : *Le grand monde* de
Marcel Simard (1988) traite des déficients mentaux et du courant de
la désinstitutionnalisation ; *Au chic resto pop* de Tahani Rached (1990)
et *Ceux qui ont le pas léger meurent sans laisser de traces* de Bernard
Émond (1992), abordent tous deux l'augmentation de la pauvreté au
Québec. *La moitié gauche du frigo* de Philippe Falardeau (2000) met
en scène un jeune ingénieur chômeur qui peine à se trouver un emploi.
Dans un autre ordre d'idée, Richard Desjardins et Robert Monderie se

sont penchés sur l'exploitation forestière abusive qui sévit au Québec
dans *L'erreur boréale* (1999). D'autres films abordent l'errance de la
jeunesse québécoise, la menace du néolibéralisme et de la société de
consommation, la question de la « réalité » québécoise, la quête de sens
et de bonheur (voir, notamment, *Le bonheur, c'est une chanson triste*
de François Delisle (2004)).

Il ne reste qu'à attendre, d'ici un an ou deux, la sortie d'un film-docu-
mentaire portant sur l'intégration des immigrants et les accommodements raisonnables, qui semblent porter en germe les principaux conflits
que connaîtra notre société au cours des prochaines années…

Des vues qui sont vues

Si on me demande comment se porte le cinéma québécois, je répon-
drai qu'il va très bien, merci. Les succès de salle se multiplient ; de
plus en plus de films québécois remportent un succès populaire fort
enviable (notamment toute la série des *Boys*, portant sur une ligue
de hockey de garage ; *Bon cop, bad cop*, qui a soulevé aussi l'enthousiasme du Canada anglais ; tous les films retour-au-terroir dont j'ai
parlé plus haut (*Aurore, Un homme et son péché, Le Survenant…*)). Et
sur la scène internationale (l'écran international ?), nos films brillent de
plus en plus. *Le violon rouge* de François Girard (1998) a fait résonner
ses notes sur toute la planète ; *La grande séduction* de Jean-François
Pouliot (2003) séduit tous les publics, en France comme au Canada
anglais et aux États-Unis, où le film est présenté sous le titre *Seducing
Doctor Lewis* ; *Les invasions barbares* de Denys Arcand a envahi les
mêmes contrées, *C.R.A.Z.Y.* de Jean-Marc Vallée a follement emballé
ces mêmes pays… Même chose du côté des films de Robert Lepage, *Le
confessionnal* (1995) et *La face cachée de la Lune* (2003), qui montrent
la nécessité d'interpréter le passé pour pouvoir retrouver une assise et
une action dans le monde contemporain.

Non, le Québec n'a pas fini de faire son cinéma ! ■

∗ *Professeure de littérature au Cégep de Sainte-Foy et chroniqueure Cinéma à
la revue* Québec français.

UN MATCH EN DENTS DE SCIE

STEVE LAFLAMME*

Comme toutes les grandes nations, le Québec est riche d'une histoire unique en matière de sport. On serait porté à croire, à tort sans doute, que peu de sports – professionnels, surtout – survivent chez nous à part le hockey, notre sport national, qui est sans doute favorisé par le climat nordique de notre territoire. Pourtant, les médias écrits et électroniques trouvent matière à parler de sport à longueur d'année au Québec. Jetons un coup d'œil aux faits saillants du sport québécois, qu'il soit professionnel ou amateur.

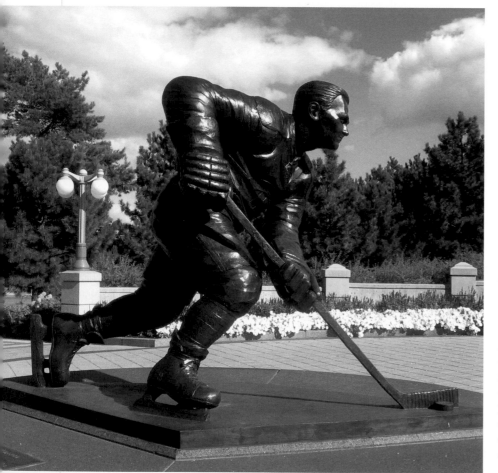

> Statue de Maurice Richard, Gatineau.

Le sport professionnel

« Passe-moé la puck pis j'vas en compter des buts ! »

Cette chanson des Colocs produite en 1993 est révélatrice de la suprématie du hockey comme sport national des Québécois. Il est d'ailleurs tellement inscrit dans notre culture que nombreux sont les artistes qui s'en sont inspirés[1], tant dans la musique (qu'on pense à Paul Piché qui évoque Maurice Richard dans « Essaye donc pas » ou à Robert Charlebois qui chante un hommage à Guy Lafleur dans « Champion », pour ne nommer que ceux-là) qu'au cinéma (les succès *Les Boys* et *Bon cop, bad cop*, par exemple, sans oublier le *Maurice Richard* de Charles Binamé).

La première partie de hockey sur glace en public se déroule le 3 mars 1875 sur la patinoire Victoria à Montréal. Fortement inspiré de la crosse telle que pratiquée déjà par les Amérindiens avant l'arrivée des Français sur notre territoire, le hockey prend forme entre 1859 et 1867, grâce à la ferveur nationaliste canadienne d'un dentiste montréalais, le Dr George Beers, qui souhaite substituer cette nouvelle activité au cricket britannique comme sport national[2]. Au tournant du XXe siècle, le hockey professionnel montréalais illustre bien le clivage entre francophones et anglophones : de 1924 à 1938, les Maroons de Montréal tentent de porter ombrage au Canadien de Montréal, qui, dès 1909, est associé aux Québécois francophones et deviendra l'emblème que l'on connaît aujourd'hui.

Au cours de son histoire, le Canadien devient vite synonyme de la fierté sportive au pays, donnant naissance à quelques vedettes qui deviendront éventuellement des icônes. Maurice Richard, à partir d'une saison de 50 buts en 1944-1945, devient le porte-étendard de la nation québécoise francophone, sans doute parce qu'il est la preuve qu'un francophone peut se démarquer parmi la meute anglophone de Montréal, lui qui, avant de gagner son pain grâce au hockey, était un employé d'usine comme des milliers de Québécois dirigés par des patrons anglophones.

Fort de 24 conquêtes de la Coupe Stanley, emblème de la suprématie mondiale au hockey, accumulées entre 1916 et 1993, le Canadien est à son sport ce que sont les Yankees de New York au base-ball, les Celtics de Boston au basketball ou les Cowboys de Dallas au football américain : une dynastie sportive, le représentant de la tradition qui, tel le joueur de pipeau de Hamelin, traîne tout un peuple à sa suite.

Jusqu'à la fin des années 1970, le Canadien est la seule équipe québécoise à faire partie de la Ligue nationale de hockey (LNH) – après avoir été l'un des six clubs originaux avec Boston, New York, Toronto, Chicago et Détroit. Après Maurice Richard dans les années 1940 et 1950 se succèdent Jean Béliveau (années 1960), Guy Lafleur (années 1970) et Patrick Roy (années 1980-1990) comme idoles sportives du peuple québécois. Signe de l'émulation produite par le hockey, la popularité de Patrick Roy comme cerbère du Canadien puis de l'Avalanche du Colorado, entre 1986 et 2003, a fait du Québec, depuis une quinzaine d'années, une pépinière de gardiens de but pour la LNH.

En 1979, produit de l'Association mondiale de hockey, les Nordiques de Québec intègrent la LNH. Éliminant des séries la puissante machine du Canadien en 1982, les Nordiques provoquent la plus grande rivalité sportive du Québec, jusqu'en 1993. Malheureusement, l'équipe de la Capitale aura connu une histoire plutôt courte : après de nombreux problèmes financiers, elle est vendue à des investisseurs américains et déménage au Colorado en 1995… avant d'y remporter la première Coupe Stanley de son histoire, au printemps 1996.

Si les Nordiques sont venus brouiller les cartes pendant près de deux décennies, le Canadien souffre aujourd'hui du manque de rivalité sur son propre territoire. Depuis sa dernière grande victoire en 1993, le club connaît une évolution en dents de scie, ratant les séries éliminatoires une saison sur deux. Depuis 2001, l'équipe est la propriété d'un Américain (du Colorado…), George Gillett. Il y a toutefois fort à parier que les anciens propriétaires majoritaires, la famille Molson de Montréal, gardent à l'œil le richissime investisseur, elle qui a conservé un droit de veto sur la vente éventuelle de l'équipe. On n'ose pas imaginer le désastre qu'engendrerait le déménagement de l'équipe de Montréal, le Canadien étant une véritable institution au Québec.

« *Bonsoir, il est parti !* »

Montréal n'était toutefois pas à l'abri de la dépossession. Dans l'ombre du hockey, le base-ball a connu ses heures de gloire dans la Métropole, d'abord grâce aux Royaux de Montréal mais surtout grâce aux Expos, équipe des Ligues majeures née en 1969 et dont le nom est inspiré de l'Exposition universelle qui allait ouvrir le Québec sur le monde – et le monde sur le Québec – en 1967. D'abord cantonnée au parc Jarry, l'équipe transporte ses pénates jusqu'au Stade olympique, après les Jeux de 1976.

Contrairement au Canadien, les Expos n'auront jamais connu l'occasion de célébrer la conquête des grands honneurs. Malgré l'émergence de quelques joueurs adulés du public – de Rusty Staub à Vladimir Guerrero, en passant par Andre Dawson, Gary Carter et Tim Raines –, les Expos auront effleuré le titre deux fois. En octobre 1981, les Dodgers éliminent le club montréalais *in extremis*. En 1994, les Expos n'ont même pas l'occasion de livrer bataille : alors qu'ils forment la meilleure équipe des Ligues majeures à quelques semaines de la fin de la saison, leurs chances sont court-circuitées par la grève que déclenche l'Association des joueurs, le 12 août. L'organisation ne s'en remettra jamais.

Une victoire – voire une simple participation – en séries d'après-saison aurait pu assurer la survie de l'équipe. Au contraire, le manque de ressources financières et la gestion déficiente du club par des

> Carey Price.

administrateurs parfois retors leur auront coûté la vie : les Expos sont vendus et déménagent à Washington, au terme de la saison 2003. Autre défaite crève-cœur pour les Québécois – du moins, pour les quelque 5 000 spectateurs qui parsemaient quelques-unes des 50 000 places disponibles au Stade olympique, au cours de la lente agonie de l'équipe.

Depuis 1999, la ville de Québec abrite la dernière équipe de base-ball professionnel québécoise, les Capitales, équipe qui a remporté le championnat de la Ligue Can-Am en 2006 et dont le calibre de jeu est de niveau A[3].

Le football : puissant botté d'envoi
Alouette, je te replumerai !

Il faut noter au Québec la popularité du football américain, parti-culièrement au cours des dix dernières années. Ce sport est pratiqué chez nous depuis 1868 et le premier club professionnel, les Alouettes de Montréal, voyait le jour en 1946. En 1983, on rebaptise l'équipe et les Alouettes deviennent les Concordes, qui disparaîtront de la carte en 1987, croulant sous les problèmes financiers. Les Alouettes renaissent de leurs cendres en 1996 et, depuis, livrent bataille aux sept autres équipes de la Ligue canadienne de football. Ils ont remporté la Coupe Grey à cinq reprises au cours de leur histoire.

Gagner du terrain

Pendant les neuf ans au cours desquels le football professionnel était absent de la scène québécoise, le sport s'est développé aux niveaux universitaire, collégial et même secondaire. Depuis que l'Université Laval a joint les rangs de la Ligue de football interuniversitaire du Québec en 1996, le sport se porte à merveille. Le Rouge et Or de Laval a arraché à quatre reprises la Coupe Vanier depuis 1999, surtout grâce à une équipe d'entraîneurs et de recruteurs hors pairs. Québec est la ville où le football universitaire est le plus populaire au Canada : sou-vent, plus de 15 000 spectateurs s'entassent dans les gradins du PEPS pour épier les moindres gestes des joueurs. Signe de la popularité du sport, les Carabins de Montréal, suivis du Vert et Or de Sherbrooke, se joignent à la ligue, respectivement en 2002 et en 2003.

Le soccer : impact sur la jeunesse

Au Québec, le soccer est une spore professionnelle : les statistiques de la Fédération de soccer du Québec révèlent que, en 2007, on compte 175 000 joueuses et joueurs au Québec. Peut-être faut-il expliquer cet intérêt pour ce sport par le fait, d'une part, que de tous les territoires d'Amérique du Nord, le Québec est sûrement celui qui est le plus influencé par l'Europe, mais surtout, d'autre part, par le fait qu'il s'agit d'un sport qu'on pratique à peu de frais.

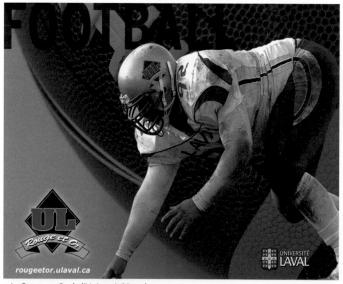

> Le Rouge et Or de l'Université Laval.

> Lucian Bute, 2007.

À Montréal, la famille Saputo fonde l'Impact en 1993, première équipe professionnelle au Québec depuis le Manic (1981-1983). L'Impact se joint à la Ligue américaine de soccer professionnel et remporte deux fois le championnat de la ligue, en 1994 et en 2004. L'équipe dispute ses parties locales au Stade Saputo inauguré le 19 mai 2008.

Les marginaux de l'arène

Ne jamais lancer la serviette…

Le Québec a connu au cours des dernières décennies quelques héros dans l'univers de la boxe. Après Fernand Marcotte, Mario Cusson et Deano Clavet, ce sont surtout la famille Hilton (avec en tête Dave), Stéphane Ouellet et Éric Lucas qui ont moussé sa popularité, au cours des quinze dernières années. Hilton, Ouellet et Lucas ont détenu des ceintures, mais Lucas est sans doute celui qui aura redonné ses lettres de noblesse à la boxe québécoise, Hilton et Ouellet faisant les manchettes surtout pour leurs frasques à l'extérieur de l'arène…

En 2007, depuis que Lucas a pris sa retraite, le sort de la boxe québécoise repose sur les épaules de deux jeunes pugilistes très prometteurs. Signe du multiculturalisme québécois, ces deux jeunes loups sont d'origines étrangères : Joachim Alcine, originaire d'Haïti, et Lucian Bute, un Roumain qui a immigré à Montréal il y a quelques années à peine et qui est le principal protégé de la firme Interbox. Bute est devenu le champion IBF des super-moyens le 19 octobre 2007, au Centre Bell de Montréal.

Un, deux, trrrrrrrrrrois !

Autant que cette façon unique qu'avait le commentateur Michel Normandin de faire le compte de trois, la lutte professionnelle s'est inscrite comme partie intégrante de la culture populaire du Québec au milieu du XXe siècle. Dès 1942, Yvon Robert (qu'on surnomme « le lion du Canada français »), fait connaître le Québec dans l'univers très américain de la lutte en devenant le champion du monde de la très respectée et prestigieuse NWA. Tout comme Maurice Richard, Robert devient l'idole des Québécois au cours de cette décennie, remplaçant dans l'imaginaire collectif Louis Cyr et Victor Delamarre, deux hommes forts qui ont aussi pratiqué la lutte.

Avec l'apparition de la télévision en 1952, la lutte gagne en popularité et trône parmi les émissions les plus regardées au sommet de la programmation de Radio-Canada. C'est l'époque des frères Johnny et Jacques Rougeau, d'Ovila Asselin, d'Eddy Auger, de Laurent (Larry) Moquin, des Québécois francophones qui se sont illustrés contre les « méchants » de toute la planète. Digne successeur d'Yvon Robert, Jean (Johnny) Rougeau s'est illustré non seulement en tant que lutteur de talent, mais aussi comme homme d'affaires (propriétaire de quelques

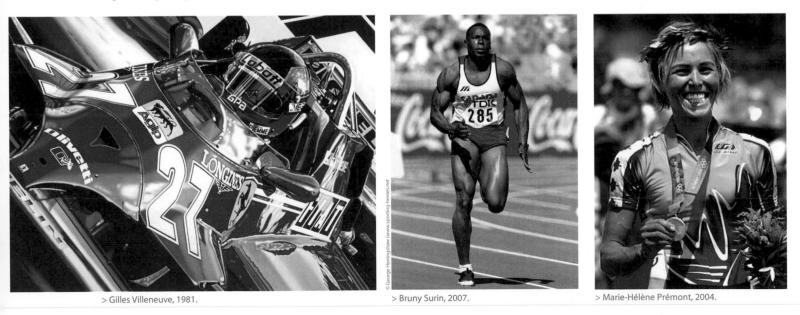

> Gilles Villeneuve, 1981.

> Bruny Surin, 2007.

> Marie-Hélène Prémont, 2004.

commerces, figure de proue de la Ligue de hockey junior majeure du Québec), comme comédien (dans *La pension Velder*) et même comme garde du corps de René Lévesque, au cours des années 1970.

Après avoir périclité au cours des années 1980, malgré la présence de quelques Québécois au sein de la WWF – la plus grande organisation de lutte au monde –, la lutte professionnelle a quelque peu regagné ses galons à partir du milieu des années 1990. Paradoxe intéressant : en dépit du fait qu'aucune organisation locale ne soit supportée par la télé, la lutte foisonne plus que jamais dans les petites salles de Montréal, de Québec, de Jonquière, de Trois-Rivières, sous une quinzaine de bannières qui regroupent des jeunes de 16 à 50 ans suffisamment passionnés de leur sport pour le pratiquer dans un anonymat presque total.

« Vroum, vroum vroum ! »

Quelques Québécois se sont aussi distingués, au cours de l'histoire, en course automobile. Le plus connu, Gilles Villeneuve, est devenu tristement célèbre dans l'univers de la Formule 1 en mourant en piste, le 8 mai 1982 à Zolder en Belgique. Son talentueux fils, Jacques, a ravivé l'espoir chez les partisans au milieu des années 1990, avant d'être sacré champion des pilotes pour la saison 1997.

Depuis le départ de Jacques Villeneuve de la Formule 1, les Québécois peuvent s'intéresser à Patrick Carpentier (NASCAR) et à Alexandre Tagliani (Champ Car).

Le sport amateur

L'acmé du sport amateur au Québec a sans doute été la tenue des Jeux olympiques d'été à Montréal, en 1976. Les idées de grandeur du maire Jean Drapeau auront, neuf ans après l'Exposition universelle, encore une fois permis à Montréal de s'illustrer sur la scène mondiale.

Parmi les étoiles qui constellent le ciel de l'olympisme québécois, il faut nommer le patineur de vitesse Gaétan Boucher (double médaillé d'or aux Olympiques d'hiver de Sarajevo en 1984), la plongeuse Sylvie Bernier (médaillée d'or à Los Angeles en 1984), le fondeur Pierre Harvey (maintes fois médaillé aux Jeux d'hiver du Canada), la biathlète Myriam Bédard (bronze en 1992 et deux fois l'or en 1994), la nageuse synchronisée Sylvie Fréchette (médaille d'or en 1992 et d'argent en 1996), la kayakiste Caroline Brunet (médailles d'argent en 1996 et en 2000, puis de bronze en 2004), le patineur de vitesse Marc Gagnon (bronze en 1994, or en 1998, bronze et or en 2002), le sprinter Bruny Surin (médaille d'or à Atlanta, 1996) et David Pelletier, partenaire de

l'Albertaine Jamie Salé en patinage artistique (médaille d'or à Salt Lake City, 2002). N'oublions pas Isabelle Charest, Nathalie Lambert, Frédérick Blackburn, Josée Chouinard, Annie Pelletier, Jean-Luc Brassard, Nicolas Gill et Sébastien Lareau, dignes représentants du Québec qui se sont illustrés autrement.

De nos jours, les héros du sport amateur s'appellent Alexandre Despaties (plongeon), Marie-Hélène Prémont (vélo de montagne), Chantal Petitclerc (16 médailles aux jeux paralympiques en course en fauteuil roulant). Depuis août 1970, il faut aussi souligner l'apport des annuels Jeux du Québec, tenus un peu partout dans la province, et qui servent souvent de tremplin pour les jeunes athlètes affamés de compétition.

Et le perdant est...

Qu'il soit professionnel ou amateur, le sport se porte bien au Québec – du moins, en ce qui a trait à la qualité des athlètes. Car le principal adversaire du sport amateur québécois, c'est le manque de financement. Quand on sait qu'il faut débuter au bas de l'échelle afin de gravir les échelons jusqu'au niveau professionnel, il faut se demander si la politique québécoise (et canadienne) en matière de soutien aux athlètes est suffisante pour encourager la pratique du sport. Les athlètes de chez nous sont des modèles pour plusieurs jeunes et doivent parfois lorgner du côté de l'étranger afin de récolter l'argent nécessaire pour pratiquer leur sport. À ce sujet, le cas du tennisman Greg Rusedski demeure malheureusement célèbre[4]... ∎

Notes

1 On compte une vingtaine de chansons québécoises qui évoquent le seul cas de Maurice Richard.

2 Michel Vigneault et Annick Poussart, Musée McCord, « Le hockey à Montréal depuis le 19e siècle » www.musee-mccord.qc.ca.

3 Dans l'ordre, les différents calibres au base-ball sont le A, le AA, le AAA puis les Ligues majeures.

4 Rusedski, natif de Pointe-Claire, au Québec, a décidé, à partir de 1995, de profiter de sa nationalité britannique (sa mère est Anglaise) et de représenter la Grande-Bretagne dans les compétitions internationales, vu le manque de financement québécois.

* *Professeur de littérature au Cégep de Sainte-Foy, membre du Comité de lecture et de rédaction de la revue* Québec français *et responsable de la chronique « Fantastique ».*

400 ANS DE GASTRONOMIE QUÉBÉCOISE

JEAN SOULARD*

Parler de nourriture, c'est aussi parler de recettes. Mais peut-on vraiment reconstituer les recettes du passé ; peut-on retrouver les goûts de ces temps anciens ; la conception du bon goût d'aujourd'hui est-elle la même qu'il y a quelques siècles ? À toutes ces questions la réponse est non. Si l'on tient compte des témoignages des gens vivant il y a trois ou quatre siècles, on peut constater une préférence pour les chairs plus grasses, les goûts plus prononcés. Les épices sont reines dans les plats pour sans doute « cacher la misère » de la qualité des ingrédients en raison d'une conservation déficiente (on peut retrouver d'ailleurs dans certains ouvrages d'alors des recettes pour éliminer les vers de la viande avant la cuisson).

Jusqu'aux en années 1850, la cuisine pratiquée au Québec est européenne, française puis anglaise, car les cuisiniers officiant dans les endroits les plus en vue sont européens. C'est sans compter sur bon nombre de produits importés, y compris les assaisonnements. De grands classiques ou plats régionaux pratiqués en Europe s'adaptent avec beaucoup plus de difficulté une fois arrivés à destination. Si la cuisine peut bien voyager, surtout les ingrédients, elle a plus de difficulté à voyager dans le temps.

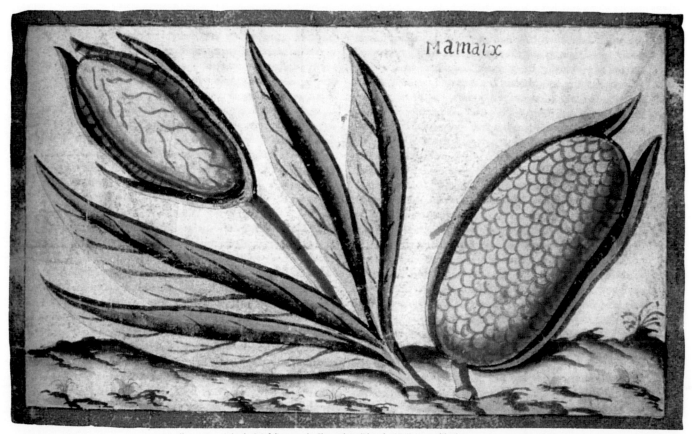

> Le maïs, illustration tirée de *Brief discours* de Champlain (Planche XLIII, Laverdière).

L'arrivée des Français à Québec (XVIe et XVIIe siècle)

La majorité des immigrants débarqués en Nouvelle-France proviennent du nord-ouest de la France : la Bretagne, le Poitou, la Normandie, le Perche, la Loire, Saint-Onge et l'île de France. Ils sont, pour la moitié, d'origine citadine et, pour la plupart, artisans de métier. Bon nombre d'entre eux choisissent de se recycler dans l'agriculture. L'arrivée de grands explorateurs donne lieu à une mouvance de produits divers entre les deux continents : maïs, haricots, plantes d'origine américaine sont aussitôt cultivés en France. Mais, comme le confirme le récit de ces voyageurs, ils ne cherchent pas seulement à conquérir de nouveaux territoires ou à accroître des connaissances scientifiques, mais aussi à voir ce que ces nouveaux pays peuvent leur apporter sur le plan culinaire.

Les plantes que cultivent les Amérindiens se retrouvent déjà sur la table de ces nouveaux arrivants, tels le maïs, le tournesol, les courges, les haricots et même les courges iroquoises. Le maïs ne soulève toutefois pas l'enthousiasme des Français, sauf frais, en épis, tradition qui se conservera dans nos habitudes avec nos fameuses épluchettes de blé d'Inde. Quant à la flore sauvage, mis à part quelques produits, il est étrange de constater qu'elle ne modifiera pas les mœurs alimentaires. Les fraises, les framboises, les groseilles et les gadelles sont déjà connues dans leur version européenne. Le bleuet, l'atoca et les noix soulèvent déjà plus d'approbation. Quant aux herbes sauvages fraîches, tels le persil, le cerfeuil, la ciboulette et même l'ail, elles ne procurent que peu d'intérêt et parviendront difficilement à remplacer les espèces domestiques apportées de France.

La vigne sauvage s'avère une déception : elle se prête peu à la vinification. Mais ce qui transforme davantage les habitudes culinaires des colons français, c'est l'eau d'érable, bien qu'on ne commence à l'exploiter pour son sucre qu'à la fin du XVIIIe siècle.

À l'époque de l'exploration du Canada, les paysans français ne se nourrissent au quotidien que de bouillie de céréales et de légumes, car la viande est rare. Dès lors, on comprend mieux l'étonnement des colons devant l'abondance des gibiers en Nouvelle-France. Les comparaisons de goût se font aisément entre l'orignal et le bœuf, l'ours et le porc, le castor et le mouton, le porc-épic et le cochon de lait, ou entre la marmotte et le lièvre. C'est sans compter sur la viande de chevreuil, qui surpasse en saveur toutes les autres viandes. Le gibier à plume (oies, outardes, perdrix, sarcelles et canards) est en abondance. Que dire aussi de ce que l'on retrouve dans les lacs, les rivières et le fleuve, qui regorgent de nombreuses espèces : truite, saumon, bar, alose, brochet, doré, corégone, anguille et esturgeon, qui sont très populaires, d'autant que le clergé impose alors un calendrier de jeûne pendant presque la moitié de l'année.

La base de l'alimentation des colons est le pain ; voilà pourquoi la culture des céréales, le blé, mais aussi le froment, le sarrasin, le seigle, l'orge, l'avoine est une priorité.

Parmi les espèces potagères, les pois, les choux, les navets, les oignons et les poireaux dominent. Les colons plantent différentes sortes d'arbres fruitiers. Si les pommiers obtiennent un réel succès, les poiriers, les pruniers, les pêchers et la vigne connaissent plus de difficultés.

Toutefois, malgré l'abondance de certains produits, la vie n'est pas facile pour autant. Certaines années sont difficiles à traverser ; sévissent parfois des pénuries à la suite de mauvaises récoltes. Les historiens notent que, pendant certaines périodes, il a fallu même importer du blé de la métropole.

À l'époque de Champlain, on parle déjà de « nouvelle cuisine ». Dans la deuxième moitié du XVIIe siècle, on se tourne vers les herbes et les racines, le thym, le laurier, le persil, la marjolaine sauvage et l'on délaisse les épices traditionnelles. Les seules qui sont conservées sont le poivre, la cannelle, le girofle et la muscade. Les plats perdront alors de leur goût lourdement épicé, cédant la place à la saveur utilisée. La tourtière, un plat typiquement québécois, fait son apparition. Contrairement à celle que l'on connaît aujourd'hui, elle a l'air plutôt d'un pâté composé de morceaux de tourte baignant dans une sauce blanche.

À l'occasion, les nouveaux arrivants ont recours à certaines techniques de conservation que pratiquent les Amérindiens, comme le fumage des viandes, surtout du poisson. Cependant, ce procédé ne remplace pas la salaison, méthode déjà utilisée en Europe pour conserver les aliments. On adopte toutefois une autre technique autochtone, celle qui consiste à enfouir les aliments dans le sol, en hiver, pour les protéger du gel.

Le XVIIIe siècle : période d'émancipation

Le marché de Québec aurait été inauguré en 1676. Moins pourvu que celui de Montréal, il offre néanmoins un bon choix en produits du potager et du verger. Assurant l'approvisionnement de la ville, il se tient deux fois la semaine, au début du siècle, et trois fois, à la fin. Les habitants y écoulent leurs produits d'élevage, de l'agriculture, de la chasse, de la pêche et de la cueillette. L'accès aux produits n'est toutefois pas équitable. Les artisans et les journaliers doivent se contenter souvent de légumes, de laitages, et, à l'occasion, d'anguille et de bœuf.

Le petit-déjeuner est frugal : pain, café au lait ou chocolat pour les femmes. Les plus audacieux y ajoutent un peu d'eau-de-vie. Le dîner, pris vers midi, est constitué d'un bouilli dont le bouillon est utilisé pour la soupe. Le fond du bol est tapissé de pain. Les autres plats peuvent être une fricassée, un plat étuvé ou parfois une viande rôtie. De façon générale, les Canadiens consomment beaucoup de viande. Les jours maigres, le plat principal se compose de poisson, d'œufs, de riz et de nombreuses variétés de légumes. Les desserts comprennent des fruits frais, selon les saisons, des noix et du fromage. Les pâtisseries ne font cependant pas partie du quotidien ; on les sert les jours de fête.

Le souper se prend vers 19 h et se compose souvent des restes du dîner. Si les hommes consomment du vin rouge (le plus souvent du Bordeaux) étonnamment coupé d'eau, l'eau seule est le plus souvent à l'honneur pour les femmes. On retrouve aussi de la bière d'épinette. Le café noir complète le repas.

Certaines denrées rares et coûteuses, réservées à l'élite, sont importées de France : truffes, mousserons, huîtres, artichauts marinés ou produits exotiques, tels des liqueurs des Antilles, du piment et de la noix de coco. Les pacanes de l'Illinois, les pêches du Niagara ou de Détroit, les huîtres fraîches de la Baie Verte (Acadie) ou de la « folle avoine », plus connue aujourd'hui sous le nom de riz sauvage, sont aussi très prisés et proviennent de régions plus proches mais néanmoins éloignées, compte tenu des moyens de locomotion. Pendant l'hiver, l'huile d'ours convient parfaitement à certains assaisonnements comme les salades ; pendant la saison froide, consommer « ces petits oiseaux blancs, gras et délicats » que les fins gourmets appellent ortolans, est le *nec plus ultra*. On fait grand cas de la patte d'ours, du mufle d'orignal, de la queue de castor et de la langue de bison.

En 1785, Antoine Parmentier, un pharmacien, fait découvrir à Louis XVI la fameuse tubercule qu'est la pomme de terre, en lui apportant des tiges fleuries que le roi choisit de porter à la boutonnière et la reine, dans sa coiffure. Ce tubercule est considéré par les cousins européens comme une nourriture « bonne pour les cochons ». En Nouvelle-France, la population profite de l'introduction de la pomme de terre, grâce au gouverneur Murray. Elle se trouve très tôt sur toutes les tables. C'est encore à Parmentier que l'on doit un autre plat de la tradition française, « le hachis Parmentier », à l'origine peut-être de notre « pâté chinois », qui n'a de chinois que le nom.

L'on cuisinait à l'époque avec des batteries de cuisine de plus en plus développées. Alors que les mets sont servis dans de la porcelaine et de l'argenterie, on délaisse la vaisselle d'étain « à l'habitant ». Dans les bibliothèques, les premiers livres de cuisine apparaissent, comme *Le cuisinier royal et bourgeois* de Massialot, *La cuisinière bourgeoise* de Menon, *Les dons de comus* de Marin et *La maison rustique* de Liger.

Les grands festins

À Québec, Frontenac est reconnu, parmi les gouverneurs, comme un fin gourmet, en raison de ses goûts dispendieux et aussi des talents de ses cuisiniers. Le quart des dépenses du marquis de La Jonquière, connu aussi pour ses goûts recherchés, est consacré aux provisions lors de son voyage au Canada en 1752. Mais le plus fastueux est sans aucun doute l'Intendant Bigot, qui ne manque aucune occasion d'offrir des repas somptueux à Québec ou à Montréal. Tous les jours, une table de 20 à 30 couverts est dressée pour servir des repas opulents et abondamment garnis. En 1750, à l'occasion du carnaval, il donne de grands bals rehaussés d'un somptueux « ambigu », mot qui, selon certains spécialistes, désignait un repas nocturne, pris entre minuit et deux heures, et qui était composé de mets, d'entremets et de desserts servis en même temps, à la manière de nos buffets actuels.

Ce n'est pas seulement à la table du Château Saint-Louis ou au palais de l'intendant que les festins se déroulent ; le Palais épiscopal ne laisse pas sa place. Si l'on exclut les premiers évêques de Québec, Laval et Saint-Vallier, considérés comme des modèles de sobriété, leurs successeurs sont reconnus comme étant de bonnes fourchettes. Dosquet ou Pontbriand, entre autres, ont dans leur garde-manger des aliments recherchés et chers, loin de l'abstinence qu'ils prêchent du haut de leur chaire.

Les personnages en poste, à l'intérieur des trois palais, disposent d'une infrastructure imposante pour permettre d'offrir ces repas princiers et de superbes jardins, où les fruits et les légumes sont disponibles en quantité et en variétés. Quant aux caves, elles ne manquent pas de bouteilles. Comme certains des gouverneurs ont même leurs sommeliers, la qualité et la variété sont au rendez-vous.

Les métiers de bouche : une tradition française

La ville de Québec compte moins de 2 000 habitants à la fin du XVIIe siècle, mais on y dénombre 20 aubergistes. En 1755, la population de Québec est d'un peu moins de 8 000 habitants, servis par 80 aubergistes, dont les trois quarts sont originaires de France. Tous ces Français, irrités par les guerres franco-britanniques, par les représailles religieuses envers les protestants ou, plus tard, par la Révolution française, quittent la France pour l'Angleterre, les États-Unis, Québec et Montréal.

Il semble que la profession de traiteur soit très prisée par les professionnels des métiers reliés à l'alimentation. On constate qu'une majorité d'entre eux, après avoir travaillé pour les gouverneurs, les évêques ou les notables de la colonie, se lancent à leur compte. L'ex-cuisinier du gouverneur Clark, Charles-René Langlois, devient le premier restaurateur canadien au sens moderne du terme.

Les traiteurs ne sont pas seuls à prendre leur place dans les métiers de bouche. Il en est ainsi des pâtissiers. On retrouve un certain Pélissier, arrivé à Québec en 1740, après avoir œuvré pour l'Intendant, qui établit son échoppe de pâtissier et sa résidence rue du Parloir, à côté de l'actuel Château Frontenac. Québec peut aussi prétendre avoir hébergé le premier cafetier de la colonie, Pierre Hévé, qui considère être à la fine pointe de la mode parisienne et qui s'installe rue Saint-Pierre en 1739. Ses affaires sont néanmoins très brèves : la clientèle manque.

L'arrivée des premiers Britanniques

Les traditions médiévales sont encore vivantes dans la cuisine britannique lors du changement de régime en 1763. Les sauces de style *gravy* sont bien présentes. Sont encore populaires les épices utilisées au Moyen Âge : paprika, poivre de Cayenne, gingembre, cannelle, safran, macis et verjus, un liquide acide qui emporte la bouche, généralement fait avec du jus de raisins verts, parfois fermenté, ou avec du jus de pommes sauvages.

Les techniques de cuisson de base, comme le rôti et le bouilli, n'ont pas évolué. Pourtant, la cuisine française plus « moderne » est connue en Angleterre. À la suite de la révocation de l'Édit de Nantes, un grand nombre de familles sont obligées de quitter le sol natal pour rejoindre en particulier l'Angleterre. Parmi elles se trouvent plusieurs habiles artisans, dont des cuisiniers. Ainsi, pour les premiers Anglais et Écossais, la cuisine de Québec, sans être complètement inconnue, n'en demeure pas moins étrangère. On assiste cependant à une réaction francophobe de tout ce qui est français. Le goût et la table font partie de ce rejet.

Les premiers Britanniques entreprennent de s'approvisionner en ingrédients qu'ils connaissent : bœuf et lard salé d'Irlande, orge de l'Écosse, fromage du Cheshire, jambon du Yorkshire, cornichons gerkins, moutarde Durham, ketchup et sauce de soya. Le thé est omniprésent. Même si parfois on boude le vin français, le vin des Îles Canaries, le Madère ou le Porto prennent le relais. Les Britanniques sortent plus que les Français. Ils se réunissent dans les cafés, les tavernes ou *chop houses* de la ville. Ils ne tardent pas à donner un air « *British* » aux auberges et aux cabarets déjà existants. Dans différents endroits de la ville, on peut déguster : soupe à la tortue, *beef steaks*, *mutton chops* et *cold ralish*.

Le XIXᵉ siècle : la cuisine anglaise

Le XIXᵉ siècle instaure un curieux jeu de transactions culinaires entre la France et l'Angleterre : la première, en naturalisant « le potage à la tortue, le bifteck, le rosbif, le *plum-pudding* » ; la seconde, en se mettant à l'école de la cuisine française, en s'épongeant le bec dans des serviettes de table et en affublant ses plats de noms français. En 1813, l'ancien chef cuisinier de Louis XVI, M. Hude, passé en Angleterre après la Révolution, affirme que « chez un bon cuisinier, qu'il soit français ou anglais, le menu s'écrit toujours en français ».

Pendant la première moitié de ce siècle, les tavernes et les cafés à l'anglaise se multiplient. Les clients peuvent trouver alors à toute heure du jour de quoi se nourrir. On imite le modèle anglais du *chop house* et les menus proposent des spécialités de viandes à la broche, des grillades et des soupes, telle la fameuse soupe à la tortue (vraie ou fausse !). J.H. Isaacson propose dans sa Dolly's Chop House sa *Barclay & Perkin's Stout*, bière forte en fût, et ses steaks de bison. En 1837, le Hanley's Commercial Inn à Québec offre des spécialités : pâtés au mouton, huîtres et soupe à l'esturgeon. Le *coffee room* de Hannah Hays, à Québec, se distingue par ses pâtisseries et ses confiseries. Le Neptune Inn attire une clientèle marchande et maritime avec son *coffee room*.

Dans la seconde moitié du siècle, les restaurants mettent en avant leurs cuisiniers et leurs expériences et s'affichent plus comme « restaurants ». Le Reynolds décline un menu beaucoup plus élaboré, emprunté à la cuisine française, avec une mayonnaise de homard, différentes variétés de galantines, une charlotte russe. Les premiers clubs privés voient le jour et, grâce au menu du Driving Club, on découvre ce qu'était manger à l'anglaise à Québec vers 1830. Il propose à ses membres deux services, mais quels services ! Le premier se compose de trois soupes : une au *gravy*, une au lièvre ou une aux abats, quatre plats de viandes rôties (chevreuil, bœuf, dinde et volaille), une ronde de bœuf, trois pâtés à la viande et un aux huîtres, deux grillades, et trois en sauce (un hachis, une fricassée et un curry). On peut penser que tout n'était pas servi en même temps ; néanmoins on comprend qu'un minimum de 20 personnes sont présentes autour de la table. Le deuxième service se résume ainsi : gelées, blanc-manger, tartelettes, crèmes, pâtisseries, dont du *mince pie*, et fruits en compote.

La gastronomie française et la cuisine canadienne

Un gouffre sépare la cuisine dite canadienne de celle, fastueuse et décorative, voire un peu pompeuse et prétentieuse, des chefs français de renom tels Carême, Gouffé et Dubois. Cette cuisine doit tout aux traditions culinaires françaises pratiquées au début du XVIIIe siècle et aux méthodes culinaires anglaises et américaines.

Plusieurs livres de cette époque permettent de constater les divergences entre ces deux cuisines. La publication de *La cuisinière canadienne* (1840) est un constat de ce qu'est la cuisine dite « nationale ». Pour la première fois, la cuisine « canadienne » est organisée et codifiée. De la même manière et à la même époque, la cuisine américaine l'est aussi à travers le livre de Simmons, *American Cooker*, et de nombreux livres de Carême pour la cuisine française.

À Québec, au milieu du siècle, ceux qui veulent faire bonne chère, principalement les tables de la bourgeoisie, peuvent se procurer tout ce dont ils ont besoin. On n'a qu'à voir l'inventaire en 1886 des marchandises de l'épicier Grenier, rue Saint-Jean, pour s'en convaincre. Sur les étagères des condiments, on trouve truffes, champignons, vinaigre d'échalotes, malt, vin, essence d'anchois, financières de truffes, bouillon de palourdes. Au comptoir des fromages, les gourmets connaisseurs ont le choix entre les meilleurs fromages anglais, jusqu'au parmesan et au roquefort, en passant par le cheddar canadien ou le traditionnel Oka. Un peu plus loin, l'étal du poissonnier propose crabe, homard, huîtres, palourdes, saumon, harengs, sardines. Chez « le primeur », fruits et légumes même rares sont disponibles : oranges de Floride, pêches du Niagara, asperges américaines et françaises, poires de Californie, ananas, bananes, choux-fleurs, flageolets, tomates, piments. Chez le pâtissier, le gâteau à la reine côtoie le pain de Savoie, le gâteau au citron ou à la crème, les babas, les pralines, les chocolats, les dattes à la crème, les bonbons à la liqueur.

Le Château Frontenac et le XXe siècle

Il était une fois un Château, qui, d'une très haute falaise, dominait un fleuve majestueux.

Depuis l'ouverture de l'hôtel, la bonne chère est indiscutablement liée à l'image de qualité non seulement de l'établissement mais aussi de la ville. Du premier buffet du chef Henri Journet d'une soirée du 20 décembre 1893, aux repas servis à tous les hauts dignitaires, les rois et les reines, en passant par les Conférences de Québec (1943-1944), aux vedettes de cinéma ou du spectacle, le Château est le phare de la gastronomie de Québec.

Les menus conservés au Château depuis l'ouverture montrent des plats basés sur le style et la méthode d'Escoffier. Ce grand chef français fut un créateur, il a su sortir la cuisine de ce faste ostentatoire élaboré par Carême, cette cuisine développée jusqu'à l'extrême théâtralité. Escoffier réforma les méthodes de travail en cuisine, en rationalisant la répartition des tâches dans la brigade et en veillant à l'image de marque du cuisinier. Il préside avec quelques autres chefs aux premières codifications et standardisations de la cuisine, propositions de techniques, de noms et associations ou utilisations spécifiques d'ingrédients.

On retrouve au fil des ans cette même volonté d'utiliser les produits de proximité ou comme on dit aujourd'hui les produits du terroir : dindes de Valcartier, saumon du Saguenay, huîtres de la Baie des Chaleurs… Parmi les classiques, la soupe aux pois est omniprésente. On conserve aussi des clins d'œil à la cuisine anglaise (*roast ribs of prime beef, yorkshire pudding*) ou américaine (*chocolate Boston Pie, cheese cake*).

La restauration au XXe siècle au Québec

Au début du XXe siècle, les plus florissants restaurants de Québec, hors des hôtels, sont situés au cœur du quartier des affaires, le long de la rue Saint Pierre, la « Wall Street » de Québec. Les hommes d'affaires qui travaillent dans les bureaux, les agences et les banques constituent leur principale clientèle. Ces restaurants d'allure britannique se divisent en deux parties, la salle à manger et le bar, où l'on offre tous les alcools à la mode ainsi que les meilleurs cigares. Le personnel de salle, en longs tabliers blancs, les manches de chemises retroussées au-dessus du coude, s'active et distribue steak, rosbifs et darnes de saumon. Québec snow shoe restaurant, Le Boisvert, Commercial sont des restaurants qui attirent cette clientèle d'hommes d'affaires. Comme New York, Québec a son Delmonico, propriété de frères italiens qui ont ouvert dans la Grosse Pomme un restaurant en 1827, qui devient un des plus réputés d'Amérique du Nord. Au cours des premières décennies du XXe siècle, les restaurants de la rue Saint-Pierre déclinent et, en 1930, le Delmonico est transformé en taverne. On retrouve aussi, rue Sault-au-Matelot, Le Mercantile, apparemment reconnu comme le restaurant ayant eu la plus longue carrière, de 1863 à 1910. La rue Saint-Joseph, « la Broadway de Québec », devient la rue des grands magasins et par le fait même voit s'y installer des restaurants connus : Club Vendôme et Palais Cristal.

La gastronomie n'est pourtant pas à la portée de toutes les bourses. Il y a d'humbles cabanes où l'on sert à manger. Celles du marché Champlain sont suspendues au-dessus de l'eau. Y sont servis « des repas à la minute et des préparations dont la provenance est parfois douteuse ». Dans ces cabanes trône un baril de liqueur appelée « petite bière », offerte à un sou le verre. On trouve toujours, au début du siècle, dans les endroits défavorisés de la ville, des Chink restaurants, des *Pork and beans* ou des « débits de fèves au lard ». La police a à l'œil ces endroits, car on y vend souvent illégalement de l'alcool. Entre les deux guerres, ces établissements se transforment en snack-bars et offrent des mets américains avec le Coca-Cola et le pot d'œufs dans le vinaigre qui font partie du décor.

En partant du Château Frontenac, la rue Saint-Louis et la Grande Allée, dans les années 1960 et 1970, ont vu naître de nombreux restaurants : Le Continental, Les Anciens Canadiens, qui sert une cuisine typiquement canadienne-française, le Paris-Brest et le Louis-Hébert. D'autres rues se sont développées, ces mêmes années, amenant avec elles leur lot de restaurants. Pensons à la rue Maguire, dans le quartier Sillery, ou à la rue Cartier, dans le quartier Montcalm.

Aujourd'hui

Dans les dernières décennies, de nombreuses modes ont vu le jour. Toutes ont laissé plus ou moins quelque chose. Pensons à la nouvelle cuisine des années 1970-1980, à la cuisine californienne, à la cuisine fusion, puis à la cuisine moléculaire, apparue dernièrement.

L'expression la plus couramment employée dans les 15 dernières années est assurément « les produits du terroir ». Peut-on se poser la question suivante : « N'avons-nous pas eu depuis 400 ans des produits du terroir ? » Il est certain qu'au fil des siècles les importations de masse ont parfois pris le dessus, mais les produits de terroir, de proximité, ont toujours été à la base de notre cuisine. Aujourd'hui nous revenons à une forte identité de nos produits, à travers la synergie entre les artisans et les chefs concernés, et nous pouvons être fiers de tous nos maraîchers, de nos fromagers, de nos éleveurs, car sans eux, la cuisine ne serait pas ce qu'elle est, c'est-à-dire ce qu'il y a de mieux en Amérique du Nord. ∎

Le lecteur trouvera la version intégrale de cet article dans *400 ans de gastronomie à Québec*, publié par l'auteur en 2008.

✱ *Chef des cuisines du Fairmont Château Frontenac depuis 1993.*

> Gravure publiée par Braun & Schneiders entre 1861 et 1890.

400 ANS DE MODE

MARIE DOOLEY*

> Vêtements à la mode de France, semblables à ceux portés à Québec au temps de l'Intendant Talon.

L e vêtement est depuis des siècles un langage, une expression et une nécessité. Le mot *mode* fait son apparition à la fin du Moyen Âge. Du latin *modus*, il signifie « manière », puis « façon », et conduira au mot anglais *fashion*. Vers le milieu du XVIe siècle, apparaît l'expression « être à la mode ». Ce phénomène naissant va de pair avec l'accroissement de la richesse et le développement du commerce. On parle plus souvent de l'histoire du costume que de celle de la mode, qui sous-entend quelque chose de passager, d'éphémère et de superflu. Mais il s'agit avant tout de l'évolution des formes, des matières, des textures et des couleurs. Et par-dessus tout, elle est l'expression d'un individu dans une société qui a ses codes, ses restrictions et ses valeurs. Cette deuxième peau que l'on appelle costume ou vêtement a connu une évolution spectaculaire. En retraçant cette évolution, on peut comprendre mieux notre histoire.

1608 à 1763 : la Nouvelle-France

L'habillement des premiers colons est rudimentaire et restreint. Venu directement de France, il ressemble à celui du paysan français. D'ailleurs, il prendra tout un siècle à s'adapter aux rigueurs du climat.

La garde-robe de l'homme est constituée de la chemise, de la culotte, de la veste, du chapeau, du capot (sorte de manteau à capuchon), une des pièces maîtresses de cet ensemble, qui correspond à l'évolution de la cape. Porté à l'origine par les Amérindiens, qui le fabriquent à partir des couvertures obtenues grâce au troc, il peut être muni d'un capuchon et serré aux hanches au moyen d'une ceinture fléchée ou d'une ceinture de cuir. Les hommes des bois apprennent à se revêtir de peaux d'animaux qui les protègent du froid. Ils ont surtout besoin de vêtements assez robustes pour survivre à un travail souvent très physique. Rapidement, on laisse de côté les chapeaux d'importation pour le chapeau de castor ou le bonnet, fait de laine de plusieurs couleurs et parfois orné de fourrure. On le baptise du nom de *tuque*.

Chez le bourgeois, le costume est plus élaboré. S'amorce alors une lente évolution vers un vêtement plus sobre, plus pratique et fonctionnel. On assiste à la disparition des fraises en guise de col, remplacées par le grand col plat et rond, nommé rabat, noué au cou par des cordons et fait de cotons de broderies et de dentelles. Vers la fin de cette période, le costume est composé principalement du justaucorps, garni de boutons à sa longueur et sous lequel est portée la veste fabriquée d'un tissu différent, brodé, boutonné lui aussi sur toute sa longueur. La culotte est froncée et se porte au genou. La veste de type redingote la cache presque. Le port du bas long et de la chaussure à talon avec boucle carrée est très en vogue.

Les femmes se contentent d'une jupe, d'une chemisette, d'un tablier, d'un manteau et d'une coiffe, fabriquée de toile de coton, de taffetas ou de lainages. Elles portent parfois une veste de lainage sans manches, boutonnée à l'avant, par-dessus une chemise, généralement fabriquée de coton non blanchi. Les chaussures ressemblent à des bottines ou à des sabots.

Les vêtements doivent durer, en raison de la pauvreté extrême des campagnards. L'approvisionnement en tissu, en fil et autres fournitures est assez rare, car leur coût est élevé ; aussi le linge n'est-il pas lavé souvent. Le raccommodage constitue donc une part importante de l'entretien des vêtements et est plutôt rudimentaire, en raison de la rareté des fournitures. Les colons doivent s'autosuffire en matière de vêtement et apprendre à les confectionner eux-mêmes.

La vie bourgeoise est tout autre à la ville. Les mieux nantis et les plus influents suivent la mode importée de France, qui, en Europe, influence les styles. On importe les vêtements et les accessoires mais aussi les tissus. Des couturières confectionnent des copies de ces modes françaises pour les dames en manque de nouvelles tenues. Ce luxe peut surprendre : on parle de chaussures brodées d'or ou d'argent, de velours, de soie, de brocart et de broderies. L'inventaire vestimentaire du marquis de Vaudreuil, mort en 1726, précise qu'il n'y a rien de vraiment canadien dans ses vêtements ; d'ailleurs on dit que les dignitaires ne portent que de la lingerie d'importation.

Le vêtement féminin est fabriqué de matières légères. Les jupes sont amples et soutenues par des cerceaux ; elles se composent parfois de plusieurs épaisseurs. En raison de leur volume, on peut y dissimuler ses effets personnels sans avoir recours au sac à main. Les corsages sont ajustés et baleinés, rembourrés parfois de plastrons rigides et ornés de dentelles, de brocarts et de rubans lacés. Les manches oscillent autour du coude et se terminent par des étages de volants froncés. Avec la qualité, la quantité des dentelles est un des facteurs dominants pour reconnaître le rang social de celui ou celle qui les porte.

La fourrure

La fourrure est l'or de nombreux marchands au début de la colonie. C'est à Québec, en 1608, que Samuel de Champlain vient y établir le premier comptoir. Du haut du Cap Diamant, il lui est facile de contrôler les allées et venues sur le fleuve. Ce commerce représente au cours des XVIIᵉ et XVIIIᵉ siècles environ 70 % des exportations de la colonie vers l'Europe. La principale fourrure visée par ce commerce est celle du castor, la plus utilisée dans la confection des accessoires et des vêtements. Ce commerce est fondé sur le troc ou la traite avec les Amérindiens.

Le chapeau de castor est le vêtement de fourrure le plus porté et le plus accessible, sans négliger les manchons, les gants, les robes de carriole. Les doublures de manteaux sont portées tant par les hommes que par les femmes. Comme les maisons sont mal isolées et que le froid sévit durant de longs mois, la couverture de fourrure est un élément essentiel.

À la fin du XVIIIᵉ siècle, les robes des femmes sont plus légères et moins encombrées. Pour les rehausser, on introduit la mode des

> J. B. Cocburn, *L'habitant en 1831* (Archives nationales du Québec).

étoles de fourrures de diverses formes. Le manteau de fourrure fait son apparition au milieu du XIXe siècle. C'est en 1900 que la fourrure est introduite officiellement dans les défilés de la Haute Couture.

La ceinture fléchée

Les origines de la ceinture fléchée ne sont pas très précises. On ignore s'il faut l'associer aux peuples autochtones ou aux Européens, français, écossais ou anglais. Fabriquée de laine, elle fait partie de l'habillement dès le début de la colonie. Pièce majeure du folklore québécois, elle est portée nouée par-dessus le manteau par le coureur de bois, le marchand et le patriote. Au XVIIe siècle, elle fait partie de l'uniforme des élèves du Séminaire de Québec. L'arrivée des Anglais représente ensuite la consécration d'une mode qui durera jusqu'à la fin du XIXe siècle. L'art de la ceinture fléchée est toujours vivant aujourd'hui, grâce à des passionnés qui ont su raviver sa mémoire.

1763 à 1900 : de l'arrivée des Anglais jusqu'au monde moderne

Le principal vêtement porté en hiver est le manteau-couverture à capuchon ou capot. À la campagne, on le revêt même à l'intérieur pour se tenir au chaud tant les maisons sont froides. C'est au milieu du XIXe siècle que les gens de la classe bourgeoise l'adoptent pour leurs loisirs extérieurs. Il est généralement blanc et garni de rayures de couleurs au bas. Chez les paysans, on retrouve le capot en « étoffe du pays », une lourde laine tissée à la main, habituellement de couleur grise. Il est porté avec une tuque de laine rouge ou bleue et des bottes de « sauvage » de type mocassins. À l'intérieur, la femme préfère la laine fine aux étoffes légères. Ces vêtements sont souvent sombres, ce qui facilite leur entretien.

Les bourgeoises se vêtent de laine pour aller à la campagne. Mais leurs vêtements quotidiens sont faits de mousselines, taffetas, brocarts, velours, dentelles, satins, tulles, franges, rubans, autant de matières donnant forme à une mode féminine magnifique. Les dames doivent porter des tenues différentes pour le déjeuner, pour la ballade, pour le thé, pour le dîner, pour les grandes sorties. La cape à capuchon a la cote pour les sorties mondaines. Elle peut être bordée ou doublée de fourrure. Ce faste connaît son apogée à la fin de ce siècle : on voit d'ailleurs apparaître une mode plus fantaisiste sur le plan de la couture. De nouvelles formes voient le jour : robes doucement évasées vers le bas, qui remplacent la robe à crinoline, que l'on retrouve à la fin du siècle, drapés et découpes travaillés différemment au niveau des corsages. Le corset à plastron, alors si présent, a pratiquement disparu.

C'est le début d'une certaine austérité bourgeoise avec des coiffures plus sobres et des couleurs plus sombres et plus nuancées. La pudeur est de mise ; vers 1870, les cols sont très hauts et couvrent entièrement le cou ; on invente une culotte pour femme qui couvre la jambe jusqu'à la cheville, qui est ainsi cachée. C'est en quelque sorte le premier pantalon pour dame de l'histoire. Vers 1885 apparaît la coupe tailleur pour dame, inspirée de la mode masculine.

Chez les hommes est popularisée une nouvelle variété de tenue influencée par la mode masculine anglaise à travers l'Europe et même en Amérique. Un éventail impressionnant de par-dessus voit le jour, de même que des vestes plus amples, plus droites et de toutes longueurs. Vers 1860 s'impose le complet trois pièces : le pantalon, le veston et le gilet, comme on le connaît aujourd'hui. Adieu accessoires superflus, jabots, dentelles, imprimés colorés et coloris flamboyants. L'élégance masculine prise tout de même les gants, la cravate, les mouchoirs, la canne et le chapeau. Sobriété, modestie et raffinement sont les mots d'ordre du parfait gentleman. Ce renversement marque un point de non-retour. Dans l'histoire, la fantaisie est désormais réservée à la femme et toute extravagance masculine est dès lors jugée féminine.

Les grands magasins

Vers 1870 s'implante dans les villes un nouveau genre de commerce, les grands magasins, divisés en rayons et offrant tout le nécessaire aux besoins vestimentaires de toute la famille. On y vend aussi les tissus et les garnitures utiles à la confection. Les chaussures, les bijoux, les chapeaux, les foulards et tous les accessoires ont chacun leur rayon. En 1837, William Samuel Henderson fonde, rue Buade à Québec, la maison Henderson, Holt & Renfrew Furriers, spécialisée dans la confection de fourrures et de chapeaux destinés à la haute société de Québec. Elle devient, pendant plusieurs générations, le fournisseur de fourrures attitré de la famille royale britannique. Sous l'influence des marchés, ce magasin développe la même stratégie que ses concurrents et offre à sa clientèle le chic ultime de la couture dans tous ses aspects. Il devient le plus grand diffuseur de mode haut de gamme à travers le Canada avec des magasins dans toutes les grandes villes du pays. En 1870, la maison Simons ouvre ses portes, Côte de la Fabrique, à l'emplacement qu'elle occupe toujours. Dirigée par les descendants de John Simons, fils d'immigrant écossais et fondateur du premier commerce familial, cette entreprise de commerce au détail est aujourd'hui un véritable

> Ernest Livernois, *Nymphe des Laurentides*, vers 1885.

> Syndicat de Québec, vers 1910 (Archives nationales de Québec).

emblème et une grande fierté pour la ville de Québec. Elle est l'une des seules à avoir survécu aux changements draconiens dans le secteur commercial de la mode. La même année, Zéphirin Paquet ouvre son commerce, rue Saint-Joseph. La compagnie Paquet déménage dans le quartier Saint-Roch, et devient le plus grand magasin à rayons de la ville de Québec. En plus des 38 rayons de vente, cet imposant édifice abrite des ateliers de confection de chapeaux, de costumes et de robes pour dames. Par la suite, six anciens chefs de rayon de cette compagnie s'unissent pour ériger un nouveau concurrent, le Syndicat de Québec. Il devient ainsi la deuxième plus grande surface de la ville. L'ère des grands magasins est florissante et voit naître, ces mêmes années, J. B. Laliberté, spécialiste au gros et au détail dans la vente de la fourrure. Pollack, lui, se spécialise d'abord dans les vêtements pour homme avant d'étendre la gamme de ses produits à toute la famille. Il est le premier à offrir un système à prix fixes car, jusque-là, la coutume était de négocier les prix à chaque achat. La plus grande part de marché des grands magasins est la mode féminine, qui représente 75 % des ventes. Des défilés sont organisés pour présenter les nouveaux arrivages. Ce concept rend accessible la mode des grandes métropoles sans trop de décalage dans le temps. Des arrangements sont pris avec les maisons de couture, qui autorisent que des copies soient produites à rabais pour une plus grande diffusion de leur nom. Les techniques de fabrication se développent à une vitesse effrénée et la qualité des vêtements produits en série ne cesse d'augmenter.

La Dominion Corset

Corsets, gaines, soutiens-gorge, culottes, bas-culottes : quel que soit le dessous féminin, c'est à coup sûr la Dominion Corset qui l'a fabriqué. Première du genre en Amérique du Nord, cette industrie fondée par un Canadien français, Georges-Élie Amyot, a donné à la ville de Québec une image de réussite internationale. En 1897, Amyot fait l'acquisition d'une ancienne manufacture de chaussures, rue Dorchester qui, restaurée, devient la plus importante du genre au Canada. La main-d'œuvre féminine bon marché et un contexte économique favorable permettent à la compagnie d'être concurrentielle et d'étendre son marché. Mais au cours des années 1920, la mode change radicalement et les femmes se débarrassent de leurs corsets rigides, préférant des formes plus naturelles qui leur assurent un meilleur confort. La compagnie est à l'affût des moindres caprices de la mode et adapte les formes et les matières de ses dessous afin de garder sa place de leader dans le marché du sous-vêtement.

1900 à 2008 : plus de cent ans de mode

Si Paris domine l'empire mondial de la mode, Montréal possède une florissante industrie du vêtement. De nombreux ateliers suivent les diktats parisiens et reproduisent fidèlement les modèles européens. En marge de cette façon de faire, quelques couturiers et couturières s'appliquent à développer leurs propres modèles. Dans les années 1920, Ida Desmarais et Gaby Bernier atteignent une certaine notoriété en proposant une couture originale adaptée à la clientèle. Les ateliers et les maisons se multiplient, attirant les femmes en quête de vêtements exclusifs coupés pour elles.

Comment taire l'influence de l'Église catholique dans un pays aussi religieux que le nôtre ? La première moitié du siècle a été marquée par la rigueur et l'indignation de l'Église quant à la mode féminine, qui subit de rapides transformations. Le décolleté en V voit le jour en 1913 et se porte à toute heure de la journée. Les manches des robes raccourcissent ainsi que les ourlets. On assiste à un dévoilement progressif du corps féminin, ce qui force le pape Benoît XV à déclarer : « Quel grave et urgent devoir de condamner les exagérations de la mode ! Nées de la corruption de ceux qui les lancent, ces toilettes inconvenantes sont hélas ! un des ferments les plus puissants de la corruption générale des mœurs ». Au début des années 1920, le port du pantalon est de plus en plus répandu, pratique que l'Église juge immorale. Ce vêtement symbolise l'émancipation de la femme, perçue comme inconvenante et dangereuse. En 1925, l'apparition d'une robe courte dévoilant le genou sème l'émoi au sein du clergé. L'Église juge cette mode immorale et encourage, en 1927, la création de la Ligue catholique féminine, dont la mission est de « protester par l'exemple et par l'action contre les modes inconvenantes ». Celles qui adhèrent à la cause doivent porter des vêtements faits de tissus opaques couvrant la poitrine, les épaules, les bras jusqu'aux coudes, et descendant au moins à la mi-jambe. Deux ans après sa création, la Ligue compte 30 000 membres.

Malgré cette forte pression exercée par l'Église sur ses fidèles, la mode poursuit son évolution. La Première Guerre pousse sur le marché du travail plusieurs femmes qui entreprennent leur affranchissement. Cette nouvelle indépendance de la femme justifie en partie ce ras-le-bol des vêtements contraignants, compliqués et trop élaborés. Son corps est mis en valeur naturellement, comme il ne l'a pas été depuis des siècles. La féminité dans sa conception moderne vient de naître. Les poitrines sont plus naturelles ; finis les carcans où il était impossible de prendre son souffle.

Les belles années : 1930-1960

Dans les années 1930-1960, une quantité innombrable de maisons de couture ont pignon sur rue à Montréal et à Québec. En 1927, Raoul-Jean Fouré ouvre, rue Crescent, à Montréal, sa maison de couture. Il offre à sa clientèle des modèles uniques, confectionnés sur mesure pour chacune d'elles, leur garantissant l'exclusivité de ses créations. Ce précurseur obtient un grand succès sur la scène québécoise et canadienne. Au cours des années 1950, il entreprend de faire connaître la mode canadienne par le biais de divers événements. En 1954, il devient le premier président de l'Association des couturiers canadiens et, en 1960, le premier couturier à travailler avec un manufacturier de fourrure, proposant des créations avant-gardistes, mélangeant le tricot et la fourrure. Sa riche carrière a pavé la voie à plusieurs autres. Il a permis à la mode québécoise et canadienne de rayonner sur la scène internationale.

En 1938, Françoise Bernier est engagée au salon de couture de Jeanne Rancourt dans la haute-ville de Québec. Elle y réalise sa première robe de mariée. Elle se dirige ensuite vers Montréal pour parfaire ses connaissances en coupes et en patrons. Elle revient à Québec et installe son atelier dans sa résidence à Limoilou. En 1944, elle travaille avec Jean Fortin, couturier très réputé, dont l'atelier est situé rue de l'Église, en basse-ville. Après quelque temps, elle pense ouvrir son propre atelier mais, menacé de perdre sa grande collaboratrice, Fortin lui permet de créer sa propre griffe sous son toit. Elle signe sa collection jusqu'à la fermeture du Salon Jean Fortin.

À Québec encore, Armand Caron, intéressé par la mode depuis son plus jeune âge, dessine des modèles à temps perdu. Il commence à travailler pour le magasin Audet et Giguère, rue Saint-Jean. En 1943, il s'associe à une collègue pour ouvrir une boutique de confection pour dames, « Armand et Jeannine », rue Saint-Louis. Situé près de la Colline parlementaire, il attire une clientèle qui se rattache à l'élite politique. Il travaille également comme couturier à domicile et voyage un peu partout au Québec et même aux États-Unis.

1960 et 1970 : les révolutions

Les années 1960 et 1970 soufflent un vent de renouveau. Les rapprochements entre les cultures et entre les classes sociales démocratisent l'art du paraître. Grâce à l'expansion du prêt-à-porter, la mode est accessible à tous. Les grandes tendances ne sont plus uniquement dictées par la haute couture parisienne. Des créateurs s'inspirent des gens de la rue, les acteurs et les chanteurs sont les ambassadeurs de cette révolution du style. La mini-jupe, la ligne trapèze, le synthétique, les chaussures plateforme, les formes graphiques, les couleurs bon-bon, la patte éléphant et la maille sont autant d'éléments révélateurs de cette époque. Même l'homme participe à cette transformation en portant des imprimés ludiques, des formes plus moulantes et des couleurs osées. Le *jeans* gagne la faveur populaire et devient le code vestimentaire de la génération hippie. Les décennies à venir le verront se décliner dans une foule de modèles, de couleurs et de fantaisies. La région de la Beauce est un acteur important dans la fabrication de ce vêtement-culte.

À l'occasion de l'Exposition universelle de 1967, les designers du Québec s'activent pour créer les uniformes des hôtesses de différents pavillons. Les défilés se multiplient, tout comme les échanges entre couturiers du monde entier. Cette ouverture sur le monde stimule la création et garantit une vision plus large de l'industrie internationale de la mode.

En 1962, à la suite d'études à Paris, John Kelly s'établit rue de Sala-berry à Québec. Sur la porte de son atelier, on peut lire : « Création John A. Kelly. Spécialité : robe de mariée. Haute couture ». À la même enseigne logent le salon de couture, l'atelier et l'école de couture, en plus d'une école de « charme » où il enseigne la tenue, le maintien, le savoir-paraître. La haute société, de Montréal à Percé, est à l'affût de ses judicieux conseils. Il devient le couturier des dames de politiciens et de leur entourage. Travaillant dans la plus pure tradition de la haute couture, il refuse de moderniser son art et décline les offres de l'indus-trie du prêt-à-porter.

À Québec, une poignée de commerçants visionnaires contribuent à l'ouverture de Place Laurier, en 1961, premier centre commercial entièrement couvert. Ce nouveau concept rencontre la faveur du public et ne cessera de croître.

Dans les années 1980, une mode surdimensionnée fait le bonheur de ceux qui aiment la couture. Finis les ajustements complexes ; les tech-niques de coupe et de couture sont simplifiées et les ateliers reprennent vie. Le quartier Petit-Champlain regorge d'artisans mettant à profit leurs créations dans leur boutique-atelier. La mode prend sa place à travers la poterie, la joaillerie, le tissage, le travail du cuir, etc. On découvre les lignes d'Élizabeth Paquet, Blanc Mouton, Poil de Carotte, Calicot et Peau sur Peau.

Et aujourd'hui…

Depuis le début des années 1990, les designers de mode tentent de trouver leur place dans le monde effréné de la consommation. Distri-buées tantôt dans les magasins, tantôt dans leur propre boutique, leurs créations se heurtent à une concurrence féroce des marchés étrangers. Le prix des vêtements connaît une décroissance. Le design est une industrie précaire, mais des créateurs passionnés soutiennent la mode québécoise, dont Montréal demeure la capitale. En 2002, le Québec compte environ 46 000 employés, soit plus de la moitié de l'industrie canadienne. Certes, l'industrie manufacturière du vêtement n'est pas toujours liée à celle du design de mode. Certains y connaissent la noto-riété : Marie Saint-Pierre, Hélène Barbeau, Philippe Dubuc, Dénommé Vincent, Christian Chenail, pour n'en nommer que quelques-uns qui ont su donner à leurs créations une identité bien québécoise. À Québec, nous sommes beaucoup moins nombreux : je me compte parmi les plus anciens (Marie Dooley), avec Hoang Nguyen (d'Autrefois Saïgon), Jean-François Morissette, designer de fourrures, Annie Bellavance (de Souris mini), et Angela Jones (de Myco Anna). ∎

Note

Le lecteur trouvera la version intégrale de cet article sur le site Web de l'auteure : www.mariedooley.com.

> Uniformes d'hôtesses, Exposition universelle de 1967.

✶ Designer et propriétaire de la boutique Marie Dooley Signature, à Québec.

TOUR DU
QUÉBEC

CHAUDIÈRE-APPALACHES

JACQUES LEMIEUX*

> Pont de Québec.

Du promontoire de Québec, on peut, d'un seul coup d'œil, découvrir trois des grands ensembles physiographiques de toute l'Amérique du Nord : le Bouclier canadien, les Basses-Terres du Saint-Laurent, qui s'élargissent vers tout l'ouest du continent, et la chaîne montagneuse des Appalaches. Cette convergence exceptionnelle met en contact des reliefs, des sols, une végétation et même des climats forts différents. À cette singularité, l'histoire s'est plue à ajouter celle d'en avoir fait le point d'ancrage du fait français en Amérique. Ce paysage a comme trait commun d'être le résultat de la dernière glaciation.

Les nouvelles portes d'un vieux continent

C'est ainsi que l'Amérique du Nord se trouva dotée de trois grandes voies fluviales reliées aux Lacs : le Saint-Laurent vers le nord-est, l'Hudson vers l'est et le Mississipi au sud. Ces voies d'eau avaient toutes quelques défauts. La porte des Français était parfois encombrée de glaces, celle des Anglais se présentait par paliers successifs et celle des Espagnols portait un fleuve qui, aisé à descendre, ne pouvait se remonter à voile.

L'Abitation de Champlain : un choix obligé

La région de Québec doit donc à la dernière glaciation ses monts arrondis, ses vallées profondes, la puissance du Saint-Laurent, l'action bénéfique de la marée et les prés naturels qui ont inspiré le rang. Par-dessus tout, c'est ce qui poussa Champlain à y ériger en 1608 son Abitation, sur la rive gauche du fleuve. S'il choisit cette rive, c'est pour se dégager du fort courant qui longe la rive droite et mouiller ses navires à l'embouchure peu profonde de la rivière Saint-Charles, à l'abri d'une petite avancée du Cap-aux-Diamants, la pointe des Roches (Place Royale).

Le verrou de l'Amérique

À partir de là, le Saint-Laurent étant des trois portes la meilleure pour pénétrer le continent, Québec devint la clef de la porte française et le verrou de l'Amérique du Nord. Voilà qui en a fait, pendant quatre siècles, l'enjeu de luttes épiques et sans merci.

La Chaudière et l'Etchemin

Deux rivières, la Chaudière et l'Etchemin, atteignent directement le fleuve. Leur parcours unique s'explique parce qu'au relèvement continental, des fractures perpendiculaires au fleuve rompirent les murs de grès et créèrent des cluses que ces cours d'eau se hâtèrent

> Envol d'oies blanches.

d'emprunter. Les deux vallées parallèles qui en naquirent jouèrent un rôle considérable dans la préhistoire et l'histoire de la région et même du continent.

Le corridor Chaudière Kennebec

En 1622, Champlain, se trouvant sur la côte est en Nouvelle-Angleterre, fut informé par les Amérindiens qu'un cours d'eau, la Kennebec, dévalant des Appalaches, a une contrepartie sur l'autre versant des monts et menait au Grand Fleuve. On l'assura de plus qu'à peine une lieue en sépare les sources. Cette voie était utilisée par les autochtones depuis plus de dix mille ans. En effet, avant même que la glace se soit toute retirée vers le nord, des humains, contournant la calotte de glace, avaient remonté la côte de la Nouvelle-Angleterre, ensuite avaient suivi la Kennebec et avaient descendu la Chaudière jusqu'au Saint-Laurent pour y chasser les mammifères marins. Des fouilles archéologiques récentes ont démontré que cette voie a servi de porte d'entrée à l'humanité dans le nord-est du continent. De l'archaïque au sylvicole, la Chaudière et l'Etchemin servirent de boulevard entre l'Atlantique et le fleuve.

La guerre des portes

À l'arrivée de Cartier, les Iroquois occupaient la vallée du Saint-Laurent, mais sous Champlain, ils l'avaient déjà évacuée au profit des Abénaquis qui contrôlaient cette voie et l'amont du fleuve. Alliés des Français, ils servirent, sur la rive droite, de bouclier à la colonie.

> Québec, vue de Lévis.

> Le traversier de Lévis.

> Hiver sur le Saint-Laurent.

Guerriers réputés, ils finirent, cependant, comme les Hurons des Lacs, par être décimés par les Iroquois. Ces derniers, à la jonction des lacs et de la porte anglaise de l'est, contrôlaient le « libre-échange » nord-américain. Quand la France détourna vers le Saint-Laurent le commerce des fourrures, le conflit éclata. Comme les Anglais de Boston soutenaient les Iroquois et leur vendaient des armes, on décida, à Québec, de s'attaquer aux vendeurs tout autant qu'aux clients. Des raids surprise, en hiver et à travers bois, furent lancés contre les établissements anglais de la côte atlantique. Ceux-ci réagirent d'une façon malhabile mais constante contre Québec qu'ils réussirent à prendre quand la disproportion des forces joua en leur faveur. La guerre des portes était dès lors lancée.

La Guerre de Sept ans

Dans ce conflit, la rive droite fut systématiquement ravagée et incendiée par les assiégeants en 1759-1760. La France avait, jusque-là, dominé le Saint-Laurent et les lacs après avoir vaincu les Iroquois. S'étant emparée du Mississipi, elle avait réussi par une mince ligne de forts à maintenir l'Anglais à l'est des Appalaches. Celle-ci rompue, ils purent s'emparer de la Nouvelle-France. La grande Louisiane demeura toutefois française jusqu'en 1803.

L'invasion américaine

Cette guerre a couvert de dettes et la France et l'Angleterre. Cette dernière, pour effacer l'ardoise, décida alors de taxer sa colonie, ce qui la mena en rébellion. Aidés par la France, les insurgés réussirent à se défaire du joug anglais. Pendant ce conflit, incertaine de la loyauté de ses nouveaux sujets dont certains, surtout les Beaucerons, l'inquiétaient, l'Angleterre fit certaines concessions sur l'usage du français, le droit privé, l'obligation d'être protestant pour exercer une fonction publique. Cette loi dite « Acte de Québec » plut aux Canadiens, mais quand Londres décida d'annexer les Grands Lacs à la Province de Québec, les « Américains », qui avaient fait la guerre pour y avoir accès, s'insurgèrent et voulurent prendre Québec. Le ministre fran-

çais, Monsieur de Vergennes, estimant qu'il ne serait pas bon qu'il n'y ait pas une seule puissance en sol américain, refusa son aide à ce projet. En dépit de cela, les milices américaines s'emparèrent de Montréal et Trois-Rivières sous Montgomery. Un autre corps d'armée sous Arnold remonta la Kennebec, descendit la Chaudière et les deux généraux tentèrent ensemble de prendre la ville. Ce fut un cuisant échec. Des renforts venant d'Angleterre, ils se retirèrent au-delà des Appalaches.

L'art de la bascule politique

De cette tentative, les Canadiens français conclurent que si l'un ou l'autre avait totalement réussi, ils auraient été contraints de s'assimiler au conquérant. Aussi, depuis ce temps pratique-t-on au Canada français un savant jeu de bascule qui consiste, quand les Américains sont trop envahissants, à se ranger du côté britannique. Si, d'autre part, ces derniers visent l'assimilation plutôt que la juxtaposition des deux sociétés, les francophones menacent de s'annexer aux États du sud.

Les habitants de Chaudière-Appalaches, ayant estimé que c'était une querelle d'Anglais, avaient laissé passer, sans trop s'impliquer, les troupes d'Arnold, à l'aller comme au retour. Les Anglais leur en tinrent rigueur et leur imposèrent des lois de milice et des corvées qui leur déplurent. Un des résultats de ce conflit fut qu'on dota Québec d'une énorme citadelle. Elle fut faite sur des plans français par des ingénieurs britanniques pour défendre la place contre les Américains. Plus piquant encore, elle est, de nos jours, occupée par des soldats parlant français, portant des uniformes britanniques et complètement encerclée de touristes américains. Comme symbole du fait français en Amérique, on ne saurait mieux faire.

Le chemin de fer : couture d'un pays

La rive droite resta, pour sa part, sans défense jusqu'à ce que la guerre civile américaine fit rage. Pour contrôler le flot d'immigrants, source de juteux profits, les États du nord s'en prirent à ceux du sud quand les « steamboats » essayèrent par la porte du sud d'atteindre l'ouest du continent. Pour des motifs apparemment antiesclavagistes, ils se déclarèrent la guerre. Le Nord, l'ayant emporté, se lança par voies ferrées à la conquête de l'Ouest. Craignant à juste titre qu'ils ne débordent sur le Canada, Londres cousit par un chemin de fer les établissements britanniques d'Halifax à Vancouver. La Confédération canadienne était née. Québec en devint pour un temps la capitale.

À l'issu de cette guerre, comme le Nord disposait d'une armée énorme et aguerrie, on a craint qu'il tente de s'emparer du Québec. Pour y parer, on construisit sur la rive droite trois forts pour protéger la région. Un traité (Washington) ayant fixé pacifiquement la frontière Canada-États-Unis, ces forts ne serviront jamais. Un seul fut conservé en état sur les hauteurs qui dominent la région.

Lévis, autrefois d'Aubigny

Pendant tout le Régime français, la seigneurie de Lauzon, concédée depuis 1636, ne fut défrichée que dans sa portion riveraine et dans la partie basse de la Chaudière. De Saint-Nicolas à Beaumont s'étirait un chapelet de petits villages. Aucune ville d'importance n'y régnait. Ce n'est qu'au XIXe siècle qu'une ville d'importance y prit son essor.

Ce fut l'œuvre d'un officier anglais, Hemy Caldwell, qui, après la conquête, loua puis acheta, du gouverneur Murray, la Seigneurie de Lauzon.

Un scandale comme accélérateur d'évolution politique

Habile et entreprenant, il s'accapara rapidement de la tablette littorale et se lança dans le commerce du bois et la construction navale à un moment où l'Angleterre, coupée des bois de la Baltique par le blocus continental napoléonien, manquait cruellement de bois et de navires.

Caldwell se tailla un vaste domaine et entreprit de construire devant Québec une ville qu'il nomma d'Aubigny. Devenu Receveur général du Canada, lui et son beau-frère Hamilton, qui sévissait en amont sur l'Outaouais, puisèrent sans vergogne dans les caisses de l'État. Cela mena à un scandale où, malgré l'appui du gouverneur et de ses amis londoniens, un procès qui dura vingt ans le mena à la ruine et le fit s'enfuir aux États-Unis. L'État récupéra la rive droite. Cette affaire fit déborder le vase dans la colonie en opposant l'assemblée parlementaire (concédée en 1791 par crainte que la colonie soit contaminée par les idées françaises de souveraineté populaire) au gouverneur. Ce dernier et ses amis ne s'estimaient redevables qu'au roi. Ce conflit mena les sujets tant Anglais que Français à une rébellion ouverte. Malgré des

revers, les Canadiens finirent par obtenir la responsabilité ministérielle. Ce principe s'étendit de là à tout l'Empire.

L'âge d'or de la rive droite

Le second et beaucoup plus respectable fondateur de la ville de Lévis fut Mgr Joseph-David Déziel. Dès 1850, il érigea l'église Notre-Dame de Lévis, créa un collège classique en 1853, un couvent en 1858 et un hospice en 1879. Il ajouta à ses réalisations plusieurs paroisses. Décédé en 1882, il laissait derrière lui une œuvre immense et structurante à la vie lévisienne. C'est d'ailleurs pendant la période de 1861 à 1881 que se situe l'âge d'or de Lévis, quand les chemins de fer révolutionnèrent l'économie du pays. Dès 1854, une voie relia Lévis à Richmond (États-Unis) puis l'Intercolonial ouvrit la voie vers les Maritimes et le Grand Tronc rattacha la région à l'Ouest américain. Le réseau du « Québec Central » atteignait déjà Boston en passant par la Beauce. Il fallut attendre 1879 pour une voie desservant Québec, Trois-Rivières et Montréal. Ce retard favorisa Lévis. Devenue une zone de transbordement importante, Lévis vit transiter les marchandises venant de l'Ouest et développa nombre d'industries et de produits destinés aux établissements en croissance de l'Ouest. De 1861 à 1900, Lévis fut l'un des plus grands centres industriels du Québec.

Les marchands firent fortune. Les immigrants, qui d'Europe venaient peupler l'Ouest du pays, transitèrent dès lors par Lévis. Passant des navires aux trains, près d'un million d'entre eux y séjournèrent quelque temps pour compléter les achats nécessaires à leur installation.

Un nouveau carrefour

Ces avantages déclinèrent cependant quand, pour rattacher Québec à la rive droite, fut construit le pont de Québec. Avec constance, la rive gauche fut connectée au réseau ferré et la Capitale sortit de sa somnolence. Malgré la mise en place de navires traversiers, le carrefour des accès se déplaça vers l'ouest de Lévis. À Charny, un centre ferroviaire partant dans toutes les directions prospéra rapidement. On y créa le plus grand atelier ferroviaire de tout l'est du pays. Une période de prospérité s'étala vers la Beauce qui ajouta à l'agriculture le bois de pulpe et force petites et moyennes industries.

Les chantiers navals

Malgré ce glissement vers l'ouest, Lévis maintint une certaine prospérité comme débouché des campagnes environnantes vers Québec et par le développement de la Davie shipbuilding and repairing Co., et sa cale sèche, héritage modernisé de la construction navale du XIXe siècle. Des dizaines de navires de tout tonnage y furent construits pendant et entre les deux guerres mondiales. Malgré quelques avatars, ce chantier demeure l'un des plus beaux fleurons de la rive droite du fleuve.

Lévis, centre financier

L'irrigation de Beauce-Appalaches par les voies ferrées entraîna le développement de l'axe nord-sud et l'exploitation des forêts pour le bois de pulpe à papier. Elle accéléra la croissance de petites villes comme Breakeyville, Scott, Sainte-Marie, Saint-Joseph, Beauceville et Saint-Georges. Nombre d'industries de transformation s'implantèrent dans les petits villages de production laitière, beurreries et fromageries prospérèrent. À Lévis et sur la côte, la tertiarisation prit racine et de grandes institutions s'y logèrent. Parmi elles, les Caisses populaires coopératives Desjardins. Militaire pour un temps, puis éditeur, journaliste et député, Alphonse Desjardins, originaire de Lévis, irrité des taux usuraires que les grandes banques pratiquaient à l'égard du Canada français, s'inspirant des banques populaires européennes initiées par Schulz Delitzsch et le comte Luzatti, mit en place un système de mutuelles. La première, fondée en 1900, se répandit comme une traînée de poudre à travers tout le Québec, dans toutes les paroisses. En 1932, une Fédération des Caisses populaires fut fondée, chapeautée par la Fédération des Unions régionales des caisses populaires. L'ensemble ajouta toutes les formes d'assurances et donna naissance à ce qu'on appelle le Mouvement Desjardins, une puissance financière très considérable avec des ramifications qui s'étendent aujourd'hui au Canada et à l'étranger sur plusieurs continents.

La sous-région de l'amiante

Quand, dans les années soixante, le Québec se réappropria ses ressources hydroélectriques, de puissantes lignes de transmission amenèrent sur la rive droite d'énormes sources d'énergie qui activèrent les industries de transformation.

Au XIXe siècle, on avait trouvé dans le lit de la Chaudière des pépites d'or, mais leur exploitation fit long feu. Par contre, les formidables plissements appalachiens avaient, par pression, installé de grandes bandes de roches métamorphiques riches en amiante chrysolithe. Des villes minières, Thetford Mines, East Broughton, Coleraine, Black Lake, s'édifièrent dans le coin sud-ouest de la région. Longtemps uniques au monde, ces mines exportèrent partout ce matériau ignifuge, jusqu'à ce que le mauvais usage qu'on en fit dans certains pays provoque une

véritable hystérie contre son utilisation. Cette région, à la différence de tout le pays beauceron, est parsemée de toponymes anglais qui remontent à l'époque où le gouverneur James Craig, pour sécuriser la frontière canado-américaine, avait favorisé, en taillant une route vers le sud-ouest, l'établissement de communautés écossaises et irlandaises. Il les estimait plus loyales que les Beaucerons francophones. Certaines de ces communautés ont survécu, mais la plupart se sont fondues dans la population locale. Ouvrière, cette région connut dans les années 1950 des grèves très dures qui exercèrent une forte influence sur la vie syndicale et politique du Québec.

Au fil du temps, chacune des sous-régions, Lotbinière, l'Amiante, Lévis, la Beauce, les Etchemins, Bellechasse, ont développé des couleurs particulières : les unes, l'élevage laitier et la production porcine ; les autres, l'extraction minière ou l'activité forestière. Le centre les relie toutes et génère une infinité de petites et moyennes entreprises de transformation, qui expédient vers Québec ou exportent vers les États-Unis.

Le caractère beauceron

Au sens européen du terme, Beauce-Appalaches est un « pays » d'un particularisme très marqué, tant pour ce qui est des mœurs que du langage. Le Beauceron est conservateur dans ses mœurs, mais très libéral dans son économie. Ingénieux, entrepreneur, besogneux, travailleur infatigable, il demeure un insoumis.

Les sous-régions de Bellechasse et Lotbininère présentent un caractère plus rassis, plus normand, moins pétulant. Pour ce qui est de l'Amiante et de l'Etchemin, les activités minières et forestières à rendements fluctuants ont créé des mondes singuliers, un mineur très sédentaire et l'autre nomadisant vers des zones changeantes d'exploitation.

Au total, le Beauceron se démarque nettement des autres Québécois tant et si bien qu'un personnage haut en couleurs en est né. Il fut créé par un très sérieux universitaire, professeur de philosophie, Doris Lussier, qui, par jeu, pratiquait aussi le métier de comédien. Ce personnage, « Le Père Gédéon », est pétulant, mais matois, un peu égrillard, entreprenant en affaires comme aussi auprès des femmes, qu'il appelle « les créatures ».

Le palmarès de la région contient, bien entendu, beaucoup de gloires à part ce truculent personnage. Pour n'en citer que quelques-uns, Louis Fréchette, surnommé le Victor Hugo québécois, le capitaine J. E Bernier, l'intrépide explorateur de l'Arctique canadien, Alphonse

> Saison des sucres dans la Beauce.

Desjardins, fondateur du Mouvement des Caisses populaires, de réputation internationale, Marius Barbeau, qui a donné son envol à l'ethnographie, le folkloriste Luc Lacourcière, les historiens Pierre-Georges et Edmond Roy, qui comptent parmi les premiers archivistes de notre histoire nationale. Il faudrait encore parler des romanciers célèbres comme Jacques Poulin, né à Saint-Gédéon ; Roch Carrier, originaire de Sainte-Justine, tout comme l'auteur de *L'ode au Saint-Laurent,* Gatien Lapointe ; Pierre Morency et Gaétan Brulotte, nés à Lauzon ; le juge écrivain Robert Cliche, qui a donné son nom au prix de la relève du roman québécois ; son épouse Madeleine Ferron et sa sœur Marcelle, qui ont fait leur marque, l'une en littérature, l'autre dans les arts, etc. ; sans oublier de véritables dynasties d'hommes d'affaires : les Vachon, Dutil, Bernier, Lessard et autres qui marquent le paysage économique et politique du Québec et du Canada.

Obstacles hier, avantages aujourd'hui

Par l'inversion des facteurs qui, dans le passé, limitaient son expansion, la Beauce-Appalaches est appelée à un avenir de plus en plus prospère. Son faible relief riverain facilite le passage de toutes les formes de communication : autoroutes, voies ferrées, pipelines, lignes hydroélectriques, expansion industrielle. La taille et le tonnage des navires ramènent de plus en plus ces derniers vers la rive droite en eau profonde. Voie d'invasion et d'insécurité, l'axe Chaudière-Appalaches est devenu maintenant un lieu de grand transit pour les exportations vers les mégalopoles de la côte Atlantique.

Le patrimoine de la région attire de plus en plus de touristes férus d'authenticité. Lévis est un conservatoire de l'architecture victorienne unique en Amérique. Le monde rural n'est toutefois pas en reste. Son habitat révèle toutes les étapes de l'adaptation au climat dans un cadre somptueux : îles, îlots, plaine fertile, piedmont vallonné, le tout enrobé d'une végétation de transition entre conifères et érables à sucre – une tapisserie incomparable de couleurs éclatantes ponctuée de clochers métalliques qui miroitent au soleil.

Tourisme

En Beauce-Appalaches, toutes les aménités touristiques sont présentes : hôtelleries de qualité, restauration fine, produits du terroir. Parmi ces derniers, le sucre d'érable est roi. Préparé de mille et une façons, il est au Beauceron ce que le calvados est au Normand ou le whisky, à l'Écossais.

Le sport est aussi bien en valeur : du ski au traîneau à chiens, du golf à la chasse, petite et grande, il n'y a rien que la Beauce ne puisse offrir aux visiteurs.

On dit du Beauceron qu'il émigre peu. Pourquoi le ferait-il quand son « pays » lui offre tout ce dont on peut rêver : un hiver lumineux, un printemps débordant de sève, un automne éclatant de couleurs et même un été qui se permet des chaleurs méditerranéennes ! ■

∗ *Géographe et historien à la retraite.*

> Observatoire du Mont Mégantic.

CÔTE-DU-SUD

GASTON DESCHÊNES*

Quand les premiers Européens sont arrivés au Canada, leur seule route était le Saint-Laurent et ils ont tout naturellement identifié les terres qui bordaient le fleuve sous le nom de « côtes ». Ce nom en est venu à désigner la ligne plus ou moins continue des établissements concédés en bordure du fleuve. C'est ainsi que se sont formées, sur la rive nord, la côte de Beaupré, en face de Québec, la côte de Lauzon, et, plus bas, la « côte du Sud ».

Les frontières orientales et occidentales de cette région d'environ 200 km de longueur sur 50 km de profondeur, en moyenne, ne sont pas très précises et le toponyme s'est rarement retrouvé sur les cartes géographiques, une situation d'ailleurs commune à plusieurs autres régions du Québec. Pourtant, du XVIIe au XIXe siècle, l'expression « coste du sud » est souvent utilisée. Tantôt elle englobe les seigneuries de Lauzon et de Tilly ; ainsi, un registre de baptêmes, mariages et sépultures des années 1681 et 1682 comprend « toute la coste du sud », de Tilly jusqu'à la rivière de Loup. Ailleurs, dans une ordonnance de 1685, par exemple, elle s'étend « depuis le lieu de Matane jusques en la côte de Lauzon ». Un siècle et demi plus tard, en 1855, Joseph-Charles Taché la décrit ainsi : « À notre gauche est le comté de Kamouraska qui, avec ceux de Témiscouata et Rimouski, forment le district [judiciaire] de Kamouraska, compris dans cette magnifique suite d'établissements qui bordent la rive du bas Saint-Laurent, et qui est connu [sic] et célèbre sous le nom de *Côte du Sud* ». « Célèbre », disait-il. Pourtant, le *Dictionnaire généalogique* que Mgr Cyprien Tanguay publie en 1871 parle de la région de L'Islet comme celle « qu'on *appelait* la Côte du Sud », signe que ce toponyme avait perdu de la popularité. Il faudra près d'un siècle avant que des groupes socioéconomiques et culturels ne la remettent sur la carte. Malheureusement, les découpages administratifs des années 1960 et 1970 ont écarté les considérations historiques et sociologiques au profit des zones d'influence économique.

Établissements et migrations

La première seigneurie de la Côte-du-Sud fut celle de Bellechasse en 1637. Puis, en 1646, Huault de Montmagny obtenait la seigneurie de la Rivière-du-Sud (Montmagny), suivi de Nicolas Juchereau, en 1656, qui devenait seigneur des Aulnaies. Dans les années 1670, quatorze autres seigneuries étaient concédées entre Beaumont et L'Islet-du-Portage (Saint-André-de-Kamouraska). Les premiers habitants sont venus en majorité des seigneuries de la région de Québec, de la côte de Beaupré et de l'Île d'Orléans en particulier. Les solidarités familiales y ont été pour beaucoup et la région a été choisie peu souvent par les immigrants après la Conquête. On y retrouve donc, de nos jours, une population essentiellement francophone et catholique, et encore tissée serrée pour ce qui est des liens de parenté.

La Côte-du-Sud est donc « née » il y a plus de trois cent cinquante ans. Alors qu'on ne trouve encore que des postes saisonniers dans le Bas-Saint-Laurent et la Gaspésie, la Côte-du-Sud compte une trentaine de seigneuries. À la fin du Régime français, environ 10 000 des 60 000 habitants de la Nouvelle-France résident dans cette région.

Dans le premier tiers du XIXe siècle, les vieilles seigneuries riveraines n'offrent plus de possibilité d'expansion et l'agriculture ne peut plus occuper les bras qui se multiplient. Les mesures prises pour établir des agriculteurs dans la partie sud de la région, sur les « terres de la Couronne » difficiles d'accès, n'obtiennent que des résultats mitigés. La saturation des emplois agricoles et l'absence d'emplois industriels incitent alors de nombreux Sud-Côtois à partir vers les États-Unis, le Bas-du-fleuve et la Gaspésie, les régions agricoles plus prometteuses et les villes de Québec et de Montréal. Le développement du réseau de transport (le chemin de fer traverse la région à la fin des années 1850) favorise les départs. De 1844 à 1891, la population du Québec augmente

> Internationale de sculpture de Saint-Jean-Port-Joli.

de 115 %, alors que celle de la Côte-du-Sud n'augmente que de 40 %. Un Québécois sur 6 y vivait en 1760, contre un sur quatroze en 1844, un sur 22 en 1891, un sur 36 en 1941, et un sur 55 aujourd'hui. Depuis la Conquête, la population du Québec s'est multipliée par 100, celle de la Côte-du-Sud, par 10.

C'est donc au XIXᵉsiècle que la Côte-du-Sud est devenue ce qu'elle est aujourd'hui. Avant, c'était une région relativement populeuse. Après, elle devient démographiquement marginale. Le mouvement de colonisation de l'arrière-pays obtient un succès certain dans le domaine forestier et l'acériculture, mais atteint vite les limites des terres exploitables au point de vue agricole. Dans les paroisses du « bord de l'eau », on voit apparaître une belle variété de petites industries, mais elles seront nombreuses à flancher au tournant du siècle et dans les

> Moulin seigneurial de Beaumont.

années subséquentes. Seule la ville de Montmagny en a conservé suffisamment pour mériter le titre de centre industriel. Ailleurs, comme à La Pocatière (Bombardier), à Saint-Jean-Port-Joli (Rousseau Métal) ou à Saint-Damien (IPL), la production industrielle d'envergure fait figure d'exception dans le portrait socioéconomique local.

Un pays rural

C'est par l'agriculture que la Côte-du-Sud s'est distinguée et définie. Au début du XIXᵉ siècle, l'arpenteur Joseph Bouchette décrivait la vallée de la rivière du Sud comme le « grenier du Bas-Canada ». Il avait aussi remarqué la qualité du beurre de Kamouraska. Un siècle et demi plus tard, d'autres régions produisent davantage et la Côte-du-Sud n'a plus la même importance économique, mais elle a conservé le profil et les traces d'un pays rural.

En dépit de la croissance des villages et du développement du réseau routier, malgré la disparition des fameuses clôtures de perche qui délimitaient les champs, on peut lire aisément les marques laissées par le régime seigneurial, particulièrement dans la « vaste plaine à carreaux », selon l'expression de l'écrivain François Hertel. Sur les battures, on voit encore quelques « pêches à anguille » dans la région de Kamouraska. Aussi, les érablières sont omniprésentes sur la Côte-du-Sud. L'ancien comté de L'Islet produirait, à lui seul, plus de dix pourcent de la production nord-américaine de sirop d'érable et Saint-Aubert serait, dit-on, la véritable « capitale du sirop d'érable » grâce au volume de sa production par rapport à sa population.

La chose étonne aujourd'hui mais, jusqu'au milieu du XIXᵉ siècle, Kamouraska est l'unique plage à la mode du Bas-Canada. Les familles les plus distinguées et les visiteurs étrangers y affluent. La construction du chemin de fer et l'établissement d'une ligne maritime de Québec vers Charlevoix favorisent ensuite d'autres destinations touristiques, mais la Côte-du-Sud n'en possédait pas moins, selon les premiers guides des automobilistes, « les stations balnéaires les plus recherchées de la province ».

Le haut-pays de la Côte-du-Sud accueille surtout les amateurs de sport et de plein air. C'est un pays de lacs et de rivières, de villégiature et de récréation, de chasse et de pêche, un vaste territoire sillonné de pistes de motoneige et pourvu de quelques centres de ski. Les visiteurs sont cependant beaucoup plus nombreux sur le littoral, attirés par le fleuve et ses couchers de soleil, la navigation et l'observation des oies, les paysages et le riche patrimoine bâti des vieilles paroisses qu'on découvre en se guidant sur les clochers.

Les traces du passé

Beaumont possède la plus vieille église de la côte (1733), un moulin seigneurial (1821) admirablement restauré et de nombreuses maisons anciennes.

Saint-Michel figure au palmarès des beaux villages du Québec à cause de la richesse de son patrimoine bâti et de l'état de conservation du paysage. C'est le plus ancien bourg de la région (1754).

Pays de la Corriveau et de Marie Fitzbach (fondatrice des sœurs du Bon-Pasteur), **Saint-Vallier** offre un musée qui possède la plus riche collection privée de voitures à chevaux au Québec.

À **Berthier-sur-Mer**, le visiteur qui emprunte la vieille rue du village se retrouve dans un site qui a bien résisté au temps. C'est la patrie de l'abbé Camille Roy, promoteur de la littérature du terroir, l'un de nos premiers critiques littéraires. Un détour vers l'intérieur des terres permet de visiter les villages de Saint-François-de-la-Rivière-du-Sud et de Saint-Pierre-de-la-Rivière-du-Sud, dont l'église date du XVIIIe siècle.

À **Montmagny**, qui a vu naître le prolifique écrivain Joseph Marmette et l'architecte Eugène-Étienne Taché (créateur de la devise du Québec), deux manoirs seigneuriaux ont été recyclés, l'un en auberge-restaurant, l'autre en économusée de l'accordéon. Montmagny reçoit chaque année les plus grands maîtres de cet instrument à l'occasion du Carrefour mondial de l'accordéon.

Cap-Saint-Ignace a conservé quelques vestiges du régime seigneurial, dont un petit manoir (1744) et un moulin à vent en pierre (construit vers 1700) malheureusement dépourvu de ses ailes.

Pays de marins, **L'Islet-sur-Mer** possède le plus important musée maritime du Québec, le Musée Bernier. Son église date de 1768. On y trouve aussi le manoir seigneurial des Casgrain.

Saint-Jean-Port-Joli est la « capitale de l'artisanat », renommée pour ses sculpteurs sur bois et ses bateliers. Sur le bord de la rivière Trois-Saumons, entre L'Islet et Saint-Jean-Port-Joli, un moulin banal rappelle la mémoire de la famille de Philippe Aubert de Gaspé, auteur des *Anciens Canadiens* et « père » de notre littérature. Un kilomètre plus loin, un four marque le site du manoir où fut écrit le premier roman québécois, *L'influence d'un livre* (1837), par Philippe Aubert de Gaspé, fils. L'église de Saint-Jean (1779) a conservé le banc seigneurial du père.

Saint-Roch-des-Aulnaies possède un centre d'interprétation de la vie seigneuriale : son manoir date de 1853 et son moulin a été remis en opération.

La Pocatière regroupe plusieurs institutions d'enseignement dont un collège classique (1827) et la plus ancienne école d'agriculture au

Canada (1859). Le musée François-Pilote expose, sur quatre étages, une importante collection ethnologique.

Rivière-Ouelle est l'un des plus anciens établissements de la Côte-du-Sud, vieille paroisse rurale mais aussi lieu de villégiature recherché. On y trouve le manoir Casgrain, lieu de naissance d'Henri-Raymond Casgrain, personnage influent de la littérature québécoise au XIXe siècle.

Saint-Denis est par contre une jeune paroisse détachée de ses voisines au XIXe siècle. On peut visiter la maison natale de l'historien Thomas Chapais, témoin de la vie bourgeoise d'autrefois.

Kamouraska était, au XVIIIe siècle, la dernière paroisse du Canada. C'est aujourd'hui l'un des plus beaux villages du Québec. On y trouve un riche patrimoine bâti, un important musée d'ethnologie et d'histoire, un musée consacré aux machines agricoles anciennes, un centre d'interprétation de l'anguille. C'est la patrie de Joseph-Charles Taché, auteur de *Forestiers et voyageurs*, un recueil de contes et de récits, qui a lancé, avec *Les légendes canadiennes* (1861) de l'abbé Henri-Raymond Casgrain, le mouvement littéraire de Québec. Au cimetière repose René Chaloult, qualifié de « père du drapeau québécois ».

Détachée de Kamouraska en 1791, **Saint-André** possède une des plus vieilles églises de la région. Un économusée original, la Maison de la prune, remet en valeur la production fruitière qui constituait autrefois une particularité de la Côte-du-Sud.

Il faut « refaire » la Côte-du-Sud. Victime de découpages administratifs peu respectueux de l'histoire, elle chevauche aujourd'hui deux régions touristiques « officielles » : la partie ouest se trouve dans la région dite « Chaudière-Appalaches », et l'est, dans le Bas-Saint-Laurent. Mais le visiteur qui sait lire les lieux, les gens et les choses ne s'y trompe guère : ce vieux « pays » rural est homogène par ses paysages, son histoire, sa population, son patrimoine et sa culture. ■

* *Historien.*

BAS-SAINT-LAURENT

ANDRÉ MORIN*

> Les battures de Kamouraska.

Il faut se rappeler qu'une grande fête a fait trembler le continent. C'était il y a bien longtemps, avant même que les phares se dressent le long des côtes pour guider le navigateur. S'agissait-il du plein de l'été ou du mitan d'un hiver rafalé de blanc poudreux, rien ne pouvait ralentir la course du géant naissant, admirable dans sa foulée, remarquable d'ambition démesurée, qu'on nommera Le Chemin qui marche. De fleuve dans son état premier, il se gonfle maintenant, se dessine des horizons de largeur et de profondeur, devient estuaire. Le Chemin qui marche, qu'on nommera le fleuve Saint-Laurent, le fleuve-océan, allait célébrer de belle façon son nouvel état estuarien : il se permettra de façonner un pays nouveau, le Bas-Saint-Laurent, là où le désir est bleu et goûte l'air salin.

Partant de Québec, le voyageur se dirigera vers l'est, le fleuve devenu estuaire lui offrant ses coulis de fraîcheur. Il aura avantage à emprunter la route des Navigateurs, qui correspond au tracé de la route 132, longeant du fait même le littoral du grand fleuve-océan, témoin des premiers déplacements qui ont permis le peuplement du territoire. La route des Navigateurs s'étire sur 190 kilomètres de La Pocatière à Sainte-Luce, s'ingéniant à mettre en vedette Le Chemin qui marche, le grand fleuve-océan, et la vie qu'il inspire depuis trois siècles.

Le pays du Bas-Saint-Laurent vous fouette de grand air dès votre arrivée. Vous êtes à Kamouraska. Le voyageur ralentira à la hauteur de La Pocatière, le temps de saluer le cap Martin, la montagne Ronde, la Grande Anse. Il fera escale à Saint-Pacôme pour profiter du belvédère de la côte des Chats. Il poursuivra jusqu'à Rivière-Ouelle pour admirer les sept lucarnes qui surplombent le toit du manoir Casgrain, lieu de résidence de l'une des plus grandes familles canadiennes-françaises du XIXe siècle. Il se laissera attirer à Saint-Denis-de-la-Bouteillerie pour y voir la maison Chapais où ont vécu Jean-Charles Chapais, l'un des pères de la Confédération canadienne, ainsi que son fils Thomas, journaliste, historien et lui aussi homme politique. Il arrivera ainsi à Kamouraska, la paroisse-mère, berceau de la région. Le Kamouraska est une région belle, le fleuve en supplément.

Région historique qui ouvre les portes du Bas-Saint-Laurent, le Kamouraska regorge de lieux sympathiques baignés de cette lumière toute bleue empruntée au fleuve-océan partout présent. Maisons ancestrales, musées et centres d'archives y côtoient des productions artisanales qui témoignent de la vivacité de sa population. Au Kamouraska, le passé se laisse bercer au gré des flots comme fourrage au vent dans les estives. Le voyageur y sera comblé, le littoral s'y offrant sans pudeur, les plateaux ouvrant l'horizon sur des panoramas inoubliables. Au pays du Bas-Saint-Laurent, le Kamouraska a des allures d'arche de beauté : laissez-vous séduire.

La pêche, la navigation et l'agriculture ont marqué la région de Kamouraska. Encore aujourd'hui, ces activités donnent leur relief au paysage et permettent au voyageur de découvrir un pays fier de ses commencements : partout au Kamouraska, le patrimoine bâti est jalousement préservé et témoigne de l'attachement des gens à leur histoire. Les lieux et les attraits qui retiennent l'attention sont nombreux. À La Pocatière, on remarquera le complexe institutionnel plus que centenaire qui domine le centre-ville, avec sa montagne toute proche sillonnée de sentiers pédestres thématiques et embellie d'un jardin floral. Le voyageur poursuivra sa visite en se rendant au Musée François-Pilote, spécialisé en ethnologie québécoise, dont l'impressionnante collection portant sur les sciences naturelles et la vie rurale ancienne occupe les quatre étages de l'édifice. À La Pocatière et ses environs proches, productions de fromages fins au lait cru de brebis, de melons charentais ou de petits fruits des champs sont également au menu.

Le voyageur fera escale à Rivière-Ouelle pour y découvrir les techniques de pêche à l'anguille ; à Saint-Denis-de-la-Bouteillerie pour s'imprégner de l'histoire de la Maison Chapais ou pour se passionner d'horticulture à la Jardinerie rustique ; au village de Kamouraska pour emprunter un incontournable circuit patrimonial qui l'amènera aux portes de sympathiques boutiques-galeries, au Site d'interprétation de l'anguille où il pourra déguster de l'anguille fumée sur canapé, à l'authentique Magasin général de la place, qui regorge de produits du terroir, sans oublier autres musées, boulangerie et poissonneries. Il pourra se désassoiffer à la brasserie artisanale Breughel de Saint-Germain, se dégourdir sur les pistes cyclables qui longent le fleuve, s'intéresser au patrimoine religieux, s'adresser à la Société d'écologie de la batture du Kamouraska pour se familiariser avec la faune et la flore du littoral, pour une excursion guidée en kayak de mer autour de l'archipel des îles ou pour escalader les falaises de Saint-André, il se laissera séduire par les vergers de pruniers de Damas qui encerclent la Maison de la Prune. L'aventure se poursuivra sur la route des hauts plateaux par laquelle le voyageur découvrira Saint-Pacôme, Saint-Pascal et Sainte-Hélène, lieux charmants pour les adeptes du golf, de beaux horizons et de bon vin, tel Le Pacômois.

Le voyageur ne pourra quitter le Kamouraska sans tendre l'oreille aux légendes qui circulent toujours dans les lieux, la plus célèbre étant celle de « La Jongleuse ». Voyons ce qu'en écrit Victor-Lévy Beaulieu dans son magnifique ouvrage *Le Bas-Saint-Laurent – Les racines de*

Bouscotte : « L'histoire se passe au tout début de la Rivière-Ouelle. On prétendait qu'au confluent de la rivière et du fleuve, là où les crans étaient prodigieux, rôdait l'esprit d'une sauvagesse. La nuit, son spectre se promenait sur les rochers. Pourvu d'une voix aussi sensuelle que les fameuses sirènes qui faillirent mettre fin à la voyagerie d'Ulysse, l'esprit de la sauvagesse en avait contre l'homme blanc qui lui avait enlevé ses terres. Son nom lui était venu du fait qu'en ce temps-là on appelait jongleur quelqu'un qui se prétendait capable de communiquer avec l'au-delà, ce qui était tout à fait approprié dans l'histoire qui nous occupe. La nuit, la Jongleuse montait donc sur les crans et se mettait à *lyrer*, pour y attirer son monde avant de le noyer dans les eaux glacées du fleuve. Elle aidait aussi les Amérindiens hostiles aux Blancs à se débarrasser d'eux en faisant chavirer, toujours de nuit, les chaloupes dans lesquelles ils voyageaient. C'est le sort qu'aurait connu madame Houel, l'une des premières habitantes de la paroisse. Revenant de Québec en canot avec un parti de sauvages, madame Houel périt vis-à-vis des crans sur lesquels la Jongleuse se manifestait. Enfant, mon père nous faisait voir les empreintes de ses pas dans les rochers. C'était impressionnant : on aurait dit qu'au lieu de s'enfoncer dans la neige, de grandes raquettes sauvages y avaient pénétré d'au moins un pied. Ces traces-là existent toujours, d'ailleurs ».

La Jongleuse bravement saluée, le voyageur suivra à nouveau la route du littoral, arrivant ainsi au pays de Rivière-du-Loup, du Témiscouata et de Trois-Pistoles / Les Basques. Un pays immense à l'intérieur de l'immense pays du Bas-Saint-Laurent. Partant de Saint-André-de-

Kamouraska, il atteindra Notre-Dame-du-Portage, haut lieu de villégiature réputé pour sa tranquillité, l'excellence de son hébergement, ses tables gourmandes et raffinées, sa gamme impressionnante de services spécialisés allant de la massothérapie aux enveloppements d'algues. Notre-Dame-du-Portage a conservé sa vocation de véritable place d'eau baignée d'air salin. C'est là, et là seulement, que le voyageur aura droit au spectacle le plus grandiose qui lui sera donné de voir : ces instants magiques au cours desquels le ciel se déverse dans les eaux du grand fleuve alors que le soleil couchant trace un pont d'or si large qu'il laisse passage à tous les rêves. Les couchers de soleil, vus de Notre-Dame-du-Portage, sont considérés parmi les plus beaux au monde.

Carrefour économique important, centre éducatif et centre de services, la ville de Rivière-du-Loup retiendra l'attention pour la fraîcheur de son centre-ville où les traditions architecturales locales composent l'essentiel du décor urbain. Comme partout ailleurs au Bas-Saint-Laurent, la nature réussit à y conserver ses droits : parcs publics, l'immense domaine du parc des Chutes, les sentiers de la Pointe qui longent le littoral, des îles qui composent l'horizon, les plus connus ayant pour nom Les Pèlerins, l'île aux Lièvres, l'île Blanche et les îles du Pot à l'Eau-de-Vie. Rivière-du-Loup compte plusieurs établissements d'hébergement qui font la renommée du milieu, un service de traversier accommode les voyageurs voulant se rendre sur la rive nord du Saint-Laurent, l'activité commerciale y est diversifiée, de même que l'activité manufacturière. Rivière-du-Loup a beaucoup à offrir : le Musée du Bas-Saint-Laurent, qui se consacre à la diffusion et à la

> Coucher de soleil vu de Notre-Dame-du-Portage.

> Victor-Lévy Beaulieu.

conservation de l'art contemporain canadien et de la photographie québécoise ancienne ; le Manoir Fraser, qui témoigne des origines de la seigneurie ; le Parc linéaire interprovincial du Petit Témis, qui est l'une des pistes cyclo-pédestres parmi les plus appréciées au Québec ; nombre d'activités écotouristiques offertes par la Société Duvetnor (découvertes des phares du Saint-Laurent, croisières commentées, nuitées dans un phare, observation des oiseaux marins) et par les Croisières AML (parcourir le fleuve à bord du *Cavalier des Mers* pour faire la connaissance des mammifères marins).

Quinze kilomètres plus à l'est, le village de Cacouna, longtemps lieu de villégiature où le poète Émile Nelligan venait passer ses vacances, s'impose aux regards du voyageur. Cacouna a conservé son faste d'antan, des résidences somptueuses, là un château de style Renaissance anglaise, là un château de style écossais devenu monastère, une église anglicane, des maisonnettes patrimoniales. Galeries et ateliers d'art, sites ornithologiques, parcours de golf et authentique artisanat amérindien de la Première Nation malécite, qui occupe ici une partie de ses terres ancestrales, font de Cacouna un lieu-fleuve parmi les plus attachants.

La route qui s'éloigne de Cacouna est comme une main tout ouverte qui s'amuse à se faire lécher par les embruns. Cette main, qui indique au voyageur la direction de L'Isle-Verte, bien ancrée sur la terre ferme alors que sa jumelle l'île Verte est un joyau posé sur les eaux du grand fleuve. Longtemps chef-lieu du comté, L'Isle-Verte a conservé une

activité agricole de premier plan bien servie par une terre généreuse. La pêche y est toujours pratiquée et l'île enchanteresse qui s'étend à l'horizon est accessible par traversier ou par bateau-passeur privé. À L'Isle-Verte, le voyageur découvrira des fumoirs à poissons où il pourra s'approvisionner, il s'intéressera au patrimoine bâti en visitant la maison Louis-Bertrand, l'ancien palais de justice devenu cour de théâtre et une authentique filature toujours en activité. De L'Isle-Verte, le voyageur atteindra Trois-Pistoles, terre de légendes fréquentée par les baleiniers basques avant même la venue de Jacques Cartier. Des vestiges de ces temps anciens sont toujours visibles dans l'île aux Basques qui se dessine à l'horizon, accessible l'été pour des excursions commentées. Trois-Pistoles est le lieu-centre de la petite MRC des Basques, pays de lacs et de forêts, de grands espaces, de terres agricoles et d'histoires à n'en plus finir. C'est dans les environs de Trois-Pistoles que l'écrivain-éditeur Victor-Lévy Beaulieu a établi ses quartiers, donnant à cette terre où il est né des mots pour l'éternité. Culture et écotourisme figurent en tête de liste de la vie économique du milieu : une maison-galerie d'art, un centre d'interprétation de la culture basque, une église à l'architecture imposante, un jardin des légendes, un festival environnemental unique au Québec, des excursions en kayak de mer, une école d'immersion en langue française, une vieille forge qui est le théâtre d'un festival annuel des contes et récits de la francophonie, une fromagerie réputée pour sa gamme de produits, un service de traversier pour atteindre la rive nord à la hauteur de Les Escoumins.

> Île aux Lièvres.

> Sainte-Flavie.

> Municipalité du Bic.

> Pointe-au-Père.

Le voyageur n'a pas fini d'en voir et d'en entendre : le haut pays lui fait signe. Quittant le littoral en direction sud, il est comblé : des villages pittoresques lui ouvrent leurs portes. Par la route 289, il atteindra la région du Transcontinental qui frôle les frontières du Nouveau-Brunswick et de l'État du Maine. Un pays nouveau, de durs labeurs, né de l'exploitation forestière, où la nature se fait enveloppante. À Saint-Jean-de-la-Lande se cache le dernier pont couvert de la région. À Saint-Marc-du-Lac-Long est exploitée une mine à ciel ouvert d'ardoise naturelle, la Glendyne. À Rivière-Bleue se maintient un microclimat qui a donné au lieu le surnom de Petite Floride. À Pohénégamook s'offrent un centre de villégiature quatre saisons de renommée nationale, Pohénégamook Santé Plein Air (soins corporels, sauna nordique, voile à ski, canot, kayak, escalade, tir à l'arc, vélo, un univers de bien-être), aussi un lac, entouré de collines, long de plus de neuf kilomètres, le lac Pohénégamook, abritant un monstre légendaire, Ponik. Allez ! Claquez des doigts ! Une fois… et puis encore… et encore ! Désolé. Le monstre est aussi d'une discrétion légendaire. Mieux vaut plutôt chercher l'enseigne de l'Atelier Amboise, un économusée consacré à l'ébénisterie, centre d'interprétation et boutique créés de toutes pièces par le maître ébéniste Martin Nadeau.

Le voyageur ne manquera pas d'emprunter la route 185 qui le conduira au doux pays du Témiscouata pour y admirer le lac du même nom, magnifique et immense, à l'image de la région qui s'en inspire. Entre les pays du littoral et les frontières du Nouveau-Brunswick, le Témiscouata invite à la détente et à la découverte. Le voyageur regardera vers les étoiles et la voûte céleste comme le lui propose la station scientifique Aster située à Saint-Louis-du-Ha ! Ha !, site d'interprétation astronomique qui offre planétarium et observation au télescope ; il joindra les rangs de la garnison britannique de 1839 qui occupait le Fort Ingall situé à Cabano, fidèle reconstitution de la forteresse avec son imposante palissade ; il humera le parfum des 1 500 rosiers rustiques qui composent la roseraie du Témiscouata, aussi à Cabano ; il profitera des plages qui bordent le lac, du parc linéaire du Petit Témis qu'il parcourra en vélo ou à pied, goûtera le fromage du terroir à Notre-Dame-du-Lac et les produits uniques du Domaine Acer, à Auclair, économusée de l'érable où l'eau sucrée est transformée en boissons alcoolisées et produits fins.

Jamais rassasié, il reprendra la route du littoral à partir de Trois-Pistoles, toujours en direction est, profitera de son itinéraire pour découvrir Saint-Mathieu-de-Rioux où lacs et montagnes se font

1complices d'une nature invitante, fera un détour par Saint-Simon-sur-Mer et Saint-Fabien-sur-Mer pour faire le plein d'air salin, s'étonnera du paysage qui s'offre à lui rendu à la hauteur de Bic, où il laissera le temps prendre son temps, envoûté qu'il sera par ce qui s'offre à tous ses sens : un parc national qui arbore avec fierté et grande dignité ses caps, ses baies, ses anses, ses îles et ses montagnes, où nichent quantité d'oiseaux marins, dont l'eider à duvet ; où fleurissent des plantes rares ; où se prélassent au soleil des phoques insouciants des vingt-six kilomètres de sentiers pédestres et des quinze kilomètres de pistes cyclables qui sillonnent ce parc fluvial d'une beauté saisissante ; une grange-théâtre dont la scène accueille des productions chaudement saluées par la critique et par le public ; un parcours de golf qui a la faveur des adeptes les plus exigeants ; un village patrimonial séduisant par ses auberges, sa fine cuisine, sa boulangerie artisanale, ses galeries d'art et ses boutiques accueillantes. Il se laissera gagner par les plus douces rêveries en embrassant du regard l'archipel des îles du Bic, le soleil couchant s'amusant de ses rayons avec phoques et cormorans.

Rimouski la cité estuarienne sera sa prochaine destination. Capitale régionale du Bas-Saint-Laurent, Rimouski est aussi la capitale océanographique du Québec, elle compte de nombreux établissements d'enseignement, dont l'Institut maritime, et regroupe de nombreux services et commerces en plus de nombreux ministères. Le cœur de la cité estuarienne bat à plus d'un rythme : si elle est avant tout un centre éducatif de premier plan et un centre économique très vivant, elle est également un carrefour culturel signifiant avec ses nombreux musées et galeries d'art, dont la Galerie Basque et la maison-musée Lamontagne et ses manifestations d'envergure dont son Festi Jazz international, son Salon du livre et sa programmation de spectacles et présentations en danse, musique et chants. Le pays proche de la cité estuarienne est aussi à découvrir, que ce soit Val-Neigette pour son golf et sa station de ski ou Saint-Narcisse pour le domaine du Canyon des Portes de l'Enfer, l'un des plus beaux sites naturels du Bas-Saint-Laurent qui donne accès à la plus vertigineuse passerelle suspendue au Québec, haute de 63 mètres et longue de 99 mètres, et de vivre la descente aux Enfers par un escalier de trois cents marches qui aboutit sur les rives de la rivière Rimouski.

Revenu de ses émotions, le voyageur remarquera un phare qui lui lance des signaux le long de la route 132 : le phare de Pointe-au-Père, l'un des plus hauts au Canada dont on atteint le sommet après avoir fait l'ascension de ses 128 marches. Tout près se dresse le Musée de la mer, où il se laissera raconter l'histoire tragique du paquebot *Empress of Ireland*, dont le naufrage, survenu le 29 mai 1914 au large de Pointe-au-Père, fit 1 012 morts. La route des Navigateurs propose une autre escale, cette fois-ci au village de Sainte-Luce, pour la beauté du littoral : 2,5 kilomètres de plage sur laquelle s'exécutent des sculpteurs de sable. Poursuivant sa route, le voyageur atteindra alors la Gaspésie, autre beau pays façonné par le fleuve maintenant devenu golfe.

Le pays du Bas-Saint-Laurent, c'est toute la beauté et la fraîcheur de l'estuaire du fleuve Saint-Laurent, le fleuve-océan. Le Bas-Saint-Laurent est un hymne au Chemin qui marche, là où les embruns caressent les talents de gens généreux, vaillants, ingénieux. ∎

★ *Adjoint à l'éditeur, Victor-Lévy Beaulieu, Éditions Trois-Pistoles.*

GASPÉSIE

JULES BÉLANGER*

On ne cesse de chanter les beautés de la Gaspésie, son fascinant mariage entre la montagne et la mer. C'est une nature aux beautés uniques à laquelle une population s'est attachée comme en son giron, autant par la magie de ses attraits mystérieux que par les aléas de l'histoire qui l'ont pendant longtemps isolée des autres populations : voilà bien un mariage dont la fécondité artistique n'a pas fini d'étonner.

Au sud-est du Québec s'avance dans le golfe Saint-Laurent, comme un index, une péninsule de 21 000 km carrés. C'est la Gaspésie. Elle tire son nom du mot amérindien « Gespeg » qui signifie « bout des terres » et qui est devenu « Gaspé », nom de la ville de 17 000 habitants située à son extrémité orientale et où, en 1534, le navigateur français Jacques Cartier, après y avoir rencontré des Amérindiens y pratiquant la chasse et la pêche, prit possession, au nom du roi de France François Ier, du territoire qui allait devenir le Canada.

L'histoire a implanté en Gaspésie une variété de peuples dont descend son actuelle population de quelque 85 000 habitants à environ 90 % francophone. Des Amérindiens ont vécu en Gaspésie dès 4 000 avant J.-C. Au XVIe siècle, des Français sont venus y faire la pêche, s'y établir sur une base saisonnière pour ensuite tenter quelques établissements permanents. Après la conquête du Canada par l'Angleterre, en 1760, un certain nombre d'Anglais, soldats licenciés et commerçants, s'installent en Gaspésie. Déportées par les Anglais en 1755, quelques centaines de familles acadiennes viennent peupler la rive sud de la Gaspésie.

À compter de 1767, des marchands des îles franco-normandes de la Manche s'amènent à leur tour en Gaspésie, nouveau territoire anglais, pour y exploiter les ressources de la pêche à la morue. Entraînant avec eux de nombreux concitoyens, ils établissent sur les côtes gaspésiennes un empire commercial qui imposera son pouvoir jusque dans la première moitié du XXe siècle. Après la Révolution américaine, au cours des années 1775-1785, des centaines de Loyalistes émigrent en Gaspésie. Tout au long du XIXe siècle, des Canadiens de la région du Bas-Saint-Laurent viennent faire la pêche saisonnière sur la rive nord de la Gaspésie et, petit à petit, s'y installent à demeure.

Son économie

Avec celle de la pêche, les industries de la forêt et du tourisme ont constitué, jusqu'à récemment, les pôles principaux de l'économie de la Gaspésie. L'éloignement des grands centres industriels du pays explique en bonne partie les difficultés économiques et le taux élevé

de chômage en cette région. Pourtant, la situation géographique de ce territoire, à l'entrée du fleuve Saint-Laurent et sur la route reliant les centres industriels du Canada à ceux de l'Europe, a une valeur stratégique. Aussi le gouverneur Beauharnois et son intendant Hocquart désignaient jadis la Gaspésie du nom de « Clef du Canada » et recommandaient au roi de France de fortifier le site de Gaspé. Au cours des dernières décennies, l'effondrement des stocks de poisson de fond de même que la crise nationale de l'industrie forestière ont sérieusement affecté l'économie régionale. L'émergence de l'industrie éolienne et des biotechnologies marines de même qu'une sensible croissance de l'activité touristique compensent en partie les lourdes pertes d'emplois et permettent d'espérer des jours meilleurs.

Sa vie culturelle

La vie culturelle s'est remarquablement organisée en Gaspésie au cours des dernières décennies. Fondée en 1962, la Société historique de la Gaspésie voit se concrétiser, en 1977, son plus vieux rêve : l'inauguration du Musée régional de la Gaspésie. Il a comme champs d'action spécifiques l'histoire et les traditions populaires de la région, mais il constitue à la fois un petit centre culturel qui présente annuellement une vingtaine d'expositions d'artistes, d'artisans ou de collectionneurs, aussi bien locaux que régionaux, nationaux ou étrangers. Aussi participe-t-il de façon sensible à la fois à la décentralisation vers la Gaspésie des œuvres de la culture universelle et à la promotion des talents régionaux.

Rapidement, son rôle et son rayonnement suscitent dans la région une remarquable émergence de la conscience patrimoniale et stimulent l'éclosion de nombreux projets du même ordre. En 1993, le Musée de la Gaspésie, à court d'espaces et de ressources pour répondre aux besoins croissants de sa mission régionale, se voit encouragé par l'État à se donner de nouveaux moyens : ses administrateurs s'apprêtent enfin, en 2008, à concrétiser ce projet d'un important agrandissement du Musée.

L'intérêt de la population pour son patrimoine se développe donc graduellement et on en voit les manifestations en divers endroits tout autour de la péninsule. En 2008, quelque cinquante institutions occupent le paysage muséal de la Gaspésie.

Parmi ces lieux de mémoire, l'archéologie a commencé à dévoiler, pour sa part, de nombreuses traces de l'activité humaine en Gaspésie depuis quelque 6 000 ans. On a ainsi localisé et fouillé au moins partiellement plusieurs sites, de Cap-Chat à Ristigouche. La vieille péninsule révèle petit à petit les secrets d'un passé plus lointain encore. À Saint-Elzéar, on connaissait depuis longtemps l'existence d'un trou dans la montagne « d'où sortait de la fumée les jours de grand froid ». Le 12 décembre 1976, trois citoyens de la localité, spéléologues improvisés, descendent dans le « trou » et posent les pieds sur un talus couvert d'ossements à l'entrée d'une grotte étrange !... Ils viennent de découvrir, sans le savoir encore, d'importantes grottes remplies de vestiges de 250 000 ans de vie animale en Gaspésie. En 1979, un musée de paléontologie a surgi à Miguasha pour faire connaître au public un site fossilifère qui intéresse et instruit depuis le début du siècle les chercheurs des grandes universités du monde.

On y trouve une profusion de poissons et de plantes fossiles de 365 millions d'années. Le site est inscrit, depuis novembre 1999, sur la liste du patrimoine mondial de l'UNESCO.

Plusieurs autres sites témoignent de la richesse du patrimoine culturel gaspésien, dont le Site historique national du Banc-de-Pêche-de-Paspébiac, le Lieu historique national de la Bataille-de-la-Ristigouche, les Bâtiments Robin de Percé et le Parc du Bourg-de-Pabos. Le phare de Pointe-à-la-Renommée représente un cas unique au Québec. À la fin de ses opérations, en 1977, ce phare est démonté et transporté à Québec sur le terrain de la Garde côtière canadienne, près du vieux port. Vingt ans plus tard, après une lutte épique menée par un comité de citoyens de L'Anse-à-Valleau, le phare retrouve son site original, devenant ainsi un symbole au Québec du respect du lieu d'origine des biens patrimoniaux.

Par ailleurs, on a vu, en diverses localités de la péninsule, l'apparition de troupes de théâtre, de groupes de musiciens, de chanteurs et de danseurs dont les performances ont souvent atteint une belle qualité. Peintres, sculpteurs et autres artistes gaspésiens participent de plus en plus aux expositions régionales et même nationales. Un certain nombre de ces artistes ont atteint à la renommée internationale. Mentionnons la porcelainière Enid Legros, la poétesse Françoise Bujold et la sculpteure Suzanne Guité.

Tout autour de la péninsule ont surgi de nombreux regroupements d'artistes (professionnels, artisans ou amateurs) en arts d'interprétation. Ils se sont donné un réseau d'organismes de diffusion, tels le Café de la Vieille Forge à Petite-Vallée, C.D. Spectacles à Gaspé, Sapinart à Chandler, le comité culturel à Paspébiac, la Société de Diffusion culturelle

> Rocher Percé.

> Quai de Percé.

> Éoliennes, Cap-Chat.

de la Baie-des-Chaleurs à New Richmond, Maximum 90 à Carleton, Les Productions de la Salle Comble à Sainte-Anne-des-Monts et La Vieille Usine à l'Anse-à-Beaufils. En arts visuels, les artistes s'organisent aussi et fondent de dynamiques regroupements tels, par exemple, le Centre d'artistes Vaste et Vague de Carleton ou Les Artistes de Gaspé.

De nouveaux équipements culturels ont pris forme dans la péninsule, jalons importants d'un réseau qui devra encercler la région pour offrir à toute sa population une accessibilité minimale aux manifestations culturelles. Ainsi, on a salué, en 1991, l'ouverture de la salle de spectacles de la Baie-des-Chaleurs à New Richmond (660 places) et, l'année suivante, celle de la Maison de la culture à Sainte-Anne-des-Monts (116 places). À Carleton, ce fut l'ouverture du Quai des Arts (176 places), en 2002. Plusieurs organismes s'occupent d'attirer en Gaspésie des artistes et des spectacles de haute qualité : troupes de théâtre, musiciens, chanteurs, etc. Parmi eux, il faut saluer bien bas Le Village en chanson de Petite-Vallée et son festival annuel à la fécondité hautement reconnue à l'échelle nationale.

L'assistance à ces événements culturels s'élargit graduellement : les expériences locales en la matière stimulent l'intérêt du public, de même que la popularité des artistes visiteurs qui, souvent, les a précédés au petit écran. Parmi ces artistes s'inscrivent, de plus en plus nombreux, des noms gaspésiens, tels les Nicole Leblanc, Laurence Jalbert, Nelson Minville, Daniel Deschaimes, Manuel Breault, Kevin Parent, Gilles Bélanger, Daniel Boucher. Certains d'entre eux ont atteint à la renommée consacrée par de prestigieux prix nationaux. Ainsi, Laurence Jalbert se voit décerner deux Félix en 1990 et deux autres en 1994. Kevin Parent rafle, pour sa part, quatre Félix en 1996.

En littérature, l'œuvre de Noël Audet est à signaler. Sa fresque romanesque *L'ombre de l'épervier*, parue en 1988, sera portée à l'écran pour connaître un grand succès. Pour sa part, le prolifique Sylvain Rivière reçoit les prix Jovette-Bernier en 1990 et France-Acadie en 1994. À son tour, Rachel Leclerc devient lauréate des prix Émile-Nelligan et Jovette-Bernier en 1991. Ginette Landry obtient en 1996 le premier prix du concours international de poésie et de nouvelles de l'édition d'art La Sauvagine. ■

* *Géographe et historien à la retraite.*

> Phare de la Martre.

> Parc National Forillon.

ÎLES-DE-LA-MADELEINE

SYLVAIN RIVIÈRE*

Parler des Îles, c'est faire un voyage à rebours des siècles d'errance et de survivance, à gésir par 61 degrés 30 minutes de longitude ouest et 47 degrés 45 minutes de latitude nord, au beau mitan du golfe Saint-Laurent, sous forme de continuation de la chaîne appalachienne – les Îles-de-la-Madeleine que les Micmacs décrivaient comme « une île située dans le détroit de Saint-Pierre, au sud de Terre-Neuve, à une latitude de 47 degrés » une île que les Bretons de Saint-Malo appellent Ramée, mais que les Sauvages et les Autochtones du continent voisin nomment *Menquit*, qui voudrait dire « Falaise ».

Vu du ciel, l'archipel en forme d'hameçon dérivant au mitan du golfe Saint-Laurent aboite le regard et suscite l'émerveillement…

Quand on l'aborde par la mer, l'enchantement est tout aussi merveilleux.

Qu'elles émergent de la brume ou du soleil, les Îles-de-la-Madeleine sont, de toute façon, incontournables, tant de par leur position géographique que par leur originalité, leur histoire et leur morphologie.

Les caps de grès rouge montent la garde, forteresses millénaires sous l'œil amusé du foin de mer occupé à se refaire une beauté entre étal et grand large.

« D'énormes émeraudes de conte oriental, serties dans des rubis et reliées entre elles par des chaînes d'or, un archipel égéen jeté là pour animer l'effrayante solitude du golfe, telles me sont apparues, dès le premier jour, les Îles-de-la-Madeleine, et telle est l'opulente image qu'elles ont laissée dans mon souvenir… ».

C'est en ces termes que le frère Marie-Victorin décrivait l'archipel dans son livre intitulé *Chez les Madelinots*, paru en 1946.

Jacques Cartier, l'illustre navigateur malouin, n'en pensait pas moins lorsqu'il nota dans son journal de bord en 1535 : « Rangée de sablons et de beaux fonds, la meilleure terre d'icelle vault mielx que toute la Terre-Neuve, pleine de beaux arbres, prairies, champs de bled sauvage et de poys en fleurs… »

Aux Îles, c'est bien connu, « on n'a pas l'heure, on a le temps… »

Habiter une île, c'est déjà s'en aller, c'est être en relative relativité… c'est frayer avec l'Atlantide repêchée dans les filets à hareng d'Arthur à Elphège ou les thralles à anguilles à Jean-Paul à Gabriel, oubliées quelque part entre la Pointe-à-Marichite et le goulet.

Aux Îles, on oublie le temps pour mieux faire corps avec lui. On n'attend pas d'avoir le temps pour faire et dire… on le prend… pour causer du temps qu'il a fait, qu'il fait et qu'il fera… s'émoyer de la parenté du continent échouée depuis belle lurette sur les côtes de Verdun, Ville LaSalle, Chicoutimi et Gaspé… spéculer aussi, en saison, du prix du homard plus que jamais établi sur la côte est d'un libre échange à double carapace.

Les Îles-de-la-Madeleine, c'est à la fois un chapelet d'îlots frileux et un bouquet de vieux volcans dérivant de soi aux autres. C'est soixante milles de choses tranquilles, comme aurait pu le chanter Félix, pour peu que sa dérive l'eût mené un peu plus loin à l'est.

C'est encore et toujours un hameçon sur la carte aboitant le Saint-Laurent jusque dans ses anses, côtes, graves et rondeurs lunaires.

Et c'est parfois un trois-mâts mouillé au ventre des errances planétaires.

C'est aussi un des plus beaux pays du Québec… le pays de l'homme d'ici… comme le chante avec ses allures de mouette en plein vol le poète de Natashquan, dont l'ancêtre Placide Vigneault origine de Havre-Au-Ber.

C'est un hublot ouvert sur le monde… une pipe en écume de mer… un sablier géant renversé à fleur d'eau et farci de buttes et de sillons de platiers et de hauts-fonds.

L'errance de tout bord et tout côté…

C'est aussi une lunette de corsaire, un coffre ouvert, chargé de contrebande laissant voir dans ses loins… l'Île Brion, le Rocher aux Oiseaux et, par temps clair, les côtes de l'Île-du-Prince-Édouard… et l'Île d'Entrée, en tout temps… montant la garde du pays à faire.

À la fois chaud et frileux, le pays à faire… chaud d'hospitalité légendaire, de joie de vivre, d'originalité et de créativité.

Frileux d'appartenances françaises, acadiennes, écossaises, irlandaises et québécoises.

Pour chanter les Îles-de-la-Madeleine aux « étranges » du continent, il faut connaître le nom des cantons de l'Anse-à-la-Cabane à la Pointe de la Grande-Entrée, en passant par la Pointe-aux-Loups, L'Étang-du-Nord, le Bassin, le Havre-aux-Maisons et le Cap-aux-Meules, Fatima et le Trou-du-Piailleur, le lac Solitaire et le Grand-Ruisseau coulant vers une mer intérieure dont on ne revient jamais tout à fait indemne que dans l'ailleurs de soi.

Il faut savoir parler des maisons acadiennes à lucarnes lorgnant inlassablement la mer et semées au hasard des vents et des partances, dire leurs chaudes couleurs intimement liées au courage et à la ténacité d'un peuple de la mer des plus colorés et attachants.

Il faut parler aussi des falaises, de la mine de sel, du pluvier siffleur, de mémoires à venir, de patois, d'accents, de parlure et d'au-delà…

Des grands et des petits ports de pêche disséminés de Millerand à Old Harry, en passant par le Havre-Aubert et la Grande-Entrée.

Parler de la mer assurément et du musée qui en témoigne, jouclé sur le cap Gridley, des bateaux qui se bercent entre deux escales, des pêcheurs à la peau cuivrée de grand large, des couchers de soleil de L'Étang-des-Caps, des rouards du Corps-Mort et de cet horizon démesuré habitant le paysage de partout…

Ici, le rêve est suspendu entre le non-temps et la réalité saline, l'arboutarde et la marée…

La mer et l'au-delà parlent même langage, le bruit de la mer couvre l'immense murmure des naufragés… Vivre à bord d'une île, c'est s'exposer au vent, c'est expérimenter l'envers et le dedans, mesurer ses mots rien qu'avec du silence, s'exiler du monde un peu, beaucoup, passionnément, c'est vouloir entrer dans la danse…

Que dire de plus à propos des Îles-de-la-Madeleine, sinon qu'elles sont marquises et souveraines…

Marquises de par la chanson de Brel du fait qu'ici non plus, gémir n'est pas de mise…

Souveraines parce qu'authentique, ce paradis échoué entre Bretagne et Acadie, cet archipel dégolfé au beau mitan du jour d'ici…

Que dire de plus, sinon… qu'habiter une île, c'est déjà s'en aller… c'est déverrouiller les portes qui s'ouvrent sous la mer…

Les activités

Pêche, excursions, observation,
dunes et ethnologie

Par temps clair, brouillard ou jour de pluie, impossible de s'ennuyer aux Îles. Il y a trop à voir, à faire et à entendre. À commencer par la pêche et les pêcheurs. Une bonne façon de prendre contact avec les insulaires est de flâner sur les quais, s'informer de la pêche et du poisson auprès des pêcheurs, qui se feront un plaisir de vous renseigner. Ceux qui ont le pied marin pourront sortir pêcher en haute mer ou aller voir de près les loups-marins aux abords du Corps-Mort.

Plusieurs excursions se prêtent à merveille aux explorateurs, à commencer par la Réserve écologique de l'Île Brion, le Refuge du Rocher-aux-Oiseaux, de même que la réserve nationale de faune de Pointe-de-l'Est ou encore la plage de la Grande Échouerie à Grande-Entrée, où on observera les phoques gris et communs dans leur milieu.

L'ornithologue amateur trouvera aussi son compte dans l'archipel, puisque pas moins de 200 espèces d'oiseaux fréquentent les Îles, à commencer par le pluvier siffleur, une espèce en voie de disparition au Québec, le macareux moine et le petit pingouin. Les spéléologues aussi en auront pour leurs émotions…

Baignade, planche à voile

La plage du bout du banc à Havre-Aubert, de la Pointe-aux-Loups, de la Grande-Échouerie et de la Cormorandière valent à elles seules le déplacement, bien que les Îles soient farcies de plus de 300 km de plages de sable blond, les classant parmi les plus belles et les plus longues du monde.

Ici, les véliplanchistes ne sont jamais déçus puisque le vent est toujours au rendez-vous et qu'il suffit de suivre ses humeurs et la variété des sites pour connaître des sensations inoubliables procurées par les vagues éternelles. De plus, pendant plusieurs années, la Coupe des Îles s'est tenue dans l'archipel à la fin août, début septembre, attirant les meilleurs véliplanchistes du monde. L'événement a fait relâche en 2007, mais devrait revenir.

Ceux qui préfèrent donner des vacances à leur peau se rendront au Centre de thalasso-thérapie des Îles où les traitements à base d'algues, accompagnés de drainages lymphatiques et d'enveloppements d'algues sont fournis par un personnel qualifié.

Les Îles culturelles

Parmi les multiples activités artistiques et culturelles se déroulant dans l'archipel, il faut souligner : le Symposium de peinture figurative à la Côte de L'Étang-du-Nord, le Concours de Châteaux de sable sur la plage du Bout du banc, le Festival acadien, le Festival de courts métrages Images en vues, le Festival international Contes en Îles, la Mi-carême et la nuitée de la mise à l'eau des cages à la Pointe de la Grande-Entrée. De même que de nombreux autres carnavals et festivals se déroulant tout au long de l'année. À noter également, les nombreuses croisières thématiques offertes sur le *Vacancier*, en partance du port de Montréal vers les Îles.

Un refuge d'artistes

Les arts foisonnent dans l'archipel, et ce, à tous les niveaux. De nombreux peintres y ont élu résidence ou y font escales plusieurs fois par année, de même pour les Artisans du sable, la Maison du potier, les Souffleurs de verre et les sculpteurs d'albâtre rendant fièrement hommage aux nombreuses ressources insulaires à la face du monde plus en dérive que jamais.

Particularités

Ici, le vert des buttes se marie à la blondeur des dunes, l'albâtre côtoie l'argile, le sel et le grès rouge.

L'écosystème est tout aussi particulier. L'on y retrouve notamment une trentaine de couples de pluviers siffleurs, espèce en voie d'extinction partout protégée dans l'archipel. Une flore diversifiée prend racine dans un climat maritime bénéficiant des courants chauds du golfe Stream.

La température de l'eau voisine les 20 degrés Celsius, la rendant plus chaude que sur la côte est américaine. Les vents influencent beaucoup le climat madelinien par leur régularité et leur intensité.

Les Îles possèdent aussi plus de 300 km de superbes plages, classées parmi les plus belles et les plus longues du monde.

Bien que l'on puisse accéder aux Îles-de-la-Madeleine par avion, c'est en bateau que l'on saisit le mieux ce pays.

Des écrivains y sont nés ou y ont élu domicile au fil de leurs pérégrinations, dont les plus illustres sont Frédéric Landry, historien et fondateur du Musée de la mer, et le chansonnier-poète Georges Langford, pour n'en nommer que quelques uns.

Les Îles gastronomiques

Ce qu'il faut s'attendre à retrouver au menu des différentes tables de l'archipel madelinot, c'est une table de mer. Le visiteur peut choisir entre la cuisine traditionnelle et la fine cuisine en passant par la table à prix abordable ou le casse-croûte sympathique.

Les fruits de mer et le poisson ont fait la réputation des Îles sur les marchés internationaux ; le homard est ici un luxe à prix abordable, comme le crabe, réputé pour la finesse de sa chair et son goût délicat. Le pot-en-pot demeure le plat traditionnel des Îles le plus recherché, savoureuse préparation de fruits de mer et de pommes de terre en croûte.

Les Îles et l'hébergement

La réputation d'hôtes hospitaliers des Madelinots n'est plus à faire. Pas étonnant donc qu'ils ouvrent bien grandes les portes de leurs maisons pour accommoder les visiteurs. On peut louer une chambre dans une famille ou une maison ou un chalet, un appartement ou une roulotte. En outre, les hôtels, motels et auberges sont nombreux dans l'archipel, de même que les campings bien aménagés. Le Club Vacances les Îles à Grande-Entrée offre une vingtaine de chambres nouvellement rénovées pour votre confort, une cafétéria, une salle de séjour avec activités, animation et terrain de camping. De plus, vous pourrez y visiter le Centre d'interprétation du phoque pour en connaître plus sur ce mammifère marin fascinant.

Position géographique

L'archipel des Îles-de-la-Madeleine est situé au cœur du golfe Saint-Laurent, à 215 km de la péninsule gaspésienne, à 105 km de l'Île-du-Prince-Édouard et à 95 km du Cap-Breton. L'ensemble des îles forme un croissant allongé sur une distance de 65 km orienté sud-ouest nord-est, à une latitude comparable à celle de La Malbaie. Les Madelinots vivent à l'heure de l'Atlantique, soit une heure plus tard que l'ensemble du Québec.

L'archipel comprend une douzaine d'îles dont six sont reliées entre elles par d'étroites dunes de sable. Ce sont, du nord au sud, l'île de la Grande-Entrée et la Grosse-Île, l'île-aux-Loups, l'île du Havre-aux-Maisons, l'île de Cap-aux-Meules et l'île du Havre-Aubert. Deux autres îles de superficie importante s'ajoutent à celles déjà mentionnées : l'Île d'Entrée, à 10 km à l'est de Havre-Aubert, et l'Île Brion, à 16 km au nord de Grosse-Île. D'autres petites îles et îlots complètent le tableau, dont le Rocher-aux-Oiseaux et l'île aux Loups-marins. ■

✶ Écrivain, auteur de plusieurs livres sur les Îles-de-la-Madeleine et la Gaspésie.

CÔTE-NORD

ÉRIC KAVANAGH*

> Barrage Daniel-Johnson, Manicouagan.

J'ai quitté ma terre natale il y a 17 ans maintenant. Je m'étais juré d'y revenir, croyant que rien ne saurait me retenir en ville, convaincu qu'il n'y avait pas de survie possible sans la mer à portée de regard, sans mes îles et mes rivières qui se prennent pour des fleuves. Mais j'ai quitté la Côte-Nord pour de bon, et elle ne m'en veut pas trop ; elle aime toujours ses enfants partis voir « d'l'autre bord du monde ». À défaut d'y vivre aujourd'hui, d'y avoir une famille ou d'y bâtir maison, je reprends chaque année depuis la longue route 138 pour revoir les miens et revivre mes souvenirs de voyages et d'enfance…

Le pays d'en bas

Le téléphone sonne à cinq heures dix. C'est ma mère, inquiète. « Tu feras attention dans la noirceur. Ne roule pas trop vite : il y a déjà de la glace noire par endroits ! » Je la rassure en prenant le ton et les arguments du vieil habitué, moi, le grand routier. Tout ça suivi de la question la plus réconfortante qui soit : « Et qu'est-ce que tu veux que je te fasse pour ton souper en arrivant ? » Bon joueur et avec la plus grande envie de lui faire plaisir, je lui donne la réponse qu'elle veut entendre. C'est une mère ravie. Cinq heures trente et ma voiture lève l'ancre de Québec. Le soleil viendra réchauffer dans une heure cette magnifique journée d'octobre. La route sera superbe.

Redescendre les 850 kilomètres qui me séparent de Longue-Pointe, mon village, c'est un rituel, des retrouvailles avec mon monde. Mais il me faut d'abord traverser Charlevoix : 200 kilomètres de pure merveille. Dommage, j'y passe toujours trop vite, car je peux difficilement flâner en chemin tant la route est longue jusqu'à la maison. Et, comme au cinéma les soirs de première, il me faudra ensuite faire la file pour entrer sur la Côte-Nord. Les 14 voitures qui attendent l'arrivée du traversier mettront une quinzaine de minutes pour atteindre Tadoussac, la porte d'entrée ouest. Le vent qui arrive des entrailles du Saguenay vous saisit même parfois en plein cœur de l'été. Plus jeune, on jouait à qui, de mon frère ou moi, resterait le plus longtemps à la proue, face au vent. Mon père, lui, de son regard bleu d'Irlande, scrutait les flots pour nous montrer un béluga ou tout autre bout de faune qui ne manquerait pas de lui valoir cent questions. Je me sens vraiment déjà chez moi dès que la voiture quitte le navire. Sauf pour un arrêt bien calculé pour mettre de l'essence, quelque part entre Godbout et Port-Cartier, rien ne m'arrêtera jusqu'en bas. Une certaine logique amène la plupart des gens à dire « monter sur la Côte-Nord », mais les natifs ressentent avant tout la logique du Saint-Laurent. Je le descends aujourd'hui et le remonterai au retour.

> Monolithe, Parc National des îles Mingan.

203

En terre laurentienne

Avec ses 236 000 km² s'étirant sur plus de 1 200 kilomètres de littoral, la Côte-Nord est un véritable pays au cœur du pays. Une terre laurentienne érodée autant par les glaciations, les grandes rivières et le temps. Son socle rocheux, c'est le rebord du Bouclier canadien : un granit fort, parfois rose, qui a traversé les ères géologiques. Signe de l'effet du temps, la rondeur sensuelle des Laurentides jalonne tout le territoire, d'ouest en est. Ce qu'elles devaient être immenses et escarpées ces montagnes au début... Elles poursuivent encore inlassablement leur long et lent évanouissement. À force d'user ce lit granitique au fil des millénaires, les rivières ont fini par cracher le plus beau sable qui soit sur tout le littoral nord-côtier. Blond, blanc et noir. Ce sable noir arraché aux veines d'ilménite (un minerai de fer et de titane) me rappelle mes premières grandes tentatives de séduction. Pour montrer leur courage, les garçons entraient dans l'eau du golfe jusqu'à mi-cuisse ; les plus courageux jusqu'à la taille. Les 7 ou 8 degrés Celsius de l'eau nous paralysaient les jambes et nous faisaient frissonner à en claquer des dents. Au bout de 30 secondes ou de 2 minutes – selon l'endurance ou le désir de plaire à sa douce –, on courait se plonger les pieds dans les bancs de sable noir. Ces fosses de chaleur emprisonnée nous procuraient le plus merveilleux choc thermique qui soit. Les plus méritants avaient alors droit à des sourires complices ou à un bouquet d'iris versicolores !

Pour avoir parcouru très souvent la route avec des non-initiés, je sais que la transformation du paysage fascine l'œil nouvellement posé sur cette contrée. Aux forêts de feuillus succèdent tranquillement ces étendues infinies de conifères, magnifiques en toutes saisons, sous la neige immaculée comme dans les contrastes chromatiques violents de l'automne. Et plus on s'enfonce dans l'est, plus la forêt laisse place à la plaine. Ce que j'ai pu en voir des orignaux dans le fond de cette plaine un peu après Forestville ou encore entre Rivière-au-Tonnerre et Magpie ! Dans la brume épaisse, ces paysages deviennent lugubres et, en hiver, c'est la poudrerie qui vient vous surprendre comme un fauve blanc. La vigilance est de mise. Mon pays, c'est la plaine, comme le chante Gilles Vigneault. Même si je les trouve magnifiques à contempler, j'ai toujours détesté les marcher. Les milliards de maringouins m'ont écœuré à vie, laissant sur moi des cicatrices de chacune de mes escapades avec mon grand-père. C'était un athlète de la cueillette de petits fruits sauvages... Et la plaine est le repère de la plaquebière (ou la chicouté), ce petit fruit orangé que j'ai surtout mangé en confitures sur le pain que ma mère faisait. Une seule baie par plant, un plant çà

et là... Bon Dieu qu'il fallait marcher, se gratter au sang et éviter de mettre le pied dans la boue ! Trop paresseux pour le suivre, je restais souvent près de la voiture à cueillir des épilobes, ces fleurs violacées qui bordent la route sur toute la côte, comme si elles indiquaient le chemin à suivre pour rentrer à la maison... Je les ai toujours adorées.

De fer et d'hydro

Onze heures trente. Baie-Comeau est le milieu de mon voyage. Je traverse le pont de la rivière Manicouagan, la Manic chantée par Georges Dor. Toujours incapable de réprimer ce sourire, le même que celui de mon père quand il me parlait du Nord, je ressens une fierté immense... Depuis les années 1960, les Québécois ont construit des chefs-d'œuvre d'ingénierie hydroélectrique un peu partout sur le vaste territoire. À un peu plus de 200 kilomètres au nord se trouve le barrage Daniel-Johnson, l'une des constructions les plus impressionnantes que j'ai vues de ma vie, le plus grand barrage à voûtes multiples et à contreforts au monde. Une telle énergie se dégage de ces structures de béton... L'île René-Levasseur, formée par la dérivation des deux grandes rivières nécessaires à la création du réservoir, frappe l'imagination de quiconque observe une carte du Québec : on dirait un œil gigantesque, l'œil du Québec qui veille sur le Nitassinan, le territoire ancestral des Innus. Je me rappelle ne pas avoir cru mon grand-père quand il me disait que cette île avait été créée par la chute d'un des plus gros météorites tombés sur Terre, il y a de cela plus de 200 millions d'années.

> Parc National des îles Mingan.

> Natashquan.

> Église de Rivière-au-Tonnerre.

Je me suis toujours promis que j'emprunterais un jour cette route qui mène vers les villes minières de Fermont et de Labrador City. Dans sa jeunesse, mon père y travaillait et même dans des villes aujourd'hui disparues de la carte comme Gagnon et Schefferville... Cet arrière-pays criblé de lacs est un paradis pour le pêcheur et le chasseur, et sans doute, pour le rêveur aussi ! Il paraît qu'à cette latitude les rivières coulent dans les deux sens... la ligne de partage des eaux. Coïncidence exquise : à la radio, j'entends le « Labrador » de Claude Dubois. « Je dois retourner vers le Nord, l'un de mes frères m'y attend... ». Il chante pour moi...

Encore plus à l'est...

Tiens, Pointe-des-Monts. À partir d'ici, le Saint-Laurent devient golfe... Horizon ininterrompu. Du côté sud, la Gaspésie est disparue du champ de vision. La route est droite, et les villages se succèdent sans trop se bousculer. Je me sens de plus en plus maître du monde, et cela n'est pas étranger au fait que je me rapproche de mes terres. Quand même, restons vigilant ; encore 300 kilomètres à parcourir. Je pense soudainement à mon cousin qui se tape chaque année la route depuis Halifax, sans arrêt, avec trois enfants à bord. Je souris.

Une nouvelle maison fait face à la mer tout juste à la sortie de Baie-Trinité. Modeste et coquette : sans doute une jeune famille. Je ressens un peu de culpabilité. Et si je revenais pour de bon moi aussi ? Je pourrais peut-être enseigner ou travailler pour un ministère quelconque... J'ai souvent rêvé d'une maison aux confins d'Anticosti, une maison avec vue sur la mer, les rorquals, le ballet aérien de ces fous de Bassan, macareux, goélands, eiders et canards de toutes sortes. Quant à rêver, pourquoi pas une toute petite maison dans l'Île Providence, à l'ombre de l'église qui attend là, perdue dans ces archipels de la Basse-Côte-Nord... Je me rappelle cet été de 1999 où, après avoir fait le tour de Terre-Neuve, j'avais pris le bateau à l'autre extrémité, à Blanc-Sablon. En l'absence de route, seuls le bateau et l'avion relient ces communautés de l'est au reste du Québec. Deux jours à longer la côte, parfois au large, parfois en zigzagant entre les îles. J'essayais de ne pas dormir, au cas où les passagers prenant place à bord d'un village à l'autre seraient d'anciennes connaissances. C'est ainsi que j'ai revu Annie et Martin, deux amis acadiens de Havre-Saint-Pierre. On a profité d'une nuit étoilée sur le pont du *Nordik Express* pour se raconter nos souvenirs d'adolescence. Des Innus de La Romaine nous ont proposé de jouer une partie de 500. Je serais resté là des semaines.

La noirceur est tombée, mais le ciel est chargé d'aurores boréales blanches, des *marionnettes*, comme on dit chez nous. Au loin, je vois enfin l'île aux Perroquets... Mon grand-père était gardien de phare sur ce petit rocher annonçant le point d'entrée d'un des plus extraordinaires archipels d'Amérique, les îles Mingan. C'est ici que j'ai grandi, dans le giron de ce paradis du nord.

Ma mère est à la fenêtre avec un sourire impossible à contenir. Elle m'attend depuis des heures. Rien n'a vraiment changé à la maison, sauf peut-être quelques cheveux devenus blancs. Je raconte ma route pendant le souper, et eux s'informent du temps qu'il fait à Québec. La soirée se terminera sur une histoire de chasse, d'élection ou peut-être de météorite tombée il y a des millions d'années... ∎

*   *Linguiste, professeur de design d'information à l'École des arts visuels de l'Université Laval.*

CHARLEVOIX

SERGE GAUTHIER*

Vue de l'intérieur

> Saint-Irénée.

La région de Charlevoix aurait-elle deux réalités parallèles et un peu contradictoires ? L'une, touristique, fort connue, et une autre, plus discrète, appartenant seulement à sa population permanente ? Une image publicitaire, un peu claironnante, et une autre discrète, presque secrète, dont l'éclat ne ressort pas toujours ? Il y a un peu de tout cela en Charlevoix, une région culturelle qui se démarque autant par la majesté de ses paysages que par sa population très enracinée dans son terroir.

Entre-t-on en Charlevoix comme dans une sorte de cathédrale naturelle un peu solennelle ? Il y a de ce mysticisme chez l'écrivain Félix-Antoine Savard (1896-1982), célèbre auteur du roman *Menaud maître-draveur*[1], lorsqu'il exprime que pour lui « Charlevoix est le comté métaphysique du Québec ». Et comment ne pas reconnaître de la vérité à cette désignation retenue par l'écrivain qui n'hésite pas à s'accorder le titre de « poète de Dieu », tel qu'il est écrit sur sa pierre tombale se retrouvant dans le petit cimetière de son ancienne paroisse de Saint-Joseph-de-la-Rive (maintenant fusionnée à celle de Les Éboulements) ? Accroché à flanc de montagne, presque au centre d'une impressionnante côte nommée la « côte de la misère » par la population locale, le petit cimetière mérite un arrêt pour un instant de paix et de recueillement en souvenir de ce grand chantre de Charlevoix.

Grandeur du paysage, splendeur de la nature

Charlevoix est ainsi parsemée de découvertes surprenantes. Les moins conventionnelles restent toujours les plus intéressantes. Il y a d'abord celles relatives à la nature, immuables certes, mais pas toujours là où l'on croit en voir. Ici le visiteur s'éloignera avec avantage des circuits trop bien balisés du tourisme de masse. Route du fleuve ou route des montagnes, elles ne révèlent au fond leurs secrets qu'à ceux qui s'arrêtent. L'auto n'est pas toujours une bonne compagne en Charlevoix. Pourquoi ne pas marcher ? Il y a toujours des stationnements facilement accessibles dans les beaux villages charlevoisiens, quelquefois près des églises paroissiales, lesquelles sont toutes intéressantes à visiter, si elles ne sont pas fermées à clef, comme c'est trop souvent le cas. Certains trouveront difficiles de marcher dans Charlevoix à cause des côtes parfois abruptes. Ce n'est pas si vrai, car dans des villes comme La Malbaie ou Baie-Saint-Paul, d'agréables circuits pédestres peuvent être effectués sans trop d'efforts. Mais ailleurs ? Alors, il faut consentir quelques efforts et peut-être penser aux gens de la région qui ont su s'accommoder au cours de leur histoire de ce cadre géographique exigeant. Voilà peut-être bien ce qui caractérise le plus Charlevoix. Est-il possible de le comprendre sans consentir un sain mais quelquefois redoutable exercice physique ? En vérité, cela fait aussi partie du voyage.

À pied donc. À bicyclette, si l'on veut aussi, puisqu'il existe de belles pistes cyclables dans la région, notamment dans le secteur du quai de Pointe-au-Pic à La Malbaie. Mais doucement… Grandeur du paysage, splendeur de la nature se découvrent calmement. Le temps doit être un peu plus lent dans Charlevoix. Cette réserve mondiale de la Biosphère telle que désignée par l'UNESCO, mérite qu'on s'y attarde. Pour voir quoi ? Peu de choses et beaucoup à la fois : un vol d'oiseau, des sculptures de glace en hiver façonnées par le fleuve Saint-Laurent, des montagnes arrondies qui ont depuis longtemps captivé les peintres grands et petits, des traces d'une puissante météorite ayant frappé le secteur il y a 350 millions d'années et qui a, dans son fracas, dessiné les paysages grandioses de la région. Aussi une île aux Coudres (noisetiers) connue depuis Jacques Cartier en 1535 ; une « baie des rochers », une « malle Baye », une « rivière du Gouffre » , un « Port au Persil », tels que Samuel de Champlain navigateur-poète les désigna au XVIIe siècle ; une goélette oubliée le long de la rive, une plage de sable inattendue, un arrière-pays menant jusque vers des territoires encore presque vierges et jusqu'à la toundra du Parc dit des « Grands Jardins ». Toponymes et noms de lieux étonnants, chemin de fer encore abandonné ou presque, contournant la rive foisonnante du fleuve et si cher à l'écrivaine Gabrielle Roy (1904-1983), une célèbre résidente d'été de Charlevoix[2]. Charlevoix se découvre donc quand on prend son temps, se mérite un peu, et il ne faut pas bousculer cette nature très riche, ni ce milieu à l'équilibre fragile, si l'on souhaite vraiment le connaître de l'intérieur.

Ses gens, son héritage

Modeste, la population de Charlevoix ? En effet, elle compte à peine 30 000 habitants sur un territoire de plus de 150 kilomètres s'étendant de la rivière Saguenay (Baie-Sainte-Catherine) jusqu'à la Petite-Rivière-Saint-François (célèbre pour son centre de ski). Ce n'est pas non plus une région administrative ; tout au plus une région culturelle, dirons-nous. Dans Charlevoix, l'administratif est décidément secondaire ; l'appartenance seule est distinctive. Elle est vraie, longue, signifiante. Être une région culturelle n'est pas moins important, si l'on y regarde bien et c'est sans doute même bien plus précieux.

La richesse principale de Charlevoix est encore et toujours les gens qui y vivent et qui y viennent. Ils sont quelquefois un peu tristes, comme la femme de lettres Laure Conan (1845-1924), Félicité Angers de son vrai nom, originaire de La Malbaie et auteure du roman *Angéline de Montbrun*[3], témoignant peut-être d'un amour déçu. D'autres sont plus engagés comme les journalistes-polémistes Olivar Asselin (1874-1937) et Jean-Charles Harvey (1891-1967)[4]. Certains sont venus d'ailleurs, comme les peintres canadiens-anglais du *Groupe des Sept* au début du XXe siècle[5], comme aussi les peintres québécois Clarence Gagnon (1881-1942), René Richard (1895-1982), Jean-Paul Lemieux (1904-1990), Claude Le Sauteur (1926-2007) et tant d'autres, comme Marius Barbeau (1883-1969), savant découvreur de la tradition folklorique de Charlevoix, ou Pierre Perrault (1927-1999), cinéaste de la parole engagée et retrouvée, surtout dans sa magnifique trilogie tournée à l'île aux Coudres dans les années 1960. Mais Charlevoix, ce sera toujours l'homme et la femme du lieu, simples en apparence et quasi ordinaires. C'est que l'héritage qu'ils possèdent ne se perçoit pas au premier abord ; là aussi il est intérieur, il est au fond des yeux, dans le verbe, dans le cœur surtout. Et c'est là qu'il faut chercher la région dite culturelle de Charlevoix.

C'est alors un Charlevoix vraiment intime. Il vient des Bouchard, des Tremblay, des Simard et de toutes les familles bien françaises, enracinées ici surtout après 1675. Quelques familles seulement, peut-être pas plus d'une cinquantaine en fait, dont les descendants ont essaimé sur le territoire jusqu'à nos jours et même au-delà de Charlevoix vers le Saguenay–Lac-Saint-Jean, la Côte-Nord et l'Abitibi. Dans les villes de Québec et de Montréal aussi, et même jusqu'aux États-Unis. En fait, la population originaire de Charlevoix est peut-être plus présente à l'extérieur de la région qu'à l'intérieur, car c'est aussi une terre d'émigration qui depuis plus de 300 ans ne peut pas retenir beaucoup de ses fils et de ses filles, en raison d'un contexte économique difficile. Car Charlevoix est un milieu et une terre qui se vit parfois de peine et de misère, se cultive difficilement, ne s'industrialise pas beaucoup, reçoit une manne touristique souvent épisodique, est aussi et toujours un peu excentrique et la plupart du temps éloigné des grands développements qui font la richesse économique, mais transforment aussi le monde. Pour le meilleur et pour le pire. Le retrait ou l'éloignement étant ici un peu le protecteur de quelques traits culturels et sociaux d'hier qui font aussi le charme et le caractère un peu spécifique de Charlevoix.

Les apports étrangers sont pourtant bien présents et nombreux dans Charlevoix. Une partie de la région, celle des environs de La Malbaie, fut même administrée au XVIIIe siècle par des seigneurs écossais, John Nairne (1731-1802) et Malcolm Fraser (1733-1815), dont l'apport fut plutôt bien reçu par la population locale. Il y a eu aussi la célèbre Croisière du Saguenay (*Saguenay Trip*) dont les magnifiques bateaux de croisières ont sillonné la région du milieu du XIXe siècle jusqu'en 1965, amenant dans Charlevoix de riches visiteurs anglophones venus de l'Ontario et des États-Unis, pour la plupart. Charlevoix, région isolée ? Peut-être pas, si l'on songe à ce flot estival de touristes, parfois aussi villégiateurs dans leurs belles villas du boulevard des Falaises à Pointe-au-Pic (aujourd'hui La Malbaie), dont un ancien président américain, le républicain William Howard Taft (1857-1930), demeure l'un des plus célèbres représentants. Il y a aussi des familles d'origine allemande (Bhérer), italienne (Panaroni, Zacardelli), portugaise (Dassylva), irlandaise (Sheehy, Lowe) et, bien sûr, écossaise (Warren, McNicoll, McLean) et qui sont bien charlevoisiennes maintenant. Dans une région pourtant francophone à 99 %, et ce, sans problèmes d'intégration, avec pareillement le même enracinement, le même désir profond de se dire de Charlevoix.

> Port-au-Persil.

> Manoir Richelieu.

> Observation des oies.

Des gens, un héritage : c'est aussi cela, Charlevoix. Une sorte de profondeur d'âme, une élévation du regard, en quelque sorte. Une conscience nécessaire de conserver quelque chose d'un peu plus grand que soi. Et ce n'est pas exagéré : connaître Charlevoix, c'est vraiment s'engager dans une démarche de respect de l'environnement naturel et humain. Charlevoix ne se découvre qu'au prix d'un effort de réflexion venu nécessairement de l'intérieur.

Et l'autre Charlevoix ?

Oublierions-nous l'autre Charlevoix, celui qui est généralement connu des touristes ? Il existe, ce Charlevoix, et il faut aussi le fréquenter. Celui d'une région *de nature et de culture* comme le disent les guides touristiques, celui des musées de la région (surtout le Musée de Charlevoix à La Malbaie ou encore le Centre d'Exposition à Baie-Saint-Paul), celui du Domaine Forget et de sa belle musique, celui des artisans, celui de prestigieux hôtels et auberges comme le Manoir Richelieu désormais accolé à un Casino, celui de la Croisière aux baleines, celui des caribous du Parc des Grands Jardins ou des merveilles naturelles du Parc des Hautes Gorges. Voilà aussi Charlevoix, celui d'une région touristique de grande réputation et fort attirante.

C'est qu'au fond le Charlevoix de l'intérieur reste avant tout une question de point de vue. Tous les angles sont bons ; il suffit de ne pas regarder en surface. Derrière l'approche touristique se cache un cadre de vie régional qu'il ne faut pas négliger. C'est ce milieu de vie qui per-

met l'existence et la justification de la région de Charlevoix, lieu culturel et social avant d'être touristique. C'est ce lieu qui autorise l'accueil de l'autre visiteur ; sans ce milieu de vie à préserver jalousement, l'accueil de l'autre serait bien illusoire, presque aléatoire. Il faut donc se faire « des chercheurs de Charlevoix » pour bien connaître cette région et non pas seulement des consommateurs un peu trop pressés d'activités touristiques. Charlevoix se révèle à ce prix et, tant de l'intérieur que de l'extérieur, cette région, – peut-être « la plus québécoise du Québec », comme l'affirmait un ancien premier ministre québécois[6], – est sûrement l'une des plus précieuses et des plus significatives du Québec d'aujourd'hui, surtout pour sa diversité tant naturelle que culturelle. Une incontournable, en fait ! ■

Notes

1 Le roman *Menaud maître-draveur* a été publié par les Éditions Garneau en 1937 et par la suite chez Fides.

2 Lire à ce sujet : Gabrielle Roy, *Cet été qui chantait*, Québec, Éditions Françaises, 1972.

3 Disponible aussi aux Éditions Fides.

4 Olivar Asselin, à Saint-Hilarion ; Jean-Charles Harvey, à La Malbaie.

5 Le peintre le plus connu de ce courant dans Charlevoix est sans doute A. Y. Jackson (1882-1974), surnommé le Père Raquette par les gens de la région.

6 Robert Bourassa (1933-1996), déclaration faite en 1985.

* *Docteur en ethnologie. Président de la Société d'histoire de Charlevoix, chercheur au Centre de recherche sur l'histoire et le patrimoine de Charlevoix et collaborateur à la* Revue d'histoire de Charlevoix, *il est l'auteur de plusieurs livres (notamment* Histoire de Charlevoix), *de même que du roman* L'Acropole des draveurs

> Acropole des draveurs.

SAGUENAY–LAC-SAINT-JEAN

RÉJEAN BOIVIN

www.saguenaylacsaintjean.gouv.qc.ca / www.tourismesaguenaylacsaintjean.qc.ca

Le peuplement de la région du Saguenay–Lac-Saint-Jean est encore tout récent. Moins de 200 ans nous séparent de l'arrivée et de l'établissement des premiers colons francophones. Ce vaste territoire n'était jusque-là occupé que par quelques bourgades amérindiennes et n'était fréquenté que par des missionnaires en quête de conversion ou d'explorateurs et coureurs de bois en quête de fourrures. C'est le jésuite Jean De Quen qui revendique le titre de premier Européen à avoir arpenté le territoire (1647). On lui a d'ailleurs élevé un monument au Centre d'histoire et d'archéologie de la Métabetchouan, une importante rivière tributaire du lac Saint-Jean, avec l'Ashuapmushuan, la Mistassini et la Péribonka, entre autres. Des recherches archéologiques semblent confirmer la présence d'un campement montagnais saisonnier datant de plus de 6 000 ans.

Si la seconde moitié du XVIIIᵉ siècle a suffi à procurer de nouvelles zones à coloniser dans la vallée du Saint-Laurent pour faire face à l'explosion démographique et ainsi fournir à un lot de Canadiens français la possibilité de s'établir sur des terres, il en est tout autrement dans la première moitié du XIXᵉ siècle. Dès les années 1810, les terres cultivables étaient entièrement occupées et les nombreux rejetons des familles n'avaient pratiquement aucun débouché si ce n'est l'exil vers les États de la Nouvelle-Angleterre, là où l'industrialisation massive réclamait une main-d'œuvre considérable.

Loin de la vallée du Saint-Laurent, d'autres territoires sauvages pouvaient suppléer à la demande de terres cultivables ; c'est le cas de la région du Saguenay–Lac-Saint-Jean. Ce territoire était sous bail avec la Compagnie de la Baie d'Hudson, qui avait l'exclusivité du commerce des fourrures. Ce monopole excluait d'office toute tentative de colonisation : exploitation des fourrures et colonisation ne faisaient pas bon ménage. Même les compagnies forestières s'en voyaient exclues.

Malgré cette interdiction, aidés par un commerçant de bois britannique, Sir William Price, vingt et un colons, associés sous le nom de Société des Vingt et Un, débarquent sur les bords de la rivière Saguenay en 1838, officiellement pour y faire la coupe de bois au profit du Sir Price, officieusement pour amorcer le mouvement de colonisation de la région. Le gouvernement d'alors a tôt fait de constater qu'il tirerait bien plus d'avantages en redevances forestières et autres richesses naturelles que ceux qu'ils pouvait réaliser avec la Compagnie de la Baie d'Hudson.

Graduellement, la colonisation a progressé sur les rives du Saguenay pour se poursuivre dans la vallée entourant le lac Saint-Jean, de sorte qu'aujourd'hui, plus de 60 villes ou municipalités s'enorgueillissent d'avoir occupé et développé le potentiel de ce vaste territoire.

Aperçu géographique et économique du territoire

Comme son nom l'indique, cette région comprend deux parties distinctes : le Saguenay, qui tire son nom d'une importante rivière affluent de la rive gauche du fleuve Saint-laurent, et le Lac-Saint-Jean, qui tire son nom d'un immense lac d'une superficie de 1 040 km², bassin de forme plutôt ovale d'une longueur de 49 km et d'une largeur de 29 km, qui se veut encore la source de la rivière Saguenay. Dans l'immense plateau laurentien, lui-même partie du Bouclier canadien, la vallée du Saguenay et la cuvette du lac Saint-Jean forment une sorte d'oasis. Couvrant plus de 100 000 km² (même étendue que la Belgique), ce territoire n'est occupé que dans ses parties basses sur environ 3 500 km². La population totale est évaluée à environ 275 000 personnes.

La région du Saguenay, vallée glaciaire formant un fjord d'une rare beauté, sur une distance de plus de cent kilomères, de Saint-Fulgence à Tadoussac, occupant une profonde entaille dans la chaîne des Laurentides, bordée par des falaises escarpées chantées par les poètes (Alfred Tremblay, Charles Gill), regroupe près de 60 % de la population, concentrée surtout dans la grande agglomération, la 6ᵉ au Québec, Ville de Saguenay, née de la fusion de plusieurs villes ou municipalités en 2002. La grande industrie de l'aluminium, dont les trois usines propriétés de la multinationale Alcan, récemment passée aux mains de Rio Tinto, les usines de pâtes et papiers, l'exploitation forestière, l'agriculture, le tourisme, les activités commerciales résument l'économie de ce secteur. Les eaux froides et salées du fjord, à la hauteur de Tadoussac, à l'embouchure du fleuve, favorisent la présence d'une faune aquatique qui fait les délices des touristes, qui accourent nombreux chaque année pour y observer baleines bleues et rorquals, et pour y admirer la splendeur des rives et du paysage, protégé depuis 1983 grâce à la création du Parc de conservation du Saguenay et du Parc marin du Saguenay.

Le Lac-Saint-Jean, région issue d'une cuvette excavée par les glaciers et remblayée par des alluvions, possède un terroir d'une rare qualité et d'une grande richesse (les plaines d'Hébertville-Métabetchouan-Lac-à-la-Croix, de Saint-Prime et de Normandin) où l'agriculture est remarquable. La grande industrie (aluminium, pâtes et papiers), l'exploitation forestière, le tourisme, la petite et moyenne entreprise meublent l'essentiel des activités économiques. La production du bleuet s'est intensifiée au fil des ans dans toute la région et des millions de kilogrammes de cette manne bleue sont vendus sur les marchés mondiaux chaque année. C'est la Municipalité rurale de comté (MRC)

> L'Anse Saint-Jean.

> La petite maison blanche, Ville de Saguenay.

> Petite chapelle historique de Tadoussac (1747).

Maria-Chapdelaine qui en produit la plus grande quantité, le plus souvent dans des bleuetières aménagées à cet effet. On a même laissé entendre, ou est-ce une légende ?, que ce fruit était si gros qu'il n'en fallait que quelques-uns pour faire une tarte, l'un des desserts typiques de cette région, aussi connue pour un plat principal, la tourtière du Lac-Saint-Jean, et pour la qualité de ses fromages, dont le Perron, un cheddar, lauréat de plusieurs prix internationaux.

Une région touristique

Pour accéder à cette région, le visiteur peut emprunter soit la Réserve faunique des Laurentides, soit traverser les montagnes de Charlevoix, pays du vieux Menaud, maître-draveur, héros du roman du même nom de Félix-Antoine Savard. S'il choisit la première option, il arrive à Ville Saguenay, dans l'arrondissement de Chicoutimi, dans l'autre cas, en traversant les villages de l'Anse-Saint-Jean et de Petit-Saguenay, il parvient à l'arrondissement de Ville de la Baie, sur les bords de la Baie des Ha ! Ha !. Le visiteur peut s'attarder à la vieille Pulperie de Chicoutimi, un site historique exceptionnel au milieu d'un parc urbain,

qui rappelle l'histoire de la Compagnie de pulpe de Chicoutimi, tout en soulignant l'immense rôle qu'elle a joué dans le développement tant de la ville que de la région. On y découvre les bâtiments d'origine ; l'un d'eux renferme le musée de la vieille Pulperie, où l'on présente des expositions variées. On peut encore visiter la célèbre maison Arthur Villeneuve, un peintre naïf chicoutimien qui a peint toutes les pièces de la maison qu'il a habitée au Bassin, un quartier qui a été durement éprouvé lors du Déluge de juillet 1996, qui a causé plus de 1 milliard de dollars de dommages. Une maison, *La petite maison blanche*, qui a résisté pendant quelques jours à l'équivalent du volume d'eau des chutes Niagara, a été convertie en musée où l'on présente sur écran géant un film sur cette catastrophe naturelle.

En empruntant la route du fjord, le touriste croisera le Musée de la Défense aérienne à Bagotville, aujourd'hui partie de Ville de

> Le Fjord du Saguenay.

© Alain Dumas

> Grands Jardins, Normandin.   > Chute Ouiatchouan.   > Village historique de Val-Jalbert.

Saguenay, le Site de la Nouvelle-France, à Saint-Félix d'Otis, où il pourra entrer en contact avec la culture amérindienne et la culture française, L'Exposition internationale de crèches de Rivière-Éternité vaut un arrêt pour y admirer plus de 300 crèches de Noël, dont l'une est située en pleine montagne. À Sainte-Rose-du-Nord s'impose une visite du Musée de la Nature, considéré comme l'un des plus beaux au Québec, avec sa superbe collection de champignons d'arbres, des loupes d'arbres, des sculptures étranges, des papillons du Québec, des requins des eaux polaires capturés dans la rivière Saguenay, est incontournable. Sur le chemin du retour, après avoir franchi le Saguenay à Tadoussac, il pourra s'arrêter au Centre d'interprétation des Battures de Saint-Fulgence et admirer un panorama unique jusqu'à Ville Saguenay.

Deux choix s'offrent alors à lui : il peut poursuivre sa route vers le lac Saint-Jean en retraversant le Saguenay et en se dirigeant vers les anciennes villes d'Arvida et de Jonquière, fusionnées avec Chicoutimi, en s'arrêtant au Mont Jacob et son Centre national d'exposition. Il peut encore se diriger vers Alma, en empruntant la route 172, vers Saint-Ambroise et Saint-Nazaire, en se remémorant la catastrophe de mai 1970, alors qu'un glissement de terrain a emporté dans un torrent de boue le village de Saint-Jean-Vianney, aujourd'hui disparu. De là, il peut gagner Alma, la ville de l'aluminium et des pâtes et papier, puis entreprendre soit en auto, soit à bicyclette, par la Véloroute des bleuets, le tour du lac, avec quelques arrêts, dont une visite au Jardin Scullion à L'Ascension, où, sur plus de 40 hectares, on retrouve des aménagements paysagers d'une grande beauté et regroupant des végétaux provenant des quatre coins du monde. Il fera une halte au Musée Louis-Hémon à Péribonka, érigé pour rendre hommage à cet écrivain français qui s'est arrêté sur les bords de la rivière du même nom pour y trouver l'inspiration à son chef-d'œuvre, *Maria Chapdelaine*, publié à plusieurs millions d'exemplaires et traduit dans au moins 25 langues. À Dolbeau-Mistassini, il pourra admirer le paysage, au croisement des rivières Mistassibi et Mistassini, poursuivre vers Normandin pour y visiter les Grands Jardins, un site exceptionnel qui offre sur plus de 17 hectares l'atmosphère des jardins européens, en particulier ceux de Villandray. Tant l'amateur d'horticulture que l'amateur de la nature peut admirer jardin français, jardin anglais, tapis d'Orient, plus de 70 000 plantes annuelles, une variété considérable de plantes permanentes, un jardin potager décoratif fait de centaines de légumes d'antan et d'aujourd'hui, des fines herbes, près de 2 000 variétés d'hémérocalles (regroupement unique dans tout l'est du Canada), des fontaines, des sculptures… Enfin, un sentier pédestre dans un boisé permet d'admirer une végétation indigène et des tapis de mousse à travers des vestiges naturels de la fin de l'ère glaciaire. De là, on peut prendre un repos mérité à la Chute-à-l'Ours, sur la rivière Ashuapmushouan, site fréquenté il y a des millénaires par les Amérindiens qui devaient y accoster et entreprendre le contournement des rapides qui s'étendent sur plus de 1,5 kilomètre. Missionnaires et coureurs de bois y ont séjourné puisque cette chute constituait une étape importante sur la route des fourrures au début de la colonie.

Le Zoo sauvage de Saint-Félicien constitue l'un des principaux attraits touristiques du Lac-Saint-Jean. Un train grillagé permet aux visiteurs de parcourir l'habitat naturel des animaux et d'y vivre des moments historiques (reconstitution d'une ferme d'antan, de campements des chantiers d'autrefois, d'un poste de traite de fourrure, etc.). Dans le pavillon d'accueil, le Boréalium, des films, des animations et des expositions aident à mieux comprendre et mieux connaître le règne animal. Le visiteur ne manquera pas de s'arrêter au Musée amérindien de Mashteuiastsh pour y visiter une exposition permanente consacrée à l'histoire millénaire des Pakukamiulnuatsh, Ilnus du Lac-Saint-Jean, seule communauté autochtone de la région. Il poursuivra vers le Lac-Bouchette et son ermitage, lieu de pèlerinage consacré à Saint-Antoine de Padoue et à Notre-Dame de Lourdes. Ce lieu exceptionnel est un véritable oasis de paix, de repos, de méditation et de prière. Monastère, chapelles, musée, boutiques et sentiers aménagés agrémentent ce site plus qu'enchanteur.

> Jardin zoologique de Saint-Félicien.

Le Village historique de Val-Jalbert est un autre centre d'intérêt. Bâti pour les travailleurs d'une usine de pulpe, il fut abandonné en 1927, à la suite de la fermeture de l'usine. À pied ou en balade motorisée, les visiteurs peuvent circuler à travers des maisons abandonnées ou restaurées, l'école ou le magasin général, typiques de l'époque. On peut y admirer l'imposante chute Ouiatchouan, plus haute que la chute Montmorency ou les chutes Niagara, on peut utiliser sentier, escalier ou téléphérique pour avoir accès à de nombreux belvédères révélant la beauté du paysage et la richesse du milieu naturel.

La culture et la littérature

La région du Saguenay–Lac-Saint-Jean est une région qui n'a rien à envier aux autres régions du Québec, quant à la richesse de son patrimoine artistique et littéraire. Elle compte un grand nombre d'écrivains qui ont fait leur marque dans l'histoire littéraire et qui ont su, comme Louis Hémon, chanter leur coin de pays. Bon nombre de ses écrivains sont réunis dans l'Association professionnelle des écrivains de la Sagamie. Parmi eux, il faut mentionner le romancier et essayiste Yvon Paré, lauréat à trois reprises du prix littéraire de la Bibliothèque centrale de prêt du Saguenay–Lac-Saint-Jean, des romanciers et romancières, Danielle Dubé, Jean-Alain Tremblay et André Girard, lauréats tous trois du prix Robert-Cliche de la relève du roman québécois. Cette région, qui, depuis une trentaine d'années, peut compter sur un éditeur dynamique en Jean-Claude Larouche, le pdg des éditions JCL, est le lieu d'origine des Damase Potvin, Jean-Paul Desbiens, Alain Gagnon, Gilbert Langevin, Paul-Marie Lapointe, Nicole Houde, Lise Tremblay, Michel Marc Bouchard, Pierre Gobeil, Paul Bussières ; des historiens Victor Tremblay, Fernand Ouellet, Russel Bouchard, Normand Perron, Gaston Gagnon, qui se sont appliqués à retracer les origines de la région qu'ils ont étudiée avec attention.

La contralto Marie-Nicole Lemieux est l'une des artistes les plus connues depuis qu'elle a remporté le prix de la Reine Fabiola de Belgique et le prix spécial du lied au Concours musical international Reine-Élisabeth-de-Belgique en 2000. Elle a donné plusieurs récitals et concerts avec les plus grands orchestres symphoniques et des ensembles, comme Les Violons du Roy (Québec), un peu partout à travers le monde. Elle a enregistré sous plusieurs étiquettes, enregistrements qui lui ont valu prix et distinctions, dont le prix Virginia-Parker et le prix Opus, pour le Rayonnement international (2007). Elle a été choisie personnalité de l'année par le journal *La Presse* (2001).

Il faudrait encore citer les peintres de grande renommée, les Arthur Villeneuve, Jean-Paul Lapointe, Hélène Beck et combien d'autres qui ont conquis non seulement le Québec mais encore le monde.

En toute saison, la région du Saguenay–Lac-Saint-Jean sait se démarquer, car elle est le berceau d'une nature exceptionnelle, invitante, diversifiée, colorée, que ce soit le long des rives escarpées de la rivière Saguenay, sur les hauteurs des Monts Valin ou dans la plaine du Lac-Saint-Jean, avec ses nombreux plan d'eau sur lesquels les sportifs peuvent pratiquer leur sport favori, la pêche à la ouananiche ou au doré, sur le lac-Saint-Jean, par exemple, le saumon ou la truite de mer dans la Sainte-Marguerite, ou la pêche au sébaste sous la glace dans le Saguenay ou encore dans la Baie des Ha ! Ha !, le cyclisme, le golf, le ski alpin et le ski de randonnée, la natation… Depuis plus de 50 ans, la région accueille les meilleurs nageurs longue distance au monde venus participer à la Traversée internationale du Lac-Saint-Jean, qui couronne le champion mondial de cette catégorie de nage. On vient encore dans lsa région pour admirer ses vastes forêts d'épinettes noires, bois reconnu pour la qualité qu'il donne au papier, exporté à travers le monde, et ses nombreux sentiers pédestres, qui invitent à la découverte et à la détente. Mais on y vient surtout pour l'accueil de ses gens, généralement de bons vivants, rieurs, blagueurs, conteurs, qui ne manquent pas de recourir à des mots et expressions souvent colorés, qui font le plaisir des visiteurs et… des linguistes.

Une visite au Saguenay–Lac-Saint-Jean laisse des souvenirs impérissables. ∎

∗ *Retraité de l'enseignement, ex-maire de Normandin et ex-préfet de la MRC Maria-Chapdelaine.*

ABITIBI-TÉMISCAMINGUE

RÉAL BERGERON* et BRAYEN LACHANCE**

> Le Mont Chaudron.

Ciel plus bleu que bleu le jour, drapé certaines nuits d'aurores boréales presque magiques, forêts giboyeuses et lacs poissonneux, attraits patrimoniaux témoins de tous les sentiers battus par ses ouvreurs d'espace venus de tous horizons, présence autochtone rassurante, effervescence culturelle jusqu'à ce jour inégalée, esprit d'entrepreneurship de ses habitants marqués par leurs pères du sceau de l'autonomie, du dynamisme et de l'imagination… la voilà offerte, l'Abitibi-Témiscamingue d'aujourd'hui, dans toute sa splendeur et sa magnificence ! Son nom est immensément long, comme l'étendue de son territoire, qui couvre 65 143 km², pour une population de 150 000 habitants.

Située dans le Nord-Ouest québécois à proximité de l'Ontario, à quelque 500 km de Montréal et de l'Outaouais, au sud, et à l'est, du Saguenay–Lac-Saint-Jean, l'Abitibi-Témiscamingue est parfois perçue dans l'imaginaire collectif comme une région éloignée, voire inaccessible. En font foi certains discours de l'autre bout du monde, mais aussi, sans doute, les récits des explorateurs et des aventuriers du début du siècle dernier, ceux également d'écrivains tels Marie Le Franc et Bernard Clavel, à qui la région a inspiré à la première au moins deux romans (*La randonnée passionnée* et *La rivière Solitaire*), et au second une trilogie (*Le Royaume du Nord*), point de vue romancé, s'il en est un, d'une réalité qui dépasse toujours la fiction. Ces préjugés font certainement mentir les us de ces milliers de gens d'ailleurs qui sillonnent aussi souvent que possible la Transcanadienne, plus communément appelée la « 117 », à la recherche d'inédit, d'aventure et de ressourcement, dans un coin de pays grandeur nature où le vivre-ensemble en contexte interculturel a débuté bien avant notre ère de mondialisation.

La vraie nature

Dissimulée dans la forêt boréale, en Abitibi, et dans la forêt laurentienne, au Témiscamingue, cette « région aux 100 000 lacs » est généreuse de nature, comme le vantent ses feuillets touristiques, ce qui en fait une région ressource, dont l'économie repose au premier chef sur l'exploitation et la transformation de ses richesses minières et forestières. Encore aujourd'hui, les chercheurs de métaux précieux continuent de prospecter le long de la faille minéralisée de Cadillac, cassure du Bouclier canadien longue d'environ 200 km d'est en ouest. Le secteur de l'agriculture n'est pas non plus en reste ; au Témiscamingue en particulier, il demeure un élément clé du développement économique. Le savoir-faire des Témiscabitibiens dans les domaines de la forêt, du papier, des mines et de l'agriculture est de nos jours

reconnu à l'échelle nationale et internationale. La région continue de miser sur l'éducation, la formation et la recherche pour assurer son développement social et économique.

Le paysage témiscabitibien

L'Abitibi-Témiscamingue se dévoile d'abord et avant tout à travers la beauté de ses paysages, façonnés par la dernière période de glaciation. Plusieurs vestiges de cette époque s'offrent d'ailleurs au voyageur curieux, dont la formation géologique des eskers dans le secteur d'Amos, qui produisent une eau d'une pureté exceptionnelle et qui participent de son économie régionale. Également, à hauteur du parc d'Aiguebelle, près de Rouyn-Noranda, le promeneur attentif peut observer le zigzag de la ligne de partage des eaux qui court tant vers le nord que vers le sud, ligne qui chevauche toute la région, sculptant ainsi le terrain en un paysage plutôt plat en Abitibi (sauf dans le secteur de Rouyn-Noranda, où on retrouve, par exemple, le mont Kanasuta et le mont Chaudron, le plus haut sommet de la région ressemblant étrangement à un chaudron renversé) et plus accidenté au Témiscamingue. Cette ligne de séparation du territoire n'est pas sans avoir de retombées directes sur la variabilité du climat, selon qu'on habite le Témiscamingue ou l'Abitibi, comme elle en a eu lors du peuplement de la région.

Deux régions, une même appartenance

Différents sur le plan de la géographie, l'Abitibi et le Témiscamingue le sont également sur celui de l'histoire. Dans la dernière moitié du XIXᵉ siècle, le Témiscamingue est avant tout un pays de bûcherons, puis de colons intéressés à s'installer sur les terres d'argile défrichées. Jusqu'aux années 1920, plusieurs paroisses naissent : Ville-Marie, Témiscaming, Notre-Dame-du-Nord, le lac Témiscamingue assurant la communication entre elle, et la rivière des Outaouais, avec les grands centres urbains. Ainsi l'agriculture et l'industrie forestière se développent en parallèle. Pendant ce temps, l'Abitibi agricole voit le jour autour des gares du chemin de fer transcontinental alors en construction, qui voit pousser ses cantons tels des champignons depuis La Reine, à l'ouest, jusqu'à Senneterre, à l'est, en passant par La Sarre, Rouyn et Villemontel. La région est désormais prête à accueillir par voie terrestre des milliers de colons, soudant définitivement avec ou sans trait d'union le Témiscamingue et l'Abitibi. L'essor de la région connaîtra son apogée avec la découverte, comme on le sait, d'un filon minéralisé d'importance, provoquant ainsi dans tout le Québec une véritable ruée vers l'or digne de la belle époque du Far-West. Ce « pays au ventre en or », comme le

>La cathédrale d'Amos.

> La maison Dumulon.

aussi variés que charmeurs ainsi que des étonnantes rencontres avec la nature. Le Refuge Michel-Pageau, à Amos, dont la légende dit que le trappeur parle avec les loups, en est un bel exemple. De son côté, le Témiscamingue l'invite à emprunter la route des pionniers en dévoilant ses attraits ancestraux : le Musée de Guérin, le remorqueur de bois T.E. Draper, la Maison du Frère-Moffet, le lieu historique national du Canada du Fort-Témiscamingue, le Musée de la gare et quoi encore ! Deux routes paradisiaques qui, à un moment ou l'autre, se croisent dans le cœur des habitants épris de liberté et remplis de fierté d'appartenir à cette région.

La présence autochtone

Plus d'un siècle après l'ouverture à la colonisation de ce territoire déjà occupé majoritairement par les Algonquins, la présence de ces derniers est loin de s'être évanouie dans la beauté de ce paysage boréal. Tout au contraire, on la sent de plus en plus présente, non seulement dans la culture témiscabitibienne, par exemple dans l'architecture des bâtiments publics des Premières Nations ainsi que par les créations artistiques et théâtrales régionales, mais aussi dans la vitalité d'un peuple arrimé aux réalités du monde moderne. En effet, prenant de plus en plus part à l'essor économique de leur région, plusieurs travailleurs et entreprises autochtones jouent un rôle actif dans des secteurs aussi divers que l'administration publique, les soins de santé et l'assistance sociale, la gestion et l'exploitation de la forêt, la construction, l'enseignement et l'éducation en passant par l'artisanat jusqu'au développement d'un système récréotouristique de qualité telle l'expédition *Bercé par l'Harricana*.

décrit si bien le poète abitibien Raôul Duguay, permettra à l'Abitibi de régner en roi et maître sur la production minière du Canada pendant de nombreuses années. De plus, l'apport considérable des immigrants européens et américains au développement de l'Abitibi minière aura certes influencé l'éducation interculturelle des Témiscabitiens qui, de tout temps, font preuve d'ouverture à autrui et d'éveil à la différence.

Aujourd'hui, plusieurs manifestations culturelles témoignent de ce développement passé qui ne veut pas mourir. Au cours de la belle saison notamment, l'Abitibi amène ainsi le voyageur à prendre la route des prospecteurs et des défricheurs en lui faisant découvrir la Cité de l'Or, le Musée minéralogique de l'Abitibi-Témiscamingue ou la Maison Dumulon, et ce, au rythme des festivals et des événements populaires

> Université du Québec en Abitibi-Témiscamingue.

Accueillants et chaleureux en plus d'être activement engagés dans le tourisme témiscabitibien, les autochtones, forts de près de 6 000 membres, se font l'hôte des visiteurs désireux de partager leur culture et de se renseigner sur leurs traditions ancestrales bien plus que millénaires. Mais au-delà de ces indicateurs de la présence autochtone dans la région, ce sont davantage les traits métissés de très nombreux habitants qui témoignent du partage d'une culture commune entre autochtones et allochtones.

Julie Mowat, de la réserve Pikogan, dans le secteur d'Amos, apporte un éclairage intéressant quant à cette acculturation : « Si les gens des Premières Nations tiennent à la sauvegarde de leur culture, de leurs traditions et de leur histoire, l'intégration à une autre culture dominante crée en même temps, chez eux, un certain bouleversement social et identitaire. » Et la chercheuse en éducation de poursuivre : « Aujourd'hui, la vie sur les réserves se situe quelque part entre la société nord-américaine et le mode de vie traditionnel. Les autochtones se créent souvent une culture qui se situe à mi-chemin entre la culture ancestrale et moderne. »

Une vitalité culturelle à couper le souffle

La culture d'une région va bien au-delà des traces laissées par le passé. Elle est avant tout source d'identité et de vitalité de ses habitants. En Abitibi-Témiscamingue, la vie culturelle est ponctuée de manifestations majeures qui font rayonner la région hors les frontières. Mentionnons, entre autres, le Festival international du cinéma en Abitibi-Témiscamingue, qui en sera à sa 27e édition en 2008, la Biennale internationale d'art miniature de Ville-Marie, qui réunit des œuvres en provenance de dizaines de pays, l'exposition itinérante *Abitibiwinni – 6 000 ans d'histoire*, qui traite de la présence algonquine en Abitibi, et le Festival de musique émergente, rejeton culturel d'importance né récemment de la relève abitibienne pour qui l'expression « Vivre en région » prend tout son sens. Depuis leur Orchestre symphonique régional jusqu'aux réseaux bien constitués de leurs bibliothèques, de leurs musées, de leurs centres d'exposition et de leurs salles de spectacle, en passant par tous ces lieux de concertation culturelle existants tels le Cercle des écrivains de l'Abitibi-Témiscamingue et le Conseil de la culture du même nom, l'expression artistique et culturelle des Témiscabitibiens se déploie avec force, constance et engagement.

Sur la scène littéraire, plus de 60 titres ont été publiés dans la seule année 2006 par des auteurs originaires de la région, incluant les essais et les rééditions. C'est du moins ce qui ressort des travaux du groupe

> Richard Desjardins.

Boréalité qui travaille actuellement à l'élaboration du *Dictionnaire des auteurs de l'Abitibi-Témiscamingue*. Parmi eux, les Louis Hamelin, Suzanne Jacob, Léandre Bergeron, Lise Bissonnette, Jeanne-Mance Delisle, Pierre Yergeau et Louise Desjardins n'ont certes plus besoin de présentation. L'un de leurs ouvrages, à un moment donné ou l'autre de leur carrière, a remporté un ou plusieurs prix prestigieux. Du côté des artistes en arts visuels, les Louisa Nicol, Norbert Lemire et Carole Wagner, pour ne nommer que ceux-là, continuent de conjuguer art, nature et culture, et contribuent à leur façon à créer une autonomie de développement propre à la région. Et que dire maintenant de tous ces Rémi Boucher, Diane Tell et Richard Desjardins, tous issus de cette région, dont la musique et les chansons s'illustrent dans la francophonie jusqu'à l'autre bout du monde ! Nos gens d'ici ont bien raison d'être fiers de leurs générations d'artistes de toutes sphères, car elles sont le signe d'une richesse incontestée d'une région qui n'a pas encore fini de livrer ses plus beaux trésors. ∎

Référence

DUPUIS, Mathieu, et Denys CHABOT, *Abitibi-Témiscamingue*, Montréal, Les Éditions de l'Homme, 2006.

✶ *Professeur en sciences de l'Éducation, Université du Québec en Abitibi-Témiscamingue.*
✶✶ *Enseignant à la Commission scolaire Harricana et chargé de cours à l'Université du Québec en Abitibi-Témiscamingue.*

OUTAOUAIS

MARTIN FRIGON*

> Parc de la Gatineau.

Immédiatement à l'ouest de Montréal se trouve une région dont la grandeur et la majesté sauvage en font une région d'un rare intérêt pour les passionnés du voyage culturel et de l'aventure en plein air. Composé de cinq territoires, soit Pontiac, Gatineau, les Collines-de-l'Outaouais, la Vallée-de-la-Gatineau, la Lièvre et la Petite-Nation, l'Outaouais est une région qui comblera les attentes les plus diverses.

Partant de Montréal, pour atteindre le centre-ville de Gatineau (secteur Hull), un voyage d'à peine deux heures en automobile, vous longez la magnifique rivière des Outaouais, dérobée à votre vue par la disposition de l'autoroute ontarienne (la 417). Pour cette raison, il est vivement conseillé de rester du côté québécois, sur la route 148, qui vous réserve un voyage beaucoup plus pittoresque, vous qui longez alors la grande rivière des Algonquins nommée aujourd'hui Outaouais. Joseph Taché, homme politique, journaliste et écrivain, a très justement remarqué en 1873 que la rivière de l'Outaouais « par son étendue, le volume et la profondeur de ses eaux, ne le cède qu'au fleuve S[aint]Laurent. Notre grande rivière prend sa source à l'endroit connu sous le nom de « hauteur des terres », et après une course de plus de huit cents milles, elle va se jeter dans le Saint-Laurent, à seize milles en bas de Montréal ». La rivière des Outaouais en impose aussi par la splendeur de ses paysages et la grandeur de ses arbres. Les voyageurs du XVIIIe siècle remarquaient que nulle part ailleurs ils n'avaient vu de pins plus grands et plus gros que dans l'Outaouais, alors perçu comme l'un des plus beaux territoires en Amérique du Nord.

Histoire de la grande rivière Outaouais

Cette rivière aux flots abondants est riche d'une histoire qui nous fait remonter au pays intérieur, à la naissance de la Nouvelle-France. Car la rivière des Outaouais est le chemin par excellence des voyageurs d'eau qui se rendaient au pays d'en haut, c'est-à-dire chez les Hurons, aux abords des Grands Lacs. Avant d'être la frontière entre le Haut et le Bas-Canada, la rivière est un lieu de passage qui a vu défiler son lot de grands voyageurs. Au XVIIe siècle, les grands explorateurs, Étienne Brûlé, Samuel de Champlain et Pierre Lemoyne d'Iberville, ont emprunté la route de l'Outaouais, vers les Grands Lacs et l'Ouest canadien. Au fondement du pays, le commerce des fourrures a été rendu possible grâce à l'alliance des Français avec les peuples algonquiens (Montagnais, Micmacs, Malécites, Algonquins) en 1603. Point zéro de l'alliance franco-indienne, cette date met en scène un des chefs légendaires des Algonquins de la Grande Nation, dit Tessouat le Bor-

gne, ayant pour forteresse l'impressionnante île Morisson, près de Fort Coulonge, plus au nord sur la grande rivière.

Par ailleurs, Pontiac pourrait s'avérer votre dernière destination dans la région, constituant en quelque sorte sa limite ouest. Pour se rendre aux Grands Lacs, les voyageurs et les commerçants devaient passer par l'île Morisson et payer un tribut au chef algonquin Tessouat, faisant de sa nation « des bourgeois parmi les autochtones », aux dires des Jésuites. C'était le premier poste de douane en Amérique du Nord, Juste à côté, un peu en amont de l'île aux Allumettes, dans la municipalité de Sheen-Esher-Aberdeen-et-Malakoff, vous en profiterez pour visiter les peintures sacrées du Rocher à l'oiseau. Là se dresse une colossale falaise de granit qui surplombe de 152 mètres la rivière des Outaouais. Sur ce rocher légendaire, les Algonquins ont peint à l'ocre rouge d'étonnantes scènes figurées et symboliques, visions surnaturelles de chaman.

Petite-Nation

Partant de Montréal, vous rencontrerez un pays de lacs et de rivières et vous serez impressionné par les cours d'eau qui se jettent dans l'Outaouais. Passant par le côté québécois, vous croiserez six affluents d'importance : les rivières Petite-Nation, du Lièvre, Gatineau, Coulonge, Noire et Dumoine. Le bassin hydrographique de la rive ontarienne, quant à lui, coule en sens inverse, du sud au nord, et correspond à l'autre crue printanière. D'ouest en est, on croise les rivières Rideau, Mississippi, Madawaska, Bonnechère et Petawawa. Vous avez là une idée de l'important réseau hydrographique qui a rapidement fait de la rivière Outaouais le trait d'union entre les principales zones commerciales du centre et de la partie est de l'Amérique du Nord. Les nombreuses rivières qui coulent du nord ont branché l'Outaouais directement sur les Grands Lacs, partant du Lac-Saint-Jean, de Tadoussac ou de la Baie James. Ainsi, bien avant l'arrivée des Blancs ont transité sur l'Outaouais le cuivre, les pierres à feu, l'obsidienne et les os de baleine. La position avantageuse des Algonquins supérieurs en a fait une nation contrôlant tous ces échanges, les conduisant naturellement à s'unir aux Hurons contre les Iroquois.

Quittant Montréal, vous croiserez les magnifiques régions de la Lièvre et de la Petite-Nation, chef-lieu des Algonquins de la Petite-Nation, rapidement décimés en raison de leur proximité avec le corridor du Saint-Laurent, qui les rendait plus vulnérables aux raids iroquois. La Petite-Nation est aussi l'ancienne seigneurie de Joseph Papineau dont le fils, Louis-Joseph, est une figure incontournable de la politique canadienne. Chef du Parti des Patriotes et l'un des leaders des Rébellions de 1837-1838, Papineau fit construire son manoir ici à Montebello. Vous pouvez faire une visite guidée du manoir, construction authentique des années 1800, des jardins, du hangar à grains et de la seigneurie de Papineau.

On débute le pèlerinage sur l'allée seigneuriale, un sentier au paysage bucolique, qui relie le manoir Papineau au chemin public. Cette allée nous conduit d'abord devant la chapelle funéraire Papineau, construite en pierre de style néogothique en 1855. C'est à cet endroit que reposent les corps de plusieurs membres de la famille Papineau. On peut d'ailleurs voir les pierres tombales en soulevant la trappe qui donne sur la cave. On poursuit ensuite sur le sentier qui nous mène au manoir de Louis-Joseph Papineau, dont la construction fut achevée en 1850. On aperçoit de loin une imposante résidence de pierres grises aux clochers blancs dont l'élévation sud offre une vue plongeante sur la rivière des Outaouais. On ne peut évidemment se rendre au village de Montebello sans s'arrêter devant l'hôtel le Château Montebello, devenu un chic hôtel pour clientèle aisée. Outre les visites historiques, le village de Montebello offre aux visiteurs un endroit où il fait bon flâner. Son artère principale, la rue Notre-Dame, regorge de boutiques, de cafés, de restaurants et de terrasses.

On poursuit le périple en prenant la 321 Nord, qui nous mène quelques kilomètres plus haut à Saint-André-Avellin. Dans le village, sur la rue Bourgeois, on retrouve le Musée des Pionniers. Une grange met en valeur d'anciennes machines agricoles et des photographies de la même époque, de même que des vidéos d'animation qui font revivre le temps de la seigneurie. Le musée propose aussi un circuit patrimonial commençant par une balade sur une passerelle piétonnière qui surplombe la rivière Petite-Nation. Le sentier débouche plus haut sur une église centenaire. On trouve aussi une autre église à Saint-André-Avellin qui vaut le détour.

Sur le chemin du retour, un arrêt s'impose au village de Plaisance, où se trouvent des chutes d'une force et d'une hauteur à couper le souffle. Celles-ci sont situées sur la rivière de la Petite-Nation, juste un peu avant de se jeter dans la rivière des Outaouais. On peut s'y rendre en empruntant la montée Papineau, parsemée de jolies fermes. Avec leurs quelque 67 mètres de dénivellation, les chutes offrent tout un spectacle. Ces chutes sont d'ailleurs célébrées par Jacques Lamarche, écrivain-conteur de la région, qui en a écrit la légende algonquine : « Elles dévalent sept larges estocades avec la puissance d'un coureur olympique et la force d'un ours en colère ». Ces chutes auraient été taillées par les Géants de

l'univers et représenteraient les sept continents du monde ! Les visiteurs peuvent se rendre près des chutes où on a recréé le magasin général d'antan et où de jeunes comédiens costumés font revivre les villageois de l'époque et racontent l'histoire de Plaisance.

Les amants de la nature seront servis par la région : rafting sur les rivières Lièvre et Petite-Nation, Parc National de Plaisance, Parc Oméga et, plus au nord, le Parc faunique Papineau-Labelle. Le parc Oméga vous invite à parcourir 10 kilomètres de route dans votre véhicule pour observer les animaux vivant librement dans leur habitat naturel. Découvrez, entre autres, les bisons, wapitis, ours noirs, cerfs de Virginie, orignaux, sangliers et loups.

En quittant la 148 à Papineauville, direction Nord, la 321 vous conduira au lac Simon. Si vous rêvez d'une longue plage de sable bordant un grand lac, de loisir en nature avec la famille, de camping ou de chalet, vous serez charmé par la beauté des lieux. C'est à une famille d'Algonquins originaires d'Oka que le lac Simon doit son nom. Au XIXe siècle, des membres de la famille « Cimon » (que l'on prononçait alors « Tchimone ») s'établirent sur les rives du grand lac, qui se trouvait à mi-chemin entre Oka et Maniwaki et qui constituait une partie du territoire de chasse ancestral. Au lac Simon, on trouve une autre peinture rupestre d'importance qui témoigne de l'importance du passé algonquin. Jean-Guy Paquin, écrivain de l'Outaouais passionné par l'univers algonquin, nous dit que « le rocher Manitou, situé sur la rive ouest du lac Simon, est perpendiculaire à l'îlot rocheux au nord de l'île Canard-Blanc. Un mur d'une seule pierre légèrement incliné vers l'intérieur, orientée au soleil du matin, plonge dans l'eau. Des promeneurs qui s'y aventurent arrosent le rocher dans le but de déceler la forme visible du Manitou, la tête d'un chef indien. […] On compte huit figures à oreille de lièvre sur le rocher Manitou ».

Gatineau-Ottawa

Arrivé au cœur de l'Outaouais urbain, dans la région de la Capitale canadienne, vous trouverez de quoi épancher votre soif de savoir et de sorties culturelles. Vous êtes ici à la frontière de l'Ontario et du Québec, d'un côté, Gatineau la nouvelle (250 000 habitants), faisant face à Ottawa (700 000 habitants), de l'autre. Une marche d'à peine 15 minutes sépare les deux centres-ville. L'Outaouais trouve ici son cœur historique, avec les deux villes d'abord baptisées Wrightstown et Bytown. Comme dans toute région frontalière, l'histoire des deux villes est fortement liée. Ici, c'est l'industrie forestière qui sera le fer de lance de l'économie des deux villes.

> Rivière Outaouais.

> Festival de montgolfières de Gatineau.

> Le Musée canadien des civilisations, Gatineau.

En 1800, l'Américain Philemon Wright quitte le Massachusetts pour s'installer à Hull. Il se donne pour mission de coloniser cette partie du Canada, d'exploiter ses forêts et de développer l'industrie du bois. En 1801, Wright construit une première usine de bois, une scierie et une meunerie. C'était un lieu de portage depuis plus de mille ans lorsque Philemon Wright y établit le premier bâtiment industriel en bordure de la chute des Chaudières, dans ce qui sera par la suite identifié comme « la petite chaudière ». Juste à côté du bâtiment, Ruggles Wright, fils de Philemon, fait construire en 1829 le premier glissoir pour la descente des grandes pièces de bois équarri de l'amont de la rivière des Outaouais. Cette innovation allait permettre de faire glisser des cages de bois sans les perdre dans le tourbillon des chutes ou sans les abîmer. (Vous pourrez voir ces glissoirs conservés à Fort Coulonge, sur la rivière du même nom.) Ce glissoir sert au transport du bois jusqu'au début des années 1970. Ainsi s'annonce le long périple des cages sur la rivière des Outaouais et l'entrée spectaculaire de cette époque dans la légende. Jos Montferrand, pour n'en nommer qu'un, a marqué l'imaginaire collectif des Québécois en s'inscrivant bon premier au panthéon des hommes forts. L'Outaouais a le privilège d'être associé à cette figure légendaire dont la renommée dépasse largement nos frontières. En Amérique du Nord, le héros porte également le nom de Montferan, Mouffreau, Mufferon, Maufree et Murphy, selon les différentes prononciations.

À cette époque, Hull s'appelle Wrightstown. On ne doit pas oublier que sa population est majoritairement anglophone jusqu'au XIXe siècle. Chad Gaffield, un des plus éminents historiens du Canada qui habite la région, nous apprend qu'en « 1844, les anglophones, grâce à la présence de colons irlandais et de leurs enfants, sont majoritaires dans la région. Les Canadiens français représentent à peine plus du quart de la population. La population canadienne-française deviendra par la suite proportionnellement plus importante, en raison, d'une part, de la diminution de l'immigration d'origine britannique et, d'autre part, de l'augmentation rapide du nombre de Canadiens français venant surtout des paroisses du secteur est de la rivière des Outaouais et de l'extrémité ouest du fleuve Saint-Laurent à Montréal ». Au-delà de la Petite-Nation au XIXe siècle, les grands propriétaires, les exploitants de la forêt autant que les colons et les défricheurs, sont des Britanniques ou des Américains venus pour construire leur royaume à même les terres de la vallée, depuis longtemps boudées par les Canadiens. Les Stevens et les Cameron exploitent les forêts de Lochaber, les Bowman et les Bigelow contrôlent les exploitations de Buckingham et la famille

Wright monopolise toute l'industrie à Wrigthstown (Hull) et sur la Gatineau. Ce qui a cours sur la rive nord se répète sur la rive sud de l'Outaouais qui fait partie du Haut-Canada.

Dès 1806, découragé par la difficulté d'y développer une agriculture rentable, Wright descend jusqu'à Québec un premier radeau fait de billes et de planches sur la rivière des Outaouais. L'Angleterre est alors aux prises avec les guerres napoléoniennes qui barrent la route au marché scandinave. Wright flaire la bonne affaire et lance une expédition de deux mois, dont trente-cinq jours pour atteindre Montréal. Les difficultés encourues ne freinent pas l'enthousiasme du fondateur de Hull et c'est pourquoi on peut dire de ce voyage qu'il a été le point de départ du commerce du bois équarri, le principal soutien économique de la vallée de l'Outaouais pendant une centaine d'années. À partir du milieu des années 1820, l'Outaouais devient la plaque tournante de l'industrie forestière en Amérique du Nord.

En 1851, l'arrivée d'un autre Américain, Ezra Butler Eddy, favorise davantage l'essor de l'industrie forestière. Il se lance dans la fabrication d'allumettes, de seaux, de planches à laver, d'épingles à linge et de pâtes et papier. Plusieurs ouvriers canadiens-français vinrent alors s'installer dans cette ville prospère et gonfler les effectifs francophones dans la région. Aujourd'hui, Gatineau est une ville résolument francophone (87,6 %). Avec ses 230 000 habitants, Gatineau se classe cinquième parmi les villes en importance au Québec.

Vous pouvez aller prendre un verre sur la rue principale du Vieux-Hull (Promenade du Portage), légendaire pendant les années folles. Entre 1910 et 1930, la ville s'est vu attribuer le titre de « Petit Chicago ». Le crime organisé et la culture ont tous les deux fleuri dans cette région frontalière du Québec, face à l'Amérique anglophone. Prohibition en Ontario oblige, tous les bars et les clubs se trouvaient alors du côté du Vieux-Hull. Les artistes en tournée, tels que les Louis Armstrong, Ella Fitzgerald et Duke Ellington, venaient se produire dans les boîtes de la Promenade du Portage, alors nommée « la Main ».

Les temps ont changé, mais Ottawa vous réserve encore de belles surprises côté sorties. Le marché By est le secteur d'activité par excellence à Ottawa avec ses nombreuses boutiques exclusives, plus de 80 restaurants et cafés, sa vie nocturne trépidante, sans compter le plus ancien marché en plein air du Canada. Ouvert en toutes saisons, ce marché historique accueille une centaine de fournisseurs de fruits et légumes frais, plantes et fleurs, œuvres d'art et artisanat.

Le centre urbain Ottawa-Gatineau est doté de pas moins de 12 musées nationaux. Le Musée des beaux-arts, la galerie d'art d'Ottawa et le Musée canadien des civilisations valent le détour, sans parler du nouveau Musée de l'aviation du Canada, une référence dans le monde. Au Musée canadien des civilisations, vous pourrez parcourir pas moins de 1 000 ans d'histoire en traversant des paysages urbains et des décors grandeur nature et en y rencontrant les figures marquantes du pays. Vous pourrez visiter un village autochtone de la côte ouest et admirer la plus grande collection intérieure de mâts totémiques au monde. Et puisque vous êtes dans la région de la Capitale canadienne, vous en profiterez pour visiter la colline parlementaire. qui regroupe les édifices du gouvernement du Canada, la plupart de ces édifices construits au XVIIIe siècle dans un style néogothique, ce qui confère à la colline un air fort particulier, presque mystique.

Vous serez alors tout près du Canal Rideau, le plus vieux canal encore utilisé en Amérique du Nord. Le canal fut construit sous les ordres du Colonel By et inauguré en 1832. Ce dernier profita de la main-d'œuvre irlandaise abondante, nouvellement arrivée du vieux pays au bord de la guerre civile et de la famine. Après la construction du canal, ces Irlandais, que l'on appelait « Shiners », se liguèrent pour occuper les emplois dans les chantiers forestiers du nord de l'Outaouais. Aidés par les nouveaux dirigeants qui veulent s'imposer dans l'industrie forestière, les Irlandais livreront une guerre sans merci aux francophones qui occupaient les chantiers d'en haut. Pour s'approprier les territoires de coupe, les patrons de l'industrie forestière n'auront de cesse d'encourager ces affrontements, qui culmineront à la fin des années 1830. Jos Montferrand s'illustre brillamment pendant cette période trouble, laissant dans la légende et dans l'histoire les plus belles batailles jamais enregistrées au Québec. Quoi qu'il en soit, le calme règne aujourd'hui dans la région et le Canal Rideau se transforme l'hiver en l'une des plus longues patinoires au monde. Vous visiterez aussi à Ottawa la maison Wilfrid-Laurier (1896-1911), qui aura hébergé deux premiers ministres influents du Canada, soit sir Wilfrid Laurier et William Lyon Mackenzie King (1921-1948). Vous y apprendrez à connaître les deux personnages ainsi que l'histoire de la ville d'Ottawa au fil des ans.

Comment s'étonner qu'une histoire aussi riche ait donné une des cultures les plus épanouies du Québec ? Plusieurs artistes de l'Outaouais rayonnent aujourd'hui à la grandeur de la province, du pays et du monde. Plusieurs auteurs-compositeurs-interprètes comme Pierre Lapointe et Luce Dufault ont grandi en Outaouais et jouissent aujourd'hui d'une renommée qui s'étend au-delà de nos frontières. Au cinéma, nous comptons Phillipe Falardeau, réalisateur d'une œuvre unique dans le paysage du cinéma québécois contemporain (*La moitié gauche du frigo, Congorama,* etc.). En littérature, à Jean-Guy Paquin et Jacques Lamarche s'ajoutent Bernard Assiniwi, réputé pour son œuvre exceptionnelle sur les Algonquins, et Stéphane-Albert Boulais, dont les écrits remarqués se situent entre le conte et le roman. Il faut aussi noter Daniel Poliquin, maintes fois primé pour ses romans. Ce tableau rapidement ébauché vous offre un avant-goût des écrivains originaires de l'Outaouais.

En ce qui concerne la peinture, une des figures majeures de la création en Outaouais fut Jean Dallaire (1917-1965) du Vieux-Hull, né d'une famille ouvrière de 15 enfants. À la jonction de l'art moderne et contemporain, l'œuvre de Dallaire a profondément marqué l'histoire de l'art en Amérique comme en Europe. Un musée Dallaire est sur le point d'être construit en plein centre-ville du secteur Hull. « L'espace Dallaire » est un multiplexe culturel qui intègre un musée interactif consacré aux œuvres de cet artiste, trois salles d'exposition, une salle audionumérique d'avant-garde en partenariat avec le cinéma Ex-Centris et la compagnie de technologie Digiscreen, tous deux de Montréal, une bibliothèque art-images incluant une composante BD (bande-dessinée), un café et des boutiques. Le centre sera entouré d'un parc urbain à vocation culturelle.

Le portrait ne serait pas complet sans souligner l'importance de la Maison de la culture (secteur Gatineau), de la Maison du citoyen (secteur Hull) et de La basoche (secteur Aylmer), véritables centres d'exposition et de promotion de la culture et des arts en Outaouais. Arts visuels et arts de la scène sont à l'honneur à l'année longue.

Colline-de-l'Outaouais

Rares sont les régions du Québec qui allient si harmonieusement la vie citadine aux grands espaces sauvages. L'Outaouais possède cette caractéristique unique. Partant du centre-ville d'Ottawa ou de Gatineau (secteur Hull), vous pouvez vous retrouver en plein cœur du Parc de la Gatineau en moins de 15 minutes. Directement au nord de Gatineau, en prenant la 5, vous découvrirez ce magnifique parc qui est l'entrée des Collines de l'Outaouais. Paysages contrastés, montagnes millénaires, cours d'eau sinueux et ponts couverts, tel est le visage des Collines-de-l'Outaouais.

La splendeur du Parc de la Gatineau avait d'ailleurs conquis le dixième premier ministre canadien, William Lyon Mackenzie King, qui y fit construire sa résidence d'été au cours des années 1920. Il est aujourd'hui possible de visiter le Domaine Mackenzie King et ses jardins empreints d'histoire et de romantisme. Les Collines-de-

l'Outaouais sont devenues une destination de choix pour les amateurs de plein air au Québec, tant pour les sports d'hiver que d'été. À l'automne, l'endroit est idéal pour admirer le changement des couleurs et se promener dans les nombreux ateliers d'artistes. Découvrez aussi les mystères du monde souterrain de la Caverne Laflèche en explorant la plus grande grotte naturelle du Bouclier canadien, une merveille unique en son genre. Laissez votre véhicule de côté et montez dans l'un des derniers véritables trains à vapeur en service au Canada. Venez parcourir les collines de la Gatineau à la façon des pionniers du début du siècle dernier. Construite en 1907, la plus ancienne locomotive à vapeur au pays vous transporte au cœur du territoire des Collines, à destination du pittoresque village touristique de Wakefield.

Vallée-de-la-Gatineau

La MRC de la Vallée-de-la-Gatineau, plus au nord, rend vraiment hommage à l'histoire courageuse des draveurs et nous plonge au cœur d'un territoire sauvage immense. La magnifique rivière Gatineau que vous suivez depuis que vous avez quitté le centre-ville du Vieux-Hull, pour vous diriger vers le nord, a été la contrée par excellence des hommes de drave et des bûcherons. C'est l'endroit rêvé pour l'amateur de plein air et sa famille, le secteur est un vaste territoire de lacs, de rivières et de forêts. Encore aujourd'hui, cet espace est habité par les Amérindiens. La réserve Kitigan Zibi Anishinabeg et son centre d'interprétation algonquin Mawandoseg vous permettront d'ailleurs d'effectuer un voyage dans le temps et de découvrir une richesse culturelle bien de chez nous.

Un voyage en Outaouais, c'est un voyage dans le pays intérieur, ancien Far West québécois, véritable mosaïque culturelle rassemblant les Algonquins, les immigrants de la Nouvelle-Angleterre, les Irlandais, les Écossais et les Canadiens français. Ce voyage saura rallier les grands espaces sauvages aux activités culturelles et vous transporter dans les commencements du pays. ■

* *Écrivain et cinéaste.*

LAURENTIDES

PIERRE GRIGNON*

Les Laurentides forment avant tout une chaîne de montagnes à laquelle le Québec en entier peut s'identifier. Mais les Laurentides au nord de Montréal constituent une région dont il est impossible de définir un caractère unique. Cette région administrative s'étend depuis la rivière des Mille-Îles jusqu'à Mont-Laurier. Elle est marquée de façon bien particulière par les littérateurs, les artistes et les historiens. Fait unique, ce qu'on appelait jadis les Cantons du Nord ont changé de nom pour devenir les Pays-d'en-Haut sous l'influence d'un écrivain, Claude-Henri Grignon, et par le poids médiatique et mythique de son œuvre et de ses personnages. Dans les Laurentides, les Pays-d'en-Haut sont devenus une sous-région dont le territoire correspond dans l'imaginaire collectif aux lieux de l'action dramatique d'une émission de télévision, *Les belles histoires des Pays-d'en-Haut*, en ondes depuis septembre 1956. Créée vingt-trois ans plus tard, en 1979, la MRC des Pays-d'en-Haut témoigne, par son nom, de cette toponymie nouvelle.

Les Laurentides frappent par leur grande diversité dans l'axe nord-sud. On constate une vie semi-urbaine dans la « couronne nord » appelée précisément Basses-Laurentides, qui a gardé en partage des territoires agricoles et une vie champêtre d'une rare beauté. Pays des Patriotes de 1837 et des luttes pour notre survivance nationale, ce bassin de familles nombreuses et de terres surpeuplées va conduire au plus grand exode qu'a connu le Canada français. L'écrivain Arthur Buies avait baptisé Saint-Jérôme le « Portique des Laurentides » parce qu'il y voyait déjà une halte, une plaque tournante vers ce qui allait devenir un pays de colonisation. Nos ancêtres ont su maîtriser les éléments pour nous léguer leurs terres devenues depuis des lieux fort agréables.

Cette région des Laurentides monte jusqu'à l'exploitation forestière de Mont-Laurier aux portes de la Baie James. Le périple aura permis de traverser les Laurentides, le long de Prévost, Piedmont, Saint-Sauveur, Sainte-Adèle, Val-David, Sainte-Agathe, jusqu'à Saint-Jovite, devenu par la force des choses (et de l'argent) Mont-Tremblant. J'en omets bien sûr, sans en oublier, car je connais bien cette région que j'aime. Cette portion des Laurentides, celle du tourisme et de la villégiature, est également un lieu de résidence permanente pour ceux et celles dont le voyagement quotidien vers Montréal ou Laval est le juste prix à payer pour habiter un pays de montagnes, de lacs et de rivières chanté par tant de poètes et d'écrivains. Les progrès de la technologie des communications permettent à des milliers de gens de travailler à distance et de réduire à leur strict minimum les voyagements vers la grande ville.

Passé Mont-Tremblant, ce sont les Hautes-Laurentides jusqu'à Mont-Laurier, pays de l'écrivaine Francine Ouellette, dont l'œuvre romanesque presque ethnologique par la richesse du détail et la précision prend des allures de fresque historique de ce que fut l'Amérique française. Son dernier roman se situe dans les vrais pays d'en haut de l'Amérique d'avant la Conquête britannique : de la Louisiane aux Grands Lacs. On est loin de Sainte-Adèle.

La richesse artistique et culturelle des Laurentides résulte du double avantage de la proximité de Montréal. Double avantage parce que l'on peut parler d'échanges, presque d'osmose, puisque le phénomène n'est pas à sens unique. Combien d'artistes, de personnalités des médias, de créateurs ou plus simplement de vedettes populaires vivent ici parce que Montréal est à portée de la main. Pour les mêmes raisons de distance, puiser dans le réservoir culturel et artistique de Montréal n'exige pas une expédition ou une dépense extravagante. Nous ne sommes pas pour autant *de* Montréal. Nos infrastructures culturelles sont nombreuses, nos événements artistiques sont très souvent l'occasion d'une belle sortie *dans le Nord* pour les gens de la ville.

Si Lionel Groulx est sorti du séminaire de Sainte-Thérèse pour ensuite devenir l'historien national qu'il a été, c'est à Saint-Jérôme que naît Germaine Grignon-Guèvremont, elle-même fille d'écrivain et cousine *germaine* de Claude-Henri Grignon, né à Sainte-Adèle en 1894. Le grand Gaston Miron avait ses racines à Sainte-Agathe, les beautés de Saint-Placide permettent à Gilles Vigneault de produire une œuvre unique dans la culture d'expression française. Claude Jasmin, le prolifique, vit à Sainte-Adèle, son village servant de décor à l'action dramatique qu'il imagine, comme Saint-Sauveur est celui de Paul-Marie Lapointe et de Fabienne Larouche. Paul Chamberland, quant à lui, a ses attaches à Morin-Heights, là même où les studios d'enregistrement d'André Perry ont attiré certains des plus grands musiciens de la planète. La Butte à Mathieu de Val-David reste à jamais le berceau des boîtes à chansons et la rampe de lancement de tant de carrières de nos merveilleux chansonniers dès 1959. Sainte-Adèle fut le lieu de naissance des théâtres d'été et demeure un endroit de prédilection pour les cinéphiles avec ses huit salles de cinéma de première ligne. Sainte-Adèle jouit d'une célébrité rarement égalée dans l'esprit de tout un peuple.

Deux écrivains de talent et d'une belle générosité, Pauline Vincent et Robert Gauthier, animent depuis 2001 l'Association des auteurs des Laurentides, qui compte plus de 110 membres sur l'ensemble du territoire. Cette force dynamique, en parallèle avec le Conseil de la culture des Laurentides, fait de Saint-Jérôme une capitale culturelle.

parce qu'il aimait l'expression et en s'inspirant des vieux pays d'en haut, sans majuscules ni traits d'union puisque ce n'était pas un nom propre composé. On les retrouve, ces pays des peuples amérindiens, dans l'œuvre de Lionel Groulx, dans celle de Félix-Antoine Savard et dans de nombreux documents à la valeur historique certaine.

Si le curé Antoine Labelle a tant fait pour ouvrir des paroisses dans les Cantons du Nord, c'était pour contrer cet autre fléau : l'exode vers les États-Unis. Cette migration vers la Nouvelle-Angleterre, et ailleurs, fut massive. La réaction de l'Église à ce dépeuplement enclencha cette période ingrate, miséreuse, de la colonisation du Nord. Une course entre protestants, le long des Outaouais, et catholiques, le long de la rivière du Nord. La toponymie actuelle en témoigne, ces villages anglo-protestants, Gore, Arundel, etc., qui rejoignent Saint-Jovite, devenu Mont-Tremblant.

Si le rêve du curé Labelle est si injustement jugé quant aux « terres de roches » sur lesquelles de trop nombreux colons se sont retrouvés dans le Nord, il faut rappeler que le projet de Labelle portait beaucoup plus haut, beaucoup plus loin, jusqu'aux Rocheuses même, en passant par les communautés canadiennes-françaises vivant dans la partie Nord des provinces voisines. Il faut insister sur le fait que Sainte-Adèle existe depuis de nombreuses années lorsque Labelle devient curé de Saint-Jérôme, le 15 mai 1868. Les pauvres colons étaient déjà établis sur leurs terres de roches qu'ils tenaient d'Augustin-Norbert Morin, fondateur de Sainte-Adèle, décédé en 1865. Le « Chemin de fer des Cantons du Nord », nom de l'entité juridique responsable du projet du curé de Saint-Jérôme, allait beaucoup plus loin dans les rêves de Labelle que dans les Pays-d'en-Haut des *Belles histoires*.

Dans l'imaginaire collectif de tout le Canada français, et même chez les Franco-américains, des personnages issus de la fiction romanesque se mêlent à la réalité historique des Laurentides. D'où ce caractère mythique que l'on ne retrouve nulle part ailleurs. Séraphin Poudrier est aussi vrai qu'Antoine Labelle. Mais le Gros Curé de la télévision est plus grand que nature dans la culture populaire. Arthur Buies, écrivain et pamphlétaire anticlérical du Bas-du-Fleuve, est surtout connu comme secrétaire du curé Labelle à Saint-Jérôme. On ne me demande pas si Séraphin Poudrier a véritablement existé ; on me demande encore souvent : « En quelle année Séraphin a été maire de Sainte-Adèle ? » Où la fiction s'arrête-t-elle ?

Le succès phénoménal au *box-office* du film *Séraphin, un homme et son péché* de Charles Binamé résulte de ce que plusieurs ont appelé « l'attrait mythique » des personnages, dont la popularité traverse huit

Aucune autre région ne connaît pareille croissance démographique, et ce, depuis des années. Entre Saint-Eustache, Sainte-Rose et Sainte-Thérèse, c'est un long berceau d'une communauté issue du Régime français, à l'époque des seigneuries. Une paysannerie de souche, organisée à l'ombre de ses clochers paroissiaux et autour des moulins seigneuriaux si importants à la survie de ces gens simples et courageux. Ces Basses-Laurentides ont vu naître des « trâlées » d'enfants, devenus si nombreux qu'il fallut faire face au débordement des terres ancestrales par les générations montantes. Tensions sociales et politiques auront conduit aux deux grands phénomènes qui déclenchèrent des mutations profondes.

Les rébellions des Patriotes ont forcé à l'exil et à l'éclatement bon nombre de familles dans les villages d'en-bas. Plusieurs monteront vers Dumontville, premier nom de Saint-Jérôme, pour ensuite foncer vers les Cantons du Nord, ces *townships* récemment ouverts sous le régime britannique. Claude-Henri Grignon les renommera les *Pays-d'en-Haut* générations. Le calcul est pourtant simple. Ceux qui avaient soixante ans en 1933, année de publication du roman *Un homme et son péché,* sont morts et enterrés depuis belle lurette. Leur naissance remonte à 1873. Combien de générations ont suivi pour conduire à nos étudiants de cégep qui étudient l'œuvre en 2008 ? Et ce n'est pas fini. Le succès phénoménal actuel des *Belles histoires des Pays-d'en-Haut* à l'ère des DVD a quelque chose de fascinant.

Après l'échec de l'agriculture au nord de Saint-Jérôme, l'immense potentiel récréo-touristique a pris la relève. L'engouement pour les résidences secondaires ou pour les chalets a donné naissance aux populations flottantes, comme à Sainte-Adèle, où la population peut fluctuer du simple au triple, selon les jours de la semaine ou les saisons de l'année. Les lacs, les rivières, les montagnes sont devenus le « terrain de jeux » juste au nord de Montréal. Comme un symbole de notre mutation, le Train du Nord du Gros Curé, que chantait Félix Leclerc dans son « train pour Sainte-Adèle », est devenu un parc linéaire majestueux, nouvel axe de développement touristique et culturel. Tremblant a métamorphosé tout un secteur, mais les retombées économiques débordent amplement le site même de ce Disneyland nordique. Les esprits avertis et sensibles aux arts ont compris l'importance de l'industrie culturelle, si intimement liée à l'industrie touristique, au tourisme gastronomique, au bichonnage des centres de santé et de relaxation, aux parcours patrimoniaux et aux gîtes touristiques envoûtants. Le ski, tant nordique qu'alpin, le vélo, le golf, la navigation de plaisance,

> Mont Tremblant.

voire l'alpinisme le disputent aux autres activités de plein air et de joie de vivre.

Je n'écris pas une publicité. Ces lignes témoignent d'une réalité que nous savons très présente chez nous, où des artistes sont heureux de trouver un public sensible aux choses de l'esprit, aux multiples manifestions de l'art sous toutes ses formes. Le Pavillon des arts de Sainte-Adèle en a été la preuve la plus éloquente pendant plus de quinze années, surtout du vivant d'un mécène du nom de Pierre Péladeau. Les Alain Lefebvre, Pierre Jasmin, Nathalie Choquette, Joseph Rouleau, Angèle Dubeau, l'Atelier lyrique de l'Opéra de Montréal, et combien d'autres grands talents internationaux, peuvent en témoigner.

L'expropriation abusive des terres arables parmi les plus riches du Québec, pour soi-disant créer un aéroport dans les Basses-Laurentides, a déraciné une population, rasant des villages aux noms évocateurs de notre histoire et brisant des centaines de familles. On les a appelés les Expropriés de Mirabel, autant de drames qui allaient se solder par un aéroport urbain qu'on nommerait Pierre-Elliot-Trudeau, comme pour joindre l'insulte à l'arrogance. La fermeture de General Motors à Boisbriand, si regrettable soit-elle, n'est pas du même ordre que le scandale de Mirabel.

Avec le développement des loisirs, avec des infrastructures modernes et la proximité d'un immense bassin juste au sud, les Laurentides respirent bien. Pour trop de gens, hélas, une pauvreté séculaire perdure. On voit cette dichotomie entre richesse « fin de semaine / vacances / banlieue cossue » et pauvreté au quotidien. Les maux des sociétés modernes sont présents. La vie industrielle du siècle dernier a subi de profondes transformations, certaines disparitions même, forçant la région à innover, à se transformer en ce qu'elle est maintenant, en pur devenir. ∎

* *Professeur de littérature et de cinéma à la retraite (Cégep Saint Laurent), conférencier, ex-maire de Sainte-Adèle et petit-neveu de l'écrivain Claude-Henri Grignon.*

MONTRÉAL

MONIQUE LARUE*

J'ai toute ma vie navigué entre Montréal et la banlieue, mais je ne me suis jamais habituée au mystère de ce passage. Née de l'autre côté du pont Jacques-Cartier, je travaille depuis trente ans à Longueuil. La banlieue donne un point de vue sur Montréal, et réciproquement.

> Marcelle Ferron, verrière de la station de métro Champ-de-Mars, 1968.

>Montéal, vue du Mont-Royal.

>Le Stade olympique.

> Pont Jacques-Cartier.

Vu du collège où j'enseigne, le controversé mât olympique se dresse élégamment et identifie Montréal. Dans mon enfance, comme dans *La nuit* de Jacques Ferron, le pont était une présence, l'appel de ce monde désiré, supérieur à mes yeux du fait qu'il s'y trouvait des maisons à *trois* étages, des escaliers extérieurs, des hommes en camisole qui buvaient de la bière sur leur balcon, et des tramways, les grands magasins aux mille parfums, des musées, la langue anglaise : l'inconnu, le nouveau. Quand j'ai pu, enfin, aller seule à Montréal, j'ai exploré la « Main », qui n'avait pas bonne réputation sur « la rive sud ». Maintenant mythifié, surexposé, le boulevard Saint-Laurent n'en reste pas moins, selon moi, la colonne vertébrale de l'histoire québécoise, dans sa jonction avec le Vieux Montréal, la rue Notre-Dame et les banques de la rue Saint-Jacques. C'est à l'angle de Saint-Laurent et Sainte-Catherine que se trouve le point géométrique du roman montréalais[1], là où maints personnages de Michel Tremblay trouvent leur vérité nocturne, un carrefour qui est encore, selon Marie-Hélène Poitras, « le trou noir de Montréal[2] ».

L'île-ville, la métropole du Québec, donne à voir et à entendre le contraire, le négatif de la banlieue à laquelle elle est reliée et dont elle est tenue à distance par le fleuve, les rivières, les ponts et les tunnels. Quand la lumière du matin effleure les murs lézardés, les sacs de déchets crevés, les sans-abri étendus, les terrains vagues, les clôtures défoncées, les taudis désertés, les infrastructures en dislocation, Montréal dit ce que disent toutes les villes : que le monde n'est pas pur, ni propre, ni sûr, ni paisible, ni juste, que la vie est un combat qui ne va pas sans ordures et sans défaites. Montréal n'est pas bourgeoise, elle n'est pas bien mise, elle ne parle pas bien, elle ne parle pas qu'une seule langue et n'écrit pas en un seul alphabet, elle n'est pas léchée comme les sites protégés par l'Unesco, comme sa rivale, Québec. Montréal est *cheap*, vulgaire et n'offre rien de la ville-musée.

C'est une conception de la vie et de la beauté qui est en cause dans cette divergence, cette contiguïté qui est aussi dialogue, rivalité budgétaire, politique, philosophique. Les banlieues semblent s'entendre sur un certain nombre de paramètres – la nécessité des jardins privés, le bienfait des piscines, de la propriété unifamiliale, des golfs et des gazons. Rêve vert, rêve trompeur, si l'on en croit Michael Delisle[3], peintre impitoyable du vide, de la cruauté, du conformisme qui éjecte, exclut les marginaux qui ont tôt fait d'aboutir… à Montréal.

Aller-retour, va-et-vient, fusion et défusion : l'énigmatique Janus que forment l'île et son écrin est le Sésame d'un pays « qui n'est pas un pays », l'interface de deux mondes qui se rencontrent ici. La communication est incessante, on échange fruits et légumes quand les marchands reviennent dans les marchés, quand le Festival de Jazz tente de faire naître l'été et que les banlieusards y viennent faire leur tour, sans se rappeler que les pauvres constructions du Plateau ou de Saint-Henri maintenant gentrifiés, les rues « sales et transversales » qui entourent le Biodôme témoignent de la dure arrivée en ville de leurs aïeux émigrés des campagnes, racontée par Gabrielle Roy dans *Bonheur d'occasion*.

Personne ne sort indemne du processus qui fait le Montréalais. Les ex-« Canadiens français », qui sont restés longtemps les mêmes, qui ont été et sont encore fascinés par « le Même », par la ressemblance, font ici l'expérience de la différence, de la comparaison, du changement. Montréal attise la curiosité, le désir de partir, d'éprouver son être, de voyager et de se métamorphoser. Dans ses écoles, ses hôpitaux, ses autobus, ces ex-Canadiens français, comme les ex-Chinois, les ex-Portugais, les ex-Uruguayens, s'observent forcément et parfois férocement. Montréal est une machine cybernétique dont nul ne maîtrise les effets, un espace commun, pas nécessairement partagé, où les mœurs et les traditions se modifient, où personne ne reste semblable à soi-même si être semblable à soi-même signifie être semblable à ses parents comme ceux-ci seraient semblables aux leurs. Montréal détruit cette utopie. Le relativisme s'infiltre dans les consciences, les carcans cèdent, engendrant changement, chambardement, malentendu. Montréal pullule d'ex-maris, d'ex-familles, d'ex-hétéros, d'ex-croyants, d'ex-centriques.

Et c'est pour se retrouver, sans doute, qu'on a besoin de ces chambres de compensation, de ces dortoirs que sont les banlieues. Il y a des banlieues autour de l'île, mais il y en a qui se payent le luxe de rester à l'intérieur : de riches banlieues musulmanes, sikhs, juives, anglo-protestantes, italo-catholiques. Il y a des enclaves moins riches, mais il n'y a pas de ghettos. Où que j'aille sur cette île, je peux entrer quelque part boire un café, comme je peux m'acheter un sari, un tagine, une cornemuse, voire une kippa. Je verrai des Hassidim portant la Torah, je verrai des boucheries hallal, des mangoustans et des vessies de porc chez les Vietnamiens, des pupusas et des plantains sur la Plaza Saint-Hubert, je parcourrai un labyrinthe d'interpénétrations, je franchirai des frontières, je verrai des Italiens dans les restaurants chinois et des Chinois dans la Petite Italie, mais sans rencontrer de mur, de fossé, de barbelés électrifiés, ni même de véritable incivilité.

C'est que, comme Xian, en Chine, ou comme New York, comme toutes les villes qui ont connu la faveur d'être un point de convergence, Montréal élabore une tradition de tolérance, dont une partie s'appelle « accommodements raisonnables ». Toutes les traditions de tolérance sont laborieuses et menacées. Elles ont disparu d'Istanbul, du Caire, de tant de villes autrefois douces aux minorités. Montréal, cependant, est, je l'espère, protégée par son éloignement, par sa nordicité, par sa marginalité, par son sens britannique du compromis et par son sens latin du délai, par son inexpérience de l'hégémonie et par son culte de la liberté, par le genre de question que, je crois, elle pose à tous et que tous entendent différemment : qui suis-je, qu'est-ce qu'être soi-même ? De ces questions Montréal est le miroir, ne serait-ce que parce qu'elle est une l'hiver et une autre l'été.

S'il y a des villes qui fascinent par leur richesse historique, comme Rome, d'autres par leur prestige culturel, comme Paris, par leur taille, comme New York, par leur élan, comme Shanghai, par leur lourdeur, comme Moscou, par leur drame,243 comme Port-au-Prince, par leur diversité, comme Mexico, à Montréal, c'est le synchronisme qui est fascinant. On y trouve des Shanghaiens et des Moscovites, des Parisiens et des Romains, des Mauriciens et des Costaricains, des Inuits et des Africains. Montréal est un des résumés du monde actuel et en cela elle est poème, roman, écriture et lecture.

La littérature québécoise compte significativement, au XIXᵉ siècle, trois romans intitulés *Les mystères de Montréal*. L'énigme a été magistralement évoquée, développée, mais non pas déflorée ni résolue, par le grand Jacques Ferron, qui habitait non loin du collège où j'enseigne. Dans *La nuit*, repris sous le titre *La confiture de coings*, Montréal est un sphinx que l'on doit savoir approcher et dont on doit respecter les seuils.

Insulaire, Montréal s'offre le luxe d'un point de vue pour apparaître, pour étonner et se laisser connaître. Et c'est de ce point de vue, dans ce passage, ce mouvement, que nous déchiffrons et inventons notre destin. ■

Quelques points d'intérêt

- Le Biodôme et l'Insectarium de Montréal
- Le Jardin botanique
- Le Planétarium et son Théâtre des Étoiles
- La Tour de Montréal et le Parc olympique
- Le Centre des sciences, situé dans le Vieux-Port
- L'Oratoire Saint-Joseph
- Le Parc du Mont-Royal
- Musée des beaux-arts de Montréal
- Musée d'art contemporain de Montréal
- Musée de la Pointe-à-Callière, musée d'archéologie et d'histoire de Montréal
- Musée du Château Ramezay
- La cathédrale Marie-Reine-du-Monde
- L'Île Sainte-Hélène et la Biosphère d'Environnement Canada
- La Grande Bibliothèque
- Le Centre canadien d'architecture

Références

1   Voir Monique LaRue et Jean-François Chassay, « Espace urbain et espace littéraire », dans *La petite revue de philosophie*, vol. 11, nº 1 (automne 1989), Services de l'édition du Collège Édouard-Montpetit, Longueuil, Québec.

2   Marie-Hélène Poitras, « Le trou noir de Montréal », dans *Écrire Montréal, écrire à Montréal*, Montréal, Culture Montréal, Montréal, 2006 (« Cultures » nº 7).

3   Michael Delisle, *Le sort de fille*, Leméac, Montréal, 2005.

✶ *Écrivaine et professeure de littérature,
Collège Édouard-Montpetit.*

CANTONS-DE-L'EST (ESTRIE)

ANTOINE SIROIS*

Les Cantons-de-l'Est présentent un relief distinctif : un vaste plateau où jaillissent des éminences isolées, des archipels de collines, des lignes de crêtes continues sur de longues distances, entrecoupées de vallées profondes. C'est le relief appalachien qui contraste avec la plaine de Montréal. La végétation y est abondante et la forêt prend une allure spécifique grâce à la variété de feuillus, des érables en particulier. Les nappes d'eau foisonnent.

Les Cantons-de-l'Est historiques s'étendent, en gros, sur tout le territoire compris entre la rivière Richelieu et la rivière Chaudière. La région économique nommée Estrie ne comprend qu'une partie des Cantons-de-l'Est, mais l'Association touristique tient à couvrir dans sa publicité l'ensemble des Cantons à cause de l'unité historique et géographique du territoire.

Ce territoire, peuplé plus tardivement au Québec, devient une terre promise pour un grand nombre : pour les Loyalistes américains qui émigrent avant 1810, pour les Britanniques, les Écossais et les Irlandais qui s'échappent ainsi à la pauvreté et à la famine et émigrent jusqu'en 1840, pour les Canadiens français qui délaissent les seigneuries devenues surpeuplées le long du fleuve Saint-Laurent et viennent coloniser le sud-est de son cours depuis le milieu du siècle. Une vague américaine s'ajoute vers 1820 et après. Il y a aussi les Abénaquis qui, venus des États américains, se font à la confluence des rivières Magog et Saint-François un point de rencontre annuelle et impriment au paysage des noms évocateurs de la nature comme Memphrémagog, Massawippi, Coaticook et Mégantic.

La région est divisée en *townships*, en cantons, et non en seigneuries. Les terres sont concédées en pleine propriété, sans servitude. La British American Land, autorisée par la Couronne, contribue à ouvrir le territoire depuis 1833 à des centaines d'immigrants à prédominance britannique. Les nouveaux arrivants inscrivent dans la nature vierge les traits de leur propre culture, leurs techniques de construction et leurs traditions artisanales. L'architecture vernaculaire américaine a surtout contribué à donner aux Cantons-de-l'Est son cachet avec des petites églises protestantes de couleur blanche, des maisons de bois à toit à deux versants dissimulées de la route derrière des rideaux d'arbres, des bâtiments publics comportant des traits de construction grecs anciens, sans compter les granges rondes, les ponts couverts et les moulins activés par l'eau. La région recèle le plus grand nombre de villages pittoresques au Québec, tels Knowlton, Frelighsburg, Dudswell, Stanbridge East, Stanstead, Way' Mills, North Hatley et Mystic.

Sherbrooke, la reine

La ville de Sherbrooke, à la confluence des deux rivières, « les grandes fourches », où se dressent dès 1801 les deux moulins de Gilbert Hyatt et ses associés, devient rapidement la reine des Cantons-de-l'Est. Elle connaît, grâce à l'énergie fournie par les chutes de la rivière Magog, à ses communications ferroviaires rapidement établies et surtout à des promoteurs locaux, majoritairement anglophones, un rapide développement industriel entre 1840 et 1900. Devenue principalement ville de service après 1950, elle renouera avec son développement industriel. Loin de se sentir écrasés par une première majorité anglophone, les Canadiens français, moins instruits tout d'abord, mais stimulés par cette majorité, prennent leurs responsabilités, se développent culturellement et en viennent à former avec le temps 90 % de la population. Dès le milieu du XIXᵉ siècle, ils se donnent un système scolaire et, en face de l'Université Bishop's pour garçons (1843) et du King's Hall (1874) pour filles, ils se dotent du Mont-Notre-Dame (1857) et du Séminaire Saint-Charles (1875) pour former leur élite. Ils créent deux journaux, en 1863 et en 1882, et finalement *La Tribune*, en 1910, qui devient un foyer de vie littéraire, celui des Écrivains de l'Est, où se distinguent en particulier Alfred DesRochers, l'animateur, ainsi qu'Éva Senécal et Jovette-Alice Bernier. C'est ainsi que le critique Louis Dantin peut déclarer en 1934 : « La région de Sherbrooke [...] est en passe de s'ériger en centre de culture française ». C'est de la direction de ce journal qu'émergent, en 1937, la chaîne radio CHLT et, en 1956, la première station, francophone aussi, de télévision privée au Québec, CHLT-TV.

La musique prend aussi rapidement son envol au XIXᵉ siècle avec les chorales religieuses puis avec l'apparition de chœurs, de fanfares, d'orchestres, souvent en association entre francophones et anglophones. Dès 1901, on inaugure une salle de spectacles imposante de 1 042 sièges, le Clement Theatre, qui accueille des comédies musicales américaines et qui permet à l'Union musicale sherbrookoise de présenter quasi annuellement depuis 1922 jusqu'aux années 1940 des opéras et opérettes avec des musiciens et chanteurs de la région. C'est en 1941 qu'est fondé l'Orchestre symphonique, qui donne encore annuellement ses concerts. De 1938 à 1974, la Société des concerts fait venir des artistes de renommée internationale au Théâtre Granada (1 700 sièges), ouvert en 1929 et désigné depuis lieu historique national. Les Festivals de la jeunesse apparaissent en 1948, suivis des concerts des Jeunesses musicales.

Depuis 1964, concerts et spectacles sur scène de toutes sortes sont présentés dans la troisième salle plus spacieuse au Québec, celle du Centre culturel de l'Université de Sherbrooke et aussi, depuis 1967, dans celle du Centennial Theatre élisabéthain de l'Université Bishop's. Rappelons que l'enseignement de la musique, qui relevait des institutions privées et de professeurs indépendants, a été institutionnalisé dans les années 1960 et que, du primaire à l'universitaire, au public et au privé, on peut recevoir cet enseignement à Sherbrooke. La ville jouit même d'un orchestre symphonique des jeunes et accueille annuellement le Festival des harmonies et orchestres symphoniques du Québec, qui regroupe 10 000 musiciens.

La ville était mûre pour créer en 1954 une université qui a pris beaucoup d'ampleur depuis : l'Université de Sherbrooke. Son Département de lettres devient un nouveau foyer de vie littéraire pour la création, la recherche, l'édition, les revues. Ses anciens donneront naissance à l'Association des auteurs des Cantons-de-l'Est. De nombreux auteurs de la région, dont plusieurs émanent du corps professoral de l'université et du cégep, se distinguent dans l'essai et le roman et récoltent de multiples prix. La Ville elle-même, qui est une des premières au Canada, en 1983, à avoir promulgué une politique culturelle, offre un Grand Prix. La population jouit d'une bibliothèque fort bien aménagée, la bibliothèque Éva-Senécal, exemple ayant été donné dès 1887 par la Sherbrooke Library, une des premières bibliothèques publiques au Québec. Des librairies d'envergure s'ouvrent enfin à un public de tous les âges.

Le théâtre sherbrookois naît en 1876 au Séminaire, qui présente annuellement jusqu'en 1960 une ou deux pièces ouvertes au public. L'Université Bishop's instaure une tradition similaire en 1898. Plusieurs autres troupes amateures naissent au XXe siècle, dont celle de l'Union théâtrale, active de 1946 à 1988. La première troupe professionnelle, l'Atelier, apparaît en 1968 et les années qui suivront en verront naître une dizaine, grâce surtout à l'option Théâtre de l'Université. Trois subsistent toujours et elles bénéficient avec d'autres compagnies des arts de la scène du Centre de production Jean-Besré, édifié par la Ville.

Nombre d'artistes célèbres ont été, aux XIXe et XXe siècles, inspirés par la nature des Cantons, parmi lesquels on compte Aaron Allan Edson, Frederick Simpson Coburn, Marc-Aurèle de Foy Suzor-Côté. Cet art a pu naître à Sherbrooke à la faveur de studios privés, de cours offerts au Mont-Notre-Dame et au Conseil des arts et manufactures dont les leçons de dessin à main levée donnent naissance, en 1943, à l'École préparatoire aux Beaux-Arts de Montréal. Sa directrice, Thérèse Lecomte, est embauchée en 1956 comme la première professeure d'arts plastiques dans une école publique locale et est ensuite appelée à former des futurs enseignants. Les artistes prolifèrent suffisamment pour former, en 1973, le Rassemblement des artistes des Cantons-de-l'Est, qui donne naissance à la Galerie Horace art actuel en 1973. D'autres galeries sont créées, en particulier la Galerie d'art contemporain du Centre culturel de l'Université de Sherbrooke, en 1964, la Galerie d'art de l'Université Bishop's, dans les années 1980, maintenant baptisée Foreman, et un musée, celui des Beaux-Arts de Sherbrooke, en 1982, lequel s'intéresse d'abord aux artistes des Cantons-de-l'Est. Aujourd'hui, l'enseignement des arts visuels, comme celui de la musique, est institutionnalisé du primaire à l'universitaire.

Sherbrooke : une ville aux mille visages

La ville est elle-même un musée à ciel ouvert gratifié d'une architecture victorienne unique au Québec dans ses édifices et ses résidences. Un visiteur peut entreprendre sa visite au centre-ville depuis la Place des Moulins, décorée par Melvin Charney, monter près de l'Hôtel de ville (1904, Second Empire), passer devant la Sun Life Building (1900, Renaissance italienne), virer sur la rue Dufferin à sa droite, se tourner vers le Sherbrooke Library and Art Building (1887, style classique), traverser le pont et se pencher sur la tumultueuse gorge de la rivière Magog, admirer le Musée des beaux-arts (1877, Renaissance), la Société d'histoire de Sherbrooke arborant sa tourelle avec horloge (1884, même style), l'église St. Peter's (1900, néo-gothique), l'église Plymouth (1851, néo-classique) et les somptueuses résidences comme la maison Morey (1873, victorien à mansardes), et franchir le parc Mitchell avec sa fontaine sculptée. De là, prendre la rue Moore et se rendre sur les rues Queen Victoria, London, Dominion où domine la maison Wilson de style néo-Tudor, la plus belle dans sa catégorie au Québec, poursuivre sur les rues Québec, Ontario, où folâtrer dans le superbe parc Howard, Argyle et apprécier ces maisons du Vieux-Nord qui relèvent d'au moins six types et treize sous-types architecturaux. On peut aussi participer au tour de ville guidé théâtral Traces et Souvenances ou à celui intitulé *Par le chemin des fresques*. La ville de Sherbrooke est maintenant fusionnée depuis 2002 avec six autres municipalités, soit Brompton, Deauville, Fleurimont, Lennoxville, Rock Forest et Saint-Élie, et compte près de 150 000 habitants.

Hors Sherbrooke, les touristes peuvent emprunter de grands parcours déjà tracés comme le Chemin des Cantons qui, sur 415 kilomètres, traverse 31 municipalités pittoresques, ou la Véloroute des Cantons, circuit composé de six pistes déjà existantes, ou encore la Route des vins qui, sur une voie panoramique de 132 kilomètres, traversant sept villages et hameaux, fait découvrir 14 vignobles. On peut aussi se balader dans la grande nature des quatre parcs nationaux, fréquenter un grand nombre de lacs dont plusieurs offrent des croisières comme ceux de Memphrémagog, Mégantic, Aylmer, faire l'ascension des montagnes parmi les plus hautes du Québec comme Orford, Gosford, Mégantic, ou descendre dans la gorge de Coaticook, ou encore arpenter environ 25 sentiers prévus par les municipalités.

Une région à découvrir

La région des Cantons-de-l'Est permet aussi de satisfaire une curiosité intellectuelle et artistique dans des domaines variés. Du côté minier, Asbestos donne accès à la plus grande mine à ciel ouvert au monde et aussi à un musée d'interprétation de l'amiante. Capelton permet de descendre dans les couloirs souterrains de la plus vieille mine de cuivre au Canada. La Maison du granit de Lac-Drolet, juchée sur le Morne, comme le Centre d'interprétation du granit de Stanstead, nous initie à l'histoire et à la taille de ce minerai, tandis que le Centre d'interprétation de l'ardoise de Richmond nous éclaire sur l'exploitation de l'ardoise, qui recouvre encore plusieurs toits de la région.

Les Cantons recèlent diverses industries anciennes, soit un moulin à laine, comme à Ulverton, ou à farine, comme à Frelighsburg et à Courcelles, soit encore une fabrique de poudre noire, comme à Windsor, autant de lieux agréablement aménagés. Celui qui est intrigué par la fabrication du papier se rend à la Vieille Gare d'East Angus et celui qui est curieux de connaître l'évolution des véhicules chenillés se rend au Musée J.-Armand Bombardier de Valcourt.

Les enfants seront ravis de visiter le Zoo de Granby, le Pavillon de la faune naturalisée de Stratford ou la Miellerie Lune de Miel de Stoke, sans oublier le Parc Marie-Victorin de Kinsey Falls avec ses jardins

> Lac Memphrémagog.

thématiques et le Musée de la nature et des sciences de Sherbrooke. Le couronnement d'une balade pourrait être une montée à l'Observatoire du Mont-Mégantic et un parcours de l'Astrolab, musée qui ouvre aux secrets de l'univers.

Les amateurs d'art ne seront pas en reste. Au musée et aux galeries déjà signalées pour Sherbrooke, ajoutons la Galerie Union-Vie de Drummondville, la Galerie Creatio de Magog et le Centre Yvonne L. Bombardier de Valcourt. D'intéressants circuits estivaux sont créés à Sherbrooke, à Magog, à Sutton, qui donnent accès aux ateliers des artistes de la région dans les arts visuels et les métiers d'art. Ajoutons les visites aux musées intégrés dans des résidences patrimoniales remarquables, Colby-Curtis de Stanstead, Beaulne de Coaticook, Bruck de Cowansville, Uplands de Lennoxville, et aux galeries ouvertes dans nombre de municipalités. Le Musée Missisquoi permet aussi de se frotter à l'histoire du pays.

Les amateurs de musique seront gâtés par le Festival Orford du Centre d'arts d'Orford, les récitals d'artistes du Vieux Clocher de Magog, les prestations musicales quotidiennes de la Place de la Cité de Sherbrooke ; les férus de théâtre d'été le seront par les multiples lieux scéniques (une dizaine) que se partagent la région. La Marjolaine d'Eastman et le Piggery de North Hatley comptent parmi les plus anciens.

Ceux qui sont attirés par l'art religieux auront plusieurs temples à visiter. Ils se rendront à l'Archevêché de Sherbrooke, en particulier dans la « sainte chapelle » décorée par Ozias Leduc, ou à l'Abbaye de Saint-Benoît-du-Lac, construite dans le style du moine architecte Dom Bellot, ou à la chapelle moderne adjacente conçue par l'architecte Dan S. Hanganu, voire à la chapelle ancienne St. Mark's de Bishop's, qui recèle de somptueuses sculptures sur bois, ou encore à l'église-musée de Saint-Venant-de-Paquette.

Les touristes gourmands savoureront les produits régionaux comme les fromages de Saint-Benoît, les canards du lac Brome, les pommes de Rougemont ; ils s'assoiront aux bonnes tables de nombreux restaurants de Sherbrooke, North Hatley, Ayer's Cliff, Magog, Granby et autres, et à celles des 36 auberges champêtres. Dans les Cantons-de-l'Est, nature et culture sont donc en parfaite harmonie. ■

⋆ Professeur à la retraite, Université de Sherbrooke.

MONTÉRÉGIE

VITAL GADBOIS*

Au sud de Montréal, entre Québec et Ottawa, s'étendent les 11 000 km² de la Montérégie, région qui tient son nom des cinq monts de sa plaine : Rougemont, Saint-Bruno, Saint-Grégoire, Saint-Hilaire, Yamaska, célébrés par le frère Marie-Victorin, né Conrad Kirouac (1885-1944), dans ses *Croquis laurentiens* (1920).

Bordée au nord par la rivière des Outaouais et le fleuve Saint-Laurent, la Montérégie est traversée notamment par les rivières Châteauguay, Richelieu et Yamaska. Culture, agriculture et patrimoine caractérisent cette région au passé riche et au présent effervescent. Quatre secteurs la composent : le Suroît, la Rive-Sud, la Rivière Richelieu et la Montérégie-Est.

Le Suroît

Le Suroît doit son nom à son vent dominant. Traversée par un Saint-Laurent tumultueux entre ses lacs Saint-Louis et Saint-François, à l'embouchure de la rivière des Outaouais qui se prolonge dans le lac des Deux-Montagnes, voici une région d'eau, tournée depuis toujours vers l'ouest du continent : Amérindiens, Français, Canayens, Anglais, Américains y ont laissé leurs traces. On prendra plaisir à découvrir, sur la route 138 qui longe la rive nord du fleuve, le lieu historique de Coteau-du-Lac, consacré aux travaux de canalisation et de fortification des Britanniques au XIXᵉ siècle, puis sur la rive sud, le centre d'interprétation du site archéologique Droulers-Tsiionhiakwatha de Saint-Anicet, consacré aux Amérindiens, et par la suite le lieu historique de la Bataille-de-la-Châteauguay, à Howick, où les Britanno-Canadiens eurent raison des Américains à l'automne 1813. Ne serait-ce que pour prendre un peu la mesure du génie hydroélectrique québécois, on s'arrêtera enfin visiter, sur la 132, la centrale hydroélectrique de Beauharnois, l'une des plus grandes centrales « au fil de l'eau » au monde, avec ses 38 groupes-turbines générant 1 658 MW.

Pour profiter pleinement du Suroît, quoi de mieux que de suivre le « Circuit du paysan », qui propose un parcours champêtre de 194 km à qui aime l'histoire, la nature, l'architecture, les produits de la ferme, et les petites gâteries tels fromages, miel, bières, vins, charcuteries…

La Rive-Sud

La Rive-Sud doit son nom au fait qu'elle s'étend au sud du grand fleuve, de Beauharnois à Contrecœur. Elle constitue une région de villages et de petites villes riches en patrimoine. On ne manquera pas la visite guidée du site iroquois ou mohawk des cinq nations, à Kahnawake, sur la route 138, en bordure du Lac Saint-Louis ; établi

en mission en 1667, le village est sur son site actuel depuis 1716. Sur la 132, on fera une halte au musée ferroviaire canadien Exporail de Saint-Constant, dont la collection de véhicules ferroviaires impressionnera, sans compter une gare de 1885 et un tramway d'époque à bord duquel on peut faire une balade. Environ 60 km en aval, à Verchères, le village natal du musicien Calixa Lavallée, auteur du « Ô Canada », on découvrira un beau village remontant au XVIIᵉ siècle, avec son moulin banal et son monument à Madeleine de Verchères. À Contrecœur, dont le nom remonte à la seigneurie qu'Antoine Pécaudy de Contrecœur reçut de l'intendant Jean Talon en 1672, on fera la visite de la maison Lenoblet-du-Plessis, construite en 1794, où furent rédigées quelques-unes des résolutions des Patriotes, lesquelles seront présentées à la Chambre d'Assemblée en janvier 1834.

Le patrimoine, c'est aussi le Saint-Laurent et sa réserve de paysages… On prendra le temps d'admirer les vues sur le fleuve ; ajoutons aux haltes précédentes les écluses de Sainte-Catherine et, surtout, Boucherville, fondée en 1667, où on visitera la Maison Louis-Hyppolite La Fontaine, érigée en 1766 et aujourd'hui lieu d'exposition d'œuvres d'art et de pièces du patrimoine. Ou encore, pourquoi ne pas faire une croisière sur le fleuve à partir du port de plaisance de Longueuil ?

La Rivière Richelieu

Ce territoire est traversé par le calme et majestueux Richelieu, prenant sa source au lac Champlain, dans sa section américaine, pour aller se jeter, en même temps que la rivière Yamaska, dans le Saint-Laurent, plus précisément dans le lac Saint-Pierre, à Sorel-Tracy. Art, histoire et terroir ont marqué et marquent encore cette vallée traversée par un Richelieu longtemps propice aux invasions d'abord anglaises puis américaines, devenue depuis le cœur d'un paradis québécois fait de terres agricoles fertiles, de villes et de villages prospères, à 30 km de Montréal.

Le lac Saint-Pierre et son archipel constituent une réserve mondiale de la biosphère reconnue par l'UNESCO : le centre d'interprétation du patrimoine de Sorel donnera au visiteur l'envie d'une « randonnée nature » ou d'une croisière dans ce chapelet d'îles à la richesse ornithologique unique, au pays du Survenant, du nom du célèbre roman de Germaine Guèvremont (1945). On peut visiter la maison de l'auteure, sur l'îlette au Pé, accessible par la route 132. Et pourquoi pas, à Sainte-Anne-de-Sorel, manger une gibelotte, spécialité inventée en 1926 par Berthe Beauchemin, un plat autrefois à base de sauvagine – une variété de canard, dont la chasse fut interdite par la suite à des fins de protection de l'espèce –, aujourd'hui à base de barbote, le barbillon des Français.

Plus au sud, par la route 133, appelée le *Chemin des Patriotes*, on s'arrêtera à Saint-Ours, où se tint la première réunion des rebelles, le 7 mai 1837. Les écluses qui s'y trouvent datent de 1849 et permettent, avec le canal de Chambly ouvert en 1843, de relier Montréal à New-York. À Saint-Denis, 12 km plus loin, on parcourra le village, en visite guidée, en accordant une attention particulière à la maison nationale des Patriotes : c'est là que 300 d'entre eux eurent raison des troupes de Gore le 23 novembre 1837. L'aller-retour à Saint-Antoine par traversier ne manque pas de charme. Qui s'intéresse à l'architecture traditionnelle voudra parcourir le circuit patrimonial de Saint-Charles-sur-Richelieu, qu'un autre bateau-passeur relie à Saint-Marc. Encore 15 km et nous sommes au pied du Mont-Saint-Hilaire, site également classé réserve mondiale de biosphère par l'UNESCO ; Mont-Saint-Hilaire, c'est aussi une ville d'art, « le pays » du peintre Ozias Leduc (1864-1955) et de son élève Paul-Émile Borduas (1905-1960), la terre d'adoption du muraliste Jordi Bonet, célèbre artiste d'origine catalane, arrivé au Québec en 1954. S'imposent une visite guidée de l'église de Mont-Saint-Hilaire, dont le décor a été mis en œuvre et réalisé par Leduc entre 1896 et 1929, et un arrêt au Musée des beaux-arts de Saint-Hilaire, où une murale de Jordi Bonet accueille le visiteur. On ne manquera pas les maisons Ozias-Leduc, un lieu d'exposition, et Paul-Émile-Borduas, un centre de documentation consacré à la période menant à la Révolution tranquille ; on ne regrettera pas non plus une halte à la Maison des cultures amérindiennes, consacrée notamment aux traditions ancestrales de l'eau d'érable et aux arts amérindiens ; on voudra peut-être s'arrêter au Manoir Rouville-Campbell, dont l'allure Tudor fut donnée en 1850 par le propriétaire major écossais Campbell. Jordi Bonet en fit son atelier de 1969 jusqu'à sa mort en 1979 ; aujourd'hui il est la propriété de l'humoriste Yvon Deschamps, qui y donne des spectacles à l'occasion.

À vingt kilomètres en amont, sur l'autre rive, voici Chambly, le village natal d'Emma Lajeunesse, dite Albani (1847-1930), cantatrice internationale, amie et confidente de la reine Victoria. On longera, par la rue Richelieu, la rivière tumultueuse du barrage jusqu'au fort Chambly, restauré comme au temps des Français de 1665 à 1760. Les visiteurs y découvriront notamment la vie et l'architecture militaires de cette époque. À proximité, on peut visiter la maison du corps de garde, construite en 1812 et qui permettait la surveillance des installations militaires du fort, lors de la guerre contre les Américains. Encore

vingt kilomètres plus au sud, voici Saint-Paul-de-l'Île-aux-Noix avec le fort Lennox à l'architecture exceptionnelle, accessible par traversier : on y découvrira les fortifications britanniques les plus complexes et authentiques en sol québécois, toutes visant à repousser les attaques américaines. Faisant suite aux installations défensives des Français détruites par Amherst en 1760, leur édification s'échelonna de 1777 à 1834.

La Montérégie-Est

À l'est du Richelieu, au nord des Cantons-de-l'Est, traversée par la Yamaska et son affluent la rivière Noire, voici une grande partie du jardin et du potager de Montréal avec ses fruits et légumes variés et en abondance ; également une source importante des produits laitiers que consomme la métropole : lait et laitages en tout genre, en particulier les fromages commerciaux (Agropur à Saint-Hyacinthe, Damafro à Saint-Damase), sans compter les fromages fins locaux, dont de nombreux petits chèvres ; ajoutons les vignobles, cidreries – on peut y parcourir une « route des cidres » –, vinaigreries, mielleries et érablières…

Pour bien s'imprégner de l'esprit de la région, s'impose, surtout du jeudi au samedi, la visite du plus vieux marché alimentaire du Canada – sa vocation remonte à 1830 –, à savoir la Place du marché-centre de Saint-Hyacinthe, rue des Cascades. Il faut musarder tant à

> Mont Saint-Hilaire.

l'intérieur qu'autour de l'édifice central, et en profiter pour visiter, à l'étage, Expression, un centre d'exposition d'art contemporain, créé par le Cégep de Saint-Hyacinthe en 1985 à l'occasion d'une présentation d'œuvres du peintre maskoutain Serge Lemonde. Tant qu'à y être, aussi bien se promener dans ce quartier de boutiques, de commerces, de lieux de restauration, et s'arrêter au magnifique Centre des arts Juliette-Lassonde, inauguré en 2006. On ne manquera pas de visiter le Jardin Daniel-A.-Seguin, jardin-école de l'Institut de technologie agricole. Saint-Hyacinthe, ville de plus de 50 000 habitants, est la capitale nationale de l'agroalimentaire et héberge la première technopole à avoir été reconnue au Québec.

Rien de mieux que de parcourir à l'aventure, guide touristique en main, les rangs de campagne et les villages autour de Saint-Hyacinthe (Saint-Jude, où le curé Filiatrault, en 1905, créa le « Carillon », l'ancêtre du drapeau québécois actuel ; Saint-Hugues, La Présentation, Acton Vale – où se trouve la Place Serge-Lemoyne, commémorant son célèbre citoyen né en 1941 et mort en 1998, l'auteur de *Dryden*, acrylique sur toile qu'on peut admirer au Musée des beaux-arts de Montréal –, Upton et son Théâtre de la Dame de Cœur avec ses marionnettes géantes sur une scène de 360 degrés, Rougemont, Saint-Paul d'Abbotsford, Marieville…) ; en été et en automne, on y croisera maints étals et boutiques tenus par des maraîchers et artisans alimentaires aux multiples spécialités : chocolatiers, confiseurs, pâtissiers, boulangers, charcutiers…

La Montérégie, où bouillonne la culture

Le lecteur s'en doute maintenant : s'il s'arrête ou séjourne dans notre région, il trouvera de quoi étancher sa soif culturelle. L'attendent cinq grandes salles de spectacles, onze théâtres d'été, trente musées, vingt-huit librairies, soixante-seize bibliothèques, sept cégeps publics, sept centres d'enseignement universitaire et vingt-cinq éditeurs.

On ne s'étonnera pas que de nombreux écrivains y vivent, dont plus de 150 sont regroupés dans L'Association des auteurs de la Montérégie ; y figurent notamment François Avard, François Barcelo (qui vient de quitter la région après quinze ans de résidence), Yves Beauchemin, Louis Caron, Arlette Cousture, Gilles Gauthier, Pauline Gill, Pierre Godin, Micheline Lachance, Madeleine Ouellette-Michalska, Josée Ouimet, Robert Soulières. Y ont également vécu les regrettés Noël Audet, Jacques Ferron et Jean-Marie Poupart. Pas étonnant non plus que des cinéastes comme Michel Brault et Gilles Carle y aient élu domicile.

La région saura combler les plus exigeants amateurs. Si le visiteur aime la musique classique, l'Orchestre symphonique de Longueuil ou le Chœur de la Montagne de la région de Beloeil-Saint-Hilaire sauront le ravir. S'il préfère les arts de la scène, le Théâtre de la ville et le théâtre de création Les Voyagements l'attendent à la salle Pratt & Whitney Canada ou à la salle Jean-Louis-Millette, à Longueuil. Si c'est le théâtre pour enfants ou pour la jeunesse qu'il recherche, il ira à L'Arrière-Scène de Beloeil ou au Matou noir de Huntingdon. Attiré par l'art multidisciplinaire, il craquera pour Arts Station, à Mont-Saint-Hilaire, à la fois théâtre, salle de spectacle et galerie d'art, où des centaines d'artistes se sont produits à ce jour. Enfin, si l'art contemporain a ses faveurs, l'amateur s'arrêtera au centre d'exposition Expression de Saint-Hyacinthe, ou à Plein Sud, à Longueuil.

Montérégie ! Région d'histoire et de patrimoine, d'art et de culture, aux paysages variés et accueillants, important jardin et potager de Montréal. Montérégie ! « Nom si bien sonnant », comme l'écrit le frère Marie-Victorin, saluant déjà – en 1920 ! – les touristes « heureux des riches trouvailles qu'ils serrent précieusement sous le bras et des charmants tableaux qu'ils emportent au fond des yeux. » Tout est dit. ∎

✶ *Éditeur pédagogique, professeur d'arts et lettres retraité du cégep de Saint-Hyacinthe.*

LANAUDIÈRE

JUDITH EMERY-BRUNEAU*

je me trace un chemin
en déroulant le fil de ma mémoire
sans faux mouvements
en cherchant pas à pas derrière les murs
la faille de votre machination
je serai cette chenille surnaturelle
qui construit son cocon gaillard
à travers l'ère de glace
pour renaître sous la forme d'un ange
opaque
la tête droite
le souvenir intact
au-dessus de la route menteuse

> Musée Louis-Cyr, Saint-Jean-de-Matha.

La musique, la poésie, la littérature, le patrimoine national, les arts visuels, la création, l'échange interculturel, l'ouverture sur le monde… Lanaudière : sol de culture, sol des cultures ! Quel est ce sol si riche à connaître ?

Le sol de Lanaudière

Lanaudière se caractérise par ses points d'eau qui jaillissent de toutes parts. Parmi les plus magnifiques se trouve, au centre de la région, à la jonction des rivières Noire et L'Assomption, le parc régional des Chutes-Monte-à-Peine-et-des-Dalles (accessible par les villages de Sainte-Mélanie ou de Saint-Jean-de-Matha). À l'ouest, ce sont les célèbres chutes Dorwin situées sur la rivière Ouareau à Rawdon, à laquelle est associée la légende amérindienne du sorcier Nippissingue. Au nord, l'immense parc régional du lac Taureau qui s'ouvre à Saint-Michel-des-Saints permet de naviguer plusieurs jours entre la cinquantaine de petites îles, de baies et de plages sauvages de ce lac en forme de marguerite. Au sud, le long du chemin du Roy, les îles de Berthier forment, avec les îles de Sorel, l'archipel du lac Saint-Pierre sur le fleuve Saint-Laurent. Ce site a d'ailleurs été reconnu officiellement par l'UNESCO comme Réserve mondiale de la biosphère. Enfin, que dire de la rivière L'Assomption, artère du territoire lanaudois qui, chaque hiver, permet à des milliers de passionnés de la glace de patiner des kilomètres sur son lit aux courbes nombreuses et entouré d'un paysage féerique. C'est d'ailleurs sur cette rivière que les Lanaudois se réunissent chaque hiver pour célébrer le célèbre Festi-glace.

Sol de musique

Lanaudière est une région naturelle où le folklore occupe une place considérable : c'est un sol de musique où le classique se mêle au traditionnel. Dans cette région, les festivals de musique fusent de tous les horizons et dynamisent les esprits. Le Festival international de Lanaudière est, depuis 1977, l'événement estival incontournable de musique classique, et ce, pour tout le Canada. De nombreuses églises des pittoresques villages lanaudois accueillent chaque année les plus grands musiciens et ensembles du monde l'instant d'un concert intime où s'élève une ambiance unique : musique classique et patrimoine historique s'unissent pour les curieux, les passionnés, les amoureux du passé et du présent. Aussi l'expression « Lanaudière, sol de musique où nature et culture se côtoient » prend tout son sens avec l'amphithéâtre de Joliette, qui peut accueillir 2 000 personnes sous le toit et près de 8 000 personnes sur les pelouses… tous unis sur cet impressionnant site pour un concert en plein air.

« Changez d'côté, vous vous êtes trompés », vous crieront par ailleurs les musiciens, danseurs, conteurs et chanteurs de folklore pendant le coloré festival Mémoires et Racines. Il faut dire que la musique traditionnelle forge l'histoire de Lanaudière avec l'émergence de nombreux groupes issus de ce coin de pays où la podorythmie donne l'envol aux turlutes, avec un zeste de plus en plus présent de musique du monde : la traditionnelle Bottine souriante, son légendaire chanteur Yves Lambert, qui nous transcende maintenant avec son grandiloquent ensemble, le Bébert Orchestra, les soirées enivrées avec la Volée d'Castors, la fierté québécoise et lanaudoise chantée par la Vesse du loup, la maturité des Charbonniers de l'enfer, la fougue des Cowboys fringants, l'audace de Belzébuth… « Y'a du monde à messe ! » chaque fois que des Lanaudois montent sur scène car, en plus de ces prestations folk durant le festival Mémoires et Racines, toute l'année, des chanteurs populaires font la fierté de la région, notamment Daniel Boucher, Yann Perreault, Richard Pelland, Martin Deschamps, Audrey de Montigny et même Céline Dion (eh oui !), née à Charlemagne, petite ville du sud-ouest de Lanaudière.

Aux grands événements internationaux de musique classique et traditionnelle s'ajoutent d'autres manifestations musicales, dont l'October Blues de Joliette, le Festival Tout pour la Musique au Parc des îles de Berthierville, le Festival country-western Lanaudière de Saint-Félix-de-Valois, les Rythmes et saveurs de Saint-Donat… Voilà un mélange des genres servant des intérêts éclectiques exprimant l'ouverture des Lanaudois à tous les univers musicaux et culturels.

Sol de lettres

La germination littéraire devient de plus en plus active dans la région. D'une part, le Carrefour de poésie de Lanaudière à Repentigny promeut l'art poétique localement, nationalement et internationalement depuis 2001. Chaque année, des recueils, collectifs et individuels, sont publiés par cette association qui organise aussi des soirées où amateurs de poésie se retrouvent pour écouter les récitals. Cette association a pour but de s'impliquer dans la politique culturelle de la région et de rendre la poésie accessible au plus grand nombre.

Par ailleurs, un événement d'écriture publique, les Donneurs, qui se dévoile depuis 2001, met les écrivains au service des gens qui désirent obtenir une collaboration pour écrire un poème, une lettre d'amour, un manifeste socioculturel, une chanson, etc. En automne, des écrivains professionnels s'installent dans différents commerces de la ville de Joliette et échangent avec les citoyens, rapprochant les lecteurs des

> Yves Lambert et le Bébert Orchestra.

auteurs et démystifiant le processus d'écriture. Cette fascinante collaboration entre le milieu des affaires et le milieu culturel a été mise sur pied par le Collectif d'Écrivains de Lanaudière (CEL), composé d'écrivains lanaudois productifs reconnus, tels Jean-Pierre Girard (président du conseil d'administration du CEL), Donald Alarie, Claude R. Blouin, Roxanne Bouchard, Louis Cornellier (aussi chroniqueur au journal *Le Devoir*), Jean-Paul Daoust, Suzanne Joly, Simone Piuze, Bernard Pozier et Jean-Éric Riopel. Le CEL est un organisme voué à la promotion de la littérature et de l'écriture, considérées comme des activités qui s'offrent à tous. Ainsi des écrivains vont dans les écoles et les commerces, des enfants-messagers distribuent des vœux aux personnes âgées, de nombreuses citations sont inscrites dans les vitrines des marchands, des amuseurs publics, des musiciens et des danseurs parcourent la ville en célébrant l'écriture, et sont organisées diverses soirées de récitation et de lecture de textes littéraires ou de symposium autour de thématiques précises. Les Donneurs est un événement qui célèbre l'écriture et la littérature dans Lanaudière, mais aussi dans les autres régions et dans divers pays, en invitant chaque année des écrivains de différents endroits à prendre part aux activités. Pour ces donneurs, la littérature est une façon de communiquer avec le monde et de le comprendre, mais c'est également une façon d'entrer en relation avec les autres comme avec soi-même.

Réjean Ducharme, grand écrivain lanaudois né à Saint-Félix-de-Valois, l'aura bien nommé : « On ne naît pas en naissant. On naît quelques années plus tard, quand on prend conscience d'être ». Dans Lanaudière, les donneurs offrent des rencontres significatives qui font événement dans la vie de plusieurs en permettant de s'approprier un univers littéraire, artistique et culturel non pas restreint à une élite intellectuelle, mais bien démocratisé et ouvert à tous.

Sol du patrimoine national

Cette région est une source d'où jaillit la culture québécoise. En plus de ses richesses naturelles, musicales et littéraires, Lanaudière est la région d'où provient un symbole de l'identité québécoise traditionnelle : la désormais célèbre ceinture fléchée, dite de L'Assomption. Au cours du XIXe siècle, les marchands de fourrures la portaient à la taille et contribuèrent à la diffusion de cette étoffe artisanale tissée à la main et très colorée, avec des motifs d'éclairs et de flammes. Elle était autant utilisée pour se réchauffer que comme objet d'échange avec les Amérindiens qui en étaient si fascinés qu'ils l'intégrèrent même à leurs habits d'apparat. La région en a fait son symbole régional en 1985.

La culture lanaudoise a aussi ses héros nationaux. Que dire du village de Saint-Lin-Laurentides, lieu de naissance du premier Canadien français à accéder au poste de premier ministre du Canada, sir Wilfrid Laurier, et où il est possible de visiter sa charmante maison historique. De plus, l'une des premières grandes légendes québécoises, l'homme le plus fort du monde et dont la force n'a jamais été égalée, Louis Cyr, a son petit musée à Saint-Jean-de-Matha, village où il a vécu jusqu'à sa mort précoce. Enfin, pour les amateurs de course automobile, le Musée Gilles-Villeneuve présente une exposition commémorative des exploits de ce pilote de Formule 1 qui a grandi à Berthierville.

En outre, le patrimoine culturel, accessible sous toutes ses formes et pour tous les champs d'intérêt, est bien conservé et exposé au Musée d'art de Joliette, ouvert en 1967. Ce musée d'art visuel offre un espace d'expositions temporaires qui assure une remarquable visibilité pour des artistes contemporains et permet aux visiteurs d'apprécier leurs principales créations. L'exposition permanente permet aussi d'admirer des œuvres fort diversifiées : en plus de la section consacrée à l'art religieux québécois et à l'histoire du Musée, un large panorama de l'art peut être exploré, avec des œuvres du XVe siècle à nos jours. Des œuvres d'artistes québécois, canadiens et étrangers tels que Auguste Rodin, Alfred Laliberté, Marc-Aurèle de Foy Suzor-Côté, Paul-Émile Borduas, Alfred Pellan, Jean-Paul Riopelle, Guildo Molinari, Claude Tousignant, Georges Segal ou Keith Sonnier ont fait le renom de la collection du plus important musée d'art en région au Québec.

Sol des cultures

Le folklore symbolise certes Lanaudière, mais cette région ne saurait être pleinement appréciée sans qu'on pense à son ouverture sur le monde. Rawdon, où plus de quarante communautés culturelles se côtoient, est d'ailleurs un modèle d'intégration, célébré chaque année dans le cadre de son Festival Multiculturel. Aussi, à la Manawan, à environ une heure de route au nord de Saint-Michel-des-Saints, il est possible de rencontrer les Atikamekws, communauté amérindienne qui a peuplé la région bien avant les nouveaux arrivants. Enfin, le dialogue interculturel présent dans Lanaudière n'aurait pas pris autant d'essor sans l'apport du Comité Régional d'Éducation pour le Développement International de Lanaudière (CRÉDIL). Depuis 1976, cet organisme de coopération internationale a pour mission d'éduquer les citoyens lanaudois à la solidarité internationale et d'accueillir des réfugiés dans la région. Le CRÉDIL est un pilier de l'intégration des communautés culturelles dans Lanaudière et un vecteur de l'ouverture aux cultures et à l'altérité.

Lanaudière, la muse

L'anecdote est révélée : cette région est loin de la route menteuse ; Lanaudière est vraie, naturelle et authentique. Cette région est un lieu avec des citoyens fiers de leur patrimoine, ouverts sur le monde, curieux, dynamiques, harmonieux. La culture y foisonne et contribue à favoriser un réel dialogue entre passé et présent, entre mémoire et création, entre donneurs et receveurs. ∎

* *Doctorante en didactique du français, Université Laval.*

BOIS-FRANCS

YVES BERNIER*

> Récolte de la canneberge.

orsque l'on parle du pays des Sylvifrancs, la plupart des gens sont capables de nommer les principales municipalités de cette région, telles Victoriaville, Warwick et Kingsey Falls. Mais peu de personnes peuvent préciser avec exactitude ses limites géographiques.

C'est tout à fait normal, car malgré des recherches historiques faites en ce sens, aucune limite précise et légale n'a été trouvée aux Bois-Francs. Il faut remonter au début du XIXᵉ siècle pour connaître l'origine de cette région. La population francophone, à l'étroit dans les seigneuries situées sur les rives du Saint-Laurent, se dirigea plus au sud à la recherche de nouvelles terres. Le premier défricheur à tenter l'aventure fut Charles Héon, qui s'établit à Saint-Louis-de-Blandford en 1825. C'est la présence de nombreuses essences de bois francs – érable, orme, hêtre, merisier et chêne – qui donna son nom à cette région.

Si, historiquement, les Bois-Francs englobaient le territoire des Municipalités régionales de comtés (MRC) d'Arthabaska et de l'Érable, aujourd'hui l'appellation « Bois-Francs » est reconnue aux limites de la MRC d'Arthabaska. Celle-ci comprend 24 municipalités sur un territoire de 1 903 kilomètres carrés et une population de près de 66 000 habitants. En fait, elle est située au centre économique du Québec, soit à mi-chemin entre Montréal et la ville de Québec, d'une part, et entre Trois Rivières et Sherbrooke, d'autre part. Au point de vue géographique, elle se partage entre la plaine du Saint-Laurent et la chaîne de montagnes des Appalaches.

Le secteur agricole y est très important. Il occupe 85 % de son territoire. Les belles et prospères fermes laitières des Bois-Francs sont renommées à travers le monde. Il faut dire que c'est la principale région en production et en transformation laitière au Québec. Elle a également une production agricole diversifiée. On y retrouve notamment des producteurs de porc, de volaille, de viande de boucherie, d'œufs et de céréales.

Depuis une quinzaine d'années, les Bois-Francs ont vu une autre production prendre de plus en plus d'ampleur. Il s'agit de celle de la canneberge. Des terres en friche sont devenues aujourd'hui des plantations de canneberges, tout particulièrement à Saint-Louis-de-Blandford, en bordure de l'autoroute 20, où l'on retrouve la plus forte concentration de producteurs de ce petit fruit au Canada. D'ailleurs, à l'automne, on y célèbre la récolte de l'atoca, canadianisme de bon aloi pour canneberge, grâce à la mise en place du Centre d'interprétation de la canneberge qui permet aux visiteurs de découvrir tout sur ce fruit.

Pas moins de 50 % du territoire des Bois-Francs est boisé. Pas surprenant que, l'automne, les Bois-Francs offrent des paysages à couper le souffle, tout particulièrement dans l'arrière-pays, que plusieurs surnomment « La petite Suisse du Québec ». Une balade à travers les municipalités de Chesterville, Ham-Nord, Sainte-Hélène-de-Chester, Trottier, Tingwick et Saint-Rémi-de-Tingwick, lors de l'équinoxe de l'automne, est un souvenir impérissable. L'acériculture y est importante. Pas moins de 200 érablières sont détentrices d'un permis d'exploitation gouvernemental, ce qui représente la plus forte concentration au Québec. Une douzaine d'acériculteurs des Bois-Francs accueillent des visiteurs pour un traditionnel repas leur permettant de « se sucrer le bec ».

> Maison de Saint-Norbert-d'Arthabaska

> Maison-école du rang Cinq-Chicots.

> Maison de Sir Wilfrid Laurier.

Si, en 1854, la construction du chemin de fer du Grand Tronc a propulsé les Bois-Francs vers le progrès, tout en assurant son essor industriel, aujourd'hui cette voie ferrée désaffectée est devenue une belle piste cyclable faisant partie de la route verte du Québec. Les 77 kilomètres du Parc linéaire des Bois-Francs sont l'épine dorsale de différents circuits de vélo permettant de belles découvertes. Ce parc, constituante de la transcanadienne du vélo en saison estivale, devient la transquébécoise de la motoneige l'hiver venu. À Tingwick, lieu de départ du Parc linéaire, on retrouve également la Station du Mont Gleason. Ce centre multiglisse comprend 17 pistes variées et est conçu pour la famille. Sa notoriété est due à ses conditions de glisse exceptionnelles et à sa cote AAA en raison de son ambiance, de son accueil et de son atmosphère exceptionnels.

Les plus importantes rivières à traverser les Bois-Francs sont la Nicolet et la Bulstrode. À la suite d'aménagements effectués par la Corporation de gestion des rivières des Bois-Francs sur une distance de 18 kilomètres, la rivière Nicolet, dans le secteur de Notre-Dame-de-Ham, est devenue aujourd'hui un lieu recherché des sportifs qui pêchent la truite à la mouche.

La diversité de cette région s'applique également à son secteur industriel et lui permet d'être moins fragile aux soubresauts économiques. Sa capitale, Victoriaville, est le chef-lieu ou la ville de services de ce territoire et possède le principal parc industriel des Bois-Francs. Du côté manufacturier, plus de 300 entreprises ont été répertoriées sur le territoire de la MRC d'Arthabaska, où œuvrent près de 10 000 travailleurs. Même s'il a connu des difficultés lors de la Crise économique des années 1980, le secteur du meuble et du bois ouvré occupe à nouveau la première position au chapitre de l'emploi, suivi par les entreprises de pâtes et papiers, notamment en raison de la présence de la compagnie Cascades, dont le siège social se situe à Kingsey Falls. L'agroalimentaire y est aussi un employeur important. À titre d'exemple, on y retrouve sept fromageries produisant 62 fromages. Les plus connus sont Lactantia et Fromage Côté. C'est aussi dans les Bois-Francs que la première ferme d'élevage de brebis laitières en Amérique du Nord a vu le jour. Cette bergerie, La Moutonnière, est aujourd'hui reconnue pour ses fromages de grande qualité et de grande renommée.

Cette région a été une région pionnière à plusieurs points de vue, notamment quant à la récupération à la source et au monde communautaire ; elle sert d'exemple à tout le Québec. Surnommé le « Berceau du développement durable », Victoriaville est l'agglomération la plus avancée du Québec dans la diversification du volume de matières rési-

duelles avec un taux de plus de 65 %. Sur le plan communautaire, sa corporation, créée en 1984, est le plus ancien des 43 organismes similaires du Québec. Elle compte 68 organismes, qui procurent du travail à 601 personnes, sans oublier 2 701 bénévoles, et qui regroupent 18 000 membres qui rendent des services à 181 869 personnes, moyennant des revenus totalisant 17 887 000 $.

Ajoutons que plusieurs personnages célèbres ont élu domicile dans les Bois-Francs. Pensons à Sir Wilfrid Laurier, qui fut premier ministre du Canada de 1896 à 1911, à Conrad Kirouac, mieux connu sous le nom du frère Marie-Victorin, un pionnier de l'enseignement de la botanique au Québec et le fondateur du Jardin botanique de Montréal, au peintre sculpteur Marc-Aurèle de Foy Suzor-Côté, premier illustrateur du célèbre roman *Maria Chapdelaine* du Brestois Louis Hémon, au sculpteur Alfred Laliberté, dont les bronzes consacrés aux acteurs de la vie traditionnelle au Québec, tant réelle qu'imaginaire, sont conservés au Musée national des beaux-arts du Québec. C'est aux confins des Bois-Francs et de la région voisine, les Cantons de l'est, qu'Antoine Gérin-Lajoie, l'auteur de la chanson « Un Canadien errant » (1843), que Nana Mouskouri a fait connaître de par le monde, a situé l'intrigue de ses romans, *Jean Rivard, le défricheur* (1862) et *Jean Rivard, économiste* (1864). Aujourd'hui la vie culturelle des Bois-Francs est toujours présente avec notamment le Musée Laurier, reconnu comme lieu historique national, la Maison-école du rang Cinq-Chicots, l'Économusée du Cuir et le Festival international de musique actuelle de Victoriaville (FIMAV) ainsi que le symposium « L'Accueil des Grands peintres » à Chesterville.

Il n'est pas surprenant que l'on retrouve dans cette région d'un extraordinaire dynamisme une centaine de festivals et événements annuels. Outre le FIMAV, soulignons le Festival des fromages de Warwick, le Festival Rétro, le Week-end en blues et les Fêtes Victoriennes à Victoriaville. De nombreux tournois sportifs réputés y ont également lieu, sans oublier que cette région offre aux amateurs des parcours de golf exceptionnels.

> Village de Chesterville.

L'hôtellerie régionale est rehaussée par un tout nouveau centre des congrès à Victoriaville et par une quinzaine de gîtes touristiques. Les visiteurs peuvent y faire plusieurs belles découvertes, entre autres par l'entremise d'intéressants forfaits vacances offrant d'inoubliables séjours dans cette belle région.

À n'en pas douter, la région des Bois-Francs est l'un des rares endroits du territoire québécois où s'associent harmonieusement le calme de la campagne et le dynamisme des grandes villes. Ce n'est pas pour rien que sa capitale, Victoriaville, est la cinquième ville au Québec et la première au Centre-du-Québec où il fait bon vivre. ∎

✳ *Agent de promotion, Tourisme Bois-Francs.*

LA MAURICIE

FRANÇOIS DE LAGRAVE*

Identifiée longtemps comme la Vallée du Saint-Maurice, la région ne reçut définitivement l'éponyme « Mauricie » qu'au cours de la décennie 1930, grâce à l'intervention de l'abbé Albert Tessier, l'un des chefs de file régionaux. En se référant à l'époque lointaine de la Nouvelle-France, la Mauricie constitue la partie nord de l'ancien gouvernement colonial français de Trois-Rivières. Située au cœur même du Québec, à égale distance entre les pôles urbains de Québec et de Montréal, elle est limitée à l'ouest par la région de Lanaudière ; au nord elle pousse ses frontières jusqu'à l'Abitibi et le Lac-Saint-Jean ; à l'est, elle voisine la région de Québec ; au sud, le fleuve Saint-Laurent la sépare de celle du Centre-du-Québec.

Ses 260 000 habitants ne constituent que 3,4 % de la population québécoise. Le 1er janvier 2002 étaient fusionnées à la capitale régionale les cinq villes et municipalités suivantes : Sainte-Marthe-du-Cap, Cap-de-la-Madeleine, Saint-Louis-de-France, Trois-Rivières-Ouest et Pointe-du-Lac. La nouvelle ville de Trois-Rivières, septième parmi les agglomérations québécoises, possède depuis une population de 129 000 habitants, soit quelque 50 % de la population de la région. Elle est devenue une force nouvelle au moment même où elle s'apprête à fêter en 2009 le 375e anniversaire de sa fondation.

Quoique cette région n'occupe que 2,6 % du territoire québécois, la Mauricie se distingue par son territoire, qui totalise une superficie de 39 748 km², un espace aussi grand que la Belgique. Au sein de ce territoire, 30 000 km² sont pourvus d'une riche couverture forestière sillonnée de treize rivières importantes et parsemés de 3 500 lacs. Aussi a-t-on pu saluer « la diversité étonnante de ses paysages ». Le territoire mauricien, au sud, en Basse-Mauricie, fait partie intégrante de la grande plaine du Saint-Laurent. Cette sous-région a été la première à connaître la colonisation française. Avant même que le visiteur ait atteint le Centre-de-la-Mauricie, il peut observer les premiers vallons ou contreforts des vieilles montagnes des Laurentides qui prennent graduellement de l'importance. La Haute-Mauricie, reposant en plein cœur des terres précambriennes du Bouclier canadien, dévoile un arrière-pays étonnant et mystérieux, que décrivit avec tant d'enthousiasme Maurice Genevoix lors de son passage au printemps 1939. Bref, en tout temps, le citadin et le touriste peuvent goûter et jouir d'un « dépaysement total » à quelques dizaines de kilomètres seulement des grands centres urbains de ces trois sous-régions. Sa capitale régionale est depuis 1852 le siège d'un évêché, d'un palais de justice et, depuis 1969, d'une constituante de l'Université du Québec (UQTR), qui a contribué à stimuler et à enrichir la communauté mauricienne.

Longtemps considérée comme conservatrice, elle s'est ouverte, depuis un quart de siècle, à la modernité tant aux plans des idées et des habitudes de vie que des arts et des lettres, en n'y excluant pas le leadership dans le monde des affaires. À l'appui, deux entreprises trifluviennes familiales qui ont développé des expertises exportées dans plusieurs pays : GL&V, le Groupe Laperrière & Verreault, connue de par le monde, et MARMEN inc., un incontournable dans le domaine des assemblages, du traitement des métaux, des énergies, tout particulièrement de l'énergie éolienne.

Telle une véritable colonne vertébrale, voici que s'impose la plus grande des rivières du territoire, la rivière Saint-Maurice, qui a marqué profondément le destin de sa population. Plusieurs noms lui furent accolés depuis bien plus de cinq siècles : Metaberoutine par des Amérindiens, de Fouez par Jacques-Cartier (1535), rivière des trois rivières, rivière de Bronze, Black River. Puis, définitivement, rivière Saint-Maurice, du prénom de Maurice Poulin de La Fontaine (vers 1620-1670), d'origine française, juge, procureur du roi à Trois-Rivières, seigneur de terres le long de la « rivière des trois Rivières » où, vers 1730, l'un de ses petits-fils, François Poulin de Francheville, établira les Forges du Saint-Maurice. Ce dernier nom s'étendra par la suite à une paroisse, à un comté, enfin à toute la région. Après le Saguenay, puis l'Outaouais dont elle est la sœur jumelle par ses sources, cette importante rivière est l'affluent le plus important du fleuve Saint-Laurent. Le cours d'eau naît à plus de 400 m au-dessus du niveau du fleuve et, en direction nord-sud, en dépit « de nombreuses déviations et de coudes à angle droit », la rivière roule résolument ses eaux tumultueuses sur un parcours de 587 km, à partir de l'actuel barrage Gouin jusqu'à son embouchure dans le delta trifluvien. C'est une singulière rivière identifiée parfois comme un « fleuve », recevant les plus belles épithètes et encaissant froidement les plus austères qualificatifs : « superbe », « fière », « déterminée », « demi-barbare », « maussade » et « grimaçante ». Son cours tourmenté, hérissé de cascades, de rapides et de chutes, parfois plus propice aux portages qu'à la navigation, explique pourquoi « le développement rural de la Mauricie n'[ait] témoigné d'aucune précocité » (Raoul Blanchard).

Le terrain du Platon, déjà habité par des Amérindiens, connut une présence ponctuelle des Français dès le début du XVIIe siècle, peut-être plus tôt. Néanmoins, la ville de Trois-Rivières ne fut fondée par le sieur Guy de Laviolette, envoyé expressément par Samuel de Champlain, et habitée de façon permanente, qui en 1634 seulement. Par deux fois, en 1651 et 1652, au pire moment de la guerre francoiroquoise, le père Jacques Buteux, jésuite français, remonta la rivière indomptée, se faisant à la fois explorateur tout autant que missionnaire auprès des Atikamekw (ou Poissons blancs). Malheureusement, à son second voyage, il fut tué par les Iroquois avec des compagnons aux environs de l'actuelle ville de La Tuque. Jusque vers 1670, avant que la ville de Montréal ne lui ravît la palme, le poste de Trois-Rivières était, le printemps venu, le lieu du principal rendez-vous annuel des fourrures pour plusieurs grandes tribus amérindiennes, quoiqu'il demeurât quand même assez longtemps un poste important de troc. Par exemple, au XIXᵉ siècle, le Trifluvien juif Aaron Hart était encore un gros commerçant de fourrures. Comme l'a écrit le géographe Blanchard, le commerce des fourrures constitua « une sorte de prologue, un lever de rideau » qui précéda le développement économique de notre région ». Toutefois, « un lever de rideau qui [dura] deux siècles ». Cependant, trois exceptions doivent être signalées, à la suite de ce constat : dans cette pépinière de coureurs de bois, de *voyageurs* et d'explorateurs que furent notamment Pierre-Esprit Radisson, Médard Chouart des Groseilliers, les familles Hertel et de La Vérendrye, trois grandes réalisations économiques sont à citer : la construction des gros canots, appelés rabaskas, reliés particulièrement aux expéditions de fourrures ; l'aménagement du Chemin du Roy tout le long du fleuve; surtout, de 1730 à 1883, l'activité des Forges du Saint-Maurice, la première industrie sidérurgique du Canada et le site du premier village industriel canadien.

Les grandes forêts de la Mauricie et son vaste réseau hydrographique ordonné autour de la rivière Saint-Maurice ont déterminé avant même le début de sa première phase la Révolution industrielle (1867-1896). En effet, en 1852, à la suite de la région de l'Outaouais, une partie importante de la Mauricie connut un réveil évident. Trois-Rivières accédait alors à la tête d'un diocèse ; la colonisation s'étendait de plus en plus au Centre-de-la-Mauricie, de chaque côté de la rivière ; parallèlement aux Vieilles Forges s'ouvraient les nouvelles Forges Radnor dans la municipalité de Saint-Maurice et quelques autres de moindre importance ; le gouvernement de l'Union injectait enfin beaucoup d'argent afin d'aménager la rivière Saint-Maurice pour la descente du bois, multipliant les routes, les glissoires, les estacades ; on s'apprêtait à commencer des travaux de creusement du chenal à la hauteur du lac Saint-Pierre. Ce n'est donc pas par hasard qu'un nouveau journal trifluvien, en cette année 1852, portait le nom de *L'Ère nouvelle* ! L'ère du développement économique était enfin arrivée. Au service des « barons de la forêt », les grands entrepreneurs forestiers, anglophones pour la plupart, toute

une armée de vaillants bûcherons, toute une légion de téméraires draveurs ou flotteurs, allaient se mettre à l'heure de l'important commerce du bois d'œuvre exporté d'abord en Angleterre, puis aux États-Unis et ailleurs par la suite. À ce moment, Saint-Jacques des Piles ou plus tard Grandes-Piles devenait incontestablement « le pivot de l'activité forestière », « l'entrepôt de toute la région », « le centre de rayonnement vers tous les points de l'arrière-pays mauricien ». Une municipalité grouillante et mouvante que ce lieu alors ! Y règnera un demi-siècle plus tard un important entrepreneur forestier, Jean J. Crête, surnommé « le roi de la Mauricie », un atout précieux pour la région, surtout lorsqu'une branche du chemin de fer Québec-Montréal, construite en 1880, partant de Trois-Rivières, atteindra la tête de pont forestière qu'était alors Grandes-Piles. Toute la Mauricie connaissait une si intense activité forestière qu'au début de la Grande Guerre (1914-1918) Trois-Rivières était le siège de quatre consulats de pays importateurs reliés principalement à l'exploitation du bois d'œuvre.

À l'aurore du XXᵉ siècle, au début de la seconde phase de la Révolution industrielle (1896-1929), s'ajoutait l'hydroélectricité, nouveau pan de l'activité industrielle mauricienne. La fougueuse rivière, « harnaché[e], freiné[e] par des barrages » et, finalement domptée, va livrer à la région, puis à la province, son précieux or blanc, grâce à la Shawinigan Water & Power, plus tard nationalisée et fusionnée à l'Hydro-Québec lors de la Révolution tranquille. Une autre activité industrielle y débutait, l'industrie des pâtes à papiers, suivie de celle du papier journal au moment où, en 1910, une loi québécoise, imitant celle de l'Ontario, interdisait l'exportation du bois à pâte. Avec ses usines installées à La Tuque, Grand-Mère, Shawinigan, Trois-Rivières et Cap-de-la-Madeleine, la Mauricie devenait « le principal centre de production de pâtes et papiers au Canada » et Trois-Rivières, au milieu du siècle, pouvait pompeusement revendiquer le titre de « Capitale mondiale du papier journal ». Et dire que, vers 1960, la puissante Shawinigan Water & Power contrôlait sur la rivière Saint-Maurice dix barrages et neuf centrales hydroélectriques. Elle ne faisait pas que distribuer l'électricité aux maisons, aux institutions, aux scieries et aux papetières, elle devenait aussi pour ainsi dire la marraine, la pourvoyeuse dans la région de deux types d'industries nouvelles comme l'électrométallurgie et l'électrochimie. Le Centre-de-la-Mauricie a particulièrement connu durant cette période une activité remarquable. La Mauricie a été le berceau au Québec de l'hydroélectricité, des industries de l'aluminium et des pâtes et papiers. D'enviable société agricole, cette région, au cours de ces décennies, s'est muée en société urbaine et industrielle.

Si, en 1921, « le paysage mauricien [était] devenu le témoin vivant de ce progrès » (Claire-Andrée Fortin), combien le sera-t-il davantage après la Seconde Guerre mondiale et jusqu'au début de la décennie 1970, alors que, malheureusement, s'était déjà amorcé un déclin progressif des industries traditionnelles, affaissement dû à plusieurs facteurs ! La région connaissait donc péniblement, de Trois-Rivières à La Tuque, de Maskinongé à Sainte-Anne-de-la-Pérade « une mutation de sa structure économique ». De nombreux historiens avaient noté avec justesse que « les activités forestières [ont été le] moteur principal de l'économie régionale ». Aujourd'hui, en 2008, l'on se ressent péniblement des effets d'une économie trop peu diversifiée. La Mauricie possède certes une économie vulnérable. La fermeture d'usines de sciage, surtout de la papetière centenaire de la Belgo (1901), en 2008, a causé une onde de choc, non seulement à Shawinigan, mais dans toute la région. La féroce concurrence, la mondialisation, le retard des compagnies papetières à moderniser les machines de leurs usines et la progression fulgurante du dollar canadien, ces dernières années, sont autant de facteurs qui ont créé une grande inquiétude. Même les deux puissantes papetières Kruger, à l'est comme à l'ouest de la ville de Trois-Rivières, ne sont pas sans prêter une oreille attentive aux mouvements subits de l'économie mondiale.

Dans le domaine de l'agriculture, les études mentionnent que, « sur le plan du savoir-faire, la Mauricie excelle dans le domaine de l'industrie laitière ainsi que dans celui de la production porcine, bovine et avicole ». L'historien Normand Séguin estime que les années 1970 ont marqué « le triomphe d'une agriculture technique fortement capitalisée en quête perpétuelle de gain de productivité, ce qui incite à agrandir et à rendre sans cesse plus concurrentielles les exploitations ». Il note que, « [d]'environ 5 250 en 1951, le nombre de cultivateurs [passait] à quelque 1 450 en 1991 ».

Même la vieille rivière Saint-Maurice a connu une sévère mutation, prise dans le sens d'« un changement de vocation ». Depuis plus d'un siècle et demi, elle avait été un agent de flottage du bois peu coûteux et passablement efficace vers les scieries comme vers les papeteries du territoire. Une date importante est à souligner : 1996. À l'automne, sur le territoire du canton Langelier en Haute-Mauricie, la Compagnie de flottage du Saint-Maurice ltée déversait dans la rivière Saint-Maurice son dernier chargement de billes de bois, appelées familièrement *pitounes*. Toute matière ligneuse est maintenant absente sur sa surface depuis l'an 2000. Pendant quelques années, nettoyée, tant dans son fond immédiat que sur ses berges, débarrassée de ses piliers et de ses estacades, la rivière connaît présentement une active vocation récréo-touristique, pour le plaisir des amateurs de grand air, pourquoi pas aussi pour le simple plaisir des yeux. Parfois, en certains coins privilégiés de sa rivière comme aux abords de ses nombreux affluents ou de ses falaises escarpées, l'on peut quasiment songer avec nostalgie à une virginité retrouvée.

Le riche potentiel récréo-touristique de la Mauricie se fonde principalement sur ses vastes forêts ainsi que sur ses plans d'eau nombreux et variés, sans oublier les vestiges laissés par la fascinante histoire de la deuxième plus ancienne ville du Canada, celle de Trois-Rivières. Une importante portion du patrimoine naturel de notre région a été tout spécialement protégée en 1970 par la création du Parc national de la Mauricie. Ce parc, qui s'est ajouté à bien d'autres, veut « protéger un échantillon représentatif du Bouclier canadien et particulièrement des Laurentides québécoises ». La Haute-Mauricie a été notamment prisée par la célèbre famille Kennedy, surtout par Anne Stillman, New-Yorkaise, devenue McCormick, à la suite d'un retentissant procès et d'un second mariage, surnommée la « reine de la Mauricie ». La Haute-Mauricie demeurera longtemps un haut-lieu de la chasse et de la pêche, grâce à ses neuf ZECS (zones d'exploitation contrôlée) et à plus d'une quarantaine de pourvoiries. Pour recevoir les adeptes de plein air, les trois sous-régions peuvent compter sur des infrastructures d'accueil et d'hébergement d'une grande qualité, comme l'Auberge du Lac-Saint-Pierre (Trois-Rivières), Le Baluchon (Saint-Paulin), Sacacomie (Saint-Alexis-des-Monts), des Clubs Odanak et Hosanna (près de La Tuque), ainsi que celles du Triton et de l'Eau-Claire (Haute-Mauricie). La ville de La Tuque, ancien poste de traite, est devenue en toute saison, dans une nature féconde et généreuse, le point de départ par excellence des grandes expéditions de chasse et de pêche ou de loisirs variés, propices aux plus agréables aventures.

Son patrimoine, qu'il soit matériel ou immatériel, archéologique ou agricole, religieux ou industriel en fait par surcroît une autre destination privilégiée. Du nord au sud comme de l'est à l'ouest subsistent partout des vestiges d'un noble passé. Le vieux Trois-Rivières a été classé quartier historique. Fort heureusement, en dépit du feu de 1909, qui a détruit une bonne partie de la cité trifluvienne, furent sauvés le monastère des Ursulines, puis aussi le monastère et l'ancienne église des Récollets, construits sous le Régime français. Il y a aussi le Site national des Forges-du-St-Maurice ; le vieux Sanctuaire madelinois Notre-Dame-du-Cap, dont la construction remonte à 1720, la plus vieille église de pierre canadienne n'ayant pas subi de feu, conservée dans son intégralité et, bien sûr, la basilique Notre-Dame-du-Cap, l'un des trois grands sanctuaires nationaux du Canada qui attire encore annuellement un demi-million de personnes ; le Village du bûcheron et du draveur de Grandes-Piles comprenant près d'une trentaine de bâtiments rappelant le passé centenaire (1850-1950) de ces véritables personnages de légende qui ont fortement imprégné la culture et l'imaginaire de notre région ; le Musée québécois de culture populaire de Trois-Rivières où se retrouve principalement la grande collection Robert-Lionel-Seguin, l'une des plus importantes d'artéfacts et d'objets divers sur le passé québécois ; les musées Pierre-Boucher et des Ursulines ; le Circuit Félix-Leclerc de La Tuque, rappelant le passé de ce grand poète, natif de La Tuque et ayant habité aussi l'ancienne municipalité de Sainte-Marthe-du-Cap, voisine de Cap-de-la-Madeleine ; enfin, de nombreuses églises comme celles de Champlain, de Saint-Léon-le-Grand ou de La Tuque, toutes dignes d'une visite enrichissante. N'oublions pas celle de Notre-Dame-de-la-Présentation, sise dans le quartier Shawinigan-Sud, dont tout l'intérieur a été décoré par le talentueux Ozias Leduc à la fin de sa vie.

Il faut accorder une place spéciale à la Cité de l'énergie de Shawinigan, tant pour la magnifique illustration de son passé industriel, que pour l'effet dynamiseur que cette institution culturelle a produit sur la ville elle-même comme sur la région tout entière. Au cours de la décennie 1980, nombre de grandes industries de la première moitié du XXe siècle avaient déserté la Ville Lumière, ainsi que l'on dénommait autrefois Shawinigan. Elle avait perdu sa prospérité d'antan. Voilà qu'en 1987, dans un contexte de morosité désespérante, deux hommes ont rallumé la flamme fumeuse : Robert Trudel et Roland Désaulniers. Dans un climat de cynisme et de scepticisme, une corporation était instituée dans le but de doter leur ville d'un centre d'interprétation de l'électricité. Après « neuf ans d'efforts opiniâtres », ayant pu compter sur l'appui concret de bien des intervenants, tels que l'Hydro-Québec et la papetière Belgo, naissait le 21 juin 1997 la Cité de l'énergie, qualifiée de « fleuron du tourisme mauricien », de « point de mire national » et d'exemple « de bonne gestion et d'audacieuse réalisation ». Les sceptiques ont été rapidement confondus. Elle est à la fois un centre de sciences, alliant spectacles multimédias, balades sur l'eau, visite d'une vieille centrale hydroélectrique, démonstrations concrètes pour retracer l'oeuvre des pionniers de l'électricité. S'y ajoutèrent *Kosmogonia*, puis *Éclyps*, deux spectacles de haute qualité, une aire de jeux pour jeunes et moins jeunes et, depuis quatre ans, des expositions, en collaboration avec la Galerie nationale d'Ottawa. La Tour d'observation est la deuxième plus haute au Québec, d'où les visiteurs ont une vue imprenable de Trois-Rivières aux ondulations plus importantes des Laurentides. La Cité de l'énergie et sa Tour d'observation élevée au-dessus de la célèbre chute de Shawinigan ont revêtu dès lors une valeur symbolique. Leur installation tout autant que leur succès ont claqué comme un coup de fouet, ont retenti dans le ciel mauricien comme un coup de clairon.

Il faut encore souligner l'œuvre féconde de ses trois grands centres d'art, ceux de La Tuque, de Shawinigan, tout particulièrement celui de Trois-Rivières, sans oublier les activités ludiques et culturelles annuelles : les nombreux festivals aux quatre coins de la région, la Classique internationale de canots, le Grand Prix de course automobile de Trois-Rivières, l'International de l'art vocal de Trois-Rivières, la Biennale internationale d'estampe contemporaine et le Festival international de la poésie de Trois-Rivières, une « Ville d'histoire et de culture », devenue au fil des ans la Capitale mondiale de la poésie. Autre fait typique de cette capitale régionale. Lorsque survient le décès d'un poète ou d'un artiste, il est de tradition dans cette ville d'organiser une fête dans un bar.

À ces activités il aurait fallu en ajouter tellement d'autres qui se déroulent durant les quatre saisons dans les moindres municipalités mauriciennes, qui soulignent à tout moment le goût de la fête et l'hospitalité chaleureuse des gens de la Mauricie. Les Mauriciens, tout particulièrement les Trifluviens, ont adopté graduellement l'île Saint-Quentin, un lieu privilégié de verdure sise dans le delta de la rivière Saint-Maurice et pourvu depuis 1982 d'installations propres à des séjours festifs et ludiques, tout autant qu'à la contemplation d'une nature généreuse et diversifiée. Si, tout le long de la rivière Saint-Maurice, ils ont retrouvé leur beau et fier cours d'eau et se le sont entièrement approprié, il en est ainsi des gens de Trois-Rivières, qui ont quasiment redécouvert leur majestueux fleuve Saint-Laurent, grâce au superbe aménagement du Parc portuaire, d'où l'on peut apercevoir dans toute sa beauté le pont Laviolette devenu avec le temps le symbole même de notre capitale régionale. Pour faire suite au démantèlement de la vieille papeterie de la CIP (Canadian International Paper), en face de l'île Saint-Quentin, sera construit bientôt un centre d'habitation de luxe et aménagée une aire culturelle.

Dans cette région, qui redécouvre avec une passion renouvelée son patrimoine et toutes ses riches facettes, ont été fondées ou se sont renouvelées les sociétés d'histoire, les sociétés de généalogie ou les nouvelles sociétés d'histoire et de généalogie locales. L'on peut en compter environ une trentaine dans les trois sous-régions, dont la

Société d'histoire de Trois-Rivières (1926-vers 1980), une société autant locale que régionale. En 1995 est créée une deuxième société d'histoire régionale, Appartenance Mauricie. Depuis plus de dix ans, la jeune société d'histoire régionale, comptant environ cinq cents membres, en a étonné plus d'un en démontrant une activité remarquable. Appartenance Mauricie a organisé le XXXVIe congrès de la FSHQ (Fédération des sociétés d'histoire du Québec), qui s'est tenu à Shawinigan en 2001. Durant quelques années s'est tenu au printemps à Trois-Rivières le Salon national d'histoire et de patrimoine, un rendez-vous couru des amateurs d'histoire. En 2004 a été publiée *La Mauricie* un volumineux livre qui regroupe textes, photographies et gravures. Il n'est pas inutile de souligner aussi le travail remarquable accompli par le Département des études québécoises de l'UQTR, qui s'est notamment donné comme mission d'étudier en profondeur toutes les étapes séculaires du passé de la Mauricie, allant de l'époque des Atikamekw, encore présents dans les communautés d'Obedjiwan et de Wemotaci, sises au nord du réservoir Gouin, jusqu'à l'époque post-industrielle de la première décennie du XXIe siècle confrontée aux multiples défis des soubresauts de la concurrence et de la mondialisation.

Selon l'expression de Mgr Félix-Antoine Savard, la Mauricie est une terre où s'est grandement manifesté « un obscur passé de travaux pénibles, de forces ingénieuses, de courage et même de servitudes ». Dans cette région où l'or blanc et l'or vert ont répandu si généreusement leurs richesses, un mot devrait à la fois résumer sa société et son potentiel régional, un seul mot : énergie. Il n'est donc pas surprenant que l'on ait autrefois appelé cette région « le Pays de l'énergie », que l'une de ses principales institutions culturelles porte le nom de Cité de l'énergie, que son CSSS se soit vu accoler l'épithète de l'énergie et que la Commission scolaire du Centre-de-la-Mauricie ait reçu aussi le nom de l'énergie, car beaucoup d'énergie fut déployée par sa population au cours des siècles passés et elle est appelée à en déployer autant, présentement, et dans les décennies à venir. L'énergie sous toutes ses formes est donc l'un des éléments les plus incontournables pour décrire tant l'espace mauricien que la société qui l'a apprivoisé. Des racines profondes et puissantes lient les Mauriciens à leur terre bien-aimée, à leur fougueuse rivière, où tant d'énergie fut consenti, où tant de vaillance fut démontrée, et qui expliquent finalement leur désir si profond d'appartenance à une région arrosée de sueur d'une multitude de femmes et d'hommes valeureux. ∎

⁎ *Professeur d'histoire à la retraite et membre de la Société d'histoire régionale.*

> La tour d'observation de la Cité de l'énergie.

> Vue de la tour.

CAPITALE-NATIONALE

PIERRE BOUCHER*

> Le Monument de Samuel de Champlain devant le Château Frontenac.

Québec, la plus ancienne ville d'Amérique du Nord, célèbre en 2008 le quatrième centenaire de sa fondation. Ce n'est pourtant pas l'âge qui la rend moins belle et séduisante. Au contraire, elle est d'une grâce impérissable, d'autant que les dernières décennies, alors qu'elle a été soumise à une cure d'embellissement hors du commun, ont effacé ses rides les plus apparentes, magnifiant ainsi ses charmes naturels.

Ce n'est pas qu'elle fût à l'abri des menaces paysagères, comme le sont toutes ses sœurs, les villes : l'étalement urbain a continué à rogner sa ceinture verte et à distendre son tissu urbain ; ses entrées ou ses grandes artères de pénétration se dépersonnalisent sans relâche en faisant place, comme si l'imitation des autres villes s'imposait, aux sempiternelles enseignes des chaînes de consommation ; les centres commerciaux s'agrandissent et prolifèrent, affaiblissant toujours plus le commerce de proximité et les rues principales ; et l'architecture nouvelle, tant résidentielle et institutionnelle qu'industrielle et commerciale, imite ce qu'on construit ailleurs.

Faut-il en conclure que Québec n'a pas su résister, elle non plus, aux sirènes du progrès qui, au nom de la modernité, condamnent les villes à rompre cruellement avec leur passé et à vendre leur âme en échange d'un avenir incertain ? Quelle que soit la réponse, il faut admettre que Québec a, malgré tout, réussi à soustraire sa zone urbaine distinctive – on parle du Québec *intra muros* et de la cité parlementaire – aux empiétements corrosifs des développeurs étourdis. Ce n'est donc pas sans raison qu'elle demeure, pour tous les Québécois, le foyer de leur identité collective.

Un toponyme trompeur

Québec ! Mais de quoi parle-t-on au juste ? À mes amis étrangers, je m'emploie inlassablement à expliquer l'usage varié et variable du toponyme. La confusion joue parfois de mauvais tours.

Il y a d'abord le Québec, c'est-à-dire le territoire de l'État membre de la fédération canadienne, qu'un anglicisme de bon aloi fait appeler la province de Québec. C'est le territoire national, c'est le pays.

Puis il y a la région de Québec, territoire d'une superficie de 18 639 km², dont la population était de 672 000 habitants en 2006. La région, comme les seize autres régions du territoire, est délimitée à des fins administratives par le gouvernement du Québec.

Vient ensuite la Communauté métropolitaine de Québec, une institution intermunicipale exerçant des compétences d'agglomération sur un territoire dont la superficie est de 3 347 km² et regroupant une population de près de 700 000 habitants.

La ville de Québec, pour sa part, couvre un territoire de 450 km² et sa population atteint près de 500 000 habitants. Cette ville est le résultat du regroupement, en 2000, de douze municipalités, dont Québec, la ville fondée par Champlain en 1608, était la principale.

Par souci d'exactitude et pour une meilleure compréhension de ce texte, il faut prendre en compte le Vieux-Québec, quartier identifié aux fortifications qui le ceinturent. C'est ce Vieux-Québec, pour l'essentiel, que l'UNESCO a inscrit, en 1985, à la liste des villes du patrimoine de l'humanité.

L'utilité de cette remarque liminaire tient au fait que les informations sur Québec, particulièrement les indicateurs économiques et les renseignements chiffrés, réfèrent, en omettant souvent de préciser leur objet, à l'un ou l'autre de ces territoires qui, à la manière de cercles concentriques, recourent au même toponyme.

C'est à la ville de Québec et au Vieux-Québec que s'attardent, trop sommairement sans doute, les lignes qui suivent.

Une ville quatre fois centenaire

C'est Samuel de Champlain, huguenot venu de Brouage en Saintonge, qui la fonda, le 3 juillet 1608, en construisant un premier bâtiment permanent au bord du Saint-Laurent, au pied d'un promontoire sécuritaire, appelé Cap Diamant. Son geste, posé dans le cadre d'une simple mission commerciale, comme il y en eut tant au XVIIᵉ siècle, non seulement fit naître une ville comptant aujourd'hui un demi-million d'habitants, mais il fonda le Québec tout entier, le seul État francophone des deux Amériques. Sans compter qu'il marqua le début de la fabuleuse histoire de l'Amérique française. Si Québec prit d'abord la forme d'un modeste comptoir commercial, elle se développa bientôt comme une ville, sous l'impulsion des gouverneurs et intendants de la Nouvelle-France, avec des habitations, des rues, des commerces, des ateliers d'artisans, des marchés, un port, des églises, des collèges et des couvents, puis des palais et autres ouvrages civils et militaires. C'est pourquoi on dit de Québec qu'elle est la plus ancienne ville de l'Amérique septentrionale.

Tout au long de l'année, principalement pendant la période estivale, la ville sera en fête. Ses places publiques, ses salles de spectacle et ses musées offriront une avalanche d'activités sortant de l'ordinaire dans le but tantôt de raviver la mémoire collective du passé qui fut le nôtre, tantôt d'exhiber le savoir-faire de ses créateurs contemporains, particulièrement dans le domaine du spectacle. Les habitants de la ville seront les premiers à vivre une fête conçue pour eux ; ils sauront

toutefois partager leurs plaisirs avec les nombreux visiteurs attendus de toutes les régions du Québec, du Canada, des États-Unis, d'Europe et d'Asie. Puis, en octobre 2008, la ville de Québec accueillera le Sommet des chefs d'État de la Francophonie ; elle aura ainsi l'occasion de témoigner plus et mieux que jamais de la vitalité qui l'anime au sein de la communauté des pays qui ont le français en partage.

Un écrin patrimonial bien fortifié

Plus que toute autre ville du pays québécois, la ville de Québec renferme un riche patrimoine qui rappelle l'évolution de son urbanisme ainsi que de son architecture domestique, religieuse, civile et militaire, depuis la Nouvelle-France jusqu'à nos jours.

Elle s'enorgueillit en premier lieu de la Place Royale, son quartier le plus ancien, où tout a commencé, qui renferme la plus grande concentration de maisons dont la signature appartient à l'époque coloniale française en Amérique. Cette place fétiche, incontournable destination des amants de Québec, s'organise autour de l'église Notre-Dame-des-Victoires, construite sur les fondations de l'Abitation de Champlain, le premier établissement permanent en terre de Nouvelle-France. La Place-Royale ainsi que la rue du Petit-Champlain, le musée de la Civilisation, la fresque des Québécois, la rue Saint-Paul, le Vieux-Port, le marché artisanal et le bassin Louise qui la voisinent, tout cela offre une ambiance singulière. Si tout y rappelle le début de notre histoire, l'appropriation contemporaine de cet univers urbain illustre du coup le génie qu'ont affiché les Québécois, parfois inconsciemment, en bâtissant la ville sur elle-même, c'est-à-dire en soumettant ses mutations au respect de l'héritage du passé.

La Place Royale, dont le poids historique est immense, a été le théâtre d'un vaste programme de restauration du patrimoine national. En effet, de 1965 à 1980, l'État a restauré – quand ce n'est reconstruit – des dizaines de maisons datant de l'époque de la colonie française (entre 1608 et 1759). Ce programme de réhabilitation urbaine, faut-il le rappeler, a été en son temps vivement critiqué, car il favorisait la reconstitution originale à la française d'un ensemble urbain largement modifié au gré des influences anglaises qui se sont manifestées après la Conquête britannique. La restauration du quartier n'en a pas été pour autant stoppée ; elle s'est au contraire accélérée, en suivant toutefois une approche et une démarche plus respectueuses de l'évolution du cadre bâti et du paysage urbain dans lequel elle s'inscrivait. À témoin, la coquette rue du Petit-Champlain, occupée par des artisans dont les ateliers et les commerces affichent une palette étendue des métiers d'art, ce qui, en toutes saisons, plaît aux quelque cinq millions de touristes qui envahissent Québec chaque année.

Si la ville de Québec est née sur le bord du Saint-Laurent, au pied du Cap Diamant, ses premiers habitants ont vite fait d'occuper le plateau surélevé. C'est là qu'on trouve le Vieux-Québec, contenu à l'intérieur des murs de fortifications que les Français ont commencé à ériger pour protéger la ville des assauts des Anglais et que ceux-ci, une fois Québec conquise, ont achevé de lever pour la protéger des menaces américaines. La conception de la Citadelle y a été inspirée par les plans du célèbre architecte militaire français du XVIIᵉ siècle, le marquis de Vauban. Cet ouvrage militaire ferme comme une boucle les murs de fortifications dont Québec s'enorgueillit, du fait qu'ils sont uniques en Amérique du Nord. Mais c'est assurément le Château Frontenac – qui n'a de château que le nom puisqu'il s'agit d'un hôtel – qui a fini par s'imposer comme la figure emblématique de Québec, depuis la fin du XIXᵉ siècle. Et, si le Château Frontenac mérite d'être approché, la Terrasse Dufferin qui le jouxte vaut encore plus le détour. Cette magnifique promenade de bois, qui fait office de belvédère, permet un regard sur le Saint-Laurent, sur l'Île d'Orléans, sur la chaîne des Appalaches et sur l'infini. En s'y attardant, on comprend la position stratégique de Québec, dont le nom signifie, en langue amérindienne, « là où c'est bouché, détroit », évoquant la faible distance qui sépare les deux rives du Saint-Laurent. Construite à partir de 1838 sur l'emplacement du Château Saint-Louis, siège des gouverneurs de la Nouvelle-France, la Terrasse Dufferin, comme un point d'orgue, oblige à un temps d'arrêt. Le temps d'y perdre le souffle et de « tomber en amour » avec Québec. Si, en parodiant Naples ou Istanbul, on disait « voir Québec et mourir », c'est de la Terrasse Dufferin qu'il faudrait, pour une dernière fois, humer la ville.

En arpentant le Vieux-Québec avec curiosité, on croisera la Cathédrale basilique Notre-Dame des catholiques, voisine de la cathédrale Holy Trinity des anglicans ; on s'aventurera dans les cours du Séminaire de Québec, du couvent des Ursulines et du monastère des Augustines ;

on errera d'une place à l'autre, toujours fasciné par les surprises que réserve une trame de rues aussi charmante qu'irrégulière : la place de l'hôtel de ville, la place d'Armes, le parc Montmorency, le jardin des Gouverneurs, le parc de l'Artillerie, la place des Livernois, la chaussée des Écossais, et tout n'a pas été dit.

Le Vieux-Québec tient son unité des murs de fortification qui l'enserrent, comme un bijou dans son écrin. Longs de six kilomètres, les remparts ont été sauvés de la démolition par un gouverneur anglais, Lord Dufferin, après le retrait de la garnison anglaise en 1871. S'ils furent jadis considérés comme une barrière au développement de la ville, d'où l'idée de les démolir, les remparts, tout autant que les portes majestueuses qui les percent – dont celles auxquelles on a donné les noms de Saint-Louis et de Saint-Jean – sont aujourd'hui l'objet d'une vénération extrême, comme s'ils assuraient un ultime retranchement à ces irréductibles francophones de l'empire anglophone d'Amérique que nous sommes.

Le Vieux-Québec est moins habité qu'il ne le fût jusqu'au début des années 1960, alors qu'on l'appelait Quartier Latin, en raison de la présence de l'Université Laval et de ses milliers d'étudiants. Hélas ! Ne pouvant y assurer son expansion, la première université francophone en Amérique fut déplacée dans la banlieue de Sainte-Foy, dans des champs de pâturage qui, un demi-siècle plus tard, se sont mués en un immense centre de l'intelligence, où la transmission du savoir fait bon ménage avec la recherche dans tous les domaines.

Étrangement mais heureusement, le Vieux-Québec fortifié, où l'on trouve peu de constructions témoignant de la période coloniale française et où, en revanche, l'architecture du temps

> Quartier Petit-Champlain.

> *La fresque des Québécois,* quartier Petit-Champlain.

> La fontaine de Tourny.

de la colonie anglaise domine, constitue un exceptionnel amalgame des héritages architecturaux et culturels légués à la ville depuis quatre siècles et dont la vertu est d'avoir fait oublier les défaites et les conquêtes.

Une production culturelle foisonnante

Québec n'est pas qu'un lieu de mémoire, même si ses musées historiques abondent et que son espace public, ses places et ses parcs accueillent force monuments rappelant les événements et les hommes qui ont marqué et accompagné son parcours pluriséculaire. Elle est aussi un lieu de création artistique et de diffusion exceptionnellement grouillant, compte tenu de sa taille démographique et de la modestie qu'impose la domination culturelle de Montréal.

La vie musicale est hautement représentée par l'Orchestre symphonique de Québec, le plus ancien des orchestres canadiens, et par les Violons du Roy, une formation de musique de chambre dont le rayonnement est international. La musique classique prend également appui sur de grandes institutions de formation : l'École de musique de l'Université Laval et le Conservatoire national de musique.

Le théâtre jouit d'une vitalité étonnante quand on sait que l'industrie du cinéma, de la télévision et de l'audiovisuel est concentrée à Montréal, qui a tendance à attirer vers elle, pour des raisons d'abord alimentaires, les comédiens, les techniciens et tous les créateurs de la scène qui émergent et se développent dans les régions, particulièrement celle de Québec. Au théâtre de répertoire que représentent les compa-

gnies du Trident, du Périscope et de La Bordée se greffent les théâtres de recherche, d'avant-garde et de création dont la Caserne de Robert Lepage est la figure de proue. Le Carrefour international de théâtre, qui ouvre ses portes à des compagnies venues de plusieurs pays du monde, atteste de l'intérêt soutenu du public pour cette discipline.

Les arts visuels occupent un créneau non négligeable de la vie culturelle de Québec. Prenant appui sur l'École des arts visuels de l'Université Laval et sur la Coopérative Méduse, qui permet aux artistes de produire et de diffuser leurs œuvres sous un même toit, des centaines d'artistes professionnels de la peinture, de la sculpture, de l'estampe, de la photographie et de la bande dessinée s'activent dans une multitude d'ateliers grouillants.

De grands événements ponctuent les saisons de Québec, parmi lesquels s'imposent le Carnaval d'hiver, expression originale de la ville nordique, le Festival d'été, qui propose de multiples scènes aux musiciens et chanteurs d'ici et d'ailleurs, et les Fêtes de la Nouvelle-France, une sorte d'invitation à renouer avec l'histoire de la Nouvelle-France des XVIIe et XVIIIe siècles.

On ne peut tout dire, dans ce court article, de la vie culturelle de Québec. Il serait toutefois impardonnable de ne pas souligner l'existence d'un remarquable réseau de musées, dont le Musée national des beaux-arts et le Musée de la civilisation se sont imposés comme des porte-étendards de la muséologie moderne. Il faut également mentionner la présence d'un réseau diversifié et complet de salles de spectacle dont le

> Le Carnaval de Québec.

> Le Bonhomme carnaval.

Grand Théâtre, le Palais Montcalm et le Capitole forment, au centre-ville, un triumvirat dynamique. Québec est également fière de son réseau de 25 bibliothèques publiques auquel l'abonnement est gratuit.

Une économie moderne et dynamique

Il ne faudrait pas retenir des lignes qui précèdent que Québec est une ville-musée, vivant d'un romantisme passéiste. Son activité économique est plutôt florissante. De nombreux indicateurs économiques, tels la scolarisation de sa main-d'œuvre, la croissance du PIB, le faible taux de chômage, les investissements et la valeur des mises en chantiers, etc., attestent de la place enviable qu'elle tient au regard de l'économie de l'ensemble du Québec. En fait, Québec est le deuxième pôle économique du Québec, après Montréal, ce qui n'est pas étranger à sa proximité avec le nord-est des États-Unis.

De toute évidence, son statut de capitale et l'importance de l'industrie touristique procurent à Québec une base économique solide. Sa force d'avenir de même que ses efforts stratégiques de diversification de son économie prennent désormais appui sur ce qu'il est convenu d'appeler l'économie du savoir. Au cours des dernières décennies, Québec s'est du reste taillée une place enviable dans de nombreux créneaux technologiques à haute valeur ajoutée, notamment dans les domaines de l'optique et de la photonique, de la défense, de la sécurité et de la protection civile, de la géomatique, de la santé et la nutrition, ainsi que de la foresterie. Ses nombreux centres de recherche ont su

> Chutes Montmorency.

tisser des liens de partenariat remarquables avec l'Université Laval et plusieurs s'imposent comme des chefs de file internationaux.

Une capitale nationale impérissable

Québec, la ville, n'est pas peu fière d'avoir été choisie et d'être restée, malgré tous les aléas de l'histoire, la capitale nationale du Québec. Elle est le siège des institutions de l'État, c'est-à-dire de l'Assemblée nationale, du gouvernement du Québec et de la plupart des ministères, de même que d'un grand nombre d'organismes gouvernementaux.

Sous le Régime français, c'est-à-dire de 1608 à 1763, elle fut la capitale d'une Nouvelle-France qui s'allongeait jusqu'en Louisiane. Après la Conquête par les Anglais, dans les années qui ont suivi la courte mais déterminante bataille des Plaines d'Abraham de 1759, au cours de laquelle Wolfe vainquit Montcalm, Québec resta capitale de la colonie britannique, et ce, jusqu'en 1791 alors qu'elle devint la capitale de la *Province of Québec*, appelé le Bas-Canada. Entre 1841 et 1867, elle joua épisodiquement le rôle de capitale du Canada-Uni avant d'assumer, à partir de 1867, celui de capitale du Québec actuel.

Au plan démographique, Québec s'est vu depuis longtemps dépasser par Montréal, la métropole économique. Elle n'en a pas moins conservé son statut de capitale nationale, moyennant quoi elle demeure le centre de la vie politique québécoise, avec tous les avantages que cela représente au plan économique. Il est en effet payant d'être capitale d'un État, car non seulement des emplois rémunérateurs et de haut niveau y sont créés, mais les fournisseurs de services de toute nature y pullulent et génèrent des retombées locales exceptionnelles.

Un milieu de vie enviable

Au regard de plusieurs, Québec n'est qu'une ville de province dont la population conserve un vieux fond conservateur et chauvin. Une ville ne peut tout posséder et rassembler toutes les vertus du monde, convenons-en. Est-ce pour cette raison que Québec se contente d'être ce qu'elle est, sans prétention autre que celle de conserver le haut niveau de qualité de vie offert à ceux et celles qui l'habitent ?

Québec est une ville où il est agréable de vivre parce qu'elle déborde de charmes en même temps qu'elle procure des emplois de qualité. Elle attire les étudiants, car son université et ses collèges offrent des formations de haut niveau. Elle exerce un attrait considérable au plan du commerce régional. Elle donne accès au fleuve, à la montagne et à une multitude d'activités de plein air dans un rayon d'une heure du centre-ville.

> Jardin Jeanne-d'Arc, Plaines d'Abraham.

Depuis des décennies, ses autorités locales ont emprunté la voie du développement durable. Il est vrai que le transport public n'est pas ce qu'il devrait être dans la perspective de diminution du taux d'émission des gaz à effet de serre, mais il faut souligner les efforts magistraux consenti eu égard à la gestion des eaux et des matières résiduelles. Et puis cette ville s'est mise au vert : elle a créé de nombreux parcs et protégé des forêts urbaines ; elle n'a cessé de planter des arbres et de fleurir l'espace public ; elle a naturalisé les rives de la rivière Saint-Charles, qu'on avait bêtement bétonnées dans les années 1960, au temps où le béton était signe de progrès ; elle conduit, à la faveur de son quatre-centième anniversaire, un vaste programme d'aménagement du littoral, ce qui redonnera le fleuve à ses citoyens.

La sécurité confère aussi une plus-value à cette belle qualité de vie. Une sécurité qu'envient de nombreux visiteurs étonnés du faible taux de criminalité qu'inscrit Québec et de l'inestimable liberté qui en résulte pour ses citoyens.

Il y a tout à Québec pour attirer une main-d'œuvre qualifiée qui recherche habituellement un milieu de vie où cohabitent beauté, loisirs, divertissement et sécurité. Il y a tout également pour accueillir et retenir les immigrants. À cet égard, personne ne cache une certaine déception

> Musée de la civilisation de Québec.

à enregistrer, année après année, une très faible immigration à Québec (environ 5 % des nouveaux arrivants s'installent à Québec chaque année). Mais Québec est défavorisée, comme toutes les autres régions du Québec, par une politique nationale d'immigration qui encourage la concentration des nouveaux venus dans le Grand Montréal.

Les défis de l'avenir immédiat

La ville de Québec est promise à un bel avenir, ce qui ne la prive pas de défis à relever. L'ouverture à l'immigration en est certainement un des principaux. Car la ville ne pourra assurer sa stabilité démographique et le renouvellement de sa main-d'œuvre qualifiée sans recourir à des ressources externes, non seulement celles des régions périphériques mais surtout celles qui résultent d'une immigration dynamique.

La diversification de son économie demeurera aussi une préoccupation permanente. Depuis longtemps, Québec sait qu'elle ne peut compter exclusivement sur son statut de capitale nationale et ses attraits touristiques pour assurer son développement économique. Elle a pris des virages majeurs, depuis une vingtaine d'années, en optant résolument pour l'économie du savoir, mais ce virage doit être inlassablement concrétisé par l'attraction et le développement de centres de recherches et d'entreprises de services de haute technologie. Et, dans ces domaines, la concurrence des autres villes est forte.

C'est à ce prix que Québec assurera, ce qui n'est pas facile pour les régions autres que celle de Montréal, la rétention de ses jeunes, souvent attirés par des emplois très lucratifs quand ce n'est tout simplement par le goût de découvrir le monde. Garder ses jeunes, c'est pour une ville l'assurance non seulement de freiner le vieillissement de sa population, mais aussi de placer les jeunes familles au cœur de son dynamisme social et culturel.

Enfin, Québec doit sauver son âme en résistant au capitalisme sauvage qui menace la ville, son territoire, son paysage, son patrimoine bâti et sa couleur locale. Certes, l'accélération de l'histoire et les développements de la science ne permettent plus d'aménager les villes comme le faisaient les civilisations anciennes dont l'héritage matériel nous est encore largement accessible parce que pérenne, mais il est quand même permis de faire progresser la ville sans détruire ce que les ancêtres lui ont légué, sans surtout lui arracher, fût-ce au nom de la modernité, ses caractères distinctifs. ■

✳ *Haut-fonctionnaire et ex-président de la Commission de la Capitale nationale.*

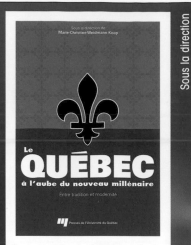
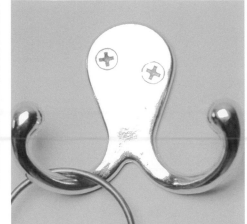